Darstellung und kritische Würdigung der Konzernbilanzierung latenter Steuern nach IAS 12

Europäische Hochschulschriften

Publications Universitaires Européennes
European University Studies

Reihe V
Volks- und Betriebswirtschaft

Série V Series V
Sciences économiques, gestion d'entreprise
Economics and Management

Bd./Vol. 3286

PETER LANG
Frankfurt am Main · Berlin · Bern · Bruxelles · New York · Oxford · Wien

Kai Elprana

Darstellung und kritische Würdigung der Konzernbilanzierung latenter Steuern nach IAS 12

PETER LANG
Internationaler Verlag der Wissenschaften

Bibliografische Information der Deutschen Nationalbibliothek
Die Deutsche Nationalbibliothek verzeichnet diese Publikation in der Deutschen Nationalbibliografie; detaillierte bibliografische Daten sind im Internet über <http://www.d-nb.de> abrufbar.

Zugl.: Düsseldorf, Univ., Diss., 2007

D 61
ISSN 0531-7339
ISBN 978-3-631-56974-0

www.peterlang.de

Geleitwort

Die Bilanzierung latenter Steuern im Konzernabschluss nach International Financial Reporting Standards (IFRS) stellt an Rechnungsleger aufgrund ihrer Komplexität hohe Anforderungen und stellt die Bilanzadressaten oftmals vor große Probleme bei der Abschlussanalyse. Die in International Accounting Standard 12 Ertragsteuern (IAS 12) enthaltenen Vorschriften werfen auch einige Jahre nach ihrer verpflichtenden Einführung für börsennotierte Unternehmen in der Europäischen Union zahlreiche Fragen ihrer praktischen Umsetzung und ihres Aussagegehalts auf. Dies ist umso bemerkenswerter, als sich latente Steuern in zum Teil signifikanten Bilanz- und GuV-Posten niederschlagen und zu extensiven Anhangangaben führen. Sie tragen damit zum vergleichsweise großen Umfang von IFRS-Abschlüssen bei.

In der vorliegenden Dissertation untersucht Herr Elprana die grundlegende Frage, ob die Bilanzierung latenter Steuern der Zielsetzung der IFRS gerecht werden kann, die in der Vermittlung entscheidungsnützlicher Informationen durch die Darstellung eines den tatsächlichen Verhältnissen entsprechenden Bildes der Vermögens-, Finanz- und Ertragslage im Rahmen der Rechnungslegung liegt.

Die bisherigen Veröffentlichungen zur Bilanzierung latenter Steuern nach IAS 12 bezogen sich vor allem auf Einzelfragen der Anwendung dieses Standards. Diesen Problemkreis behandelt auch die vorliegende Dissertation und bezieht dabei die teils widersprüchlichen Ausführungen in der Literatur in die Lösungsfindung ein. Dadurch gelingt eine vollständige Darstellung der Implementierung von IAS 12 im Konzernabschluss. Darüber hinaus wird in der vorliegenden Untersuchung aber auch die Übereinstimmung der Regelungen für den Ansatz der latenten Steuern mit der Zielsetzung der Rechnungslegung nach IFRS, den Abschlussadressaten entscheidungsnützliche Informationen zu vermitteln untersucht. Durch die Gegenüberstellung mit den normativen Vorgaben des Rahmenkonzeptes identifiziert Herr Elprana Schwachstellen der Rechnungslegung nach IFRS, die durch die derzeitige Bilanzierung latenter Steuern verursacht werden

Im Gesamtbild ist Herrn Elprana eine vielschichtige Untersuchung gelungen, die sich umfassend mit der abstrakten Materie der latenten Steuern befasst. Ausgehend von ihren Wurzeln in der US-amerikanischen Rechnungslegung werden Definitionen, Fragen des Ansatzes und der Bewertung sowie des Ausweises und der Anhangangaben nach IFRS eingehend und kritisch durchleuchtet. Stets hinterfragt der Autor dabei die praktische Anwendbarkeit der Bilanzierungsregeln und die Aussagekraft der durch latente Steuern im IFRS-Abschluss vermittelten Informationen. Die vorliegende Dissertation enthält daher nicht nur wertvolle

Anregungen für die Bilanzierungs- und Analysepraxis, sondern auch für eine künftige konzeptionelle Fortentwicklung der Rechnungslegungsstandards.

Düsseldorf, im Juli 2007 Klaus-Peter Franz

Vorwort

Die vorliegende Monographie wurde im Januar 2007 von der wirtschaftswissenschaftlichen Fakultät der Heinrich-Heine Universität Düsseldorf angenommen. Sie entstand in den Jahren 2003 bis 2006 im Rahmen einer externen Promotion am Lehrstuhl für Unternehmensprüfung und Controlling an der Heinrich-Heine Universität Düsseldorf.

Mein Doktorvater, Herr Professor Dr. Klaus-Peter Franz hat mit seinen Anmerkungen und konstruktiven Hilfestellungen wesentlich zum Gelingen der Promotion beigetragen. Hierfür und für den offenen und freundlichen Umgang möchte ich mich herzlich bedanken. Herrn Professor Dr. Guido Förster möchte ich meinen Dank für die Übernahme des Zweitgutachtens aussprechen.

Für die Freiräume, die für die Erstellung dieser Arbeit erforderlich waren, bedanke ich mich bei meinen Arbeitgebern, der Warth & Klein GmbH Wirtschaftsprüfungsgesellschaft, Düsseldorf und Grant Thornton International Ltd., London. Aus dem Kollegenkreis gebührt besonderer Dank meinem Chef, Herrn Dr. Thomas Senger, der mir stets fachlich, aber vor allem auch moralisch zur Seite stand. Für wertvolle inhaltliche Anregungen und dafür, dass sie mich freundlich auf textliche Untiefen hingewiesen haben, bedanke ich mich vor allem bei Frau Daniela Münstermann, Frau Katrin Adam sowie bei Herrn Dr. Jens Brune.

Auch meine Freunde haben praktisch, vor allem aber motivierend zum Gelingen meines Promotionsprojektes beigetragen. Jan Duch, Ingo Thomas und andere promovierende Wegbegleiter haben nicht nur für einen steten Motivationsschub, sondern auch für überaus unterhaltsame Pausen an der Uni gesorgt.

Natürlich wäre ich aber ohne die Unterstützung meiner Familie nicht weit gekommen. Mein Dank gilt meinen Eltern für meine Ausbildung, vor allem aber für das Vertrauen und das Verständnis, dass Sie mir geschenkt haben. In jeder Hinsicht einmalig war und ist darüber hinaus meine Freundin Nadine, die mich in allen Belangen unterstützt und mir aus so einigen promotionsbedingten Krisen herausgeholfen hat.

Ihnen allen und vielen weiteren mein herzlicher Dank!

London, im Juli 2007 Kai Elprana

Inhaltsverzeichnis

Abkürzungsverzeichnis .... **XV**

Tabellenverzeichnis .... **XIX**

Abbildungsverzeichnis .... **XXI**

A. Vorstellung und Abgrenzung der Thematik **1**

I. Einleitung **1**

1. Problemstellung und Zielsetzung 1

2. Gang der Untersuchung 5

II. Grundlagen und Grundbegriffe latenter Steuern **6**

1. Wesen latenter Steuern 7

2. Bemessungsgrundlagen latenter Steuern 14
   a) Komplementär-Steuereffekte 14
      aa) Berechnung von timing differences 15
      ab) Berechnung von temporary differences 17
      ac) Vergleich der Berechnungsmethoden 19
   b) Steuerguthaben 21

3. Bewertungsparameter latenter Steuern 24

4. Konzepte der Bilanzierung latenter Steuern 27

III. Themenabgrenzung **29**

B. Normative Grundsätze der IFRS **31**

I. Eigenschaften entscheidungsnützlicher Rechnungslegungsinformationen **33**

1. Grundannahmen 34

2. Qualitative Merkmale 36
   a) Verständlichkeit 36
   b) Vergleichbarkeit 37

c) Relevanz ... 37
d) Verlässlichkeit ... 38

3. Nebenbedingungen ... 40

II. Bilanztheoretische Grundsätze ... 41

1. Definition der Abschlussposten ... 41

2. Allgemeine Ansatzvorschriften ... 46

3. Bewertungsmaßstäbe ... 47

III. Zusammenfassung ... 48

C. Konzernbilanzierung latenter Steuern nach IAS 12 ... 51

I. Bedeutung latenter Steuern im IFRS-Regelwerk ... 51

1. Begriff der Ertragsteuern nach IAS 12 ... 52

2. Begriff der latenten Ertragsteuern nach IAS 12 ... 57

3. Zielsetzung der Bilanzierung nach IAS 12 ... 59

4. Einordnung von IAS 12 in das IFRS-Regelwerk ... 62

5. Zwischenfazit ... 67

II. Grundsätze der Bilanzierung latenter Steuern nach IAS 12 ... 68

1. Bemessungsgrundlage latenter Steuern ... 69
a) Temporary differences ... 69
aa) Grundsätze ... 70
ab) Ausnahme 1: Initial recognition differences ... 78
ac) Ausnahme 2: Erstmaliger Ansatz von Geschäfts- oder Firmenwerten ... 86
ad) Ausnahme 3: Outside basis differences ... 97
b) Steuerguthaben ... 107
ba) Inhaltliche Voraussetzungen ... 107
bb) Ansatzvoraussetzungen ... 108
c) Zwischenfazit ... 112

2. Bewertung latenter Steuern 115
a) Steuersatz 117
aa) Grundsätze 117
ab) Steuersatzänderungen 121
b) Werthaltigkeitsbeurteilung 123
ba) Imparität des IAS 12 124
bb) Wahrscheinlichkeit künftiger steuerbarer Einkünfte 126
c) Zwischenfazit 136

3. Buchhalterische Erfassung latenter Steuern 138
a) Grundsätze 139
b) Mischformen 142
ba) Unterschiedliche Erfassung von Geschäftsvorfällen im IFRS-Abschluss 142
bb) Werthaltigkeitsbeurteilung aktiver latenter Steuern 144
bc) Änderungen im Steuerstatus und Steuersatzänderungen. 145
c) Zwischenfazit 149

III. Anwendung des IAS 12 bei der Konzernabschlusserstellung 150

1. Konsolidierungsvorbereitende Maßnahmen 151
a) Abgrenzung des Konsolidierungskreises 153
b) Währungsumrechnung 160
ba) Umrechnung in die funktionale Währung 162
bb) Umrechnung in die Berichtswährung 168
c) Zwischenfazit 171

2. Latente Steuern aus Konsolidierungsmaßnahmen 172
a) Aufwands- und Ertragskonsolidierung und Beteiligungsertragseliminierung 175
b) Zwischenergebniseliminierung 175
c) Schuldenkonsolidierung 179
d) Kapitalkonsolidierung 185
e) Zwischenfazit 186

IV. Ausweis und Angaben ... 189

1. Ausweis ... 190
   a) GuV und Eigenkapitalveränderungsrechnung ... 190
   b) Bilanz ... 192
2. Erläuterung des IFRS-Steuerergebnisses ... 196
   a) Zusammensetzung des IFRS-Steuerergebnisses ... 197
   b) Steuerüberleitungsrechnung ... 201
      ba) Aufbau und Gestaltung ... 201
      bb) Positionsarten ... 202
3. Erläuterungen zur Bemessungsgrundlage latenter Steuern in der Bilanz ... 209
   a) Bilanzierte Steuerlatenzen ... 209
   b) Nicht bilanziell berücksichtigte Steuerlatenzen ... 213
4. Zwischenfazit ... 216

V. Zusammenfassung der Untersuchungsergebnisse ... 218

1. Beurteilung aus dem Blickwinkel der Merkmale entscheidungsnützlicher Rechnungslegungsinformationen ... 219
2. Beurteilung aus dem Blickwinkel der bilanztheoretischen Grundsätze der IFRS ... 223
3. „Die Konzernbilanzierung latenter Steuern nach IAS 12 steht nicht im Einklang mit den normativen Grundsätzen der IFRS.“ ... 226

D. Perspektiven der Konzernbilanzierung latenter Steuern in der Rechnungslegung nach IFRS ... 229

I. Fortentwicklung normativer Grundsätze und latente Steuern ... 229

II. Optimierung der Konzernbilanzierung latenter Steuern ... 234

1. Latente Steuern auf der Grundlage von Steuerguthaben ... 235
2. Latente Steuern auf der Grundlage von temporary differences ... 237
   a) Detailansatz ... 238
   b) Globalansatz ... 240

3. Darstellung latenter Steuern im IFRS-Abschluss 242

4. Zusammenfassung 246

III.Schlusswort 248

Anhang A: Entwicklung der Vorschriften zur Bilanzierung latenter Steuern XXIII

Anhang B: Überblick über die Vorschriften des IAS 12 XXV

Anhang C: Kriterien der Werthaltigkeitsbeurteilung aktiver latenter Steuern XXVII

Quellenverzeichnis XXIX

Abkürzungsverzeichnis

a.A. .... anderer Ansicht
AASB .... Australian Accounting Standards Board
Abs. .... Absatz
AHK .... Anschaffungs- und Herstellungskosten
AK .... Anschaffungskosten
AMT .... Alternative Minimum Tax
APBO .... Accounting Principles Board Opinion
ARB .... Accounting Research Bulletin
Art. .... Artikel
Aufl. .... Auflage
BC .... Basis for Conclusions
bspw. .... beispielsweise
bzgl. .... bezüglich
bzw. .... beziehungsweise
c.p. .... ceteris paribus
CZK .... Tschechische Krone(-n)
DBA .... Doppelbesteuerungsabkommen
DRS .... Deutscher Rechnungslegungs Standard
DRSC .... Deutsches Rechnungslegungs Standards Committee e.V.
ED .... Exposure Draft
EITF .... Emerging Issues Task Force
EK .... Eigenkapital
ESt .... Einkommensteuer
EStG .... Einkommensteuergesetz
EU .... Enkelunternehmen
EUR .... Euro
f. .... folgende
FASB .... Financial Accounting Standards Board
ff. .... fortfolgende
GB .... Großbritannien
gem. .... gemäß
GewSt .... Gewerbesteuer
GewStG .... Gewerbesteuergesetz
GewStR .... Gewerbesteuer-Richtlinien
ggf. .... gegebenenfalls
GoF .... Geschäfts- oder Firmenwert(-e)
GuV .... Gewinn- und Verlustrechnung

h.M. .... herrschende Meinung
HB .... Handelsbilanz
HGB .... Handelsgesetzbuch
Hrsg. .... Herausgeber
i.S.d. .... im Sinne der, des
i.V.m............ in Verbindung mit
IAS .... International Accounting Standard(-s)
IASB .... International Accounting Standards Board
IASC .... International Accounting Standards Committee
IAS-VO .... EU-Verordnung betreffend die Anwendung internationaler Rechnungslegungsstandards
IFRIC .... International Financial Reporting Standards Interpretation Committee
IFRS .... International Financial Reporting Standard(-s)
insb. .... insbesondere
InvZulG .... Investitionszulagengesetz
KSt .... Körperschaftsteuer
KStG .... Körperschaftsteuergesetz
m.w.N. .... mit weiteren Nennungen
MU .... Mutterunternehmen
No. .... Number
Nr. .... Nummer
o.O. .... ohne Ortsangabe
OECD-MA .. Musterabkommen der Organisation für wirtschaftliche Zusammenarbeit und Entwicklung (Organization for Economic Cooperation and Development)
PHG .... Personenhandelsgesellschaft
R. .... Rahmenkonzept (der IFRS)
rev. .... revised (bei Angabe der letzten Revision eines IAS/IFRS, sofern nicht aktuelle Fassung zitiert)
RIC .... Rechnungslegungs Interpretations Committee
S. .... Seite
s.u. .... siehe unten
SEC .... Securities and Exchange Commission
SFAS .... Statement of Financial Accounting Standards
SIC .... Standing Interpretations Committee (Interpretation)

* Die vorliegende Untersuchung bezieht sich generell auf die aktuelle Fassung der IFRS zum Redaktionsschluss am 31. Dezember 2006. Wird ausnahmsweise zur näheren Erläuterung auf eine ältere Fassung der IFRS verwiesen, wird in Klammern auf das Gültigkeitsjahr hingewiesen (Beispiel: IAS 12 (rev. 1996)).

sog. .... so genannte (-r, -s)
SolZ .... Solidaritätszuschlag
SolZG .... Solidaritätszuschlagsgesetz
SSAP .... Statement of Standard Accounting Practice
TEUR .... Tausend Euro
TU .... Tochterunternehmen
Tz. .... Textziffer
u.a. .... unter anderem
u.U. .... unter Umständen
UIG .... Urgent Issues Group
USD .... US-Dollar
US-GAAP .... United States Generally Accepted Accounting Principles
Vgl. .... vergleiche
z.B. .... zum Beispiel
z.T. .... zum Teil
ZGE .... Zahlungsmittelgenerierende Einheit (cash generating unit)

Tabellenverzeichnis

Tabelle 1: Ausschluss von Ertragsteuern aus dem Anwendungsbereich anderer IFRS 63

Tabelle 2: Ergänzungen zu IAS 12 in anderen Vorschriften des IFRS-Regelwerks 65

Tabelle 3: Querverweise innerhalb der IFRS auf IAS 12 66

Tabelle 4: Zeitpunkt zu berücksichtigender Steuersatzänderungen am Beispiel verschiedener Industrienationen 122

Tabelle 5: Konsolidierungsbedingte temporary differences 187

Tabelle 6: Kategorisierung von Positionen der Steuerüberleitungsrechnung 205

Tabelle 7: Alternativen zur Berechnung und zur Bewertung von temporary differences 238

Abbildungsverzeichnis

Abbildung 1: Schema zur Berechnung von timing differences 15

Abbildung 2: Schema zur Berechnung von temporary differences aus Vermögenswerten 18

Abbildung 3: Schema zur Berechnung von temporary differences aus Schulden 18

Abbildung 4: Steuerguthaben im Überblick 22

Abbildung 5: Bewertungsparameter latenter Steuern 24

Abbildung 6: Timing concept und temporary concept im Vergleich 27

Abbildung 7: Begriffsbestimmende Merkmale von Vermögenswerten und Schulden 43

Abbildung 8: Definitionsschema der Elemente der IFRS-Rechnungslegung 45

Abbildung 9: Perspektiven auf die Konzernbilanzierung latenter Steuern vom Standpunkt der normativen Grundsätze 49

Abbildung 10: Ökonomische Struktur eines Steuertatbestands 53

Abbildung 11: Ermittlung des Steuerwertes 71

Abbildung 12: Herleitung von Steuerwerten aus dem im IFRS-Abschluss erfassten Buchwerten 72

Abbildung 13: Definition von initial recognition differences 79

Abbildung 14: „Mechanik“ der Kaufpreisallokation 88

Abbildung 15: Dotierung des GoF als Residualgröße der Kaufpreisallokation 89

Abbildung 16: Zirkelschluss aus der Abgrenzung latenter Steuern auf den GoF 91

Abbildung 17: Relation zwischen IFRS-GoF und latenten Steuern 91

Abbildung 18: Outside basis differences im Konzernabschluss 99

Abbildung 19: Bewertungsschritte aktiver und passiver latenter Steuern nach IAS 12 116

Abbildung 20: Schätzung künftiger Einkünfte zur Schätzung eines zu erwartenden Durchschnittsteuersatzes 120

Abbildung 21: Wechselwirkung aktiver und passiver latenter Steuern 127
Abbildung 22: Ergebnisprognose nach IFRS und nach Steuerrecht im Zusammenhang 130
Abbildung 23: Prozess der derivativen Konzernabschlusserstellung 151
Abbildung 24: Erstellung konzerneinheitlicher Einzelabschlüsse 153
Abbildung 25: Organgesellschaft außerhalb des Konsolidierungskreises 155
Abbildung 26: Organträger außerhalb des Konsolidierungskreises 156
Abbildung 27: Stufen der konsolidierungsvorbereitenden Währungsumrechnung 161
Abbildung 28: Temporary difference aus der Zwischenergebniseliminierung 176
Abbildung 29: Aufbau einer Steuerüberleitungsrechnung 203
Abbildung 30: Aufgliederung verschiedener Arten latenter Steuern nach ihren Entstehungsursachen 210
Abbildung 31: Aufgliederung verschiedener Arten latenter Steuern nach den ihnen zugrunde liegenden Bilanzposten 211
Abbildung 32: Berechnung einer globalen temporary difference 241
Abbildung 33: Überleitungsrechnung tatsächlicher Ertragsteuern 245

A. Vorstellung und Abgrenzung der Thematik

I. Einleitung

1. Problemstellung und Zielsetzung

Das Thema „latente Steuern“ hat in jüngerer Vergangenheit als Disziplin der internationalen Rechnungslegung aus verschiedenen Blickwinkeln an Bedeutung gewonnen. So zeigt sich auf der einen Seite in der Rechnungslegungspraxis eine zunehmende Relevanz latenter Steuern, die sich in zum Teil bedeutenden Bilanzposten mit einhergehender Ergebnisauswirkung im Konzernabschluss niederschlägt.[1] Als Begleiterscheinung dazu sind umfangreiche, im Regelfall mehrseitige Anhangangaben vorzufinden.[2] Auf der anderen Seite wird die Bilanzierung latenter Steuern in der Literatur insbesondere vor dem Hintergrund spezifischer Anwendungsfälle diskutiert.[3] Diese Diskussionen dürften nicht zuletzt darauf zurückzuführen sein, dass „die theoretischen Vorschriften zur Behandlung latenter Steuern schwerfällig und wenig praxisfreundlich wirken“[4]. Wohl auch deshalb wird die Bilanzierung latenter Steuern regelmäßig als problematisch empfunden und sogar als „Königsdisziplin“[5] bezeichnet.

Eine der Triebfedern für das starke Interesse an diesem Thema ist die Verbreitung internationaler Rechnungslegungsnormen. Nach diesen nimmt die Bilanzierung latenter Steuern einen höheren Stellenwert ein als zum Beispiel im Rahmen der deutschen handelsrechtlichen Bilanzierung, da die internationale Rechnungslegung materiell für die Unternehmensbesteuerung nicht relevant ist.[6] Speziell die International Financial Reporting Standards (IFRS) haben hier nach jahrzehntelanger Existenz im Schatten nationaler Bilanzierungsregeln einen Zuspruch erfahren, wie er zuvor im Hinblick auf die Anzahl der Anwender und die Akzeptanz durch die internationalen Kapitalmärkte nur den United States-Generally Accepted Accounting Principles (US-GAAP) zuteil geworden ist.[7] Diese Tendenzen sind aus europäischer Perspektive vor allem auf die Verordnung

---

1 Vgl. Küting/Zwirner 2003, S. 301 ff.

2 Vgl. Loitz 2003, S. 516.

3 Vgl. Wehrheim/Adrian 2003, S. 1058 m.w.N.

4 Küting/Zwirner 2003, S. 301.

5 Loitz 2003, S. 516.

6 Im handelsrechtlichen Abschluss nach HGB existieren hingegen regelmäßig nur in einem untergeordneten Umfang latente Steuern. Dies ist zum einen auf die (immer noch vorhandene) Maßgeblichkeit der Handelsbilanz für die Steuerbilanz zurückzuführen. Vgl. Wagenhofer 2005, S. 321 f.; Kußmaul 2005, S. 27 ff. Zum anderen unterliegen aktive latente Steuern keiner Aktivierungspflicht nach § 284 HGB. Vgl. ausführlich Hoyos/Fischer 2006, Tz. 40 ff. Wie noch erläutert wird, ist der Umfang der zu bilanzierenden latenten Steuern zum Teil davon abhängig, wie sehr die handelsrechtliche Rechnungslegung nach IFRS von der steuerrechtlichen Rechnungslegung abweicht. Vgl. hierzu bspw. die Ausführungen in Abschnitt A.II.2.a).

7 Vgl. Epstein/Mirza 2006, S. 1 ff.; Pellens/Fülbier/Gassen 2006, S. 46 ff. für eine Untersuchung aus deutscher Perspektive.

(EG) Nr. 1606/2002 „betreffend die Anwendung internationaler Rechnungslegungsstandards“ (auch IAS-VO) zurückzuführen. Sie verpflichtet die kapitalmarktorientierten Unternehmen der Europäischen Union zur Aufstellung von IFRS-Konzernabschlüssen für Geschäftsjahre ab dem 1. Januar 2005.[8] Die Verordnung erlaubt den Mitgliedstaaten der Europäischen Union außerdem, die Anwendung der IFRS auch in den konsolidierten Abschlüssen nichtkapitalmarktorientierter Unternehmen sowie im Einzelabschluss zuzulassen.[9]

Die Rechnungslegung nach IFRS und in ihr die Konzernbilanzierung latenter Steuern spielt damit eine wesentliche Rolle in der Finanzberichterstattung europäischer Konzerne. Dabei besteht in der Praxis ein großes Interesse an der Anwendung der diesbezüglich einschlägigen Vorschriften des International Accounting Standard 12, Ertragsteuern (IAS 12), wie zahlreiche Literaturquellen belegen.[10] Die Auseinandersetzung mit der Materie erfolgte aber bislang vor allem aus der Perspektive der Abschlusserstellung. Züge einer durchdringenden unternehmensexternen Analyse des IFRS-Abschlusses auf der Grundlage latenter Steuern als Quelle entscheidungsnützlicher Informationen, die durch die Rechnungslegung nach IFRS schließlich vermittelt werden sollen, sind hingegen nicht erkennbar.[11] Vielmehr werden latente Steuern – vergleichbar einer „Black-Box“[12] zwischen dem Vorsteuerergebnis und dem Jahresergebnis nach IFRS – häufig aus unternehmensexterner Sicht entweder nicht weiter gewürdigt[13] oder sogar im Rahmen der Jahresabschlussanalyse eliminiert.[14] Erfolgt ausnahmsweise eine Auseinandersetzung mit dieser Materie, führt dies regelmäßig nur bedingt zu dem Resultat, dass mit latenten Steuern für den Bilanzadressaten entscheidungsnützliche Informationen vermittelt werden. Besonders hervorgehoben wird dabei beispielsweise das mit der Bilanzierung aktiver latenter Steuern verbundene bilanzpolitische Potential.[15] Alternativ kommt die Analyse auch zu dem Schluss, dass durch die Bilanzierung nach IAS 12 der Erfolg oder Misserfolg von Anstrengungen des Unternehmens zur Optimierung der Steuerbelastung eher kaschiert als offen gelegt wird.[16] Der Zweck der Bilanzierung latenter Steuern wird wohl auch daher häufig relativ vage damit angegeben, dass nur ein

---

8 EU 2002, Art. 4. Vgl. ausführlich zur IAS-VO Böcking/Dutzi 2002, S. 358 ff.; Pellens/Gassen 2001, S. 137.

9 Im deutschen Handelsgesetzbuch wurde die Regelung mittlerweile durch die Einfügung von § 315a HGB und § 325 Abs. 2a HGB umgesetzt. Vgl. dazu vertiefend Hoyos/Ritter-Thiele 2006, Tz. 9 ff.; Elrott/Aicher 2006, Tz. 56 ff.

10 Vgl. hierzu die in dieser Ausarbeitung aufgeführten Quellenangaben. Es ist außerdem darauf hinzuweisen, dass IAS 12 auch die Bilanzierung tatsächlicher („echter“) Steuern behandelt. Vgl. IAS 12.1 i.V.m. IAS 12.5; ausführlich Schulz-Danso 2006, Tz. 11 ff.

11 Vgl. Dangel/Hofstetter/Otto 2001, S. 86; ähnlich hier Küting/Zwirner 2003, S. 301.

12 Dangel/Hofstetter/Otto 2001, S. 94.

13 Vgl. Hannemann/Peffermann 2003, S. 732; ähnlich auch Hirst/Sevcik 1996, S. 74 im Hinblick auf die US-GAAP.

14 Comiskey/Mulford 2000, S. 208; so im Hinblick zumindest auf langfristige latente Steuern White/Sondhi/Fried 2003, S. 304; Chaney/Jeter 1989, S. 8; Fischer 2002, S. 951; Wagenhofer 2005, S. 581.

15 Vgl. Küting/Zwirner 2003, S. 311; Kirsch 2003b, S. 1112.

16 Auf diesen Umstand weist bspw. Herzig hin. Vgl. Herzig 2003, S. S54 f.

IFRS-Abschluss mit latenten Steuern eine zutreffende Darstellung der Vermögenslage zulässt oder zumindest den Ausweis eines Steuerergebnisses ermöglicht, das zum IFRS-Vorsteuerergebnis passt.[17] Dies ist aber allenfalls als Resultat, nicht aber als die originäre Zielsetzung der Bilanzierung latenter Steuern anzusehen.

Festzuhalten ist vor diesem Hintergrund, dass latenten Steuern trotz ihrer Bedeutung in IFRS-Abschlüssen aus unternehmensexterner Sicht häufig mit Zurückhaltung oder gar Indifferenz begegnet wird. Die Zielsetzung, die mit der IFRS-Rechnungslegung verfolgt wird, liegt aber gerade in der Vermittlung von entscheidungsnützlichen Informationen über die Vermögens-, Finanz- und Ertragslage von Unternehmen.[18] Die dabei aus normativer Sicht zu beachtenden Merkmale wurden vom International Accounting Standards Board (IASB)[19] im so genannten Rahmenkonzept für die Aufstellung und Darstellung von Abschlüssen (nachfolgend nur noch: Rahmenkonzept) festgehalten.[20] In Abwesenheit materieller Funktionen des IFRS-Abschlusses[21] sollten alle Komponenten der IFRS-Rechnungslegung der Vermittlung entscheidungsnützlicher Informationen nach der Definition des Rahmenkonzepts zuträglich sein. Die oben skizzierte kritische Distanz gegenüber der Bilanzierung latenter Steuern legt aber bereits nahe, dass hiervon bei der Bilanzierung latenter Steuern nach IAS 12 nicht unbedingt ausgegangen werden kann.

An diese Ausgangslage knüpft die vorliegende Ausarbeitung an. Untersucht wird nachfolgend, ob die Konzernbilanzierung latenter Steuern nach IAS 12 die Zielsetzung der IFRS-Rechnungslegung unterstützt, entscheidungsnützliche Informationen zu vermitteln. Stehen die Vorschriften dieses Standards mit den Vorgaben des Rahmenkonzepts im Einklang, ist davon auszugehen, dass die Bilanzierung latenter Steuern in IFRS-Abschlüssen zumindest aus normativer Sicht die Zielsetzung der IFRS-Rechnungslegung unterstützt. Liegen hingegen Diskrepanzen zwischen den normativen Grundsätzen der IFRS und der Konzernbilanzierung latenter Steuern nach IAS 12 vor, führt dies zu dem Ergebnis,

17 Mehr dazu in Abschnitt C.I.3.

18 Vgl. dazu ausführlich Pellens/Fülbier/Gassen 2006, S. 106; Wagenhofer 2005, S. 116; Bonham/Curtis/Davis 2004, S. 90 f.

19 Ein Großteil des derzeit gültigen IFRS-Regelwerks ist noch von der Vorgängerorganisation des IASB konzipiert worden. Sofern es der historische Zusammenhang nicht erfordert, wird im Folgenden jedoch das IASB als Autor bzw. Urheber des IFRS-Regelwerks genannt, da es die bereits vom IASC erstellten International Accounting Standards (IAS) – hierunter fällt auch IAS 12 – übernommen hat und fortführt. Vgl. Mandler 2003, S. 476 ff.

20 Die normativen Grundsätze des Rahmenkonzepts sind bei der Entwicklung und Modifizierung von IFRS durch das IASB zu berücksichtigen Vgl. R. 1(a); Dunn 1988, S. 24 f. Vertiefend zur Funktion vgl. Wollmert/Achleitner 2002, Tz. 8 ff.; Alexander/Britton/Jorissen 2003, S. 120 ff.; Schöllhorn/Müller 2004, S. 1624 ff.

21 Zum Vergleich exemplarisch genannt sei an dieser Stelle die Ausschüttungsbemessungsfunktion des deutschen handelsrechtlichen Einzelabschlusses. Zur Bemessung von Gewinnansprüchen als Jahresabschlussaufgabe vgl. Moxter 2003a, S. 3 f.

dass die Vorschriften dieses Standards sich nicht an der Zielsetzung der IFRS-Rechnungslegung orientieren. Die Zurückhaltung gegenüber der Materie aus unternehmensexterner Sicht erscheint dann zumindest aus dem Blickwinkel des Rahmenkonzepts begründet, da sich gemeinsam mit dem Entscheidungsnutzen von Rechnungslegungsinformationen auch die Notwendigkeit ihrer Analyse erübrigt. Es ist dann zu überlegen, welcher Handlungsbedarf für das IASB besteht, um die Bilanzierung latenter Steuern im IFRS-Konzernabschluss im Sinne der normativen Grundsätze der IFRS zu verbessern. Die Entwicklung eines Regelwerks, das ein „single set of high quality, understandable and enforcable global accounting standards"[22] werden soll, ist schließlich als Leitbild der Arbeit des IASB zu sehen.[23]

Der Analyse wird primär die derzeit gültige Fassung von IAS 12 aus dem Jahr 2000 zugrunde gelegt. Da die Rechnungslegung nach IFRS aber fortwährend modifiziert wird, werden auch die bereits absehbaren und für die untersuchte Materie direkt relevanten Entwicklungen aufgegriffen. Zu nennen sind in diesem Zusammenhang vor allem die gemeinsamen Bestrebungen des IASB und seines US-amerikanischen Gegenparts, des Financial Accounting Standard Board (FASB), die Bilanzierung latenter Steuern nach US-GAAP und IFRS zu vereinheitlichen. Im so genannten Short Term Convergence Project sollen unter anderem die Regelungen von IAS 12 und die dafür einschlägigen Vorschriften im Statement of Financial Accounting Standards No. 109 (SFAS 109) aneinander angeglichen werden.[24] Hintergrund ist hier die Verringerung von so genannten reconciling items für Unternehmen, die zwar eigentlich nach IFRS bilanzieren, aber durch ein Listing an einer US-amerikanischen Börse dazu verpflichtet sind, gegenüber der Securities and Exchange Commission (SEC) vollständige Abschlüsse nach US-GAAP oder zumindest eine Überleitung (reconciliation) des Eigenkapitals und des Jahresergebnisses von IFRS auf US-GAAP vorzulegen.[25] Als Erleichterung für diese relativ kleine Gruppe von Unternehmen soll voraussichtlich bis Ende 2007 als Ergebnis des Short Term Convergence Project eine Neufassung von IAS 12 verabschiedet werden.[26] Zu beachten ist außerdem, dass vom IASB gemeinsam mit dem FASB die normativen Grundsätze der Rech-

22 IASCF Constitution 2005 Abs. 2 (a).

23 Ebenda.

24 Das Short Term Convergence Project ist Gegenstand des so genannten Memorandum of Understanding, in dem die Angleichung ausgesuchter Differenzen zwischen den IFRS und den US-GAAP bis 2008 angestrebt wird. Vgl. IASB Discussion Paper 2006a, S. 1 ff.

25 Vgl. Meek 2000, S. 177 f.; zur Berichterstattung gegenüber der US-amerikanischen Börsenaufsicht auch Bay/Bruns 2000, S. 734 f.

26 Dabei sollen explizit die bestehenden Regelungen nur modifiziert, nicht aber einer grundlegenden Neukonzeption unterzogen werden. Vgl. IASB Update July 2005, S. 3.

nungslegung im so genannten Conceptual Framework Project fortentwickelt werden.[27] Auch diese Entwicklungstendenz wird nachfolgend aufgegriffen.

2. Gang der Untersuchung

Die vorliegende Untersuchung ist in insgesamt vier Kapitel untergliedert.

Kapitel A enthält zunächst die Einleitung dieser Arbeit. Ausgehend von der zunehmenden Bedeutung der IFRS-Rechnungslegung wird die Problemstellung und Zielsetzung formuliert. Daraufhin folgt eine Einführung in den Gang der vorliegenden Untersuchung. Des Weiteren werden in Abschnitt A.II die für den weiteren Verlauf der Analyse notwendigen Grundlagen und Grundbegriffe der Bilanzierung latenter Steuern dargestellt. Hierdurch wird das Verständnis latenter Steuern zunächst unabhängig von den Vorschriften des IAS 12 entwickelt. Diese Grundlagen dienen im weiteren Verlauf der Untersuchung dem präzisen Umgang mit den zahlreichen Begriffen der Thematik. Weiterhin wird in Abschnitt A.III die Themenabgrenzung vorgenommen.

Gemäß dem normativen Analyseansatz der vorliegenden Ausarbeitung wird in Kapitel B ein Anforderungsprofil entwickelt, das der kritischen Würdigung der Konzernbilanzierung latenter Steuern nach IAS 12 zugrunde gelegt wird. Dazu werden die normativen Grundsätze der IFRS dargestellt und analysiert. Es stellt sich dabei heraus, dass die Rechnungslegung nach IFRS aus normativer Sicht einerseits im Hinblick auf die Eigenschaften entscheidungsnützlicher Rechnungslegungsinformationen, andererseits vor dem Hintergrund der bilanztheoretischen Grundsätze zu überprüfen ist. Beide Perspektiven normativer Grundsätze sind im IFRS-Rahmenkonzept dargelegt worden und können für die kritische Würdigung der Konzernbilanzierung latenter Steuern genutzt werden.

Kapitel C umfasst den Kern der vorliegenden Untersuchung. Hier werden die Vorschriften des IAS 12 zur Konzernbilanzierung latenter Steuern dargestellt und einer kritischen Würdigung unterzogen. Dazu erfolgt zunächst eine Auseinandersetzung mit der Bedeutung latenter Steuern im IFRS-Regelwerk. Darauf aufbauend werden die Grundsätze ihrer Bilanzierung – das heißt die Dotierung ihrer Bemessungsgrundlage, die Bewertung und die buchhalterische Erfassung latenter Steuern – nach den Vorschriften des IAS 12 analysiert. Gesondert davon wird die Anwendung der Bilanzierungsvorschriften des IAS 12 im Zusammenhang mit der Konzernabschlusserstellung behandelt, da dieser Standard diesbezüglich keine besonderen Vorschriften enthält. Die Darstellung latenter Steuern in Form ihres Ausweises und der zugehörigen Angabepflichten wird schließlich

[27] Vgl. zum so genannten Conceptual Framework Project die Übersicht auf der Internetspräsenz des IASB unter http://www.iasb.org/Current+Projects/IASB+Projects/Conceptual+Framework (Stand: 31. Dezember 2006).

auf der Grundlage des IFRS-Konzernabschlusses analysiert. Am Ende von Kapitel C findet sich die Zusammenfassung der Untersuchungsergebnisse. Die Modifikationen an IAS 12, die infolge des Short Term Convergence Project bereits absehbar sind, werden dabei umfassend in alle Ausführungen einbezogen.

Den Abschluss dieser Ausarbeitung bildet Kapitel D, in dem mögliche Perspektiven der Konzernbilanzierung latenter Steuern aufgezeigt werden. Hier werden die Ergebnisse dieser Untersuchung den absehbaren Fortentwicklungen der normativen Grundsätze gegenübergestellt, die bereits aus dem Conceptual Framework Project absehbar sind. Außerdem werden auf der Grundlage der Untersuchungsergebnisse Handlungsvorschläge entwickelt, auf die bei einer Neuauflage des IAS 12 durch das IASB zurückgegriffen werden kann. Ein Schlusswort rundet die Darstellung und kritische Würdigung der Konzernbilanzierung latenter Steuern nach IAS 12 ab.

II. Grundlagen und Grundbegriffe latenter Steuern

In Vorfeld der Themenabgrenzung und der Darstellung und kritischen Würdigung der Konzernbilanzierung latenter Steuern nach IAS 12 ist die Auseinandersetzung mit ausgewählten Grundlagen und Grundbegriffen der Thematik erforderlich. Dieser Abschnitt soll dabei an das Thema der vorliegenden Untersuchung heranführen, ohne bereits auf die konkreten Bilanzierungsvorschriften nach IAS 12 einzugehen. Im Folgeabschnitt wird dazu als Erstes das Wesen latenter Steuern skizziert. Um ein Verständnis für den Begriff latenter Steuern zu schaffen, das nicht von vornherein durch technische Begrifflichkeiten dieses Themenbereiches eingeschränkt wird,[28] wird dabei kurz die Grundidee latenter Steuern skizziert. Die Ermittlung der Bemessungsgrundlage, auf die sich die Bilanzierung latenter Steuern bezieht, wird daraufhin in Abschnitt A.II.2 dargelegt. Dabei werden auch die einschlägigen Begriffe timing differences und temporary differences erläutert.[29] Die möglichen Bewertungsparameter latenter Steuern werden in Abschnitt A.II.3 dargelegt. A.II.4 rundet dieses für die vorliegende Arbeit notwendige „Rüstzeug“ ab, indem die Grundbegriffe der Bilanzierung latenter Steuern zu so genannten „Konzepten“ zusammengesetzt werden.

---

28 Diese Begriffe werden daher nicht als Erklärungsansatz des Wesens latenter Steuern, sondern erst in einem Folgeschritt und zwar bei der Ermittlung der Bemessungsgrundlage latenter Steuern in Abschnitt A.II.2 erklärt.

29 In der vorliegenden Ausarbeitung wird auf eine deutsche Übersetzung dieser Begriffe verzichtet, um eine Verwechslung zu vermeiden: Zwischen dem Begriff der timing difference (~ zeitliche bzw. zeitlich anpassende Differenz) einerseits und dem Begriff der temporary difference (~ temporäre bzw. vorübergehende Differenz) (Quelle: Langenscheidts Großwörterbuch Englisch – Deutsch) liegt schließlich kein semantisch klar abzugrenzender Unterschied dar. Zur Kritik am Begriff der temporary difference vgl. auch Schildbach 1998, S. 945.

1. Wesen latenter Steuern

Die Wurzeln der Bilanzierung latenter Steuern liegen in der Konzeption der so genannten interperiod tax allocation[30] in der US-amerikanischen Rechnungslegung.[31] So stammt die wohl erste Verlautbarung zu diesem Thema aus dem Jahr 1942 von dem damaligen US-amerikanischen Standardsetter, dem Committee on Accounting Procedure.[32] In das deutsche Handelsrecht wurde der Begriff der latenten Steuern hingegen erst durch die Umsetzung der 4. EG-Richtlinie vom 25. Juli 1978 implementiert.[33] Eine Auseinandersetzung mit dem Begriff *latent* (von lateinisch latens ~ verborgen, heimlich), um den Bilanzierungszweck latenter Steuern zu ergründen, hat daher von vornherein keine Erfolgsaussichten. Der Begriff *latente Steuern* legt aber zumindest nahe, dass es bei ihrer Bilanzierung um die Visualisierung von Steuerzahlungen geht, welche zwar unter gewissen, noch darzulegenden Grundannahmen zu erwarten sind, jedoch nicht ohne weiteres *sichtbar* oder *greifbar* sind – beispielsweise im Sinne eines Steuerbescheids.[34] Für eine genauere Erläuterung der Ursprünge der Bilanzierung latenter Steuern bietet sich ein Blick in die US-amerikanische Rechnungslegung an.

In den US-GAAP wird hinsichtlich der Ertragsteuern zwischen *current* und *deferred* income taxes unterschieden. Als Ausfluss *laufender* Ertragsteuern (current taxes) werden solche fiskalischen Verbindlichkeiten, Rückzahlungsansprüche, Zahlungen und Rückerstattungen verstanden, die bereits im Zuge der Veranlagung von den Steuerbehörden festgesetzt wurden. Wohl, weil sie normalerweise in absehbarer Zeit zahlungswirksam werden, werden sie im deutschen Sprachgebrauch auch als *tatsächliche* Steuern bezeichnet.[35] Mit *aufgeschobenen* Steuern (deferred taxes) sind hingegen *latente* Steuern gemeint. Sie wirken sich nicht unmittelbar zahlungswirksam in der Steuerbelastung eines Unternehmens aus, sondern werden in bestimmten Fällen stellvertretend für tatsächliche Steuern bilanziert, wie nachfolgend noch genauer ausgeführt wird.

---

30 Nicht zu verwechseln ist dieser Begriff mit der *intraperiod* tax allocation. Diese behandelt die Zuordnung des Steueraufwands auf bestimmte Bereiche der Ergebnisrechnung. Vgl. SFAS 109.35 ff.; zur Vorgehensweise nach IFRS vgl. Abschnitt C.II.3.

31 Vgl. Busse von Colbe/Ordelheide/Gebhardt/Pellens 2003, S. 45.

32 In ARB No. 18 wurde die bilanzielle Erfassung von latenten Steuern im Zusammenhang mit steuerlich nicht zeitgleich anerkannten Agios geregelt, ohne jedoch diese Vorgabe explizit als interperiod tax allocation zu bezeichnen. Vgl. Rayburn 1986, S. 90; Buckley 1972, S. 5; Schäffeler 2000, S. 38. Ausführlich auch zur Entstehungsgeschichte latenter Steuern in der US-amerikanischen Rechnungslegung Berresford/Best/Craig 1983, S. 135 ff.; Schroeder/Clark/Cathey 2001, S. 350 ff.; in der Rechnungslegung Großbritanniens wurde die Bilanzierung latenter Steuern erst mit SSAP 11 aus dem Jahr 1975 adressiert. Vgl. Stitt 1985, S. 2.

33 Vgl. Hille 1981, S. 2; Harms/Küting 1985, S. 94; Karrenbrock 1991, S. 190 ff.

34 Anzumerken ist darüber hinaus, dass der Begriff „latente Steuern" nicht durchgehend einheitlich verwendet wird. So werden bspw. auch noch aus dem Nachlass zu zahlende Einkommensteuern des Erblassers aus Perspektive des Erben als latente Steuern bezeichnet. Vgl. Koblenzer/Groß 2004, S. 344.

35 So jedenfalls die Bezeichnung in IAS 12.5.

Die Gründe für die begriffliche Unterscheidung von current und deferred taxes führen zum Bilanzierungszweck, der mit der Bilanzierung latenter Steuern seit ihren Ursprüngen verfolgt wurde. Bis in die 1940er Jahre hinein wurden Unternehmenssteuern von der US-amerikanischen Zentralregierung nur in einem untergeordneten Umfang auf der Grundlage eigenständiger Gewinnermittlungsvorschriften erhoben.[36] Als Bemessungsgrundlage wurde im Wesentlichen das nach handelsrechtlichen Bilanzierungsnormen (hier: US-GAAP) berechnete Vorsteuerergebnis herangezogen.[37] Der ausgewiesene Steueraufwand entsprach demnach in etwa dem Produkt aus handelsrechtlichem Vorsteuerergebnis und dem für das jeweilige Unternehmen relevanten Ertragsteuersatz. Als notwendig wurde die bilanzielle Erfassung von deferred taxes erst erachtet, als die Berechnung des zu versteuernden Einkommens wesentlich von der Ermittlung des US-GAAP-Vorsteuerergebnisses abwich.[38]

Zu den ersten materiell bedeutsamen Abweichungen in der steuerrechtlichen Gewinnermittlung gegenüber den US-GAAP gehörte die für steuerliche Gewinnermittlungszwecke verkürzte Abschreibungsdauer von Notfalleinrichtungen (emergency facilities), die für den Koreakrieg benötigt wurden.[39] Ihre Einrichtung wurde begünstigt, indem die Ausgaben, die für die Anschaffung dieser Anlagen getätigt wurden, nicht über die voraussichtliche wirtschaftliche Nutzungsdauer, sondern über einen kürzeren Zeitraum von der steuerlichen Bemessungsgrundlage abgezogen werden konnten. Unter der Annahme, dass das Unternehmen auch nach Ablauf des Abschreibungszeitraums wirtschaftlich prosperierte und damit Steuerzahlungen zu erwarten waren, war die durch die kürzeren Abschreibungszeitspannen ausgelöste Reduktion der Steuerzahlungen nicht aber dauerhaft. Sie war vielmehr als Stundung aufzufassen, da tatsächliche Ertragsteuern letztendlich nicht aufgehoben, sondern lediglich aufgeschoben (deferred) wurden. Im direkten Vergleich des zu versteuernden Einkommens mit dem US-GAAP-Vorsteuerergebnis, bei dessen Berechnung eine Abschreibung über die längere wirtschaftliche Nutzungsdauer zugrunde gelegt wurde, wurde der Abschreibungsaufwand in der steuerlichen Gewinnermittlung lediglich auf unterschiedliche Bilanzierungsperioden verteilt. Folglich lagen Differenzen zwischen der handels- und der steuerrechtlichen Ergebnisermittlung vor, die lediglich auf andere Periodisierungsgrundsätze zurückzuführen waren. Sie wurden infolgedessen auch als *timing differences* bezeichnet. Diese Zusammenhänge verdeutlicht Beispiel 1.

---

36 Die hierzu erforderlichen einheitlichen Bundesgesetze zur Besteuerung wurden erst 1939 in Form des Internal Revenue Code zusammengefasst. Vgl. Schäffeler 2000, S. 8; Robertson 1993, S. 54.

37 Vgl. Black 1966, S. 107; Rayburn 1986, S. 89.

38 Vgl. Moonitz 1957, S. 175. Zum Zusammenhang zwischen dem US-amerikanischen Steuerrecht und der Rechnungslegung nach US-GAAP vgl. Kieso/Weygandt/Warfield 2001, S. 1058 ff.; Drescher 2002, S. 243 ff.

39 Vgl. Rayburn 1986, S. 91; Schroeder/Clark/Cathey 2001, S. 351.

Beispiel 1: Die Entstehung von timing differences

Ein Gebäude wurde zu einem Preis von 300 TEUR angeschafft und hat eine 20-jährige betriebsgewöhnliche Nutzungsdauer. Für die Berechnung des zu versteuernden Einkommens wird das Gebäude über 10 Jahre abgeschrieben, während für handelsrechtliche Zwecke die Anschaffungskosten über die betriebsgewöhnliche Nutzungsdauer von 20 Jahren aufwandswirksam verteilt werden müssen. Das Unternehmen unterliegt einem Ertragsteuersatz in Höhe von 30%.

Bei einer isolierten Betrachtung der aus der Abschreibung des Gebäudes resultierenden Ergebnisauswirkung führen diese Ausgangsdaten über die gesamte Abschreibungsdauer zu Unterschieden zwischen dem dem handelsrechtlichen Vorsteuerergebnis und dem zu versteuernden Einkommen.

	Handelsrecht		**Steuerrecht**	
Zeitpunkt	**Buchwert**	**Abschreibung**	**Buchwert**	**Abschreibung**
t0	300	-	300	-
t1	285	15	270	30
t2	270	15	240	30
t3	255	15	210	30
t4	240	15	180	30
t5	225	15	150	30
t6	210	15	120	30
t7	195	15	90	30
t8	180	15	60	30
t9	165	15	30	30
t10	**150**	**15**	**0**	**30**
t11	135	15	0	0
t12	120	15	0	0
t13	105	15	0	0
t14	90	15	0	0
t15	75	15	0	0
t16	60	15	0	0
t17	45	15	0	0
t18	30	15	0	0
t19	15	15	0	0
t20	0	15	0	0
Ergebniseffekt in der Totalperiode		**300**		**300**

Wie erkennbar wird, wird das zu versteuernde Einkommen durch die steuerrechtlich verkürzte Abschreibungsdauer in den ersten 10 Jahren der Nutzung des Gebäudes höher belastet, als das handelsrechtliche Vorsteuerergebnis. Nachdem das Gebäude für die ertragsteuerliche Einkommensbemessung aber bereits abgeschrieben ist, wandelt sich dieses Bild ab dem elften Jahr der Nutzung. Von diesem Zeitpunkt an belastet die Abschreibung des Gebäudes weiterhin das handelsrechtliche Vorsteuerergebnis, während für die ertragsteuerliche Einkommensbemessung kein weiteres Abschreibungsvolumen zur Verfügung steht.

(Fortsetzung auf der nächsten Seite)

(Fortsetzung von Beispiel 1)

Nach Ablauf der betriebsgewöhnlichen Nutzungsdauer des Gebäudes, in dieser isolierten Betrachtung also über die Totalperiode, haben sowohl steuerrechtlich wie auch handelsrechtlich die gesamten Anschaffungskosten in Höhe von 300 TEUR in Form von Abschreibungen die jeweils zu erstellende Gewinn- und Verlustrechnung (GuV) belastet. Es handelt sich folglich lediglich um eine zeitliche Verschiebung bzw. timing difference in der Ergebnisberechnung.

Das matching principle spielte in der Ursprungszeit der Bilanzierung latenter Steuern in der US-amerikanischen Rechnungslegung eine übergeordnete Rolle.[40] Der Fokus der US-GAAP lag entsprechend auf der Formulierung von Regeln der Ertragsrealisation.[41] Zur Ermittlung eines ökonomisch zutreffenden Periodenergebnisses wurden den Erträgen dabei die ihnen zugehörigen Aufwendungen zugeordnet.[42] Die tatsächlich zu entrichtenden current taxes wurden daher um deferred taxes ergänzt, um die im handelsrechtlichen Abschluss erfassten Geschäftsvorfälle auch aus steuerlicher Sicht vollständig zu würdigen.[43] Die Summe aus tatsächlichen und latenten Steueraufwendungen entsprach damit dem Steueraufwand, der bei periodengleicher Erfassung aller handels- wie steuerbilanziell relevanten Transaktionen anfallen würde.

Beispiel 2 auf Seite 11 ergänzt das Ausgangsbeispiel um die Bilanzierung latenter Steuern zur Verdeutlichung dieser Zusammenhänge. Wie dort zu sehen ist, ergeben sich aus der Bilanzierung latenter Steuern für timing differences zwei Effekte im handelsrechtlichen Abschluss: Wenn als handelsrechtlicher Steueraufwand latente und tatsächliche Steuern zusammengefasst werden, entspricht ihr Gesamtbetrag erstens dem Steueraufwand, der ausgehend vom Vorsteuerergebnis zu erwarten ist. Dies ist an der Steuerquote erkennbar, die sich aus dem Quotienten aus Steueraufwand und Vorsteuerergebnis berechnet und in diesem Beispiel mit dem Ertragsteuersatz identisch ist. Zweitens wird in der Bilanz ein Passivposten für die künftig zu erwartende Mehrbelastung an Ertragsteuern für den Zeitraum angesetzt, nachdem das Gebäude steuerrechtlich abgeschrieben wurde. Dieser wird ab dem Zeitpunkt wieder aufgelöst, ab dem die steuerrechtliche Abschreibung ausgesetzt wird bzw. sich die timing differences wieder umkehren.

---

40 Vgl. Schäffeler 2000, S. 31; Chaney/Jeter 1989, S. 9; Rosenfield/Dent 1983, S. 44; von Black wurde dies bei einer frühen Untersuchung für das Accounting Principles Board, einem Vorläufer des FASB, wie folgt auf den Punkt gebracht: „The acknowledged purpose of interperiod allocation of taxes is to record the income tax effect in the same period in which the related tax-determining income components are recognized." Black 1966, S. 5.

41 Vgl. Epstein/Mirza 2006, S. 528.

42 Kritisch zur Begründung der Bilanzierung latenter Steuern mit dem matching principle vgl. Drinkwater/Edwards 1965, S. 581.

43 Vgl. Black 1966, S. 2.

Beispiel 2: Bilanzierung latenter Steuern für timing differences

Wie bereits aus der Aufstellung in Beispiel 1 auf Seite 9 ersichtlich wird, wird in den ersten 10 Jahren der Nutzung des Gebäudes handelsrechtlich eine Abschreibung von 15 TEUR erfasst, steuerrechtlich hingegen 30 TEUR.

Die Gebäudeabschreibung führt für die ersten 10 Jahren zu einer Reduktion der tatsächlichen Steuerbelastung des Unternehmens. Bei einem Steuersatz von 30% ist für jedes Jahr der steuerrechtlich anerkannten Abschreibungsdauer von einer Entlastung in Höhe von 30 TEUR x 30%= 9 TEUR auszugehen.

Das Vorsteuerergebnis des handeslrechtlichen Abschlusses ist in den ersten 10 Jahren der Abschreibungsdauer um 15 TEUR höher als das zu versteuernde Einkommen. Für diese passivische timing difference werden passive latente Steuern gebildet. Entsprechend ist jährlich ein Aufwand in Höhe von 15 TEUR x 30% = 4,5 TEUR einzubuchen. Ab dem elften Jahr löst sich die timing difference wieder auf. Das handelsrechtliche Vorsteuerergebnis ist dann bedingt durch die Gebäudeabschreibung im Vergleich mit dem zu versteuernden Einkommen um 15 TEUR niedriger. Die zuvor gebildeten passiven latenten Steuern werden daher durch die Erfassung latenter Steuererträge wieder aufgelöst. Die Steuerbelastung der Betrachtungszeiträume t11 bis t20 wird daher jährlich um -15 TEUR x 30% = -4,5 TEUR reduziert. Insgesamt stellt sich durch die Bildung und Auflösung latenter Steuern eine stabile Steuerquote in Höhe von 30% ein. Die Gesamtentwicklung kann wie folgt zusammengefasst werden:

	Handelsrechtliches Vorsteuerergebnis	**Steuerergebnis** Tatsächlich (current)	Latent (deferred)	**Steuerquote**	**Passive latente Steuern**
t0	-	-	-		-
t1	-15	9	-4,5	-30%	4,5
t2	-15	9	-4,5	-30%	9,0
t3	-15	9	-4,5	-30%	13,5
t4	-15	9	-4,5	-30%	18,0
t5	-15	9	-4,5	-30%	22,5
t6	-15	9	-4,5	-30%	27,0
t7	-15	9	-4,5	-30%	31,5
t8	-15	9	-4,5	-30%	36,0
t9	-15	9	-4,5	-30%	40,5
t10	**-15**	**9**	**-4,5**	**-30%**	**45,0**
t11	-15	0	4,5	-30%	40,5
t12	-15	0	4,5	-30%	36,0
t13	-15	0	4,5	-30%	31,5
t14	-15	0	4,5	-30%	27,0
t15	-15	0	4,5	-30%	22,5
t16	-15	0	4,5	-30%	18,0
t17	-15	0	4,5	-30%	13,5
t18	-15	0	4,5	-30%	9,0
t19	-15	0	4,5	-30%	4,5
t20	-15	0	4,5	-30%	0,0
Ergebniseffekt in der Totalperiode	**-300**	**90**	**0**		

Zusätzlich zu den bereits skizzierten Steuerlatenzen – und zwar als „special kind of timing difference“[44] – wurden steuerliche Verlustvorträge zum Gegenstand der Bilanzierung latenter Steuern. Die Erfassung dieser Untergruppe latenter Steuern wurde als notwendig erachtet, um künftige Steuerminderungen ergebniswirksam der Periode zuordnen zu können, in welcher das Steuerguthaben entstanden ist.[45] Entsprechend führt die Aktivierung latenter Steuern zu einem latenten Steuerertrag im Jahr ihrer Entstehung. Ein entsprechender Aufwand ist hingegen mit dem Abbau bzw. der Verlustnutzung auszuweisen. Auch die Bilanzierung latenter Steuern für Verlustvorträge ist daher auf das matching principle zurückzuführen.[46] Beispiel 3 verdeutlicht diese Zusammenhänge.

Beispiel 3: Latente Steuern und Verlustvorträge

Angenommen, dass das bereits aus den Beispielen 1 und 2 bekannte Unternehmen durch die erhöhte Abschreibung im Ausgangssachverhalt jedes Jahr einen Verlust in Höhe der Abschreibung erwirtschaftet, baut es in den ersten 10 Jahren der Gebäudenutzung einen Verlustvortrag in Höhe von insgesamt 300 TEUR auf. Hier liegt wiederum eine Differenz zwischen dem Steueraufwand, der aus der Perspektive des handelsrechtlichen Vorsteuerergebnisses zu erwarten wäre, und dem bislang berechneten Steueraufwand vor, inklusive der aufwandserhöhenden passiven latenten Steuern aus Beispiel 2. Tatsächliche Ertragsteuern sind hingegen nicht zu bilanzieren, da das Unternehmen ein negatives zu versteuerndes Einkommen erwirtschaftet.

Für die auflaufenden Verlustvorträge werden aktive latente Steuern bilanziert.[47] Auch hier wird durch die Bilanzierung latenter Steuern eine im Vergleich zum handelsrechtlichen Vorsteuerergebnis konstante Steuerquote hergestellt, wie in der folgenden Berechnung erkennbar wird.

	Steuerpflichtiges Einkommen	Verlust-vortrag	Handelsrechtliches Vorsteuerergebnis	Steuerergebnis (nur latente Steuern)		Steuer-quote
				- für timing differences	- für den Verlustvortrag	
t0	-	-	-	-	-	
t1	-30	-30	-15	-4,5	9	-30%
t2	-30	-60	-15	-4,5	9	-30%
t3	-30	-90	-15	-4,5	9	-30%
t4	-30	-120	-15	-4,5	9	-30%
t5	-30	-150	-15	-4,5	9	-30%
t6	-30	-180	-15	-4,5	9	-30%
t7	-30	-210	-15	-4,5	9	-30%
t8	-30	-240	-15	-4,5	9	-30%
t9	-30	-270	-15	-4,5	9	-30%
t10	**-30**	**-300**	**-15**	**-4,5**	**9**	**-30%**
t11 bis t20		-300	-15	4,5	0	-30%

(Fortsetzung auf der nächsten Seite)

---

[44] Black 1966, S. 91.
[45] Vgl. Black 1966, S. 94 ff.
[46] Vgl. Wolk/Tearny 1973, S. 292.
[47] Aspekte der Bewertung latenter Steuern werden an dieser Stelle noch nicht in die Betrachtung einbezogen.

(Fortsetzung von Beispiel 3)

Sobald das Unternehmen wieder positive zu versteuernde Einkünfte erwirtschaftet, gegen das es den Verlustvortrag verrechnen darf, oder aber wenn der Verlustvortrag voraussichtlich nicht mehr nutzbar ist, wird er wiederum ergebniswirksam ausgebucht.

Die Ursprünge der Bilanzierung latenter Steuern in den US-GAAP legen nahe, dass ihre Bilanzierung ab dem Zeitpunkt für notwendig erachtet wurde, in dem sich die Berechnung der einkommensteuerlichen Bemessungsgrundlage von der handelsrechtlichen Rechnungslegung löste. Der Impuls für die Bilanzierung latenter Steuern ging folglich von der Verselbständigung nationaler Steuergesetze aus. Ohne eine Einschränkung der Maßgeblichkeit des handelsrechtlichen Abschlusses für die steuerliche Einkommensbemessung hätte hingegen auf die Bilanzierung latenter Steuern verzichtet werden können.[48]

Die Bemessungsgrundlage der Ertragsbesteuerung wird mittlerweile regelmäßig eigenständig berechnet oder zumindest unter Berücksichtigung zusätzlicher Regeln vom handelsrechtlichen Ergebnis übergeleitet.[49] Die ertragsteuerlichen Regeln zur Einkommensbemessung stimmen dabei normalerweise nicht mit den handelsrechtlichen Rechnungslegungsvorschriften überein,[50] da der steuerrechtliche Abschluss auf der einen Seite eine Zahlungsbemessungsfunktion für den Fiskus hat, aber keine Informationsfunktion für außenstehende Adressaten.[51] Der handelsrechtliche Abschluss der internationalen Rechnungslegung hat auf der anderen Seite eine Informationsfunktion, aber keine Zahlungsbemessungsfunktion. Ertragsteuerzahlungen werden dabei in der handelsrechtlichen Rechnungslegung als Vermögensabfluss aufgefasst, der nicht an die Anteilseigner geht. Sie werden daher entsprechend als Aufwand behandelt.[52] Der Ansatz tatsächlicher Steuern ist folglich notwendig, um über die gegenwärtige Belastung des Unternehmens durch Ertragsteuerzahlungen zu informieren. Mit der Bilanzierung latenter Steuern auf der Grundlage von timing differences und steuerlichen Verlustvorträgen[53] sollen hingegen künftige relative Erhöhungen bzw.

---

48 Vgl. van Hoepen 1981, S. 10.

49 Aus deutscher Sicht ist in diesem Zusammenhang die voranschreitende Entkopplung der Handels- von der Steuerbilanz als eine Ursache anzumerken. Zur Maßgeblichkeit des nach den Regeln des HGB aufgestellten Einzelabschlusses für die Ermittlung der steuerlichen Bemessungsgrundlage in Deutschland vgl. Kirsch 2004, S. 470 ff.; Kußmaul 2005, S. 27 ff. Diese Tendenz wird zusätzlich verstärkt, wenn keine Maßgeblichkeit oder sonstige direkte Verknüpfung zwischen der handelsrechtlichen Rechnungslegung und der Berechnung des zu versteuernden Einkommens besteht, wie bspw. im Fall der IFRS.

50 Vgl. Klein 2001, S. 885; Porcano/Tran 1998, S. 443 ff.

51 Vgl. Herzig 2004, S. 36. Weiterhin reflektieren die Vorschriften zur steuerlichen Einkommensermittlung außerdem auch wirtschafts- und sozialpolitische Ziele. Vgl. Rose 2003, S. 21; Stitt 1985, S. 1; FASB Discussion Memorandum 1983, S. 1.

52 Vgl. zu einer Gegenüberstellung von Ertragsteuern mit Ausschüttungen an Anteilseigner van Hoepen 1981, S. 10 ff.; zur Bilanzierung von Steuern bei Gleichbehandlung von Anteilseignern und Fiskus nach dem so genannten entity concept Li 1961, S. 265 ff.

53 Vgl. Black 1966, S. 91.

Reduktionen der Ertragsteuerbelastung (im Folgenden auch kurz „Steuereffekt") im handelsrechtlichen Abschluss antizipiert werden, und zwar ab dem Berichtsjahr, dem sie wirtschaftlich zuzuordnen sind. Das Wesen latenter Steuern erklärt sich also ursprünglich aus dem matching principle und dem damit einhergehenden Motto „let the tax follow the income"[54].

2. Bemessungsgrundlagen latenter Steuern

In den letzten Jahrzehnten haben sich verschiedene Ansätze zur Dotierung der Bemessungsgrundlage latenter Steuern entwickelt. Dabei wurden bereits frühzeitig zwei Untergruppen latenter Steuern differenziert betrachtet, die hier hinsichtlich ihrer Bemessungsgrundlage skizziert werden sollen.

In Abschnitt A.II.2.a) werden dazu die Grundlogik und die Berechnung der hier so bezeichneten „Komplementär-Steuereffekte" dargelegt. Diese Begriffswahl erklärt sich daraus, dass die unter diesem Oberbegriff zusammengefassten künftigen Steuerbelastungen bzw. -entlastungen dem zugrunde liegenden handelsrechtlichen Bilanzierungseffekt entgegenlaufen, wie die Ausführungen noch verdeutlichen werden.[55] Hierzu gehören auch die bereits im Vorabschnitt angesprochenen timing differences.[56] Die ebenfalls bereits erwähnten steuerlichen Verlustvorträge werden in Abschnitt A.II.2.b) im Zusammenhang mit den hier so bezeichneten Steuerguthaben eingeordnet. Dabei wird eine Reihe von weiteren Steuerguthaben vorgestellt, die in der Vergangenheit in Verbindung mit der Bilanzierung latenter Steuern diskutiert wurden.[57]

a) Komplementär-Steuereffekte

Die für die Berechnung von Komplementär-Steuereffekten entwickelten Methoden lassen sich im Wesentlichen danach unterscheiden, welche Eingangsgrößen zugrunde gelegt werden.[58] Zur Berechnung von zeitlichen Verzerrungen zwischen der handelsrechtlichen und der steuerrechtlichen Erfassung von Ge-

---

54 Moonitz 1957, S. 183. Anders formuliert „soll verhindert werden, dass eine Periode mit Steueraufwendungen belastet wird, während einer anderen Periode die diese Steueraufwendungen verursachenden Erträge ‚gutgeschrieben' werden." Karrenbrock 1991, S. 85.

55 Wird ein Ertrag beispielsweise aus handelsrechtlicher Perspektive vor dem Zeitpunkt seiner steuerrechtlichen Würdigung erfasst, so wird gegenläufig ein Aufwand aus latenten Steuern bilanziert.

56 Soweit ersichtlich, existiert in der deutschsprachigen Literatur kein Begriff, der diese Steuereffekte übergreifend und unabhängig von ihrer Berechnungsmethodik erfasst. Die Bezeichnung „timing difference" kann hier jedenfalls nicht genutzt werden, da mit ihr auch eine bestimmte Vorgehensweise bei der Kalkulation verbunden wird und somit eine Konkurrenzsituation zu den ebenfalls noch zu erläuternden temporary differences besteht. Um Missverständnissen vorzubeugen, wird daher zu Gunsten einer unabhängigen Umschreibung der Begriff „Komplementär-Steuereffekte" verwendet.

57 Die nachfolgend aufgeführten Steuerguthaben dürfen nicht als abschließende Aufstellung verstanden werden. Ohne eine umfassende Analyse sämtlicher nationaler Steuergesetze ist dies nicht möglich. Es erfolgt daher eine Beschränkung auf solche Steuerguthaben, die bereits im Rahmen der US-GAAP-Bilanzierung diskutiert wurden.

58 So beispielsweise auch Hoffmann 2006, Tz. 10 ff.

schäftsvorfällen kann entweder die Bilanz oder aber die GuV herangezogen werden. Mit den bereits beispielhaft erörterten timing differences werden die zeitlichen Verwerfungen zwischen der handels- und steuerrechtlichen GuV bezeichnet, wie in Abschnitt A.II.2.aa) dargelegt wird. Als temporary differences werden hingegen solche Komplementär-Steuereffekte bezeichnet, die auf der Grundlage der bilanziellen Buchwerte berechnet werden. Diese Methode zur Dotierung von Komplementär-Steuereffekten wird in Abschnitt A.II.2.ab) erläutert. Eine Gegenüberstellung der Methoden erfolgt daraufhin in Abschnitt A.II.2.ac).

aa) Berechnung von timing differences

Timing differences berechnen sich nach den Zeitpunkten der handelsrechtlichen und steuerrechtlichen Erfassung von Erträgen und Aufwendungen in der jeweiligen Gewinn- und Verlustrechnung. Dazu werden das zu versteuernde Einkommen (taxable income) und das handelsrechtliche Vorsteuerergebnis (pretax accounting income) miteinander abgeglichen. Die Berechnung von Komplementär-Steuereffekten in Form von timing differences lässt sich zu dem in Abbildung 1 dargestellten Schema zusammenfassen. Die einzelnen in der Abbildung enthaltenen Rechtecke illustrieren dabei die Höhe der jeweils zum Vergleich herangezogenen Beträge.

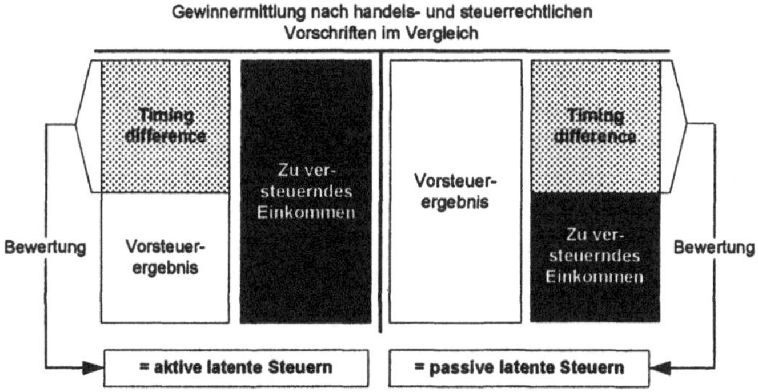

Abbildung 1: Schema zur Berechnung von timing differences

Fällt das handelsrechtliche Vorsteuerergebnis geringer aus als die steuerliche Bemessungsgrundlage und ist die Differenz auf unterschiedliche Periodisierungsgrundsätze der jeweiligen Gewinnermittlungsvorschriften zurückzuführen, liegen *aktivische* timing differences vor. Diese in Abbildung 1 auf der linken Seite dargestellte Konstellation wird zukünftig im Vergleich zum handelsrechtlichen Vorsteuerergebnis zu einer geringeren Belastung mit tatsächlichen Ertragsteuern führen. Daher werden aktive latente Steuern bilanziert. Tritt der umgekehrte Fall ein, wie er in Abbildung 1 auf der rechten Seite dargestellt wird, liegen *passivische* timing differences vor, die eine im Vergleich zum handelsrechtlichen Vorsteuerergebnis künftig höhere Belastung durch tatsächliche Ertragsteuern anzeigen. Diese werden durch die Bilanzierung passiver latenter Steuern bereits zum aktuellen Bilanzstichtag antizipiert.

Es sind in der Folge zwei mögliche Situationen zu unterscheiden, in denen latente Steuern wieder aufzulösen sind, die auf der Grundlage von timing differences bilanziert wurden. Zum einen kann entweder an einem späteren Bilanzstichtag der Fall eintreten, dass der antizipierte Steuereffekt realisiert wurde. Dies ist zum Beispiel denkbar, wenn handelsrechtliche Abschreibungsdauern von den steuerrechtlichen abweichen, wie bereits in Beispiel 2 dargelegt worden ist. Zum anderen kann es aber auch dazu kommen, dass sich die ursprünglich identifizierte timing difference ohne Auswirkung auf das zu versteuernde Einkommen wieder umgekehrt hat. Diese Entwicklung kann sich einstellen, wenn zunächst erfasste, handelsrechtlich zulässige Zuschreibungen in einer späteren Berichtsperiode wieder zurückgenommen werden, da die Gründe für die Zuschreibung nicht mehr vorliegen, während das steuerrechtliche Ergebnis hiervon gänzlich unberührt geblieben ist.

Geschäftsvorfälle, die periodengleich sowohl bei der steuerlichen Einkommensermittlung als auch bei der handelsrechtlichen Bestimmung des Vorsteuerergebnisses berücksichtigt werden, führen nicht zu timing differences. Folglich sind dann keine latenten Steuern auf Komplementär-Steuereffekte abzugrenzen, denn künftige Steuermehrbelastungen bzw. -entlastungen sind aus der Perspektive des handelsrechtlichen Abschlusses nicht mehr zu erwarten. Gleiches gilt für Geschäftsvorfälle, die sich dauerhaft entweder nur auf die handels- oder aber ausschließlich auf die steuerrechtliche Ergebnisrechnung auswirken. Hier liegen so genannte permanente Differenzen vor. Diese werden dadurch hervorgerufen, dass sich ein Geschäftsvorfall zwar erfolgswirksam im handelsrechtlichen Abschluss niederschlägt, aber nie steuerrechtlich anerkannt wird und daher auch nicht in die Berechnung der steuerlichen Bemessungsgrundlage eingehen wird. Umgekehrt sind permanente Differenzen auch dann gegeben, wenn Geschäftsvorfälle bei der Dotierung des zu versteuernden Einkommens zu berücksichtigen sind, die aber aus handelsrechtlicher Perspektive nicht erfasst werden.[59]

Ergänzend ist anzumerken, dass sich diese Analyse der handels- und steuerrechtlichen Ergebnisberechnung grundsätzlich auf alle Geschäftsvorfälle erstreckt. Dass die Berechnung von timing differences an die Summenbeträge der handelsrechtlichen GuV bzw. der steuerrechtlichen Bemessungsgrundlage anknüpft, markiert insofern lediglich den Ausgangspunkt der Berechnung von timing differences. Die auf der Grundlage von timing differences bilanzierten

---

59 Vgl. insgesamt mit Beispielen für permanente Differenzen Schulz-Danso 2006, Tz. 41; Coenenberg 2005, S. 432.

latenten Steuern sind auszubuchen, wenn sich die Differenz auflöst. Dies ist einerseits möglich, wenn ein zunächst nur im handelsrechtlichen Abschluss erfasster Geschäftsvorfall zeitlich versetzt auch steuerrechtlich nachvollzogen wird – oder umgekehrt. Andererseits können sich timing differences auch auflösen, wenn die Buchung, welche die timing difference begründet hat, rückgängig gemacht wird. Dies geschieht beispielsweise bei Rücknahme einer zuvor nur handelsrechtlich vorgenommenen außerplanmäßigen Wertberichtigung, die sich auf das steuerrechtliche Ergebnis nicht ausgewirkt hat.[60]

ab) Berechnung von temporary differences

Der Begriff der temporary difference als Resultat einer bilanzorientierten Berechnung von Komplementär-Steuereffekten wurde in den 80er Jahren vom US-amerikanischen Standardsetter FASB eingeführt.[61] Ihre Ermittlung erfolgt durch den Buchwertvergleich eines jeden Bilanzpostens, bei dem der handelsrechtliche Wertansatz (accounting base) dem für Zwecke der Besteuerung geführten Wertansatz bzw. dem Steuerwert (tax base) gegenübergestellt wird.

Das in Abbildung 2 dargestellte Schema zeigt, wie temporary differences bei Vermögenswerten zu ermitteln sind und unter welchen Umständen aktive respektive passive Steuerlatenzen resultieren. Ist der handelsrechtliche Buchwert eines Vermögenswertes demnach größer als sein zugehöriger Steuerwert, resultieren hieraus *passivische temporary differences* – es sind also passive latente Steuern zu bilanzieren. Beispiele hierfür sind unter anderem nach handelsrechtlichen Vorschriften gewählte Abschreibungszeiträume von langfristigen Investitionsgütern, welche die steuerrechtliche Abschreibung überdauern. Die sofortige Aufwandsverrechnung von Ausgaben nach steuerrechtlichen Bestimmungen gegenüber einer Aktivierungspflicht im handelsrechtlichen Abschluss führt ebenfalls zu passivischen temporary differences. Ist der steuerrechtliche Wertansatz hingegen größer, resultieren *aktivische temporary differences*, so dass vorbehaltlich weiterer Bewertungsschritte aktive latente Steuern zu bilanzieren sind. Diesbezüglich sind exemplarisch Reduktionen im Buchwert von Vermögenswerten zu nennen, die auf einen Rückgang im beizulegenden Zeitwert zurückzuführen sind und die steuerrechtlich nicht sofort nachvollzogen werden dürfen.[62]

---

60 Vgl. Rosenfield/Dent 1983, S. 45.

61 Der Begriff der temporary difference wurde bei der Überarbeitung der Bilanzierungsregeln zum Themenbereich latente Steuern vom FASB eingeführt. Er taucht in einem Standard der US-GAAP erstmals in SFAS No. 96 auf. Vgl. Chaney/Jeter 1989, S. 6; Robertson 1987, S. 52.

62 So sieht die IFRS-Rechnungslegung für verschiedene Arten von Vermögenswerten die Bilanzierung zu beizulegenden Zeitwerten vor. Siehe exemplarisch hierzu die Folgebilanzierung von Finanzinstrumenten nach IAS 39. Eine Abschreibung auf den so genannten niedrigeren Teilwert ist bspw. hingegen nach § 6 Abs. 1 S. 2 EStG nur zulässig, wenn es sich um eine voraussichtlich andauernde Wertminderung handelt. Die Zeitdauer, über die mit der anhaltenden Wertminderung zu rechnen ist, ist aber für die Bewertung im IFRS-Abschluss nicht relevant. Vgl. Wawrzinek 2006, Tz. 105.

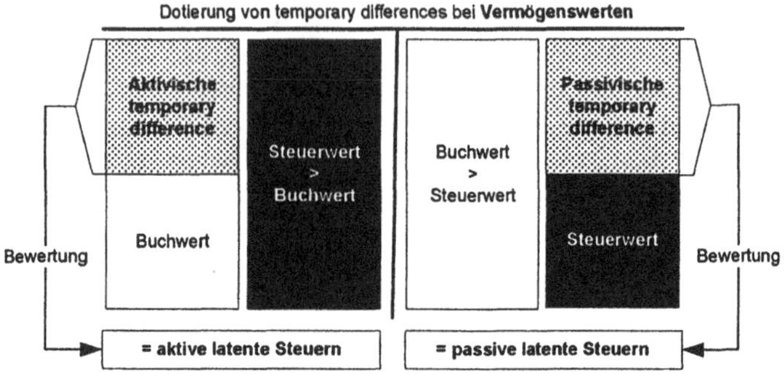

Abbildung 2: Schema zur Berechnung von temporary differences aus Vermögenswerten

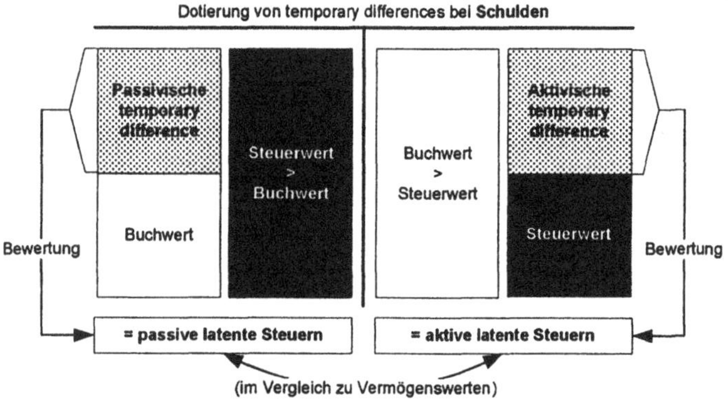

Abbildung 3: Schema zur Berechnung von temporary differences aus Schulden

Wie in Abbildung 3 dargestellt wird, ist dieses Berechnungsschema seitenverkehrt, wenn temporary differences für Schulden berechnet werden. Ist der handelsrechtliche Buchwert einer Schuld größer als sein steuerrechtliches Pendant – bei deutschen Kapitalgesellschaften stellt sich diese Fallkonstellation im IFRS-Abschluss vor allem bei Pensionsrückstellungen ein[63] – resultiert hieraus eine aktivische temporary difference, mithin aktive latente Steuern. Im umgekehrten Fall ist hingegen von passivischen temporary differences auszugehen.[64] Davon ist beispielsweise bei steuerrechtlich geltend gemachten Aufwandrückstellungen

63 Dies liegt darin begründet, dass Pensionszusagen steuerrechtlich nach § 6a Abs. 3 S. 3 EStG mit 6% abzuzinsen sind, im IFRS-Abschluss hingegen zum regelmäßig niedrigeren Zinssatz von Industrieanleihen erstklassiger Bonität. Vgl. IAS 19.78.

64 Vgl. mit weiteren Beispielen auch Schulz-Danso 2006, Tz. 84 ff.

auszugehen, die aufgrund eines Bilanzierungsverbots nach IFRS nicht als Schuld bilanziert werden.[65]

Wiederum ergänzend ist anzumerken, dass die Dotierung von temporary differences grundsätzlich bei allen Vermögenswerten und Schulden gesondert vorzunehmen ist. Eine kumulierte Betrachtung beispielsweise auf der Ebene von Bilanzpositionen wird regelmäßig nur unter Wesentlichkeitsaspekten möglich sein. Weiterhin ist eine Dotierung zu jedem Bilanzstichtag erforderlich, um die Entstehung und Auflösung von temporary differences nachhalten zu können. Eine direkte Fortschreibung von temporary differences ist hingegen nicht vorgesehen. Analog zu den timing differences sind latente Steuern, die auf der Grundlage von temporary differences angesetzt wurden, in zwei möglichen Fällen wieder aufzulösen. So sind latente Steuern zum einen wieder auszubuchen, wenn am Bilanzstichtag festgestellt wird, dass der antizipierte Steuereffekt eingetreten ist und sich auf tatsächliche Ertragsteuern ausgewirkt hat. Zum anderen sind latente Steuern zu eliminieren, wenn sich eine rein handelsrechtlich vorgenommene Bewertungsmaßnahme, welche für die temporary difference ursächlich war, ohne jegliche Auswirkung auf die Ertragsbesteuerung wieder umgekehrt hat.

ac) Vergleich der Berechnungsmethoden

Der direkte Vergleich der beiden oben skizzierten Berechnungsmethoden zeigt, dass temporary differences im Regelfall auch timing differences umfassen.[66] Dies ist wenigstens dann der Fall, wenn steuerrechtlich und handelsrechtlich voneinander abweichende Bewertungsvorschriften sowohl unterschiedlich hohe Bilanzansätze als auch eine zeitliche Verwerfung in der Ermittlung des Periodenergebnisses nach sich ziehen. Die Grundgesamtheit latenter Steuern aus Komplementär-Steuereffekten wird durch die Dotierung von temporary differences aber auch erweitert, indem mit temporary differences zum einen ergebniswirksame Bewertungsdifferenzen berücksichtigt werden, die GuV-neutral direkt im Eigenkapital erfasst werden.[67] Die Bilanzierung von bestimmten Finanzinstrumenten zum beizulegenden Zeitwert (fair value) und die mögliche Neubewertung des Sachanlagevermögens seien an dieser Stelle nur stellvertretend als Beispiele GuV-neutraler Ergebnisbuchungen genannt.[68] Zum anderen gehen in die Berechnung von temporary differences auch Bewertungsunterschie-

---

65 Hierzu fehlt es an einer Außenverpflichtung, die aber als Voraussetzung für die Rückstellungsbilanzierung gilt. Vgl. Hebestreit/Dörges 2006, Tz. 175.

66 Vgl. Cairns 1995, S. 526; IAS 12.IN2.

67 Nach deutschem handelsrechtlichen Verständnis handelt es sich somit um ergebnisneutrale Buchungen. Vgl. bspw. Ruhnke/Schmidt/Seidel 2005, S. 82; Plock 2004, S. 4. Allerdings wird nachfolgend nicht zwischen erfolgwirksamen und erfolgsneutralen Buchungen unterschieden, da nach dem Verständnis der IFRS sowohl GuV-neutrale als auch GuV-wirksame Ergebnisbuchungen gemeinsam den sog. Gesamtertrag und -aufwand für die Periode (total income and expense for the period)) des Unternehmens ausmachen. Vgl. IAS 1.96 (c). Nachfolgend wird vielmehr an der Differenzierung zwischen GuV-neutralen und GuV-wirksamen Ergebnisbuchungen festgehalten.

68 Vgl. mit weiteren Beispielen Scheinpflug 2006, Tz. 122 ff.

de ein, die aus besonderen Regeln der Zugangsbilanzierung resultieren. Dies kommt zum Beispiel bei Vermögenswerten vor, die durch einen Unternehmenszusammenschluss erworben werden. Hier sind die Vermögenswerte grundsätzlich zum beizulegenden Zeitwert zu bewerten, während der zugehörige Steuerwert regelmäßig unverändert bleibt.[69] Mit temporary differences wird dementsprechend eine tendenziell umfassendere Bemessungsgrundlage latenter Steuern berechnet, als dies bei timing differences der Fall ist.[70]

Der Vergleich zeigt weiterhin, dass beiden Methoden zur Berechnung von Komplementär-Steuereffekten eine „Break-even-Annahme" zugrunde liegt: Sowohl der Berechnung von timing als auch von temporary differences ist die Annahme inhärent, dass sich die Komplementär-Steuereffekte in genau der Höhe realisieren werden, in der die Differenzen dotiert wurden.[71] Der künftige Steuereffekt wird also nur in der Höhe antizipiert, in der die zugrunde liegenden Geschäftsvorfälle bereits in die handelsrechtliche und steuerrechtliche Rechnungslegung eingegangen sind. Latente Steuern zeigen also allenfalls eine relative Erhöhung oder Reduktion der Steuerbelastung an.

Beide Methoden zur Berechnung von Komplementär-Steuereffekten erfordern außerdem eine Nebenbuchhaltung, in der sowohl die steuerrechtliche als auch die handelsrechtliche Rechnungslegung zu kombinieren ist. Zur Berechnung von temporary differences ist dabei auf der einen Seite auch für steuerliche Zwecke eine Bilanz zu erstellen. Sofern das zu versteuernde Einkommen nicht selbstständig berechnet wird, sondern vom handelsrechtlich ermittelten Vorsteuerergebnis hergeleitet oder gar von der handelsrechtlichen Rechnungslegung losgelöst in Form einer (modifizierten) Einnahmenüberschussrechnung bestimmt wird,[72] ist also für die Ermittlung von temporary differences auch ohne gesetzliche Verpflichtung eine an den steuerlichen Vorschriften orientierte Aufstellung der Vermögenswerte und Schulden unbedingt erforderlich. Im Zusammenhang mit der Berechnung von timing differences zeigt sich auf der anderen Seite, dass unter Umständen eine mehrperiodische Ursachenanalyse notwendig ist, um feststellen zu können, auf welche Art timing differences ursprünglich entstanden sind und wie sie sich im Zeitablauf fortentwickeln. Somit sind stets die Ergebnisrechnungen mehrerer Veranlagungszeiträume bzw. Geschäftsjahre aus steuerlicher und handelsrechtlicher Perspektive unter dem Gesichtspunkt der Entstehung und Umkehr solcher Differenzen zu untersuchen, die auf voneinander

---

69 Dazu mehr in Abschnitt C.II.1.ac).

70 Vgl. Coenenberg 2005, S. 438; Küting/Weber 2005, S. 168.

71 Vgl. Nurnberg 1989, S. 50.

72 So wird beispielsweise in Großbritannien das zu versteuernde Einkommen vom handelsrechtlichen Vorsteuerergebnis hergeleitet. Vgl. Johnson/Holgate/McCann 2005, Tz. 13.108. Herzig schlägt aktuell eine Einnahmenüberschussrechnung als alternativen Anknüpfungspunkt für die Unternehmensbesteuerung vor, sollte eine vollständige Einführung der IFRS-Rechnungslegung im HGB-Einzelabschluss erfolgen. Vgl. Herzig 2005, S. 231 ff.

abweichende Ergebnisrealisierungsmodi zurückzuführen sind. Im Extremfall dauerhafter, so genannter quasipermanenter Differenzen kann sich diese Analyse über einen Zeitraum von der Gründung bis zur Liquidation eines Unternehmens erstrecken.

b) Steuerguthaben

Die Bilanzierung von Steuerguthaben setzt keine besonderen Berechnungsmethoden voraus. Im Gegensatz zu den hier so bezeichneten Komplementär-Steuereffekten ist die gesonderte Berechnung von Steuerguthaben auf der Grundlage von Steuergesetzen und ähnlichen gesetzlichen Grundlagen nur insoweit erforderlich, als ein bestehender Aufrechnungsanspruch (noch) nicht durch den Fiskus bestätigt wurde. Steuerguthaben sind damit dem Grunde nach gegenüber dem Fiskus rechtlich abgesichert und unterscheiden sich dadurch von den Komplementär-Steuereffekten. Deren Existenz und Umfang ist nicht nur von Steuergesetzen abhängig, sondern auch noch von den handelsrechtlichen Bilanzierungsvorschriften. Weiterhin beziehen sich Steuerguthaben direkt auf die Steuerzahllast künftiger Berichtsperioden, nicht aber auf die Dotierung des zu versteuernden Einkommens.[73]

In der Rechnungslegung äußert sich die Bilanzierung latenter Steuern für Steuerguthaben darin, dass im Entstehungsjahr des Verlustvortrags ein dem handelsrechtlichen Ergebnis entsprechender, damit negativ korrelierender latenter Steuerertrag bilanziert wird. Einhergehend sind aktive latente Steuern einzubuchen.[74] Sobald der Verlustvortrag genutzt wird, also gegen positive zu versteuernde Einkommen späterer Veranlagungszeiträume abgesetzt wird, wird ein entsprechender latenter Steueraufwand und korrelierend eine Minderung aktiver latenter Steuern im Abschluss erfasst. Die wesentlichen zu unterscheidenden Steuerguthaben werden in Abbildung 4 systematisiert.[75]

---

[73] Nach Ordelheide handelt es sich daher auch um „niveauabhängige Steuereffekte". Ordelheide 1995, S. 603.

[74] Vgl. dazu Beispiel 3 auf Seite 12.

[75] Der Vollständigkeit halber sei an dieser Stelle auch der Verlustrücktrag erwähnt. Dieser ist nicht Gegenstand der Bilanzierung latenter Steuern, da ihm ein unmittelbarer Anspruch dem Fiskus gegenüber auf Rückzahlung bereits geleisteter tatsächlicher Ertragsteuern folgt. So auch Marten/Weisser/Köhler 2003, S. 2336; Hoffmann 2006, Tz. 5. Vgl. zur Behandlung von Ertragsteuer-Rückträgen nach IAS 12 Schulz-Danso 2006, Tz. 16 f.

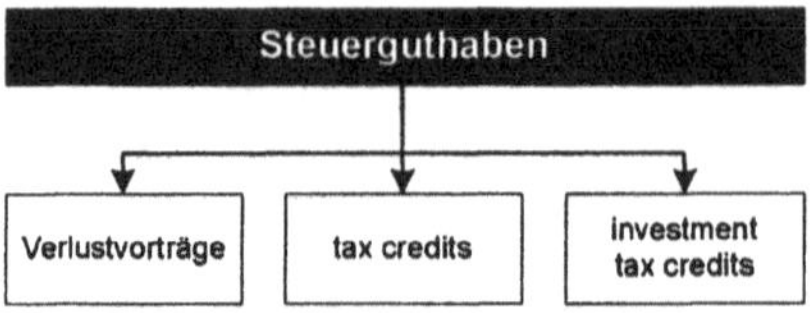

Abbildung 4: Steuerguthaben im Überblick

Zu den Steuerguthaben gehören in erster Linie steuerliche Verlustvorträge. Das negative zu versteuernde Einkommen eines Veranlagungszeitraums darf dabei mit positiven steuerpflichtigen Einkünften verrechnet werden, die in späteren Veranlagungszeiträumen erwirtschaftet werden. Ein unmittelbarer, direkt durchsetzbarer Anspruch auf Steuerrückerstattung besteht dabei jedoch nicht.[76] Verlustvorträge wirken sich vielmehr in künftigen Veranlagungszeiträumen liquiditätsschonend aus. Eine Reduktion der Steuerzahllast kann durch sie in den Folgeperioden erreicht werden, sofern das Unternehmen prosperiert und dabei ein positives zu versteuerndes Einkommen erwirtschaftet.

Auch Steuergutschriften (tax credits), die aufgrund von Mindestbesteuerungsvorschriften wie etwa der US-amerikanischen alternative minimum tax (AMT) vom Fiskus eingeräumt werden,[77] gehören zu den Steuerguthaben. Der in Berichtsperioden mit niedrigen oder negativen zu versteuernden Einkünften gezahlte Mehrbetrag an Ertragsteuern kann dabei im Regelfall nach einer Verbesserung der Ertragslage von Ertragsteuerverpflichtungen abgesetzt werden, die oberhalb der Mindestbesteuerungsgrenze liegen. Sie mindern also die Steuerbelastung des Unternehmens, wobei dies wiederum davon abhängig ist, ob das Unternehmen künftig überhaupt Einkünfte oberhalb der Mindestbesteuerungsgrenze erwirtschaften wird.[78] Wie bei den steuerlichen Verlustvorträgen kann eine Minderung der Steuerzahllast schließlich nur dann eintreten, wenn die Existenz von positivem zu versteuernden Einkommen zunächst die Belastung des Unternehmens durch die Ertragsbesteuerung wahrscheinlich macht.

Weiterhin sind so genannte investitionsabhängige Steuergutschriften (investment tax credits) in der Vergangenheit häufiger im Zusammenhang mit der Bilanzierung latenter Steuern diskutiert worden.[79] Sie werden vom Fiskus mit dem

---

76 Vgl. von Eitzen/Helms 2002, S. 824.

77 In manchen Systemen der Unternehmensbesteuerung ist vorgesehen, Unternehmen in Verlust-- oder Niedriggewinnperioden eine so genannte Mindestbesteuerung aufzuerlegen, um die Finanzierung der öffentlichen Hand auf eine kontinuierliche Basis zu stellen. Zur AMT im US-amerikanischen Steuersystem vgl. bspw. Bomm/Mittermaier/Müssener 2006, Tz. 169 f.; Bazley/Tripp 1989, S. 54 ff.; Kieso/Weygandt/Warfield 2001, S. 1084 f. Ähnliche Besteuerungssysteme existieren in Frankreich, Österreich, Südkorea, Mexiko und Indien. Vgl. IASB Information for Observers, March 2005, Abs. 22 (S. 6).

78 Vgl. Petree/Gregory/Vitray 1995, S. 75 f.

79 Vgl. mit Beispielen Berresford/Best/Craig 1983, S. 109 ff. In den US-GAAP liegen sogar mit der Accounting Principles Board Opinion (ABPO) No. 2 und der hier ergänzenden ABPO No. 4 Spezialregelungen für

Ziel gewährt, unternehmerische Investitionsentscheidungen im öffentlichen Interesse zu lenken, und treten in Erscheinung, indem über einen bestimmten Zeitraum ein vorher festgelegter Betrag oder Prozentsatz vom zu versteuernden Einkommen abgesetzt werden darf.[80] Investment tax credits knüpfen also nicht an das Niveau der nach „normalen" steuerlichen Vorschriften dotierten Bemessungsgrundlage der Ertragsbesteuerung an, sondern bewirken eine direkte Kürzung laufender Ertragsteuerzahlungen in künftigen Veranlagungszeiträumen.[81] Gleichwohl sind sie bei gegebener Gesetzeslage c.p. vom Investitionszeitpunkt an rechtlich gesichert.

Darin unterscheiden sich investitionsabhängige Steuergutschriften von Sonderabzügen (special deductions), für die in der US-amerikanischen Rechnungslegung ebenfalls die Bilanzierung aktiver latenter Steuern in Betracht gezogen wurde.[82] Sie knüpfen die Reduktion der Ertragsteuerbelastung an Voraussetzungen, die das Unternehmen zu erfüllen hat. Hierzu gehören beispielsweise Abzüge von der Steuerzahllast für kleine Unternehmen oder aber für bestimmte Branchen. Gewährt werden diese Abzüge jedoch erst in dem Veranlagungszeitraum, in dem die Voraussetzungen zur Inanspruchnahme erfüllt werden. Folglich liegt im Gegensatz zu den zuvor genannten steuerlichen Verlustvorträgen, den „normalen" Steuergutschriften und den investitionsabhängigen Steuergutschriften *kein* Steuerguthaben in Form eines rechtlich gesicherten Anspruches auf eine Reduktion der Steuerbelastung vorliegt.[83] Sonderabzüge werden daher auch in der vorliegenden Ausarbeitung nicht weiter betrachtet.[84]

---

die Bilanzierung von investitionsabhängigen Steuergutschriften vor. Vgl. APBO 2.1 und die Zusammenfassung im FASB Discussion Memorandum 1983, S. 29.

80 Darüber hinaus sind auch Sonderabschreibungen anzuführen, die lediglich für die steuerrechtliche, nicht aber handelsrechtliche Gewinnermittlung erlaubt werden. Diese fallen unter die oben erläuterten Komplementär-Steuereffekte, werden aber z.T. auch als investment tax credit bezeichnet. Vgl. Alexander/Britton/Jorissen 2003, S. 334; van Hoepen 1981, S. 4; zu einer Übersicht im deutschen Steuerrecht vgl. Tipke/Lang 2002, § 19, Tz. 7 ff.

81 Vgl. APBO 2.1 und die Zusammenfassung im FASB Discussion Memorandum 1983, S. 29.

82 Vgl. SFAS 109.231 ff.

83 Vgl. mit weiteren Beispielen IASB Observer Note July 2005, Abs. 6 (S. 2).

84 Nach SFAS 109 sind auf Sonderabzüge keine latenten Steuern abzugrenzen, da der Anspruch erst in dem Veranlagungszeitraum rechtlich gesichert ist, in dem die für die Inanspruchnahme der Steuerreduktion zu erfüllenden Voraussetzungen gegeben sind. Vgl. SFAS 109.231 f. IAS 12 enthält derzeit keine und wird voraussichtlich auch künftig keine spezifischen Vorschriften zu Sonderabzügen vom zu versteuernden Einkommen enthalten. Vgl. IASB Observer Note July 2005, Abs. 17 (S. 4).

3. Bewertungsparameter latenter Steuern

Die Bewertung latenter Steuern wurde in der Vergangenheit unter verschiedenen Gesichtspunkten diskutiert.[85] Die wesentlichen für die Bewertung latenter Steuern relevanten Parameter werden in Abbildung 5 schematisiert.

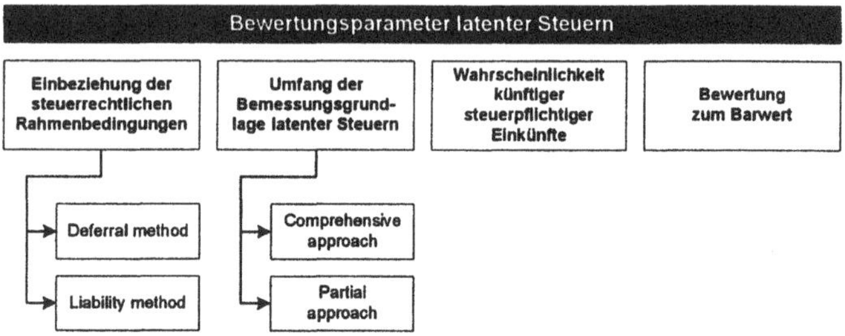

Abbildung 5: Bewertungsparameter latenter Steuern

Die Wahl des Steuersatzes zur Bewertung von latenten Steuern ist davon abhängig, welche steuerrechtlichen Rahmenparameter bei der Bilanzierung latenter Steuern beachtet werden sollen. Die Theorie unterscheidet hier zwischen der deferral und der liability method.[86] Die deferral method kann als Ausgangspunkt der interperiod tax allocation bezeichnet werden. Hiernach wird die Abbildung von Ertragsteuerzahlungen beabsichtigt, die sich ergeben würden, wenn nicht die steuerrechtliche, sondern der nach handelsrechtlichen Vorschriften ermittelte Gewinn als Steuerbemessungsgrundlage herangezogen würde.[87] Der Dotierung latenter Steuern sind daher die Steuersätze sowie die sonstigen steuerrechtlichen Parameter zugrunde zu legen, welche im Entstehungszeitpunkt von Komplementär-Steuereffekten und Steuerguthaben gelten.[88] Die liability method unterscheidet sich von der deferral method durch den Zeitpunkt, in dem absehbare Änderungen der steuerrechtlichen Rahmenbedingungen bei der Bewertung latenter Steuern zu berücksichtigen sind.[89] So sind nach der liability method beispielsweise Steuersätze, die erst in künftigen Zeitperioden in Kraft treten werden, bereits am Bilanzstichtag der Bewertung von Komplementär-Steuer-

[85] Vgl. anstatt vieler die Zusammenfassung in FASB Discussion Memorandum 1983, S. 7 ff. Dieses Dokument ging der Entwicklung des derzeit in den US-GAAP gültigen SFAS 109 voraus und hat sich damit indirekt auch auf den in dieser Ausarbeitung untersuchten IAS 12 ausgewirkt.

[86] Die ebenfalls häufig in diesem Zusammenhang genannte net-of-tax method wird hier nicht weiter betrachtet, da sie nicht die Bewertung latenter Steuern, sondern die bilanzielle Erfassung von Ertragsteuern generell betrifft. Nach der net-of-tax method werden latente Steuern von den Abschlussposten abgesetzt, denen sie zuzuordnen sind, während in der Ergebnisrechnung unmittelbar nur tatsächliche Ertragsteuern erfasst werden. Vgl. insgesamt Nurnberg 1971, S. 69 ff.; Coenenberg 2005, S. 439.

[87] Vgl. Coenenberg 2005, S. 439; Schäffeler 2000, S. 34 m.w.N.

[88] Vgl. Nair/Weygandt 1981, S. 92.

[89] Auch in IAS 12 wird – zumindest tendenziell – der liability method gefolgt. Vgl. Wagenhofer 2005, S. 322. Dies zeigt sich u.a. in der Wahl des Steuersatzes zur Bewertung latenter Steuern. Vgl. Abschnitt C.II.2.a).

effekten und Steuerguthaben zu berücksichtigen.[90] Durch diese Vorgehensweise wird die Vermögenslage des Unternehmens in den Vordergrund gerückt, denn schließlich orientiert sich die Bewertung latenter Steuern dann an künftigen Steuereffekten. Mit der deferral method wird hingegen vor allem eine Glättung des Steueraufwands der Berichtsperiode beabsichtigt, in der die Bemessungsgrundlage latenter Steuern erstmals zutage getreten ist.[91]

Als weiterer Bewertungsparameter der Bilanzierung latenter Steuern wurde außerdem die Frage diskutiert, welcher Anteil der zuvor ermittelten Komplementär-Steuereffekte bilanziert werden sollte. Zu unterscheiden ist dabei zwischen dem so genannten partial approach und dem comprehensive approach. Mit dem comprehensive approach sollen grundsätzlich sämtliche Komplementär-Steuereffekte auch in die Bilanzierung eingehen. Eine besondere Würdigung, ob sich die jeweils vorliegende timing oder temporary difference bei Fortführung des Unternehmens tatsächlich auch in der ertragsteuerlichen Bemessungsgrundlage bemerkbar machen wird, ist nach dem comprehensive approach nicht vorgesehen.[92] Nach dem partial approach sind hingegen unter den zeitlichen Differenzen quasipermanente Differenzen zu identifizieren und aus der Bemessungsgrundlage latenter Steuern herauszurechnen. Als *quasipermanente Differenzen* gelten dabei einerseits timing oder temporary differences einzelner Geschäftsvorfälle mit voraussichtlich nachhaltiger Wirkung, die sich also auf absehbare Zeit nicht auflösen werden.[93] Andererseits werden zeitliche Differenzen, die aufgrund von revolvierenden Geschäftsvorfällen gleicher Art zu einem festen „Grundstock" von timing bzw. temporary differences führen und sich daher ebenfalls nicht absehbar auf die Steuerbelastung des Unternehmens auswirken, als quasipermanente Differenzen bezeichnet.[94] Da quasipermanente Differenzen folglich eine unternehmerische Disposition erfordern, bevor der Ausgleich herbeigeführt werden kann,[95] ist nach dem partial approach an jedem Bilanzstichtag zu prüfen, inwieweit der quasipermanente Status weiterhin gegeben ist. Insgesamt sollen durch die Abschätzung der zeitlichen Entwicklung der Bemessungsgrundlage latente Steuern nur in der Höhe bilanziert werden, in der mit der Auflösung von Komplementär-Steuereffekten zu rechnen ist.[96]

---

[90] Vgl. van Hoepen 1981, S. 144; Küting/Weber 2005, S. 174.

[91] Vgl. Schäffeler 2000, S. 34 f.; Coenenberg 2005, S. 439.

[92] Die Vorschriften des IAS 12 orientieren sich grundsätzlich am comprehensive approach, sehen aber auch Ausnahmeregelungen vor. Vgl. dazu insgesamt die Ausführungen zur Dotierung von temporary differences nach IAS 12 in Abschnitt C.II.1.a).

[93] Hierbei sind bspw. Wertberichtigungen für betriebsnotwendige Grundstücke zu nennen, die entweder steuerrechtlich oder handelsrechtlich erst im Veräußerungs- bzw. Liquidationsfall anerkannt werden. Vgl. Schulz-Danso 2006, Tz. 41.

[94] Vgl. Karrenbrock 1991, S. 95; Schroeder/Clark/Cathey 2001, S. 360; Robbins/Swyers 1984, S. 110. Vgl. mit einer ausführlichen Analyse zur Begründung des partial approach und zur Schätzung quasipermanenter Differenzen Buckley 1972, S. 31 ff.

[95] Vgl. White/Sondhi/Fried 2003, S. 308; Coenenberg 2005, S. 433.

[96] Vgl. Robbins/Swyers 1984, S. 108.

In eine ähnliche Richtung wie der partial approach geht die Beurteilung der Wahrscheinlichkeit künftiger steuerpflichtiger Einkünfte als Bewertungsmaßnahme latenter Steuern.[97] Hiernach ist aber nicht die zeitliche Entwicklung der Bemessungsgrundlage entscheidend, sondern inwieweit auf der Grundlage von Komplementär-Steuereffekten und Steuerguthaben mit einer tatsächlichen Steuermehr- bzw. -minderbelastung zu rechnen ist. Abzuschätzen sind dabei künftige steuerbare Einkünfte. Wird das Unternehmen schließlich auf absehbare Zeit keine positiven zu versteuernden Einkünfte erwirtschaften, ist weder von künftigen Steuerzahlungen (passive Steuerlatenzen) noch von künftigen Steuerentlastungen (aktive Steuerlatenzen) auszugehen. Entsprechend sind latente Steuern dann abzuwerten bzw. erst gar nicht anzusetzen. Mit latenten Steuern können in der Rechnungslegung hingegen nur dann Entwicklungen in der Steuerbelastung antizipiert werden, wenn realiter auch Steuern zu entrichten sind.

Auch die Abzinsung (discounting) latenter Steuern wurde als Parameter der Bewertung latenter Steuern wiederholt diskutiert.[98] Durch eine Barwert-Betrachtung von Komplementär-Steuereffekten und Steuerguthaben können sowohl Aspekte des partial approach als auch der Beurteilung der Wahrscheinlichkeit künftiger steuerpflichtiger Einkünfte aufgegriffen werden. Der Barwert des aus latenten Steuern zu erwartenden Effekts in der Steuerzahllast ist schließlich einerseits davon abhängig, wann sich Komplementär-Steuereffekte im zu versteuernden Einkommen niederschlagen werden und in welchen künftigen Veranlagungszeiträumen Steuerguthaben mit der Steuerzahllast verrechnet werden können. Andererseits ist für jeden Veranlagungszeitraum gesondert einzuschätzen, ob das bilanzierende Unternehmen in einem ausreichenden Maße zu versteuernde Einkünfte erwirtschaftet, auf die sich die Bemessungsgrundlagen latenter Steuern erhöhend bzw. mindernd auswirken werden.[99] Die Abzinsung latenter Steuern erfordert folglich eine Planung, in der sowohl die Entwicklung der Bemessungsgrundlage latenter Steuern als auch die Entwicklung des zu versteuernden Einkommens prognostiziert wird.[100]

---

97 Diese Beurteilung ist auch nach IAS 12 erforderlich, allerdings nur für aktive latente Steuern. Vgl. dazu Abschnitt C.II.2.b).

98 Vgl. Schroeder/Clark/Cathey 2001, S. 361.

99 Vgl. ausführlich zur Technik der Abzinsung latenter Steuern Beechy 1983, S. 40 ff.

100 Zu erahnen ist dabei die Komplexität einer solchen Planung. Die Komplexität hat dazu geführt, dass weder in den US-GAAP noch in den IFRS die Abzinsung latenter Steuern vorgesehen ist. Vgl. IAS 12.54; SFAS 109.130; Chaney/Jeter 1989, S. 7. Vgl. zu Möglichkeiten einer praktischen Umsetzung aber auch Chaney/Jeter 1989, S. 11. Zur Vereinfachung werden dabei analog zum partial approach keine latenten Steuern für quasipermanente Differenzen angesetzt, da hier der Barwert ohnehin gegen Null strebt. Vgl. ähnlich hier Loitz/Rössel 2002, S. 647 ff. Nach der britischen Regelung in FRS 19 ist im Übrigen ebenfalls die Abzinsung latenter Steuern auf freiwilliger Basis möglich. Vgl. Johnson/Holgate/McCann 2005, Tz.13.179.

4. Konzepte der Bilanzierung latenter Steuern

Die hier skizzierten Ansätze zur Dotierung der Bemessungsgrundlagen latenter Steuern und die verschiedenen Bewertungsparameter wurden in der Vergangenheit in unterschiedlichen Kombinationen zusammengestellt. Als wesentliche Vorgehensweise in der Bilanzierung latenter Steuern werden das timing concept und das temporary concept unterschieden.[101] Bei diesen ist aber weniger von jeweils stringent durchdachten *Konzepten* auszugehen, sondern vielmehr von unterschiedlichen technischen Merkmalen der Bilanzierung latenter Steuern.[102] Dies zeigt sich auch darin, dass die Bilanzierung latenter Steuern für Steuerguthaben offenbar nicht im Zusammenhang mit diesen Konzepten gesehen wird. Abbildung 6 stellt die entscheidenden Merkmale der beiden Ansätze gegenüber.

	Timing concept	Temporary concept
Berechnungsmethode von Komplementär-Steuereffekten	Timing differences	Temporary differences
Einbeziehung der steuerrechtlichen Rahmenbedingungen	Deferral method	Liability method
Umfang der Bemessungsgrundlage latenter Steuern	Partial approach	Comprehensive approach

Abbildung 6: Timing concept und temporary concept im Vergleich

Die Entstehung dieser Konzepte ist mit der Einführung der temporary difference als Berechnungsmethode für Komplementär-Steuereffekte und der damit verbundenen Neuordnung der Bilanzierungsvorschriften durch das FASB in den 1980er Jahren zu erklären.[103] Durch die Dotierung der Bemessungsgrundlage in Form von temporary differences wurde grundsätzlich der comprehensive approach in die Rechnungslegungsvorschriften implementiert, indem nicht mehr zwischen zeitlich vorübergehenden und quasipermanenten Komplementär-Steuereffekten unterschieden wurde.[104] Zeitgleich mit der Erweiterung der in die Abgrenzung latenter Steuern einzubeziehenden Komplementär-Steuereffekte durch die an Bilanzwerten orientierte Berechnungsweise wurde dabei die Bewertung nach der liability method verpflichtend vorgeschrieben. Timing differences waren bis dahin in den US-GAAP im Regelfall nach der deferral method

[101] Vgl. Coenenberg 2005, S. 431; Küting/Weber 2005, S. 164. Das temporary concept wird auch als balance sheet approach, das timing concept auch als income statement approach bezeichnet. Vgl. Wagenhofer 2005, S. 322.
[102] Vgl. Hoffmann 2006, Tz. 13.
[103] Zur Begriffsdefinition von temporary differences vgl. auch Abschnitt A.II.2.ab).
[104] Vgl. Wagenhofer 2005, S. 326 f.

zu bewerten, also unter Berücksichtigung der steuerrechtlichen Rahmenparameter im Zeitpunkt der Entstehung von timing differences.[105]

Diese Konzepte und die zuvor skizzierten Vorschriften zur Dotierung und Bewertung latenter Steuern repräsentieren nur einen Ausschnitt der umfangreichen theoretischen Diskussionen zu dieser Thematik in den letzten Jahrzehnten.[106] So wurden die hier genannten Berechnungsmethoden und Bewertungsparameter auf unterschiedliche Art und Weise kombiniert – nach den deutschen Rechnungslegungsvorschriften des HGB sind beispielsweise latente Steuern auf der Grundlage von timing differences zu berechnen, während die Bewertung der liability method folgt.[107] Die Bilanzierung latenter Steuern ist außerdem auch auf Ablehnung gestoßen: Nach dem so genannten flow-through approach sind entgegen dem ausgewiesenen „Motto" der Bilanzierung latenter Steuern, „let the tax follow the income"[108], nur dann Ertragsteuern zu bilanzieren, wenn sie tatsächlich anfallen.[109]

Wie noch in den nachfolgenden Ausführungen genauer zu sehen sein wird, orientiert sich die aktuelle Fassung des IAS 12 am so bezeichneten temporary concept. Dies liegt wohl nicht zuletzt am starken Einfluss der US-GAAP auf die Rechnungslegung nach IFRS generell[110] und auf die Bilanzierung latenter Steuern im Speziellen. Die US-amerikanischen Rechnungslegungsvorschriften zur Bilanzierung latenter Steuern in SFAS 109 folgen ebenfalls in den wesentlichen Grundzügen dem temporary concept und standen für die Vorschriften des IAS 12 Pate.[111] Im derzeit laufenden Short Term Convergence Project sollen IAS 12 und SFAS 109 aneinander angepasst werden, so dass im Verlauf der vorliegenden Untersuchung noch mehrfach von den Vorschriften der IFRS auf die US-GAAP Bezug genommen wird.

105 Vgl. dazu die Vorgängerregelung zum aktuell gültigen SFAS 109 in APBO 11.34; zur Entwicklung auch Schroeder/Clark/Cathey 2001, S. 36 ff.

106 Stitt identifiziert bereits 1976, also vor der Einführung des Temporary-Difference-Begriffs 16 verschiedene Ansätze zur Bilanzierung latenter Steuern. Vgl. Stitt 1976, S. 22, hier zitiert nach van Hoepen, 1981 S. 25.

107 Dies betrifft die Vorschriften nach § 274 HGB. Vgl. Coenenberg 2005, S. 447; zu den ebenfalls im HGB-Konzernabschluss zu beachtenden Vorschriften von DRS 10 vgl. ausführlich Hoyos/Fischer 2006, Tz. 1 ff.; Gräbsch 2002, S. 743 ff.

108 Moonitz 1957, S. 183.

109 Vgl. Beechy 1983, S. 6 ff.

110 Zu den Konvergenzbemühungen des FASB und des IASB vgl. IASB Memorandum of Understanding 2006, S. 1 ff.; Epstein/Mirza 2006, S. 10.

111 Vgl. dazu auch die Übersicht zur Entwicklung des IAS 12 in Anhang A, S. XXIII.

III. Themenabgrenzung

Vor dem Hintergrund der im Vorabschnitt dargelegten Grundlagen und Grundbegriffe der Bilanzierung latenter Steuern zeichnet sich deutlich ab, dass in der vorliegenden Ausarbeitung eine vielschichtige Materie untersucht werden soll. Die Thematik liegt in der Schnittmenge zwischen den jeweils für einzelne IFRS-Bilanzierer einschlägigen steuerrechtlichen Vorschriften, den handelsrechtlichen Bilanzierungsvorschriften der IFRS und der Konzernrechnungslegung, die eine gesonderte Auslegung der Rechnungslegungsvorschriften erfordert.

Eine abschließende Durchdringung der Materie ist folglich nur möglich, wenn alle möglichen Kombinationen zwischen den nationalen wie internationalen steuerrechtlichen Vorschriften einerseits und sämtlichen Bilanzierungsvorschriften der IFRS andererseits berücksichtigt werden. Um den Fokus einer kritischen Würdigung der Konzernbilanzierung latenter Steuern nach IAS 12 auf der Grundlage der normativen Grundsätze der IFRS vor diesem Hintergrund nicht zu verlassen, ist daher an dieser Stelle die Thematik abzugrenzen:

(1) Aus Gründen der Vereinfachung wird nachfolgend auf die steuerrechtlichen Parameter der Bilanzierung latenter Steuern nur insoweit eingegangen, wie es der jeweils behandelte Zusammenhang erfordert. Im Zweifel werden dabei die deutschen Gesetze zur Ertragsbesteuerung deutscher Kapitalgesellschaften in ihren wesentlichen Grundzügen zugrunde gelegt.[112]

(2) Auf die Rechnungslegung nach IFRS wird nur insoweit eingegangen, wie es der jeweils betrachtete Sachverhalt im Hinblick auf die Bilanzierung nach IAS 12 erfordert. Folglich werden beispielsweise Auszüge der Bilanzierung von Unternehmenszusammenschlüssen nach IFRS 3, der Neubewertung von Sachanlagen nach IAS 16 oder der Konsolidierung nach IAS 27 erläutert, um die Bilanzierung latenter Steuern in der jeweils aufgezeigten Fallkonstellation darlegen zu können.

(3) Weiterhin wird die Würdigung latenter Steuern auf den „Normalfall" eines regulären Vollkonsolidierungs-Konzernabschlusses eingegrenzt. Fragen der at Equity-Bilanzierung oder Quotenkonsolidierung werden außer Acht gelassen.[113] Gleiches gilt für die Bilanzierung von Minderheiten und Fragen des sukzessiven Anteilserwerbs bzw. der Anteilsveräußerung mit bzw. ohne

[112] Vgl. ergänzend zur Bilanzierung latenter Steuern nach IAS 12 in deutschen Personengesellschaften Ernsting/Loitz 2004, S. 1053 ff.; Kirsch 2992, S. 1875 ff.; Ring 2003, S. 1053 mit speziellem Fokus auf die Behandlung von Sonderbilanzen; Pawelzik 2006, S. 13 ff. zur Bilanzierung von GoF.

[113] In IAS 28 und IAS 31 wird die Bilanzierung von assoziierten Unternehmen und Joint Ventures geregelt, die beide in der vorliegenden Ausarbeitung nicht weiter betrachtet werden. Vgl. dazu Hayn 2006a, Tz. 1 ff. zur Bilanzierung nach IAS 28 bzw. Hayn 2006b, Tz. 1 ff. zur Quotenkonsolidierung nach IAS 31.

Statuswechsel einschließlich der Endkonsolidierung von Anteilen. Ferner wird die fortlaufende Anwendung der IFRS im (Konzern-)Jahresabschluss unterstellt, so dass die Regelungen des IFRS 1 zur erstmaligen Anwendung von IFRS sowie die Vorschriften des IAS 34 für Zwischenberichte keine Berücksichtigung finden.

(4) Als normative Grundlage, anhand derer die kritische Würdigung der Konzernbilanzierung latenter Steuern nach IAS 12 vorgenommen werden soll, wird das Rahmenkonzept der IFRS herangezogen. Dieses wird als „Schnittstelle" zwischen der Ziel- und Zwecksetzung der IFRS und der konkreten Rechnungslegung nach IFRS aufgefasst. Entsprechend gilt die Annahme, dass mit IFRS-Abschlüssen den Adressaten der externen Rechnungslegung entscheidungsnützliche Informationen vermittelt werden sollen und dass dabei die normativen Grundsätze aus dem Rahmenkonzept zu beachten sind. Der Frage, ob durch Rechnungslegung entscheidungsnützliche Informationen vermittelt werden können – gewissermaßen die „Schnittstelle" zwischen den Bilanzadressaten und der Ziel- und Zwecksetzung der IFRS – wird hingegen nicht nachgegangen.[114]

Weitere Grundsätze und Entwicklungen der IFRS mit normativem Charakter – genannt seien hier exemplarisch die Entwicklungen im Revenue Recognition Project – werden nicht beachtet, da sie derzeit weder eine belastbare Tendenz erkennen lassen noch direkt im theoretischen Fundament der IFRS verankert werden. Ein Ausblick auf die bereits absehbaren Fortentwicklungen, die mit dem Conceptual Framework Project vorangetrieben werden, wird aber in Abschnitt D.I vorgenommen.[115]

114 Der IFRS-Abschluss soll also ein zutreffendes Bild der Vermögens-, Ertrags und Finanzlage zeichnen, um die Adressaten der Rechnungslegung in ihren ökonomischen Entscheidungen hinsichtlich ihrer Beteiligung am Unternehmen zu unterstützen. Von Interesse sind dabei vor allem Informationen über künftige Cashflows und sonstige künftige Nutzenzu- und -abflüsse, die das bilanzierende Unternehmen erwirtschaften wird. Andererseits soll die IFRS-Rechnungslegung ihre Adressaten in die Lage versetzen, die Leistungen des Unternehmens in den vergangenen Berichtsperioden beurteilen zu können. Vgl. IFRS R.14.; kritisch hier auch Streim 2000, S. 111 ff.; Streim/Esser 2003, S. 736 ff. Zum Adressatenkreis der IFRS-Rechnungslegung vgl. IFRS R.9 ff.

115 Die in Form eines Diskussionspapiers veröffentlichten ersten Ergebnisse des Conceptual Framework Project lassen hier keine wesentlichen Änderungen der Zielsetzung von IFRS-Abschlüssen und der Bilanzadressaten erkennen. Vgl. IASB Discussion Paper 2006a, OB2 ff. Im Zuge des Conceptual Framework Project wird derzeit in einem gemeinsamen Project mit dem FASB das Rahmenkonzept überarbeitet und mit dem der US-GAAP vereinheitlicht.

B. Normative Grundsätze der IFRS

In diesem Kapitel werden die normativen Grundsätze der IFRS erläutert und für die anstehende kritische Würdigung der Konzernbilanzierung latenter Steuern aufbereitet. Die normativen Grundsätze der IFRS ergeben sich aus dem Rahmenkonzept, das als „theoretischer Unterbau“[116] der IFRS gilt und „übergreifende Überlegungen zum Zweck und zu Grundanforderungen der Rechnungslegung sowie zur Definition der Gegenstände der Rechnungslegung“[117] enthält.[118]

Die Inhalte des Rahmenkonzepts richten sich dabei unter anderem an das IASB selbst, die Anwender der IFRS und die Adressaten der IFRS-Rechnungslegung.[119] So ist das Rahmenkonzept vom IASB einerseits bei der Entwicklung neuer IFRS und der Überarbeitung bereits bestehender Standards unbedingt zu berücksichtigen,[120] um die innere Konsistenz der IFRS-Rechnungslegung zu gewährleisten.[121] Von den Anwendern der IFRS sind die im Rahmenkonzept dargelegten normativen Grundsätze andererseits sowohl bei der Auslegung von bereits vorhandenen IFRS als auch bei der Bilanzierung von Geschäftsvorfällen heranzuziehen, welche noch nicht geregelt wurden.[122] Auch die Bilanzadressaten sollen sich bei der Analyse von IFRS-Abschlüssen an den normativen Grundsätzen des Rahmenkonzepts orientieren können[123] – das Rahmenkonzept gibt somit eine Art „Richtschnur“ vor, an der sich sowohl das IFRS-Regelwerk als auch im Ergebnis der IFRS-Abschluss orientieren sollen. Die in ihm geregelten normativen Grundsätze stellen somit gewissermaßen den „Sollzustand der IFRS-Rechnungslegung“ dar,[124] an dem nachfolgend die Konzernbilanzierung

116 Wollmert/Achleitner 2002, Tz. 8.

117 Lüdenbach/Hoffmann 2006b, Tz. 1.

118 Vgl. auch Dunn 1988, S. 24 f.; Alexander/Britton/Jorissen 2003, S. 120 ff.; Schöllhorn/Müller 2004, S. 1624 ff.

119 Zu diesen und weiteren Zielgruppen der normativen Grundsätze des Rahmenkonzepts vgl. IFRS R.1; ausführlich auch Pellens/Fülbier/Gassen 2006, S. 105.

120 Vgl. IFRS R.1 (a).

121 Dies zeigt sich in der Begründung (basis for conclusions) einiger IFRS, in denen explizit auf das Rahmenkonzept Bezug genommen wird. Vgl. bspw. IFRS 3.BC45 zur Begründung, aus welchem Grund bei Unternehmenszusammenschlüssen eine Bewertung zum beizulegenden Zeitwert vorzunehmen ist.

122 Vgl. IFRS R.1 (d); Epstein/Mirza 2006, S. 9 f. Dabei wird dem Rahmenkonzept jedoch explizit nicht der Status eines IFRS zugewiesen. Liegt ein Konflikt zwischen den verpflichtend anzuwendenden Vorschriften eines IAS/IFRS oder eines SIC/IFRIC und den normativen Grundsätzen des Rahmenkonzepts vor, so haben die konkreten Regelungen stets Vorrang und müssen angewendet werden. Die Regelungen des Rahmenkonzepts sind daher nicht als overriding principles aufzufassen. Vgl. IFRS R.2; Alexander/Britton/Jorissen 2003, S. 121; Coenenberg 2005, S. 59.

123 IFRS R.1 (f).

124 Vgl. Alexander/Archer 2003, Tz. 2.14. Allerdings wurde bei der Veröffentlichung des Rahmenkonzepts 1989 noch eingeräumt, dass es „in einer begrenzten Anzahl von Fällen“ (IFRS R.3) noch Abweichungen zwischen den normativen Grundsätzen der IFRS und den Standards gab. Allerdings wurden seit der Verabschiedung des Rahmenkonzepts fast alle Bestandteile des IFRS-Regelwerks, darunter auch IAS 12, vom IASC/IASB überarbeitet. Nicht grundlegend überarbeitet bzw. ersetzt wurden nur IAS 15, IAS 20 sowie IAS 26 (Bilanzierung und Berichterstattung von Altersversorgungsplänen). Diese wurden lediglich im Laufe der Zeit inhaltlich umgegliedert.

latenter Steuern gemessen werden soll. Das Rahmenkonzept lässt sich inhaltlich im Wesentlichen in vier Themenbereiche aufteilen:[125]

(1) In der ersten Passage des Rahmenkonzepts erfolgt neben einer Einführung die Definition des Zwecks und der Zielsetzung der IFRS-Rechnungslegung.[126]

(2) Im zweiten Teilabschnitt werden die Eigenschaften entscheidungsnützlicher Rechnungslegungsinformationen dargelegt,[127] in denen die Grundannahmen, qualitativen Eigenschaften und Nebenbedingungen der IFRS-Rechnungslegung dargelegt werden.

(3) Im dritten Abschnitt werden die Abschlussposten definiert, ihre allgemeinen Ansatzkriterien dargelegt und Maßstäbe ihrer Bewertung aufgeführt.[128] Dieser Abschnitt determiniert somit die bilanztheoretischen Grundsätze der IFRS-Rechnungslegung.

(4) Der vierte Themenbereich befasst sich mit Kapital- und Kapitalerhaltungskonzepten.[129]

Die Bilanzierung latenter Steuern nach IAS 12 wird nachfolgend einerseits aus dem Blickwinkel der Eigenschaften entscheidungsnützlicher Rechnungslegungsinformationen untersucht, andererseits aus dem Blickwinkel der bilanztheoretischen Grundsätze. Beide Blickwinkel auf die Rechnungslegung werden im Folgenden genauer erläutert und im Hinblick auf die in Kapitel C anstehende kritische Würdigung aufbereitet. So wird in Abschnitt B.I beschrieben und analysiert, wie das Rahmenkonzept die Eigenschaften entscheidungsnützlicher Informationen definiert. In Abschnitt B.II folgt eine Würdigung der bilanztheoretischen Grundsätze der IFRS. Abschnitt B.III fasst die Ergebnisse zusammen.

Die übrigen normativen Grundlagen werden hingegen nicht explizit in die kritische Würdigung der Konzernbilanzierung latenter Steuern nach IAS 12 einbezogen: Während für die vorliegende Untersuchung die in der Eingangspassage formulierte Zweck- und Zielsetzung der Rechnungslegung nach IFRS als gegeben betrachtet und daher nicht weitergehend dargelegt wird,[130] wird auch auf eine detaillierte Erläuterung der Kapitalerhaltungskonzepte im vierten Teilbereich des Rahmenkonzepts verzichtet. Im Rahmen der Kapitalerhaltungskonzepte stellt das Rahmenkonzept lediglich fest, dass es sowohl finanz- als auch leis-

---

125 So bspw. auch Pellens/Fülbier/Gassen 2006, S. 104. Eine Aufteilung des Rahmenkonzepts ist – zweckabhängig – natürlich auch in anderer Form denkbar. Vgl. dazu die Ansätze bspw. von Wagenhofer 2005, S. 116; Hayn 1994, S. 719.

126 Vgl. IFRS R.1 bis R.21.

127 Vgl. IFRS R.22 bis R.46.

128 Vgl. IFRS R.57 bis R.101.

129 Vgl. IFRS R.102 bis R.110.

130 Vgl. Abschnitt A.III.

tungswirtschaftlich geprägte Ansätze zur Gewinndefinition gibt.[131] Dabei erfolgt aber keine Festlegung auf eine dieser Verfahrensweisen,[132] so dass eine Würdigung der Konzernbilanzierung latenter Steuern aus diesem Blickwinkel offen bleiben muss.

Anzumerken ist noch, dass für die nächsten Jahre die Fortentwicklung des Rahmenkonzepts im Zuge des Conceptual Framework Project angestrebt wird. Die Notwendigkeit dieses vom IASB und FASB gemeinsam initiierten Projekts wird damit begründet, dass prinzipienbasierte Bilanzierungsvorschriften ein solides, umfassendes und in sich schlüssiges Rahmenkonzept erfordern.[133] Konkret verwertbare Ergebnisse aus dem derzeit laufenden Conceptual Framework Project liegen jedoch noch nicht vor,[134] so dass hierauf im Zuge der anstehenden kritischen Würdigung der Konzernbilanzierung latenter Steuern nach IAS 12 noch nicht eingegangen wird. Um gleichwohl die Nachhaltigkeit der vorliegenden Analyse gewährleisten zu können, findet sich im Schlusskapitel eine Gegenüberstellung der Ergebnisse der vorliegenden Untersuchung mit den bereits absehbaren Tendenzen des Conceptual Framework Project.[135]

I. Eigenschaften entscheidungsnützlicher Rechnungslegungsinformationen

Als Eigenschaften entscheidungsnützlicher Informationen definiert das Rahmenkonzept zunächst Grundannahmen (underlying assumptions) der IFRS. Darauf aufbauend werden qualitative Merkmale (qualitative characteristics) der Rechnungslegung formuliert. Sie werden zum Teil durch weitere untergeordnete Merkmale ergänzt. Eingegrenzt werden die qualitativen Merkmale durch so genannte „Beschränkungen für relevante und verlässliche Informationen"[136] (constraints on relevant and reliable information), welche aus praktischen beziehungsweise ökonomischen Gründen zu berücksichtigen sind.

Die Eigenschaften entscheidungsnützlicher Daten sollen eine zutreffende Darstellung der Vermögens-, Finanz- und Ertragslage durch die IFRS gewährleis-

131 Vgl. ausführlich zu den Kapitalerhaltungskonzepten im Allgemeinen und den der IFRS im Besonderen Mujkanovic 2002, S. 77 ff.; Zülch 2004, S. 38 ff.; Pellens/Fülbier/Gassen 2006, S. 119 f.

132 Vgl. Ebling 1989, S. 22; Ruhnke/Schmidt/Seidel 2005, S. 88. Wagenhofer stellt diesbezüglich fest, dass die IFRS im Wesentlichen dem nominalen Kapitalerhaltungskonzept folgen, nur in Ausnahmen wird von diesem Grundsatz abgewichen. Vgl. Wagenhofer 2005, S. 128.

133 Vgl. Bullen/Crook 2005, S. 1.

134 Das Project ist in acht Phasen aufgeteilt worden. Ein Diskussionspapier zum ersten Teilbereich des Projektes, d.h. zur Zielsetzung und zu qualitativen Merkmalen der Rechnungslegung, liegt mittlerweile vor. Vgl. IASB Discussion Memorandum 2006, S. 1 ff. Detailentwürfe sind insgesamt aber nicht vor 2008 vorgesehen.

135 Vgl. Abschnitt D.I.

136 IFRS R.43.

ten, die so genannte fair presentation. Diese ist aber nicht direkt in die qualitativen Merkmale der Entscheidungsnützlichkeit von IFRS-Abschlüssen eingebunden.[137] Im Anschluss an die Nebenbedingungen findet sich vielmehr der Hineis, dass die „Anwendung der grundlegenden qualitativen Anforderungen und der einschlägigen Rechnungslegungsstandards“[138] im Regelfall zu einem Jahresabschluss führt, welcher ein den tatsächlichen Verhältnissen entsprechendes Bild der Vermögens-, Finanz- und Ertragslage des Unternehmens vermittelt.[139]

1. Grundannahmen

Als Grundannahmen der Rechnungslegung nach IFRS gelten die Prämisse der Unternehmensfortführung (going concern) einerseits und das Konzept der Periodenabgrenzung (accrual principle) andererseits.[140] Das IFRS-Regelwerk bezieht sich damit zunächst gemäß dem Konzept der Unternehmensfortführung auf Unternehmen, die in absehbarer Zukunft weder durch Zwang noch freiwillig die Geschäftstätigkeit einstellen werden.[141] Die Going-Concern-Prämisse gibt somit den Normalfall der IFRS-Rechnungslegung vor und sollte sich daher in jeglicher Hinsicht in den Bilanzierungsvorschriften des IFRS-Regelwerks widerspiegeln. Außerdem ist ein IFRS-Abschluss solange unter der Annahme der Unternehmensfortführung aufzustellen, wie von ihr realistisch ausgegangen werden kann. Wird das Unternehmen freiwillig oder gezwungenermaßen aller Voraussicht nach abgewickelt, ist dieser Umstand entsprechend aus der Perspektive der Anwender des IFRS-Regelwerks im Abschluss detailliert anzugeben und bei der Bilanzierung zu berücksichtigen.[142]

Gemäß dem Konzept der Periodenabgrenzung sind ökonomische Vorgänge im Unternehmen für Zwecke der Rechnungslegung der Berichtsperiode zuzuordnen, in der sie aufgetreten sind.[143] Die Zahlungswirksamkeit von Geschäftsvorfällen, dabei insbesondere der Zeitpunkt von Ein- und Auszahlungen, spielt für ihre bilanzielle Erfassung im IFRS-Abschluss außerhalb der Kapitalflussrechnung generell keine Rolle.[144] Folglich sind Gewinne und Verluste in der GuV respektive Wertminderungen oder Wertzuwächse in der Bilanz auch dann in der Rechnungslegung zu erfassen, wenn ein entsprechender Zu- oder Abfluss von

---

137 Vgl. Roberts/Weetman/Gordon 2002, S. 150; Wollmert/Achleitner 1997, S. 213; Reinhart 1998, S. 49.

138 IFRS R.46.

139 Vgl. IFRS R.46; Demming 1997, S. 54, so auch in IAS 1.10.

140 Beide Grundannahmen wurden mittlerweile in den Regelungen des IAS 1 verankert. Vgl. IAS 1.23 f.; IAS 1.25 f.

141 Ist hingegen nicht von der Unternehmensfortführung auszugehen, ist dieser Umstand im Jahresabschluss explizit zu berücksichtigen und die Unternehmenseinstellung durch eine zweckorientierte Bilanzierung und Berichterstattung zu antizipieren. Vgl. IAS 1.18.

142 Vgl. IAS 1.23 f.; Pellens/Fülbier/Gassen 2006, S. 107.

143 Vgl. IFRS R.22; ausführlich Plock 2004, S. 27 f.

144 Vgl. IAS 1.20.

Zahlungsmitteln noch nicht stattgefunden hat. Durch die Periodenabgrenzung sollen IFRS-Abschlüsse entscheidungsnützlich sein, da sie sowohl über die zahlungswirksamen Geschäftsvorfälle der Vergangenheit als auch über künftige Zahlungsmittelzuflüsse in Form von Vermögenswerten und künftige Zahlungsmittelabflüsse in der Gestalt von Schulden informieren.[145]

Um Missverständnisse im weiteren Verlauf der Untersuchung zu vermeiden, ist an dieser Stelle anzumerken, dass häufig aus dem Konzept der Periodenabgrenzung normative Grundsätze der Ergebnisermittlung abgeleitet werden. So wird in der Literatur das *accrual principle* gelegentlich auch mit dem erst gar nicht im Rahmenkonzept erwähnten *realisation principle* oder mit dem im IFRS-Regelwerk nur am Rande aufgegriffenen *matching principle* in Verbindung gebracht.[146] Es ist einerseits zu vermuten, dass diese Schlussfolgerung bereits im Vorgriff auf die noch in Abschnitt B.II zu erläuternden bilanztheoretischen Ausprägungen der IFRS getroffen wird. Schließlich impliziert die Periodenabgrenzung die Frage nach normativen Grundsätzen, welche die zeitliche Einordnung solcher ökonomischer Vorgänge im Unternehmen regeln, deren Zahlungswirksamkeit sich über mehrere Rechnungslegungsperioden erstreckt. Andererseits ist zu vermuten, dass die Vermischung der Periodenabgrenzung und der Ergebnisermittlung deutschem handelsrechtlichen Gedankengut entspringt. So stellen sich in der deutschen handelsrechtlichen Rechnungslegung überwiegend Fragen der Periodisierung im Zuge der Gewinnermittlung.[147] Jedenfalls kann dieser Auffassung im Bezug zum Konzept der Periodenabgrenzung nicht gefolgt werden.[148]

Es bleibt festzuhalten, dass sich aus den hier skizzierten Grundannahmen für die kritische Würdigung der Konzernbilanzierung latenter Steuern nach IAS 12 keine besonderen Beurteilungskriterien ableiten lassen. Gäbe es zum einen nicht die Grundannahme der Periodenabgrenzung, würde schließlich der Anlass zur Aufstellung einer Bilanz und in der Folge die Notwendigkeit zur Bilanzierung latenter Steuern entfallen. Zum anderen gelten die IFRS generell – und damit auch die Vorschriften von IAS 12 – nur unter Annahme der Unternehmensfortführung. Wird hingegen die Going-Concern-Prämisse verworfen, gelten auch die Vorschriften des IAS 12 nicht mehr zwingend.

145 Vgl. IFRS R.22.

146 So bspw. Niehus 1997, S. 1421; Baetge/Zülch 2001, S. 551; Streim 1998, S. 334; Streim 2000, S. 117; Bieg/Kußmaul 2003, S. 446. Hier relativierend Zülch 2004, S. 25. Zur Bedeutung des matching principle für die normativen Grundsätze der IFRS-Ergebnisermittlung vgl. Abschnitt B.II.3.

147 Vgl. bspw. Moxter 1995, S. 496 f.; mit Blick auf die Gewinnermittlung im Rahmen der Unternehmensbesteuerung Hennrichs 2005, S. 262. Diese Vermutung legen Gegenüberstellungen von IFRS- und HGB-Grundsätzen nahe. Vgl. bspw. Schöllhorn/Müller 2004, S. 1625 f.

148 Entsprechend wurde der noch in IAS 1.26 (rev. 1997) enthaltene Hinweis auf das matching principle mittlerweile gestrichen. Vgl. dazu die seit 2003 gültige Neufassung IAS 1.25.

2. Qualitative Merkmale

Die Zielsetzung des IFRS-Abschlusses, entscheidungsnützliche Informationen zu vermitteln, wird neben den bereits erläuterten Grundannahmen durch verschiedene qualitative Merkmale der Rechnungslegung ausgefüllt. Dazu gehören die Merkmale

- der Verständlichkeit (understandability),
- der Vergleichbarkeit (comparability),
- der Relevanz (relevance) sowie
- der Verlässlichkeit (reliability).[149]

Die qualitativen Merkmale der IFRS-Rechnungslegung werden in den Folgeabschnitten kurz skizziert, wobei jeweils ihr Bezug zu der nachfolgenden Untersuchung aufgezeigt wird.

a) Verständlichkeit

Die im Jahresabschluss enthaltenen Angaben müssen dem Merkmal der Verständlichkeit genügen, um als Entscheidungsgrundlage dienen zu können. Unverständlichkeit führt schließlich dazu, dass durch die Rechnungslegung keine entscheidungsrelevanten Informationen vermittelt werden können oder gar falsche Schlussfolgerungen seitens der Bilanzadressaten provoziert werden. Die im IFRS-Abschluss zusammengefassten Informationen über die Vermögens-, Finanz- und Ertragslage eines Unternehmens müssen also in einer verständlichen Form dargestellt werden.[150] Nach den Ausführungen im Rahmenkonzept darf hierbei von Vorkenntnissen zu betriebswirtschaftlichen und ökonomischen Zusammenhängen ausgegangen werden.[151]

Nach der hier vertretenen Auffassung muss sich das Merkmal der Verständlichkeit sowohl auf die Vorschriften der Rechnungslegung als auch auf das Ergebnis der Rechnungslegung beziehen. Nur wenn beide Aspekte der Rechnungslegung gegeben sind, kann nach den normativen Grundsätzen der IFRS von entscheidungsrelevanten Informationen ausgegangen werden. In der nachfolgend vorgenommenen kritischen Würdigung von IAS 12 wird also darauf zu achten sein, dass sowohl für die Ersteller von IFRS-Abschlüssen als auch für die Bilanzad-

---

149 Vgl. IFRS R.24.

150 Vgl. Pellens/Fülbier/Gassen 2006, S. 108.

151 IFRS R.26; Pellens/Fülbier/Gassen 2006, S. 108. Es ist indes dabei auch einzuräumen, dass der Ausbildungsstand aller nur möglichen Bilanzadressaten nur unter großen Schwierigkeiten zu beurteilen ist. Vgl. Alexander/Archer 2003, Tz. 2.09. Informationen dürfen in der IFRS-Rechnungslegung aber nicht mit dem Hinweis auf ihre Unverständlichkeit ausgelassen werden Vgl. Roberts/Weetman/Gordon 2002, S. 149.

ressaten nachvollziehbar ist, welche Informationen durch die Rechnungslegung vermittelt werden und auf welche Weise diese zu interpretieren sind. Dazu soll für die Bilanzierungsvorschriften erkennbar gemacht werden, welche Zielsetzung mit ihnen verfolgt wird und welche Grundannahmen dabei getroffen werden sowie in welchem Verhältnis sie zu den normativen Grundlagen im Rahmenkonzept stehen.[152] Zudem sollten nicht Ausnahme- und Sonderregelungen das Verständnis der IFRS-Rechnungslegung erschweren.[153]

b) Vergleichbarkeit

Unter dem Oberbegriff der Vergleichbarkeit wird die Möglichkeit zur Analyse der Unternehmensentwicklung im zeitlichen Verlauf (consistency) sowie der Vergleich von Abschlüssen verschiedener Unternehmen untereinander (comparability) zusammengefasst.[154] So sind die Vorschriften der IFRS einerseits stetig anzuwenden, um den Abschlussadressaten die Möglichkeit zu eröffnen, „die Abschlüsse eines Unternehmens über die Zeit hinweg zu vergleichen, damit sie Tendenzen in seiner Vermögens-, Finanz- und Ertragslage erkennen können."[155] Für den zwischenbetrieblichen Vergleich sind andererseits ökonomisch ähnliche Geschäftsvorfälle einheitlich zu bilanzieren.[156]

Für die anstehende kritische Würdigung der Konzernbilanzierung latenter Steuern soll die Vergleichbarkeit der Rechnungslegung vor allem unter dem Aspekt des zwischenbetrieblichen Vergleiches untersucht werden. Dieser wird regelmäßig nur dann möglich sein, wenn die Rechnungslegungsvorschriften einheitlich anwendbar sind und einen geringen Interpretationsspielraum lassen. Unpräzise Bilanzierungsregeln können im Umkehrschluss dazu führen, dass die Rechnungslegung für vergleichbare Geschäftsvorfälle unterschiedlich verläuft. Auf eine absolute Betrachtung der Bilanzierung latenter Steuern im zwischenbetrieblichen Vergleich wird hingegen verzichtet. Diese würde nur unter der Annahme identischer steuerrechtlicher Vorschriften verwertbare Ergebnisse liefern. Eine solche Annahme ist aber aufgrund der grenzüberschreitenden Tätigkeit vieler nach IFRS bilanzierender Unternehmen und der daraus resultierenden Vielfalt der jeweils zu beachtenden steuerrechtlichen Vorschriften realiter nicht gegeben.

c) Relevanz

Dem Merkmal der Relevanz entsprechen solche Rechnungslegungsinformationen, die in der Lage sind, die ökonomischen Entscheidungen der Adressaten im Bezug auf ihr Engagement am Unternehmen zu beeinflussen, sollten sie

---

152 Ähnlich hier im Hinblick auf die US-amerikanische Rechnungslegung FASB 2004, S. 1.

153 Vgl. Shortridge/Myring 2004, S. 37; Wagenhofer 2005, S. 108.

154 Vgl. IFRS R.39 ff.

155 IFRS R.39.

156 Zur Einhaltung der Bilanzierungs- und Bewertungsstetigkeit und zu den damit einhergehenden Anforderungen nach IFRS vgl. Driesch 2006, Tz. 10 f.

weggelassen oder fehlerhaft dargestellt werden.[157] Es wird dabei im Rahmenkonzept davon ausgegangen, dass IFRS-Abschlüsse von den Bilanzadressaten dazu genutzt werden, eigene Prognosen bezüglich der Vermögens-, Ertrags- und Finanzlage des Unternehmens zu entwickeln.[158] Die durch die Rechnungslegung nach IFRS vermittelten Informationen sollten daher zum einen als Grundlage für die Erstellung von aktuellen Prognosen nutzbar sein. Zum anderen sollte sie die Überprüfung früherer Prognosen ermöglichen. Dabei soll beispielsweise der gesonderte Ausweis von ungewöhnlichen oder seltenen Aufwendungen oder Erträgen die Qualität der Prognosen erhöhen.[159]

Nach Auffassung des IASB ist die Relevanz von zu bilanzierenden Geschäftsvorfällen möglichst weit zu fassen.[160] Soweit relevante Geschäftsvorfälle nicht mit den übrigen normativen Grundlagen der IFRS im Widerspruch stehen, sind diese direkt in den Rechenwerken des IFRS-Abschlusses zu erfassen. Ein Schwellenwert für die Relevanz ist zudem in dem Grundsatz der Wesentlichkeit (materiality) von Rechnungslegungsinformationen zu sehen,[161] nach dem Sachverhalte nicht explizit im IFRS-Abschluss zu verarbeiten sind, die für die Entscheidungsnützlichkeit von untergeordneter Bedeutung sind.

Im Hinblick auf die Konzernbilanzierung latenter Steuern nach IAS 12 soll nachfolgend analysiert werden, inwieweit mit latenten Steuern relevante Informationen durch den IFRS-Abschluss vermittelt werden. Dabei wird zu überprüfen sein, in welcher Form die Bilanzierung latenter Steuern die Prognosetauglichkeit von IFRS-Abschlüssen unterstützt. Auf den Aspekt der Wesentlichkeit kann hingegen nicht eingegangen werden, da diesbezüglich Vorschriften zur Abgrenzung wesentlicher von unwesentlichen Geschäftsvorfällen im Rahmenkonzept fehlen.[162]

d) Verlässlichkeit

Eingegrenzt wird das Merkmal der Relevanz entscheidungsnützlicher Rechnungslegungsinformationen durch das Merkmal der Verlässlichkeit. Die Verlässlichkeit soll gewährleisten, dass die Rechnungslegung eine unverzerrte und gemessen an den Bilanzierungsregeln fehlerfreie Darstellung des Unternehmens vermittelt. Sie wird durch insgesamt fünf untergeordnete Merkmale ausgefüllt: So ist erstens die Vollständigkeit (completeness) der rechnungslegungsrelevan-

---

157 Vgl. IFRS R.26. Ökonomische Entscheidungen der Anteilseigner sind u.a. das Halten, Zukaufen oder Veräußern ihrer Anteile.

158 Vgl. Bonham/Curtis/Davies 2004, S. 92.

159 Vgl. IFRS R.27 ff.; vgl. auch Streim/Bieker/Esser 2003, S. 36 f.

160 Dies verdeutlichen die Diskussionen zur inhaltlichen Bedeutung von Relevanz in der gegenwärtigen Fortentwicklung des Rahmenkonzepts. Vgl. dazu IASB Discussion Paper 2006a, BC2.3 ff.; weiterhin die noch folgenden Ausführungen zur Vollständigkeit als Untermerkmal der Verlässlichkeit.

161 Vgl. IFRS R.29 f.; ausführlich zum Grundsatz der materiality in IFRS-Abschlüssen Löcke 1999, S. 307 ff.

162 Vgl. Ossadnik 1995, S. 33 ff.

ten Informationen anzustreben.[163] Entscheidungsnützlich können schließlich nur solche Abschlüsse sein, die ein Gesamtbild der Vermögens-, Ertrags- und Finanzlage des Unternehmens vermitteln. Werden wichtige Informationen hingegen von der Erfassung im Abschluss ausgeschlossen, besteht die Gefahr einer Fehlentscheidung. Zweitens sind die im Rechenwerk zu erfassenden ökonomischen Transaktionen sachgerecht abzubilden. Es ist folglich eine glaubwürdige Darstellung (representation faithfulness) zu wählen, so dass beispielsweise in der Bilanz nur Vermögenswerte, Schulden und Eigenkapital für Transaktionen angesetzt werden, die auch die Voraussetzungen an ihren Inhalt und ihren Ansatz erfüllen.[164] Ergänzt wird das Merkmal der Verlässlichkeit drittens dadurch, dass die Rechnungslegung den wirtschaftlichen Gehalt von bilanziell durch das Unternehmen zu erfassenden Geschäftsvorfällen ermöglichen soll (substance over form). Die rechtliche Gestaltung von Transaktionen ist daher nicht ausschlaggebend für die Rechnungslegung des Unternehmens. Allein der ökonomische Gehalt ist maßgeblich für die Abbildung im Jahresabschluss. Der im IFRS-Regelwerk als viertes Untermerkmal zur Verlässlichkeit verankerte Vorsichtsgrundsatz (prudence) ist entsprechend einer von Vorsicht geprägten Sorgfalt oder im Sinne von „kaufmännischer Vernunft"[165] zu verstehen. Sie soll sicherstellen, dass Sachverhalte nicht zu positiv, jedoch auch nicht zu negativ im Sinne des imparitätisch auszulegenden deutschen Vorsichtsprinzips dargestellt werden.[166] Gleichzeitig soll schließlich fünftens auch die Neutralität (neutrality) der Abschlussinformationen gewährleistet werden. Dazu sind die Jahresabschlussinformationen ohne willkürliche Orientierung an den gewünschten Ergebnissen zu erstellen. Der Vorsichtsgrundsatz spielt daher für die Verlässlichkeit der Finanzdaten nur eine untergeordnete Rolle,[167] wobei allerdings aus konzeptioneller Sicht schon seine Nennung häufig kritisch gesehen wird.[168] Wohl auch daher wird bereits im Rahmenkonzept die Möglichkeit abgelehnt, auf Grundlage des Vorsichtsgrundsatzes stille Reserven durch die bewusste Einflussnahme auf Bilanzierungs- und Bewertungsmethoden zu legen.[169] Dies würde sowohl dem Untermerkmal einer glaubwürdigen Darstellung als auch der Neutralität zuwiderlaufen.[170]

Im Verlauf der kritischen Würdigung der Konzernbilanzierung latenter Steuern im IFRS-Abschluss wird auf die Einhaltung der verschiedenen Untermerkmale der Verlässlichkeit von Rechnungslegungsinformationen Acht zu geben sein. So

163 Vgl. IFRS R.38.
164 Vgl. IFRS R.33; Heuser/Theile 2005, Tz. 129. Die hierbei zu beachtenden bilanztheoretischen Grundsätze des Rahmenkonzepts werden in Abschnitt B.II dargestellt und erläutert.
165 Mujkanovic 2002, S. 98; vgl. ähnlich Ballwieser 2002, S. 121.
166 Vgl. Alexander/Archer 2003, Tz. 2.10; Heuser/Theile 2005, Tz. 129.
167 Vgl. Alexander/Britton/Jorissen 2003, S. 129; Herzig 2004, S. 51.
168 Vgl. bspw. Schildbach 2003, S. 249.
169 Vgl. IFRS R.37.
170 Vgl. Reinhart 1998, S. 57.

sollten latente Steuern vor allem ein neutrales Bild der Vermögens-, Finanz- und Ertragslage vermitteln und im Hinblick auf eine glaubwürdige Darstellung auch die bilanztheoretischen Grundsätze der IFRS erfüllen.

3. Nebenbedingungen

Die Einhaltung der qualitativen Merkmale entscheidungsnützlicher Rechnungslegungsinformationen wird durch Nebenbedingungen eingegrenzt. So sind die Informationen der Rechnungslegung erstens zeitgerecht (timely) aufzubereiten und zu veröffentlichen.[171] Diese Vorgabe berücksichtigt, dass nur rechtzeitig und aktuell kommunizierte Informationen die Entscheidungsgrundlage der Bilanzadressaten nutzbringend beeinflussen können. Veraltete Informationen weisen diese Qualität hingegen nicht mehr auf.[172]

Zweitens ist die Rechnungslegung unter Abwägung von Nutzen und Kosten (balance between benefit and cost) der vermittelten Informationen zu gestalten.[173] Diese Nebenbedingung ist eher abstrakter Natur und daher nur argumentativ zu erschließen. So sind auf der einen Seite nicht nur die Kosten der Informationsaufbereitung zu beachten. Vielmehr sind auch solche Kosten zu bedenken, die im Zuge der Analyse sowie durch die Offenlegung beispielsweise gegenüber Konkurrenten verursacht werden. Ähnlich abstrakt gestaltet sich auf der anderen Seite die Messung des Nutzenpotentials der dagegen aufzuwiegenden veröffentlichten Rechnungslegungsinformationen.

Drittens ist bei der Anwendung der bereits genannten qualitativen Eigenschaften der Rechnungslegung auf die Ausgewogenheit zwischen den bereits skizzierten qualitativen Merkmalen (balance between qualitative characteristics) zu achten.[174] Dies ist wichtig, stehen doch vor allem die Relevanz und die Verlässlichkeit in Konkurrenz zueinander.[175] Von Interesse im Sinne der Relevanz kann eine Vielzahl ökonomischer, das Unternehmen betreffender Vorgänge sein. Nur für den Fall aber, dass diese auch verlässlich ermittelbar sind, können diese für die Entscheidungen der Bilanzadressaten nützlich sein.[176] Welches Merkmal im Zweifel vorzuziehen ist, wird im Rahmenkonzept allerdings nicht vorgegeben,

---

171 Vgl. IFRS R.43.
172 Vgl. White/Sondhi/Fried 2003, S. 9.
173 Vgl. IFRS R.44.
174 Schildbach schließt in diesem Zusammenhang Extremlösungen nicht aus. Vgl. Schildbach 2003, S. 249 f.
175 Vgl. Schöllhorn/Müller 2004, S. 1627.
176 Ballwieser sieht hier insbesondere einen Konflikt im Hinblick der zeitlichen Ausrichtung der qualitativen Anforderungen: Während insbesondere zukunftsbezogene Daten für die Entscheidungen der Abschlussadressaten als relevant gelten, sind verlässliche Daten eher vergangenheitsorientiert, da sie so bereits mit der Realität überprüfbar sind. Vgl. Ballwieser 2002, S. 118.

vielmehr ist dann das sachgerechte Ermessen des bilanzierenden Unternehmens gefragt.[177]

Es zeigt sich, dass mit den Nebenbedingungen entscheidungsnützlicher Rechnungslegungsinformationen zumindest im Hinblick auf die zeitgerechte Aufarbeitung und Kosten-Nutzen-Abwägungen keine normativen, sondern vielmehr organisatorische Vorgaben der IFRS vorliegen. Diese werden bei der Würdigung der Konzernbilanzierung latenter Steuern nach IAS 12 folglich nicht gesondert beachtet, obwohl die Berechnung, Bewertung und buchhalterische Erfassung latenter Steuern für temporary differences sicherlich kostentreibend sein dürfte.[178] Nur die Ausgewogenheit der qualitativen Eigenschaften wird daher im Zweifel zu berücksichtigen sein, indem eigene Plausibilitätsüberlegungen angestellt werden.

II. Bilanztheoretische Grundsätze

Ebenfalls sollen die bilanztheoretischen Grundsätze der IFRS im Rahmen dieser Untersuchung beachtet werden. Dazu wird in Abschnitt B.II.1 dargelegt, wie das Rahmenkonzept die im IFRS-Abschluss anzusetzenden Posten der Bilanz und GuV definiert.[179] In Abschnitt B.II.2 wird erläutert, nach welchen allgemeinen Voraussetzungen diese im Abschluss zu erfassen sind.[180] Wichtig ist dabei für den weiteren Verlauf dieser Untersuchung vor allem die Bilanzierungsfähigkeit von Vermögenswerten und Schulden, denn diese spielt im IFRS-Abschluss eine zentrale Rolle. Die Erläuterung der vom Rahmenkonzept vorgesehenen Bewertungsmaßstäbe erfolgt in Abschnitt B.II.3.

1. Definition der Abschlussposten

Gegenüber den anderen Posten (elements) des IFRS-Abschlusses – also Schulden, Eigenkapital sowie Erträge und Aufwendungen – nimmt die Vermögenswert-Definition eine hervorgehobene Stellung ein. Aus ihr leitet sich auch die Begriffsbestimmung der übrigen Abschlussposten ab.

177 Vgl. Moxter 2003a, S. 324.

178 Dies zeigt die Auseinandersetzung mit den Vorschriften des IAS 12 in Kapitel C.

179 Auf eine Definition von Cashflow wird verzichtet. Diese ist nach Ansicht des IASB nicht notwendig, da der Cashflow bei der Abschlusserstellung aus den Größen der GuV und der Bilanz abgeleitet wird. Vgl. IFRS R.47.

180 Als *allgemeine* Ansatzvoraussetzungen werden hier somit die nachfolgend erläuterten normativen Grundsätze des Rahmenkonzepts verstanden. Diese sind gegenüber den *speziellen* Ansatzvoraussetzungen, die in den einzelnen Standards und Interpretationen enthalten sind, von subsidiärer Bedeutung. Unter spezielle Ansatzvoraussetzungen fallen hingegen die konkret in IFRS/IAS kodifizierten und damit übergeordneten Bilanzierungsvorschriften. So ergänzt bspw. IAS 38.57 die allgemeinen Ansatzvoraussetzungen um spezielle Voraussetzungen, die dem besonderen Charakter selbsterstellter immaterieller Vermögenswerte Rechnung tragen.

Vermögenswerte (assets) liegen vor, „wenn es wahrscheinlich ist, dass der [ihnen beigemessene] zukünftige Nutzen dem Unternehmen zufließen wird und wenn [ihre] Anschaffungs- und Herstellungskosten oder ein anderer Wert verlässlich ermittelt werden können“[181]. Dieser Nutzenzufluss kann darin bestehen, dass der Vermögenswert „direkt oder indirekt zum Zufluss von Zahlungsmitteln und Zahlungsmitteläquivalenten zum Unternehmen“[182] beiträgt – beispielsweise im Rahmen der Leistungserstellung, durch einen Umtausch in liquide Mittel oder aber durch Kostenreduktionen, die den Abfluss von liquiden Mitteln verringern. Dabei ist es unerheblich, *wie* der einem Vermögenswert beigemessene künftige Nutzen das Unternehmen begünstigt[183] oder von welcher Beschaffenheit der Vermögenswert ist.[184]

Weiterhin muss der künftige Nutzenzufluss in der Verfügungsmacht des Unternehmens liegen und das Resultat eines Ereignisses der Vergangenheit sein, damit die Definition eines Vermögenswertes erfüllt ist.[185] Dabei ist unerheblich, ob der künftige Nutzenzufluss bereits rechtlich durchsetzbar ist[186] oder ob die Verfügungsmacht über den Vermögenswert durch die Tätigung von Ausgaben erlangt wurde.[187] Die geplante Verfügungsmacht über Nutzenzuflüsse begründet hingegen aus definitorischer Perspektive noch nicht die Existenz eines Vermögenswertes.[188] Insgesamt soll damit sichergestellt werden, dass nur solche Vermögenswerte bilanziert werden, über deren wirtschaftlichen Nutzen das Unternehmen im Zeitpunkt der Abschlusserstellung tatsächlich verfügen kann.

Schulden (liabilities) als Gegenstück der Vermögenswerte liegen nach der Definition im IFRS-Rahmenkonzept vor, wenn ein ökonomischer Nutzenabfluss aus dem Unternehmen gegenwärtig wahrscheinlich ist und der Erfüllungsbetrag verlässlich bewertbar ist. Dieser Nutzenabfluss kann darin bestehen, dass das Unternehmen aufgrund einer vertraglichen oder andersartigen Verpflichtung liquide Mittel oder andere Vermögenswerte bzw. Dienstleistungen abzugeben hat[189] – die Beschaffenheit der Verpflichtung ist dabei unerheblich. Weiterhin muss der potentielle Nutzenabfluss im Zeitpunkt der Bilanzierung unvermeidbar sein, damit eine Schuld im Sinne des IFRS-Rahmenkonzepts vorliegt. Erwartete Nut-

181 IFRS R.89.
182 IFRS R.53.
183 Nach IFRS R.53 ist beispielsweise denkbar, dass der künftige Nutzen eines Vermögenswertes darin liegt, dass er gegen einen anderen Vermögenswert austauschbar ist, zur Abgeltung von Schulden verwendet oder an die Anteilseigner weitergegeben werden kann bzw. zur Umsatzerzielung im operativen Geschäft eingesetzt wird. Vgl. Alexander/Archer 2003, Tz. 2.14.
184 Denkbare Kategorien sind beispielsweise immaterielle, materielle oder finanzielle Vermögenswerte. Zur Abgrenzung von Ertragsteuern gegenüber anderen Kategorien von Bilanzposten vgl. auch Abschnitt C.I.4.
185 Vgl. IFRS R.49 (a).
186 Vgl. IFRS R.57.
187 Vgl. IFRS R.59.
188 Vgl. IFRS R.58.
189 Denkbar ist außerdem eine Umwandlung in Eigenkapital, beispielsweise bei Abgeltung einer Schuld gegen die Ausgabe von Aktien oder bei einer Umwandlung in eine andere Schuld. Vgl. IFRS R.62.

zenabflüsse sind also erst dann aus definitorischer Perspektive des Rahmenkonzepts als Schulden aufzufassen, wenn gegenwärtig keine wesentliche Möglichkeit für das Unternehmens besteht, sich der Verpflichtung zu entziehen.[190]

Es zeigt sich, dass Vermögenswerte und Schulden im Rahmenkonzept spiegelbildlich zueinander definiert werden. Zwei begriffsbestimmende Merkmale sind den Aktiv- wie Passivposten dabei gemein: Erstens muss dem Bilanzposten ein zu erwartender Nutzenfluss zugrunde liegen. Vermögenswerte und Schulden unterscheiden sich dabei lediglich in der *Flussrichtung*, also darin, ob jeweils Unternehmensressourcen zu- oder abfließen werden. Im Sinne der bereits bei den Eigenschaften entscheidungsnützlicher Informationen angesprochenen wirtschaftlichen Betrachtungsweise[191] spielt die rechtliche Form der zugrunde liegenden Transaktion keine Rolle. Nur ökonomische Gesichtspunkte sind für die Einschätzung ausschlaggebend, ob ein Nutzenfluss stattfinden wird oder nicht. Zweitens muss ein Ereignis der Vergangenheit vorliegen. Dieses ermöglicht zum Zeitpunkt der Bilanzierung entweder die Kontrolle über den künftigen Nutzenfluss oder verpflichtet zu seiner Abgabe durch das bilanzierende Unternehmen. Liegt hingegen kein Ereignis der Vergangenheit vor, ist definitionsgemäß auch nicht von einem Vermögenswert oder einer Schuld auszugehen. Abbildung 7 stellt die beiden begriffsbestimmenden Merkmale von Vermögenswerten und Schulden dar.

Abbildung 7: Begriffsbestimmende Merkmale von Vermögenswerten und Schulden

Das Eigenkapital wird nicht eigentlich im Rahmenkonzept, sondern als Residual- bzw. Differenzbetrag zwischen der Summe aller Vermögenswerte und Schulden definiert. Da es sich folglich aus deren Definitionen ableitet, ist eine darüber hinausgehende Begriffsbestimmung im Rahmenkonzept nicht enthalten[192] und an dieser Stelle nicht erforderlich.

190 Vgl. IFRS R.61.
191 Vgl. Abschnitt B.I.2.
192 Vgl. IFRS R.49 (c).

Neben den Bilanzposten werden im Rahmenkonzept auch die Abschlussposten definiert, anhand derer im Abschluss die Ertragskraft des Unternehmens dargestellt wird. Als zentrale Begriffe gelten hierbei Erträge und Aufwendungen.[193] Erträge werden im Rahmenkonzept als Nutzenzufluss der Berichtsperiode charakterisiert.[194] Ein Ertrag liegt nach dieser Definition vor, wenn entweder ein Vermögenswert einzubuchen ist bzw. wenn sich seine Bewertung erhöht oder aber eine Schuld ausgebucht wird bzw. sich ihre Bewertung reduziert. Im umgekehrten Fall eines Nutzenabflusses ist von Aufwendungen auszugehen. Sie sind gegeben, wenn Vermögenswerte aufgezehrt oder ausgebucht werden, wobei aber weder im entsprechenden Umfang ein anderer Vermögenswert generiert noch eine Schuld reduziert wird. Auch wenn neue Schulden entstehen bzw. bereits bestehende Schulden zugeschrieben werden, ist von Aufwendungen auszugehen. Einzig Nutzenflüsse in Form von Ausschüttungen an oder Einlagen von den Eigentümern des Unternehmens gelten nicht als Bestandteile der Ertragskraft.[195]

Auf welche Weise Aufwendungen bzw. Erträge buchhalterisch zu erfassen sind, wird im Rahmenkonzept im Übrigen nicht festgelegt. Die IFRS-Rechnungslegung greift hier auf eine erweiterte Ergebniskonzeption zurück, in der insbesondere eine Reihe von Wertanpassungen von Vermögenswerten und Schulden zum beizulegenden Zeitwert oder aber bestimmte Währungsumrechnungsdifferenzen nicht GuV-wirksam, sondern GuV-neutral im Eigenkapital erfasst werden.[196] Allerdings ist dabei bislang keine innere Logik erkennbar, nach der Ergebnisbestandteile entweder GuV-neutral oder aber GuV-wirksam zu verbuchen sind.[197] Die Erläuterungen zu den Bilanzposten auf der einen Seite und den Komponenten der Ertragskraft auf der anderen Seite zeigen, dass die Begriffsbestimmungen der Abschlussposten in zwei Gruppen aufzuteilen sind. Sozusagen originär werden Vermögenswerte und Schulden definiert. Die Definitionen der übrigen Elemente werden hingegen aus denen der Bilanzposten hergeleitet. Als zusätzliches begriffsbestimmendes Merkmal der Elemente Ertrag und Aufwand kommt einzig hinzu, dass diese jeweils keine Ausschüttungen oder Einlagen

---

193 Anzumerken ist, dass die Bezeichnungen der Posten der Ertragskraft im Zuge eines weiteren gemeinsamen Entwicklungsprojektes von IASB und FASB, dem sog. Financial Statement Presentation Project (vorherige Bezeichnung: Performance Reporting Project), neu geordnet werden sollen. Vgl. Zülch/Willms 2004, S. 2001.

194 Vgl. IFRS R.70 (a). Erfasst werden dabei sowohl „Erlöse" als Ergebnis der gewöhnlichen Geschäftstätigkeit als auch „andere Erträge", z.B. aus der Veräußerung von Anlagevermögen. Vgl. IFRS R.76.

195 Vgl. IFRS R.70 (a) und (b).

196 Vgl. zur Währungsumrechnung nach IAS 12 auch die Ausführungen in Abschnitt C.III.1.b).

197 Vgl. Gerbaulet 1999, S. 206; Schildbach 2003, S. 256; Haller/Schloßgangl 2003, S. 317 ff. Zur damit verbundenen Durchbrechung des Kongruenzprinzips im Zusammenhang mit GuV-neutralen Ergebnissen vgl. auch Franz/Winkler 2005, S. 9; mit Beispielen Wagenhofer 2005, S. 574. Außerdem wird noch zwischen Erträgen und Aufwendungen aus der gewöhnlichen Geschäftstätigkeit (revenue and expenses) und anderen Erträgen und Aufwendungen (gains and losses) differenziert. Das Rahmenkonzept enthält an dieser Stelle keine präzise Unterscheidung. In letztere Gruppe fallen aber im Wesentlichen bewertungsinduzierte Wertsteigerungen und Minderungen von Vermögenswerten und Schulden. Vgl. Hollmann 2002, S. 28 ff.

durch die Anteilseigner des Unternehmens umfassen. Abbildung 8 illustriert diese Zusammenhänge.

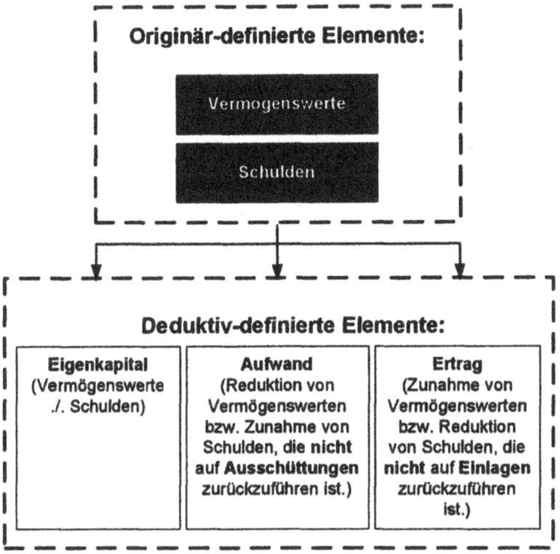

Abbildung 8: Definitionsschema der Elemente der IFRS-Rechnungslegung

Die Prävalenz von Vermögenswerten und Schulden über die Definition der übrigen Jahresabschlussposten wird in der angelsächsischen Literatur als *asset/liability view* bezeichnet.[198] Sie zeigt sich im IFRS-Regelwerk darin, dass primär die Bilanzierung von Vermögenswerten und Schulden in den Standards und Interpretationen geregelt wird, während die einhergehende Erfassung von Erträgen und Aufwendungen fast schon als Nebenprodukt gilt.[199] Das matching principle findet sich daher auch nur am Rande im Rahmenkonzept wieder.[200] So soll die Zuordnung von Aufwendungen zu Erträgen im Rahmen der Ergebnisermittlung in den IFRS nur insoweit erfolgen, als eine Übereinstimmung mit der asset/liability view vorliegt.[201]

Die Konzentration auf die Definitionen von Vermögenswerten und Schulden wird für notwendig erachtet, um auch durch die Bilanz sinnvolle Informationen vermitteln zu können. Der Ansatz undefinierbarer Bilanzposten, umgangs-

198 Vgl. Hitz 2005, S. 1018; Gerbaulet 1999, S. 6 ff.

199 Nur einige Standards befassen sich ausschließlich mit Aufwendungen und Erträgen – primär zu nennen sind hier IAS 18, Erträge, sowie IAS 11, Fertigungsaufträge.

200 Vgl. diesbezüglich auch die Anmerkungen in Abschnitt B.I.2 im Zusammenhang mit dem den IFRS zugrunde liegenden Konzept der Periodenabgrenzung. Zum Ursprung des matching principle der angelsächsischen Rechnungslegungstradition und seiner Verbindung mit der oben angesprochenen revenue/expense view ausführlich Tweedie 1995, S. 19.

201 Vgl. IFRS R.95, Hollmann 2002, S. 52 f.

sprachlich auch „what-you-may-call-its"[202] oder „whatsits"[203] genannt, die durch die Aktivierung bzw. Passivierung von Abgrenzungen (deferrals) in die Bilanz gelangen, soll zumindest aus normativer Perspektive vermieden werden.[204] In der anstehenden kritischen Würdigung der Konzernbilanzierung latenter Steuern wird daher aus bilanztheoretischer Perspektive primär zu prüfen sein, inwieweit IAS 12 einen Bezug zu Vermögenswerten und Schulden gemäß den Definitionen des Rahmenkonzepts herstellt.

2. Allgemeine Ansatzvorschriften

Ist die Existenz eines Abschlusspostens nach der oben wiedergegebenen Definition erwiesen, ist in einem Folgeschritt zu bestimmen, ob dieser auch im IFRS-Abschluss anzusetzen ist. Die bloße Existenz von Vermögenswerten und Schulden begründet schließlich noch nicht ihren Ansatz.[205] Die allgemeinen Voraussetzungen an den Ansatz (recognition) von Abschlussposten konzentrieren sich dabei gemäß der bereits angesprochenen asset/liability view auf Vermögenswerte und Schulden. Eine zentrale Bedeutung in den allgemeinen Ansatzvoraussetzungen nehmen die Kriterien *Wahrscheinlichkeit eines künftigen Nutzenzu- oder -abflusses* und *Verlässlichkeit der Bewertung* ein.

Die Wahrscheinlichkeit eines künftigen Nutzens als allgemeine Ansatzvoraussetzung des Rahmenkonzepts zielt darauf ab, dass ein Vermögenswert nur dann anzusetzen ist, wenn dessen Realisierung mit hinreichender Wahrscheinlichkeit abzusehen ist.[206] Im Umkehrschluss sind Schulden nur dann anzusetzen, wenn der durch sie repräsentierte Nutzenabfluss zu erwarten ist. Diese Anforderung kann im Kontext der qualitativen Prinzipien der IFRS-Rechnungslegung gesehen werden, wird damit doch eine Abgrenzung zwischen relevanten und irrelevanten Informationen vorgenommen – bei unwahrscheinlichen Sachverhalten ist

---

202 Sprouse 1966, S. 45. Robert Sprouse war in den 1960er Jahren gemeinsam mit Maurice Moonitz für die Entwicklung einer Vorläuferversion des conceptual framework der US-GAAP verantwortlich. Vgl. Bonham/Davis/Curtis 2004, S. 67.

203 Tweedie 1995, S. 28. David Tweedie ist seit dem 1. Januar 2001 Vorsitzender des IASB.

204 Diese kennzeichnen die mit der asset/liability view konkurrierende und in der internationalen Rechnungslegung ebenfalls diskutierten, aber wieder verworfenen revenue/expense view. Vgl. ausführlich zur revenue/expense view Paterson 1990, S. 80 ff.; Gerbaulet 1999, S. 6 ff.; Kuhner 2004, S. 267. Nach dieser bilanztheoretischen Ausprägung würde die Definition, Erfassung und Bewertung von Erträgen und Aufwendungen die Ergebnisermittlung und die übrigen Posten des Abschlusses dominieren. Vgl. Sprouse 1978, S. 68. Die revenue/expense view wurde u.a. deshalb verworfen, da die Formulierung der Definition von Bilanzposten sowie Voraussetzungen für ihre Erfassung einfacher ist als ein entsprechender Erklärungsansatz aus dem Blickwinkel der Posten der Ergebnisrechnung. Regeln, wie bspw. Aufwendungen bestimmten Erträgen zuzuordnen sind, konnten in keinen theoretischen Gesamtzusammenhang gebracht werden. Vgl. Ebling 1989, S. 22.

205 Vgl. IFRS R.50.

206 Unter der Realisierung von Vermögenswerten (Schulden) ist hier und im Rahmen dieser Arbeit ihre Umsetzung in einen monetären Mittelzufluss (-abfluss) bzw. ihre Umwandlung in einen anderen Vermögenswert (eine andere Schuld) zu verstehen.

schließlich davon auszugehen, dass sie irrelevant und für die Entscheidungsfindung der Bilanzadressaten nicht nützlich sind. Nur wahrscheinliche Sachverhalte dürften hinreichend dem Merkmal der Relevanz entsprechen, um in Form von Vermögenswerten und Schulden in den IFRS-Abschluss aufgenommen zu werden.

An das qualitative Merkmal der Verlässlichkeit im Rahmenkonzept knüpft die zweite allgemeine Ansatzvoraussetzung für Vermögenswerte und Schulden an: Bedingung für die bilanzielle Erfassung von ökonomischen Sachverhalten ist deren verlässliche Bewertbarkeit. Diese ist dann gegeben, wenn die wertbeeinflussenden Faktoren eines Abschlusspostens mit hinreichender Sicherheit ermittelbar sind, wobei die verlässliche Bewertbarkeit aber sehr weit gefasst ist. So steht der Umstand, dass eine Bewertung in manchen Fällen nur auf dem Wege der Schätzung möglich ist, dem Ansatz von Abschlussposten nach den allgemeinen Voraussetzungen des Rahmenkonzepts nicht entgegen. Erst wenn die Grundvoraussetzungen einer Schätzung überhaupt nicht mehr gegeben sind – das Rahmenkonzept nennt hier als Beispiel erwartete Erlöse aus einem laufenden Rechtsstreit[207] – ist von einer verlässlichen Schätzung nicht mehr auszugehen.

Im Rahmen der kritischen Würdigung der Konzernbilanzierung latenter Steuern wird vor diesem Hintergrund vor allem zu überprüfen sein, ob die Wahrscheinlichkeit eines künftigen Nutzens im Zusammenhang mit dem Ansatz von Vermögenswerten und Schulden aufgegriffen wird. Des Weiteren wird zu beurteilen sein, ob sich IAS 12 entsprechend mit der verlässlichen Bewertbarkeit der anzusetzenden Posten auseinandersetzt.

3. Bewertungsmaßstäbe

Das Rahmenkonzept diskutiert verschiedene Ansätze zur Bewertung von Vermögenswerten und Schulden. So wird die Bewertung im IFRS-Abschluss zu historischen Anschaffungs- oder Herstellungskosten, Tageswerten, Veräußerungswerten bzw. Erfüllungsbeträgen oder Barwerten für möglich gehalten.[208] Eine stringente Festlegung auf einen dieser Bewertungsmaßstäbe erfolgt jedoch nicht.[209] Im IFRS-Abschluss finden sich daher auch verschiedene, parallel verwendete Ansätze zur Bewertung von Bilanzposten.[210] Es ist aber wohl vor dem Hintergrund der bereits heute weitreichenden Bilanzierung zu beizulegenden Zeitwerten davon auszugehen, dass diesen auch aus der Perspektive der normati-

---

207 Vgl. IFRS R.86.

208 Vgl. IFRS R.100.

209 Vgl. Mujkanovic 2002, S. 108; Bullen/Crook 2005, S. 12.

210 Es wird daher in diesem Zusammenhang auch von einem so genannten *mixed model* gesprochen Vgl. Baetge/Zülch 2001, S. 552; Epstein/Mirza 2006, S. 9.

ven Grundsätze der IFRS künftig eine noch prominentere Rolle eingeräumt wird.[211] Da aber keiner der Bewertungsansätze des Rahmenkonzepts zwingend vorgeschrieben wird, wird wohl auf absehbare Zeit die Durchmischung des IFRS-Abschlusses mit verschiedenen Bewertungskonzeptionen beibehalten werden.

Für die vorliegende Untersuchung können aus den im Rahmenkonzept genannten Bewertungsmaßstäben vor diesem Hintergrund keine Kriterien für die Würdigung der Konzernbilanzierung latenter Steuern nach IAS 12 abgeleitet werden. Auch eine Beurteilung dieses Standards aus der Perspektive einer umfassenden Definition des Unternehmenserfolgs muss daher entfallen, denn diese würde eine stringente Vorgehensweise bei der Bewertung von Abschlussposten voraussetzen. Aus dem gleichen Grund kann auch nicht untersucht werden, ob die Vorschriften des IAS 12 die Grundsätze der Kapitalerhaltung im Sinne des Rahmenkonzepts erfüllen. Dies ist darauf zurückzuführen, dass zur Definition des Unternehmenserfolgs im Sinne einer Verzinsung des eingesetzten Kapitals nicht nur die Bilanzierung dem Grunde nach, sondern auch der Höhe nach zu definieren ist.[212] Auch aus dieser Perspektive muss daher nachfolgend die kritische Würdigung der Konzernbilanzierung latenter Steuern entfallen.

III. Zusammenfassung

Die bereits in der Problemstellung aufgeworfene zentrale Fragestellung dieser Untersuchung kann folgendermaßen zusammengefasst werden:

> Entspricht die Konzernbilanzierung latenter Steuern nach IAS 12 den normativen Grundsätzen der IFRS und ist daher als entscheidungsnützlich aufzufassen?

Die Erläuterung der relevanten Bereiche des Rahmenkonzepts hat gezeigt, dass für die Entwicklung eines Anforderungsprofils im Wesentlichen auf zwei gleichberechtigte Kernbereiche der normativen Grundsätze zurückzugreifen ist. So ist der Untersuchungsgegenstand zum einen aus dem Blickwinkel der im Rahmenkonzept formulierten qualitativen Eigenschaften entscheidungsnützlicher Informationen zu beurteilen. Zum anderen ist die Konzernbilanzierung

[211] Vgl. Hollmann 2002, S. 11; Böcking/Sittmann-Haury 2003, S. 200; Kümmel 2002, S. 36 ff.; Streim/Bieker/Esser weisen darauf hin, dass die Bilanzierung zum beizulegenden Zeitwert „derzeit unbestritten zu den ‚heißesten Eisen' im International Accounting" gehört. Streim/Bieker/Esser 2003, S. 457. Gewissermaßen als Vorbote kann vor diesem Hintergrund die Veröffentlichung des Diskussionspapiers „Fair Value Measurements" durch das IASB gewertet werden. Anhand dieser Publikation will das IASB in einem weiteren Gemeinschaftsprojekt mit dem FASB die Bewertung von beizulegenden Zeitwerten auf eine gemeinsame und konsistente Grundlage stellen. Vgl. IASB Discussion Paper 2006b, S. 5 f.

[212] Vgl. Wagenhofer 2005, S. 128. Vgl. zu einhergehenden Auswirkungen auf die Vermögens- und Erfolgskonzeption der IFRS Hitz 2005, S. 1017 f.

latenter Steuern nach IAS 12 aus dem Blickwinkel der bilanztheoretischen Grundsätze zu würdigen.

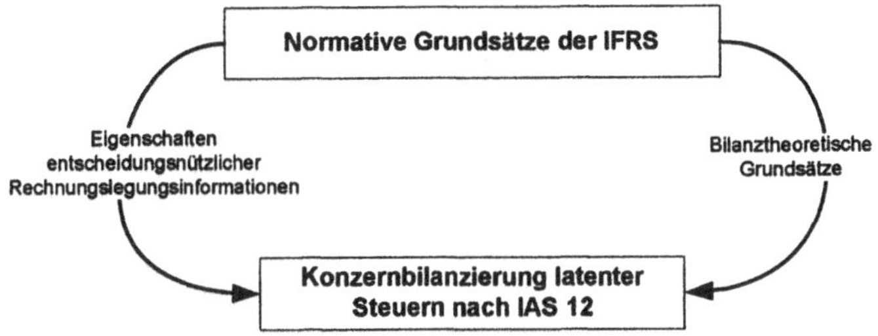

Abbildung 9: Perspektiven auf die Konzernbilanzierung latenter Steuern vom Standpunkt der normativen Grundsätze

Aus der Perspektive der Eigenschaften entscheidungsnützlicher Rechnungslegungsinformationen stehen dabei in der nachfolgenden Untersuchung die qualitativen Merkmale im Vordergrund der Analyse. So wird im Hinblick auf die Verständlichkeit zu begurteilen sein, ob der von IAS 12 geregelte Bilanzierungsgegenstand prägnant adressiert wird und ob der Verständlichkeitsgrad der im IFRS-Abschluss enthaltenen Informationen nicht zu sehr durch Ausnahme- und Sonderregelungen beeinträchtigt wird. Weiterhin wird im Bezug auf das Merkmal der Vergleichbarkeit zu klären sein, ob die Bilanzierungsvorschriften in IAS 12 hinreichend präzise formuliert sind. Nur wenn eine einheitliche Regelauslegung durchgängig möglich ist, dürfte – von den hier nicht weiter betrachteten, aber stets vorhandenen materiellen Unterschieden in der Unternehmensbesteuerung einmal abgesehen – zumindest dem Grunde nach die Vergleichbarkeit von IFRS-Abschlüssen gegeben sein. Die Relevanz als qualitatives Merkmal der Rechnungslegung wird vor allem auf der Grundlage der Darstellung latenter Steuern im IFRS-Abschluss zu würdigen sein. Hier ist zu ermitteln, ob einerseits die gegenwärtige Steuerbelastung, andererseits die künftige Entwicklung der Steuerbelastung auf der Grundlage der Ausweis- und Angabevorschriften von IAS 12 und unter Einbeziehung latenter Steuern erkennbar wird – dann sind jedenfalls die im IFRS-Abschluss enthaltenen Informationen als entscheidungsnützlich aufzufassen und können beispielsweise von den Bilanzadressaten für die Prognosebildung und -überprüfung herangezogen werden. Schließlich ist außerdem noch zur Verlässlichkeit der durch latente Steuern in den Abschluss aufgenommenen Rechnungslegungsinformationen Stellung zu nehmen. Hierzu wird zu prüfen sein, inwieweit die durch latente Steuern dargestellten Informationen den Untermerkmalen der Verlässlichkeit entsprechen. Die nachfolgende Untersuchung berücksichtigt dabei vor allem die von den normativen Grundsätzen gebotene Neutralität der Rechnungslegungsinformationen. Die glaubwürdige Darstellung wird anhand der Einhaltung der bilanztheoretischen Grundsätze überprüft. Ist dabei insgesamt die Konzernbilanzierung latenter Steuern aus der Perspektive der Eigenschaften entscheidungsnützlicher Rechnungslegungsinformationen mit Kritik zu belegen, sind Überlegungen anzustellen, ob und wie die Vorschriften des IAS 12 im Sinne der normativen Grundsätze der IFRS zu verbessern sind.

Aus der Perspektive der bilanztheoretischen Grundsätze ist zu untersuchen, ob die Regeln der asset/liability view in IAS 12 eingehalten werden. Zum einen ist dazu bezüglich der nach IAS 12 anzusetzenden aktiven wie passiven latenten Steuern ein klarer Bezug zu künftigen Nutzenzu- bzw. -abflüssen zu erwarten. Zum anderen sollte der Standard das jeweils relevante Ereignis der Vergangenheit identifizieren, das die gegenwärtige Verfügungsmacht über einen Vermögenswert bzw. die Unentziehbarkeit der Verpflichtungen aus einer Schuld begründet. Weiterhin ist die Berücksichtigung der allgemeinen Ansatzvorschriften von Vermögenswerten und Schulden im Zusammenhang mit der Bilanzierung nach IAS 12 zu beurteilen, ob also die Vorschriften dieses Standards die Wahrscheinlichkeit eines künftigen Nutzens und dessen verlässliche Bewertbarkeit im Hinblick auf die Bilanzierung latenter Steuern aufgreifen und umsetzen. Auf die Bewertung latenter Steuern kann hingegen aus bilanztheoretischer Perspektive nicht eingegangen werden, da kein zwingend anzuwendender Bewertungsmaßstab durch das Rahmenkonzept vorgegeben wird. Insgesamt wird zu überlegen sein, wie gegebenenfalls identifizierte Kritikpunkte bilanztheoretischer Natur an der Konzernbilanzierung latenter Steuern nach IAS 12 zu beheben sind.

C. Konzernbilanzierung latenter Steuern nach IAS 12

In diesem Kapitel werden die Vorschriften von IAS 12 dargestellt und kritisch gewürdigt, wobei auf die in Kapitel B vorgestellten normativen Grundsätze der IFRS zurückgegriffen wird. Dazu folgt in Abschnitt C.I zunächst eine Auseinandersetzung mit der Bedeutung latenter Steuern in der Rechnungslegung nach IFRS. In Abschnitt C.II wird dargelegt und analysiert, wie die Bilanzierung latenter Steuern nach IAS 12 vorzunehmen ist. Dies betrifft die Vorschriften dieses Standards zur Dotierung der Bemessungsgrundlage latenter Steuern sowie zum Ansatz, zur Bewertung und zur buchhalterischen Erfassung latenter Steuern. Die Konzernabschlusserstellung wird in Abschnitt C.III gesondert aufgegriffen, da hier gegenüber den Grundsätzen der Bilanzierung latenter Steuern die konsolidierte Rechnungslegung im Vordergrund der Betrachtung steht. Dies ist erforderlich, da IAS 12 keine speziellen Vorschriften zur Konzernabschlusserstellung enthält.[213] Die Vorschriften zur Darstellung latenter Steuern im IFRS-Abschluss werden schließlich in Abschnitt C.IV behandelt. Ihr Ausweis und die dazugehörigen Angaben werden dort vor allem unter dem Blickwinkel ihrer Aussagekraft analysiert. Eine Zusammenfassung der hier erarbeiteten Untersuchungsergebnisse findet sich daraufhin in Abschnitt C.V.

I. Bedeutung latenter Steuern im IFRS-Regelwerk

Bevor auf die Grundsätze der Bilanzierung latenter Steuern eingegangen wird, soll in diesem Abschnitt zunächst die qualitative Bedeutung latenter Steuern im IFRS-Regelwerk dargestellt werden.[214] Um die Bedeutung latenter Steuern im IFRS-Regelwerk freizulegen, erfolgt im Folgeabschnitt zunächst eine Analyse des Ertragsteuerbegriffs nach IAS 12. Die darauf aufbauende Definition latenter Ertragsteuern im Sinne von IAS 12 wird daraufhin in Abschnitt C.I.2 untersucht. In Abschnitt C.I.3 wird die Zielsetzung (objective) der Bilanzierung von Ertragsteuern, die in IAS 12 gesondert dargestellt wird, im Bezug auf die Bedeutung latenter Steuern analysiert. Schließlich wird in Abschnitt C.I.4 die Bedeutung latenter Steuern auch aus dem Blickwinkel der übrigen Bilanzierungsvorschriften des IFRS-Regelwerks beleuchtet. Dies ist erforderlich, um Vermögenswerte und Schulden, die aufgrund von Steuerlatenzen anzusetzen sind, von den übrigen Bilanzposten des IFRS-Abschlusses abzugrenzen. Eine Zusammenfassung der Ergebnisse findet sich in Form eines Zwischenfazits in Abschnitt C.I.5.

---

[213] Vgl. Weißenberger 2001, Tz. 72.

[214] Zur Darlegung der *quantitativen* Bedeutung von Steuerlatenzen im IFRS-Abschluss bei börsennotierten und dem DAX zugehörigen Unternehmen vgl. ausführlich insgesamt Küting/Zwirner 2005, S. 1556 ff.; Küting/Zwirner 2003, S. 306 ff.; mit dem Hauptaugenmerk auf Verlustvorträge Zwirner/Busch/Reuter 2003, S. 1042 ff.; mit Schwerpunkt auf dem Ausweis latenter Steuern in IFRS-Abschlüssen vgl. von Keitz 2005, S. 156 ff.

1. Begriff der Ertragsteuern nach IAS 12

Alle Steuern, also auch die von IAS 12 adressierten Ertragsteuern, sind gesetzlich geregelte und durch den Fiskus geltend gemachte Belastungen ohne direkte Gegenleistung. Die IFRS als *internationales* Regelwerk zur Rechnungslegung beziehen sich folglich mit den Vorschriften des IAS 12 auf ökonomische Vorgänge, die sich aus der *nationalen* Gesetzgebung ergeben. Die Regeln dieses internationalen Standards können vor diesem Hintergrund nur die wesentlichen ökonomischen Grundzüge der Ertragsbesteuerung von rechnungslegungspflichtigen Einheiten aufgreifen. Mit Detailvorschriften – wie etwa der Nennung konkreter nach IAS 12 zu bilanzierenden Steuerarten – ist hingegen nicht zu rechnen.

Die wesentlichen ökonomischen Grundzüge einer Steuerart ergeben sich aus der Analyse des Steuertatbestands.[215] Dabei bedarf es als Erstes der Erkenntnis, auf welches Objekt sich die Steuer bezieht und wie sich aus diesem die Bemessungsgrundlage der Steuer und unter Berücksichtigung des Steuersatzes die Steuerbelastung ergibt. Zweitens ist die Kenntnis des Steuersubjekts erforderlich, dem die aus dem Steuerobjekt hervorgehende Bemessungsgrundlage zuzuordnen ist. Diesem ist als Steuerschuldner regelmäßig auch die aus dem Steuertatbestand resultierende Steuerbelastung zuzurechnen. Allerdings ist die Identität der Person des Steuerpflichtigen mit dem Steuerschuldner nicht zwingend: Wie noch die Ausführungen zur ertragsteuerlichen Organschaft in Verbindung mit der Abgrenzung des Konsolidierungskreises in Abschnitt C.III.1.a) zeigen werden, können die Person des Steuerpflichtigen und des Steuerzahlers auch auseinander fallen, so dass für einen Steuertatbestand durchaus mehrere Steuersubjekte identifizierbar sind. Für die Charakterisierung eines Steuertatbestands aus ökonomischer Perspektive ist daher drittens vor allem auch noch die Person des Steuerzahlers von Interesse. Abbildung 10 auf Seite 53 zeigt den Zusammenhang auf.[216]

Die Vermittlung entscheidungsrelevanter Informationen durch den IFRS-Abschluss wird nur dann im Bezug auf die Bilanzierung von Ertragsteuern möglich sein, wenn die Bilanzierungsregeln die wesentlichen ökonomischen Grundzüge des jeweils vorliegenden Steuertatbestands aufgreifen. Wird also im Umkehrschluss nicht von den Bilanzierungsvorschriften berücksichtigt, wer auf welcher Grundlage Steuern zu zahlen hat, dürfte eine den tatsächlichen Verhältnissen entsprechende Darstellung der Vermögens-, Finanz- und Ertragslage regelmäßig nicht gewährleistet sein.

[215] Zum Begriff des Steuertatbestands vgl. Kußmaul 2005, S. 235.

[216] Vgl. zu weiteren Parteien bzw. Begriffen des Steuerrechtsverhältnisses bzw. Steuertatbestands Selchert 2001, S. 30.

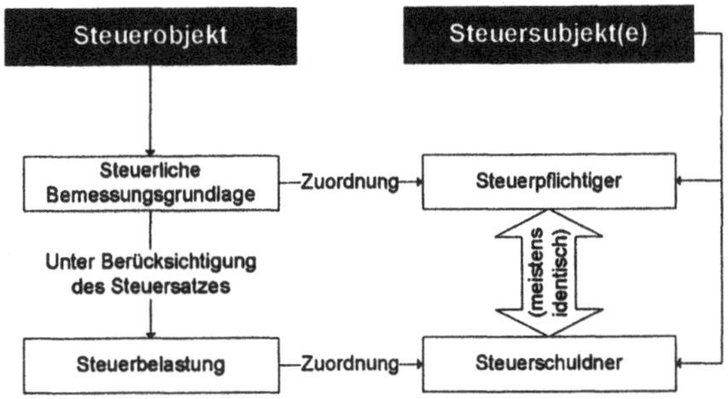

Abbildung 10: Ökonomische Struktur eines Steuertatbestands

Generell bezieht sich IAS 12 auf die Bilanzierung aller einkommensbasierter Steuerarten,[217] wie in IAS 12.2 dargelegt wird:

> „Für Zwecke dieses Standards beinhalten Ertragsteuern alle in- und ausländischen Steuern auf Grundlage der steuerpflichtigen Einkommen. Ertragsteuern beinhalten auch Steuern wie Quellensteuern, welche von einem Tochterunternehmen, einem assoziierten Unternehmen oder einem Joint Venture auf Grund von Ausschüttungen an das berichtende Unternehmen geschuldet werden.“[218]

IAS 12 geht folglich aus ökonomischer Perspektive von einem Steuertatbestand aus, bei dem das Steuerobjekt die erwirtschafteten Einkünfte sind.[219] Die Bemessungsgrundlage von Ertragsteuern im Sinne des IAS 12 leitet sich dabei aus dem nach steuerlichen Vorschriften ermittelten Ergebnis der Periode her, auf Grund dessen die Ertragsteuern zahlbar bzw. im Falle eines negativen zu versteuernden Einkommens erstattungsfähig sind.[220] Steuerarten, die sich hingegen nicht auf das steuerpflichtige Einkommen beziehen – zu denken ist dabei zum Beispiel an Verkehrs- oder Vermögenssteuern –, sind also im Umkehrschluss von der Bilanzierung nach IAS 12 ausgeschlossen.[221] Die Nennung der Quellensteuern (withholding taxes) macht dabei deutlich, dass Ertragsteuern im Sinne des Standards auch einkommensbezogene Abgaben betreffen, die im Rahmen von Ausschüttungen von abhängigen Unternehmen zu leisten sind, sich aber gleichwohl nach dem zu versteuernden Einkommen richten.

---

217 Vgl. IAS 12.1.

218 IAS 12.2.

219 Im Verlauf dieser Ausarbeitung werden die Termini „steuerpflichtige Einkommen“, „zu versteuernde Einkommen“ oder „steuerpflichtige Einkünfte“ synonym verwendet.

220 So die Definition des „zu versteuernden Einkommens“ in IAS 12.5. Zusätzlich wurde vom IFRIC erläuternd festgestellt, dass hiermit im Zweifel eine Nettogröße gemeint ist. Ausgeschlossen sind somit Steuerarten, die sich nur auf bestimmte Erlösgrößen wie bspw. Umsätze beziehen. Vgl. IFRIC Update March 2006, S. 7.

221 Vgl. Bonham/Curtis/Davis 2004, S. 1325; zu weiteren Definitionsproblemen vgl. auch KPMG 2005, S. 434.

Zusätzlich zu der allgemeinen Definition der Bemessungsgrundlage der von IAS 12 adressierten Ertragsteuern wird der Anwendungsbereich (scope) dieses Standards weiter eingegrenzt, indem Zuwendungen der öffentlichen Hand (government grants) sowie investitionsabhängige Steuergutschriften (investment tax credits) explizit ausgeschlossen werden.[222]

Was unter diesen Begriffen zu verstehen ist, wird jedoch im Standard nicht erläutert. Immerhin verweist IAS 12 aber bezüglich der Zuwendungen der öffentlichen Hand auf IAS 20, der für ihre Bilanzierung einschlägig ist. Nicht in den Anwendungsbereich von IAS 12 fallen demnach monetäre wie nicht-monetäre Beihilfen lokaler, nationaler oder internationaler Regierungsbehörden, Institutionen mit hoheitlicher Aufgabe oder ähnlicher Körperschaften, die von der Unternehmensbesteuerung unabhängig sind.[223] Die Ausgrenzung von Zuwendungen der öffentlichen Hand aus dem Anwendungsbereich des IAS 12 wird damit nachvollziehbar, da sie die Ertragsbesteuerung des Unternehmens schließlich nicht direkt tangieren.[224] Welcher Tatbestand mit dem Ausschluss investitionsabhängiger Steuergutschriften aus dem Anwendungsbereich des IAS 12 adressiert wird, ist hingegen nicht unmittelbar nachvollziehbar. Eine Erläuterung, wie investitionsabhängige Steuergutschriften definiert werden und welche Rechnungslegungsvorschriften in diesem Zusammenhang anzuwenden sind, fehlt in IAS 12. Auch in den übrigen IFRS wird dieser Begriff nicht definiert – allerdings legt ein Blick in die US-GAAP den Schluss nahe, dass hier Steuergutschriften ausgeschlossen werden, die mit dem US-amerikanischen investment tax credit vergleichbar sind.[225] Dieser wird im Regelfall unabhängig von der steuerlichen Bemessungsgrundlage in Form einer Kürzung der Steuerzahllast gewährt, indem diese über einen bestimmten Zeitraum um einen vorher festgelegten Betrag oder Prozentsatz reduziert wird.[226] Aufgrund der Orientierung von IAS 12 an den Vorschriften der US-GAAP ist wohl davon auszugehen, dass durch die Regelung in IAS 12.4 investitionsabhängige Steuergutschriften aus dem Anwendungsbereich dieses Standards ausgegrenzt werden, die dem US-amerikanischen investment tax credit gleichen. Aus welchem Grund dies geschieht, bleibt gleichwohl unklar.

222 Vgl. IAS 12.4.

223 Vgl. IAS 20.3.

224 Nicht jedoch werden Zuwendungen der öffentlichen Hand vom Anwendungsbereich des IAS 12 ausgeschlossen, soweit sie den Steuerwert von Bilanzposten tangieren. So kann eine indirekte Berücksichtigung von Zuwendungen der öffentlichen Hand in Fällen erforderlich sein, wenn latente Steuern auf Bilanzposten abzugrenzen sind, die unter Einsatz von öffentlichen Mitteln erworben bzw. eingegangen wurden. Vgl. auch KPMG 2005, S. 466.

225 Vgl. dazu die Ausführungen in Abschnitt A.II.2.b).

226 Vgl. IAS 12.4. Alle investitionsabhängigen Zuwendungen des Steuergesetzgebers, die sich auf die Bewertung der Steuerwerte und damit auf die Ermittlung des zu versteuernden Einkommens auswirken – denkbar sind beispielsweise erhöhte Abschreibungsmöglichkeiten oder ermäßigte Steuersätze – liegen daher wohl im Anwendungsbereich von IAS 12.

Dass sich der Begriff investitionsbezogener Steuergutschriften und damit der Anwendungsbereich von IAS 12 nur auf dem Wege der Interpretation erschließen lässt, ist grundsätzlich zu bemängeln. Im Rahmen von *internationalen* Rechnungslegungsvorschriften wie den IFRS sollte schließlich nicht auf spezielle Begriffe des *nationalen Steuerrechts* zurückgegriffen werden, ohne diese näher zu erläutern. Die fehlende Definition von investitionsabhängigen Steuergutschriften in IAS 12 dürfte daher im Widerspruch zum Merkmal der Verständlichkeit der IFRS-Rechnungslegung stehen.

Insgesamt kann aber der Steuertatbestand, welcher der Bilanzierung nach IAS 12 zugrunde liegt, hinreichend im Hinblick auf das Steuerobjekt identifiziert werden: IAS 12 bezieht sich auf die Bilanzierung von Ertragsteuern, die an die wirtschaftliche Tätigkeit des Unternehmens anknüpfen und sich der Höhe nach am zu versteuernden Einkommen als Bemessungsgrundlage orientieren. Für die in dieser Untersuchung primär berücksichtigten deutschen Kapitalgesellschaften fällt damit vor allem die Bilanzierung von GewSt und KSt in den Anwendungsbereich von IAS 12. Da mit dem SolZ darüber hinaus eine indirekt von der Höhe des versteuernden Einkommens abhängige Annexsteuer vorliegt, die an die KSt anknüpft, fällt auch die Bilanzierung des SolZ unter die Vorschriften von IAS 12.[227]

Die Steuersubjekt(e) des Steuertatbestands werden hingegen in IAS 12 nicht näher erläutert. Während das jeweils einschlägige Steuerrecht die relevanten Steuersubjekte anhand eigener Regeln definiert, erfolgt in den IFRS keine Auseinandersetzung mit dem Begriff des Unternehmens im Sinne von IAS 12. *Wer* im Einzelfall als Steuersubjekt eines ertragsteuerrelevanten Steuertatbestands gilt, unterliegt also den Vorschriften des nationalen Steuerrechts. *Wer* hingegen diesen Steuertatbestand im IFRS-Abschluss nach den Vorschriften des IAS 12 zu bilanzieren hat, wird nicht festgelegt.[228] Dadurch, dass sich die IFRS generell auf die *berichtende Einheit* (reporting entity) beziehen, wird der Unternehmensbegriff für Zwecke der Bilanzierung nach IFRS kontextabhängig definiert: Bezieht sich der IFRS-Abschluss auf ein einzelnes Unternehmen, werden die IFRS im Einzelabschluss angewendet. Steht die Rechnungslegung des Konzerns im Vordergrund – und das dürfte bei den IFRS der Regelfall sein –, sind die Vorschriften des IAS 12 im Konzernabschluss anzuwenden.[229]

---

227 Vgl. Herzig/Dempfle 2002, S. 3.

228 Auch im übrigen IFRS-Regelwerk finden sich keine umfassenden Ausführungen, sondern nur Teildefinitionen zum Unternehmensbegriff. So wird in IAS 27.4 etwa darauf hingewiesen, dass für Zwecke der Abgrenzung des Konsolidierungskreises jedes rechtlich selbständige Unternehmen (entity) zu berücksichtigen ist, das kontrolliert wird, teilrechtsfähige Unternehmen wie Personengesellschaften eingeschlossen. IFRS 3 bezieht sich hingegen auf den betriebswirtschaftlich definierten Geschäftsbetrieb (business), für dessen Abgrenzung gesellschaftsrechtliche Strukturen ohne Bedeutung sind. Vgl. Senger/Elprana 2006, Tz. 1 ff.

229 Auch IAS 12 bezieht sich auf die berichtende Einheit, wie anhand von IAS 12 Zielsetzung, Abs. 4. deutlich wird. Dazu passt, dass die Regeln des IAS 12 nicht zwischen einer Anwendung im Einzelabschluss und im

Es ist einzuräumen, dass der in IAS 12 fehlende Unternehmensbegriff kein wesentliches Problem darstellt, sofern der Ertragsteuertatbestand nur ein Steuersubjekt kennt, dem eindeutig das zu versteuernde Einkommen als Steuerobjekt zugeordnet werden kann. Ist das bilanzierende Unternehmen selbst in allen Facetten des Steuertatbestands Steuersubjekt und führen die eigenen steuerpflichtigen Einkünfte zu einer vom Unternehmen selbst getragenen Steuerbelastung, steht einer Bilanzierung nach IAS 12 nichts im Wege.

Interpretationsspielräume liegen hingegen dann vor, wenn die Person des Steuerpflichtigen, der durch seine wirtschaftlichen Tätigkeiten die Bemessungsgrundlage für die Ertragsteuer und damit den Ausgangspunkt für die Ertragsbesteuerung schafft, nicht mit der Person des Steuerschuldners übereinstimmt. In diesen Fallkonstellationen kann auf der Grundlage von IAS 12 nicht eindeutig bestimmt werden, ob die Ertragsteuerbelastung dem Steuerschuldner oder aber dem Steuerpflichtigen zuzuordnen ist. Ohne die Berücksichtigung des Steuersubjekts bzw. der Steuersubjekte bei der Definition des Bilanzierungsgegenstands von IAS 12 erscheinen dann zumindest zwei Auslegungsvarianten zulässig. So kann beispielsweise auf der einen Seite die Bilanzierung von Ertragsteuern an die Steuerpflicht geknüpft werden. Unabhängig von der Frage der Steuerzahlung sind dann Ertragsteuern nach IAS 12 zu bilanzieren, wenn das Unternehmen steuerpflichtige Einkünfte erwirtschaftet.[230] Auf der anderen Seite kann auch die Auffassung vertreten werden, dass sich die Bilanzierung von Ertragsteuern an der Steuerzahlung orientiert: Nur wenn Steuern tatsächlich zu entrichten sind, liegt schließlich eine bilanzierungsfähige ökonomische Belastung vor.[231] Als Abwandlung dieser an der rechtstatsächlichen „Steuerschuldnerschaft"[232] orientierten Vorgehensweise wird in der Literatur außerdem noch insbesondere im Hinblick auf die ertragsteuerliche Organschaft die Meinung vertreten, dass nach IAS 12 zu bilanzierende Ertragsteuern nur dann vorliegen,

Konzernabschluss differenzieren. Vgl. Weißenberger 2001, Tz. 72.

230 Dieser Auffassung folgt zum Beispiel das AASB, das auf der Grundlage von IFRS die Bilanzierung von Ertragsteuern auch im Einzelabschluss von Tochterunternehmen fordert, die erstens in eine konsolidierte Steuererklärung (consolidated tax return) einbezogen werden und zweitens daher nicht direkt zur Zahlung von Steuern verpflichtet sind. Der Steuerschuldner und Steuerzahler der consolidated tax group ist stets die sog. head unit. Vgl. hierzu die Ausführungen zur ertragsteuerlichen Organschaft im Zusammenhang mit der Abgrenzung des Konsolidierungskreises in Abschnitt C.III.1.a).

231 Diese Auffassung wird in der Literatur implizit im Hinblick auf den anwendbaren Steuersatz bei den hier nicht näher betrachteten PHG vertreten. Die Einkommensbesteuerung deutscher PHG wird auf der Ebene ihrer Gesellschafter vorgenommen, Steuerobjekt ist hingegen das von der PHG erwirtschaftete zu versteuernde Einkommen. Vgl. Kußmaul 2005, S. 427 ff. Dies wird bezüglich der Bilanzierung von Ertragsteuern bei deutschen PHG so interpretiert, dass nur die GewSt, nicht aber die bei den Gesellschaftern anfallende ESt bei der Bilanzierung latenter Steuern nach IAS 12 zu berücksichtigen ist. Vgl. Kirsch 2003f, S. 331; speziell auch zu Kommanditgesellschaften Kirsch 2003h, S. 144; Schulz-Danso 2006, Tz. 12; Hoffmann 2006, Tz. 70. Eine explizite Auseinandersetzung mit dem Begriff der Ertragsteuer zur Klärung der Frage, welche Steuerarten im Rahmen der Bilanzierung nach IAS 12 zu berücksichtigen sind, erfolgt hingegen nicht.

232 Hoffmann 2006, Tz. 72.

wenn die Steuerzahllast eines Steuerpflichtigen über ein Umlageverfahren mit dem Steuerzahler hergestellt wird.[233]

Dass die Definition des Ertragsteuerbegriffs in IAS 12 somit unvollständig bleibt, kann im Interesse einer möglichst einheitlichen Rechnungslegung nicht zufrieden stellen. Die aufgezeigte Diskrepanz in IAS 12 dürfte damit nicht mit dem normativen Merkmal der Vergleichbarkeit von IFRS-Abschlüssen im Einklang stehen. Nach der hier vertretenen Auffassung kann die Bilanzierung von Ertragsteuern logisch nur daran anknüpfen, dass die bilanzierende Einheit steuerpflichtige Einkünfte erwirtschaftet. Gleichwohl kann aufgrund fehlender Ausführungen in IAS 12 zum Steuersubjekt die Bilanzierung von Ertragsteuern auch von tatsächlichen oder faktischen Steuerzahlungen in Form von Steuerumlagen abhängig gemacht werden. Die Voraussetzung besteht dabei allerdings darin, dass ein zumindest indirekter Bezug zum Steuerobjekt besteht, auf das sich die Bilanzierung nach IAS 12 bezieht. Dieser Standard behandelt die Bilanzierung sämtlicher Steuern, die dem Grunde nach an das zu versteuernde Einkommen anknüpfen. Von den Diskrepanzen in der Abgrenzung des Anwendungsbereiches von IAS 12 abgesehen, kann damit der Begriff der Ertragsteuern nach IAS 12 zumindest hinsichtlich des Steuerobjekts geklärt werden.

2. Begriff der latenten Ertragsteuern nach IAS 12

Der Bilanzierungsgegenstand von IAS 12 umfasst sowohl tatsächliche Ertragsteuern als auch latente Ertragsteuern,[234] so dass sich der Begriff der latenten Ertragsteuern aus dem allgemeinen Begriff der Ertragsteuer ableitet.

IAS 12 definiert den Begriff latenter Steuern anhand der Vermögenswerte und Schulden, die im IFRS-Abschluss anzusetzen sind:

> „Die **latenten Steuerschulden** sind die Beträge an Ertragsteuern, die in zukünftigen Perioden resultierend aus zu versteuernden temporären Differenzen zahlbar sind.
>
> Die **latenten Steueransprüche** sind die Beträge an Ertragsteuern, die in zukünftigen Perioden erstattungsfähig sind, und aus:
>
> (a) abzugsfähigen temporären Differenzen;
> (b) dem Vortrag noch nicht genutzter steuerlicher Verluste; und
> (c) dem Vortrag noch nicht genutzter steuerlicher Gewinne resultieren."[235]

Die Definitionen des IAS 12 greifen damit auf, woraus latente Steuern resultieren. Dies sind temporary differences und – ausschließlich die latenten Steueran-

---

233 So etwa Senger/Brune 2006f, Tz. 233; Hoffmann 2006, Tz. 72.

234 Vgl. Pellens/Fülbier/Gassen 2006, S. 203; Coenenberg/Hille 2003, Tz. 3.

235 IAS 12.5, im Original nicht hervorgehoben.

sprüche bzw. aktive latente Steuern betreffend – steuerliche Verlustvorträge (carryforward of unused tax losses) sowie sonstige steuerliche Verrechnungsguthaben (carryforward of unused tax credits).[236] Die hier unter dem Oberbegriff Steuerguthaben zusammengefassten steuerlich noch nicht genutzte Vorträge sowie sonstige Verrechnungsansprüche werden im Standard nicht weiter definiert. Der Verweis auf die Entstehung latenter Steuerschulden und Steueransprüche aus temporary differences führt hingegen zu einer weiteren Erläuterung im Definitionsteil von IAS 12:

> „**Temporary differences** sind Unterschiedsbeträge zwischen dem Buchwert eines Vermögenswertes oder einer Schuld in der Bilanz und seinem Steuerwert. Temporary differences können entweder:
>
> (a) **zu versteuernde Differenzen sein**, die temporäre Unterschiede darstellen, die zu steuerpflichtigen Beträgen bei der Ermittlung des zu versteuernden Einkommens (steuerliche Verlustes) zukünftiger Perioden führen, wenn der Buchwert des Vermögenswertes realisiert oder der Schuld erfüllt wird; oder
>
> (b) **abzugsfähige temporary differences** sein, die temporäre Unterschiede darstellen, die zu Beträgen führen, die bei der Ermittlung des zu versteuernden Ergebnisses (steuerlichen Verlustes) zukünftiger Perioden abzugsfähig sind, wenn der Buchwert des Vermögenswertes realisiert oder eine Schuld erfüllt wird."[237]

Mit dem Bezug zu temporary difference orientiert sich die Definition latenter Steuern nach IAS 12 an der bereits in Abschnitt A.II.2.ab) vorgestellten Methode zur Berechnung der hier so bezeichneten Komplementär-Steuereffekte. Der genaue Begriffsinhalt latenter Ertragsteuern, um deren Bilanzierung sich IAS 12 vor allem dreht, wird durch diese Definitionen jedoch nicht weiter erhellt.

Latente Steuern können vor diesem Hintergrund lediglich als künftig zahlbare bzw. erstattungsfähige Ertragsteuern aufgefasst werden. Der daraus resultierende, potentiell zu erwartende Nutzenzu- bzw. -abfluss stimmt tendenziell mit der Definition von Vermögenswerten und Schulden überein, die nach den bilanztheoretischen Grundsätzen der IFRS eine zentrale Rolle einnehmen.[238]

Das zweite begriffskonstituierende Merkmal von Vermögenswerten und Schulden, das Ereignis der Vergangenheit, ist aus den Definitionen des IAS 12 jedoch nicht erkennbar: Im Standard wird einerseits nicht dargelegt, aus welchem

---

236 Es ist anzumerken, dass die deutsche Übersetzung in allen verfügbaren Fassungen, also inklusive der EU-Übersetzung in Verordnung (EG) Nr. 1725/2003, an dieser Stelle sprachlich zumindest ungenau sind. Tax credits werden mit „noch nicht genutzte steuerliche Gewinne" übersetzt. Zutreffender wären nach Auffassung des Verfassers „sonstige Steuergutschriften" o.Ä. Zu einer inhaltlichen Analyse von tax credits nach IAS 12 vgl. Abschnitt A.II.2.b).

237 IAS 12.5.

238 Zur Ausrichtung der bilanztheoretischen Grundsätze der IFRS an der asset/liability view vgl. Abschnitt B.II.1.

Grund zu versteuernde temporary differences aufgrund eines Ereignisses in der Vergangenheit gegenwärtige Verpflichtungen und damit im definitorischen Sinne Schulden verkörpern.[239] Andererseits wird hinsichtlich abzugsfähiger temporary differences weder die gegenwärtige Verfügungsmacht noch der für die Entstehung eines Vermögenswertes begriffsbestimmende Auslöser in der Vergangenheit angesprochen. Gleiches gilt für die nicht weiter in IAS 12 definierten Steuerguthaben. Was latente Steuerschulden und latente Steueransprüche zu bilanzierungsfähigen Posten werden lässt, bleibt damit im Dunklen – der Begriff latenter Steuern wird also zumindest an dieser Stelle nicht vollständig definiert.

3. Zielsetzung der Bilanzierung nach IAS 12

Die Frage nach dem Bilanzierungsgegenstand latenter Steuern könnte auch aus dem Blickwinkel der Zielsetzung beantwortet werden, die mit den Bilanzierungsregeln des IAS 12 verfolgt wird. Die Untersuchung der Zielsetzung von IAS 12 zeichnet allerdings ebenfalls kein deutliches Bild:

> „Die Zielsetzung dieses Standards ist die Regelung der Bilanzierung von Ertragsteuern. Die grundsätzliche Fragestellung bei der Bilanzierung von Ertragsteuern ist die Behandlung gegenwärtiger und künftiger steuerlicher Konsequenzen aus:
>
> (a) der künftigen Realisierung (Erfüllung) des Buchwertes von Vermögenswerten (Schulden), welche in der Bilanz eines Unternehmens angesetzt sind; und
>
> (b) Geschäftsvorfällen und anderen Ereignissen der Berichtsperiode, die im Abschluss eines Unternehmens erfasst sind."[240]

Worin der Unterschied zwischen (a) und (b) besteht, ist aus IAS 12 nicht direkt ersichtlich: Wie bereits in Abschnitt B.II.1 darlegt wurde, leiten sich alle im Abschluss zu erfassenden Sachverhalte gemäß der asset/liability view direkt aus der Bilanzierung von Vermögenswerten und Schulden ab. Folglich kann es sich bei den „Geschäftsvorfällen und den anderen Ereignissen der Berichtsperiode, die im Abschluss eines Unternehmens erfasst sind" [241], eigentlich nur um ökonomische Vorgänge handeln, die direkt in der Ergebnisrechnung erfasst werden oder ausschließlich Angaben im Anhang erforderlich machen. Eine andere Schlussfolgerung lassen die Definitionen der Abschlussposten im Rahmenkonzept jedenfalls nicht zu.[242]

---

239 Vgl. ähnlich Mujkanovic 2002, S. 151 f.

240 IAS 12.Zielsetzung (anders als bei den Standards neueren Datums ist die Zielsetzung (objective) von IAS 12 nicht in die Paragraphierung dieses Standards einbezogen worden).

241 Ebenda.

242 Vgl. Abschnitt B.II.1.

Die oben wiedergegebenen allgemeinen Angaben zur Zielsetzung des IAS 12 werden noch durch eine Erläuterung ergänzt. Dabei wird ein wenig kryptisch auf die bereits angesprochenen temporary differences zur Berechnung von Steuerlatenzen hingewiesen:

> „Es ist der Ansatz (sic!) eines Vermögenswertes oder einer Schuld inhärent, dass das berichtende Unternehmen erwartet, den Buchwert dieses Vermögenswertes zu realisieren, bzw. diese Schuld zu erfüllen. Falls es wahrscheinlich ist, dass die Realisierung oder die Erfüllung dieses Buchwertes zukünftige Steuerzahlungen erhöht (verringert), als dies der Fall wäre, wenn eine solche Realisierung oder eine solche Erfüllung keine steuerlichen Konsequenzen hätte, dann verlangt dieser Standard von einem Unternehmen, von bestimmten limitierten Ausnahmen abgesehen, die Bilanzierung einer latenten Steuerschuld (eines latenten Steueranspruchs).“[243]

In der Zielsetzung zeigt sich folglich ein ähnliches Muster wie bereits in der in Abschnitt C.I.2 erläuterten Definition latenter Steuern nach IAS 12: Ein Bezug zu künftigen Steuerzahlungen wird sowohl im Hinblick auf latente Steuerschulden als auch auf latente Steueransprüche aus temporary differences hergestellt. Kriterien, nach denen ein in der Vergangenheit liegendes Ereignis dazu führt, dass latente Steuern die Definitionen von Vermögenswerten und Schulden erfüllen, werden hingegen nicht dargelegt. Stattdessen weist der Standard darauf hin, dass die Bilanzierung von künftigen Steuerzahlungen in Form von Steuerlatenzen zu erfolgen hat, wenn diese dem Ansatz „eines Vermögenswertes oder einer Schuld inhärent“ ist und „steuerliche Konsequenzen“ aus ihrer Realisierung bzw. Erfüllung wahrscheinlich sind.[244] Die Existenz von Steuerlatenzen ist nach den Ausführungen des IAS 12 damit von der Existenz anderer Bilanzposten abhängig. Latente Steuern werden also nicht als eigenständige Vermögenswerte und Schulden angesehen, sondern sind offenbar als „ein Reflex aus den der Gesellschaft ohnehin zuzurechnenden Wirtschaftsgüter [...], [die] dem Wirtschaftsgut anhaften“[245], aufzufassen. Latente Steuern aus temporary differences sind hiernach also primär als ertragsteuerliches Korrelat von originär im IFRS-Abschluss zu erfassenden Geschäftsvorfällen zu verstehen. Bei einer Analyse der Zielsetzung, die mit den Vorschriften des IAS 12 verfolgt wird, erschließt sich folglich ebenfalls nicht vollständig die Definition des Bilanzierungsgegenstands „latente Steuern aus temporary differences“. Dazu fehlt es an Ausführungen zu Eigenschaften, die sie zu Vermögenswerten und Schulden im Sinne der bilanztheoretischen Grundsätze der IFRS werden lassen.

---

243 Ebenda.

244 Ebenda (beide Zitate).

245 Ring 2003, S. 1054.

Auch eine Analyse der Erläuterungen zu den hier so bezeichneten und in der Zielsetzung von IAS 12 gesondert aufgegriffenen Steuerguthaben ergibt keine zusätzlichen Erkenntnisse zum Bilanzierungsgegenstand latenter Steuern:

> „Dieser Standard befasst sich ebenfalls mit dem Ansatz latenter Steueransprüche als Folge bislang ungenutzter steuerlicher Verluste oder noch nicht genutzter Steuergutschriften [...].“[246]

Steuerguthaben werden in der Zielsetzung von IAS 12 damit ebenfalls nicht im Hinblick auf die Vermögenswertdefinition im Rahmenkonzept der IFRS erläutert.[247] Entsprechende Ausführungen sind weder in der Zielsetzung noch im Definitionsteil von IAS 12 enthalten. Damit ist festzuhalten, dass der IFRS-Anwender – gemeint ist hier explizit nicht nur der Bilanzadressat, sondern beispielsweise auch das bilanzierende Unternehmen selbst – nicht abschließend darüber informiert wird, worauf die Bilanzierung latenter Steuern nach IAS 12 abzielt und aus welchem Grund sie folglich Bestandteil des IFRS-Abschlusses ist.

IAS 12 lässt somit weder im Hinblick auf temporary differences noch im Bezug auf Steuerguthaben eine klare Zielsetzung erkennen, die mit der Bilanzierung latenter Steuern verfolgt wird. Dies stimmt sowohl aus der Perspektive der bilanztheoretischen Grundsätze als auch aus der Perspektive der qualitativen Eigenschaften entscheidungsnützlicher Informationen im Sinne des IFRS-Rahmenkonzepts bedenklich.

Dass hieraus unterschiedliche Interpretationen des Bilanzierungsgegenstands latenter Steuern resultieren, bestätigt ein Blick in die Literatur: So wird auf der einen Seite regelmäßig davon ausgegangen, dass die Bilanzierung latenter Steuern erforderlich ist, um eine „korrekte Vermögensdarstellung“[248] im IFRS-Abschluss gewährleisten zu können – ohne dabei jedoch auf die bilanztheoretischen Grundlagen der IFRS einzugehen.[249] Die Interpretation latenter Steuern im Hinblick auf die Vermögensausweisfunktion des Abschlusses ist zwar vor dem Hintergrund der asset/liability view als ein sachgerechter Erklärungsansatz zu werten. Ohne eine Erläuterung, aus welchem Grund latente Steuern als Vermögenswerte bzw. Schulden im Sinne der IFRS aufzufassen sind, ist dieser

---

246 IAS 12, Zielsetzung, 4. Absatz. Die übrigen Ausführungen in der Zielsetzung des IAS 12 betreffen die buchhalterische Erfassung latenter Steuern im IFRS-Abschluss (siehe dazu Abschnitt C.II.3) sowie den Hinweis, dass Vorschriften zur Darstellung im Abschluss und zu Angabepflichten ebenfalls aufgegriffen werden. Weitere Eingaben dazu, welcher Bilanzierungsgegenstand im Rahmen von IAS 12 unter dem Begriff mit latenten Steuern adressiert wird, existieren in der Zielsetzung dieses Standards nicht.

247 Vgl. zur Begriffdefinition Abschnitt B.II.1.

248 Wehrheim/Adrian 2003, S. 1058 f.

249 So bspw. Wehrheim/Adrian 2003, S. 1058 f.; Fischer 2002, S. 886; Kirsch 2003g, Tz. 113; Weißenberger 2001, Tz. 74; Schulz-Danso 2006, Tz. 36; Marten/Weiser/Köhler 2003, S. 2336; Debus 2003, Tz. 222; Küting/Zwirner/Reuter 2003, S. 446.

Erklärungsansatz allerdings unvollständig. Auf der anderen Seite wird die Bilanzierung latenter Steuern im IFRS-Abschluss für notwendig erachtet, um einen zum Vorsteuerergebnis nach IFRS passenden Steueraufwand bzw. -ertrag ausweisen zu können.[250] Folglich wird hier die Integrität der Ergebnisermittlung nach IFRS in den Vordergrund gestellt. Die Interpretation latenter Steuern vor dem Hintergrund der Gewinnermittlungsfunktion des Abschlusses ist zwar nachvollziehbar, da die Bilanzierung latenter Steuern zumeist auf ein „matching" von Steueraufwendungen mit Erträgen hinausläuft. Allerdings lässt dieser Erklärungsansatz keinen Bezug zur asset/liability view erkennen und entspricht also nicht den bilanztheoretischen Grundsätzen der IFRS.[251]

Festzuhalten bleibt damit, dass der Bilanzierungsgegenstand latenter Steuern und die mit ihrer Bilanzierung verfolgte Zielsetzung von den Regelungen des IAS 12 nicht umfassend dargelegt werden. Ein einheitliches Meinungsbild hat sich hierzu auch in der Literatur nicht gefestigt. Dies dürfte insgesamt vor allem nicht mit dem Merkmal der Verständlichkeit im Einklang stehen, das der Rechnungslegung nach IFRS normativ zugrunde liegt.[252] Weiterhin werden sowohl bei temporary differences als auch bei Steuerguthaben die begriffskonstituierenden Merkmale nur unvollständig aufgegriffen. Es wird daher bei der noch folgenden Analyse der Detailvorschriften von IAS 12 auch darauf zu achten sein, inwieweit der Bilanzierungsgegenstand latenter Steuern und die mit ihrer Bilanzierung verfolgte Zielsetzung weiter erhellt werden.

4. Einordnung von IAS 12 in das IFRS-Regelwerk

Während der „Anwendungsbereich"[253] des IAS 12 regelt, welche ökonomischen Sachverhalte nach den dort zusammengefassten Bilanzierungsvorschriften im IFRS-Abschluss darzustellen sind, determinieren andere Standards, welche ökonomischen Sachverhalte *nicht* nach IAS 12 zu bilanzieren sind. Anhand dieser Negativabgrenzung kann der Bilanzierungsgegenstand latenter Steuern gegenüber anderen, ebenfalls im IFRS-Abschluss zu erfassenden Vermögenswerten und Schulden genauer umrissen werden.

Die Grenzen zwischen IAS 12 und IAS 20 sind bereits in Abschnitt C.I.1 aufgezeigt worden. In ähnlicher Form nehmen weitere Standards der IFRS tatsächli-

---

250 Vgl. bspw. Loitz 2004, S. 1178; Küting/Zwirner/Reuter 2003, S. 441; App 2003, S. 209; Klein 2001, S. 1450; Gröner/Marten/Schmid 1997, S. 479 f. Heuser/Theile/Pawelzik sehen die Synchronisation des Vorsteuerergebnisses mit der in der GuV ausgewiesenen Steuerbelastung gar als „ästhetische Folge der Abgrenzung latenter Steuern". Heuser/Theile/Pawelzik 2006, S. 718; dies wiederum ablehnend Schäffeler 2000, S. 94.

251 Vgl. zur annähernd substanzlosen Bedeutung des matching principle innerhalb der normativen Grundsätze der IFRS Abschnitt B.I.1und Abschnitt B.II.1.

252 Vgl. Abschnitt B.I.2.a).

253 So die Überschrift zu IAS 12.1 – IAS 12.4. Vgl. auch die in Anhang B wiedergegebene Struktur von IAS 12.

che und latente Steuern offen aus ihrem Anwendungsbereich heraus, wie in Tabelle 1 dargestellt wird:

Tabelle 1: Ausschluss von Ertragsteuern aus dem Anwendungsbereich anderer IFRS

Textstelle	Titel des Standards
IAS 20.2 (b)	Zuwendungen der öffentlichen Hand
IAS 32.AG12	Finanzinstrumente (Ausweis)
IAS 36.1 (c)	Wertminderungen von Vermögenswerten
IAS 37.5 (b)	Rückstellungen, Eventualschulden und Eventualforderungen
IAS 38.3 (b)	Immaterielle Vermögenswerte
IFRS 5.5 (a)	Zur Veräußerung gehaltene langfristige Vermögenswerte und aufgegebene Geschäftsbereiche (nur Bewertung)[254]

Es ist bei dieser Aufstellung anzumerken, dass das IASB bei einem Großteil der Standards im IFRS-Regelwerk offenbar keine „Verwechslungsgefahr" mit Ertragsteuer-Vermögenswerten bzw. -Schulden sieht. Die in Tabelle 1 aufgeführte Ausgrenzung aus dem Anwendungsbereich von IAS 36 und IFRS 5 ist ebenfalls nicht besonders bemerkenswert, da hiermit die Bewertung latenter Steuern klar in den Anwendungsbereich des IAS 12 gelegt wird. Gegebenenfalls ist als Folge einer Bewertung nach IFRS 5 oder IAS 36 auch die Bemessungsgrundlage latenter Steuern neu zu berechnen,[255] der Bilanzierungsgegenstand latenter Steuern kann aber durch IAS 36 bzw. IFRS 5 nicht weiter erhellt werden. Die explizite Nennung in IAS 32, IAS 37 und IAS 38 zeigt hingegen an, dass in diesen Standards ökonomische Sachverhalte geregelt werden, in denen das IASB ein Überschneidungspotential mit dem Begriff tatsächlicher und latenter Ertragsteuern sieht.

Die Ausgrenzung von Ertragsteuern aus dem Anwendungsbereich des IAS 32 ergibt sich daraus, dass als begriffskonstituierendes Merkmal von Finanzinstrumenten erstens eine vertragliche Vereinbarung zwischen zwei Parteien erforderlich ist. Zweitens muss diese Vereinbarung dazu führen, dass eine der Parteien einen finanziellen Vermögenszuwachs erfährt, wohingegen die andere Partei einen entsprechenden Vermögensabgang hinnehmen muss.[256] Während die Ver-

[254] IFRS 5 regelt die Bewertung, den Ausweis sowie die Erläuterung von langfristigen Vermögenswerten, die zur Veräußerung gehalten werden, sowie den Ausweis und die Erläuterung von eingestellten Geschäftsbereichen (discontinued operations). Vgl. dazu Wolff/Robinson 2006, Tz. 8 ff.; Hoffmann/Lüdenbach 2004, S. 2006 ff. Folglich sind latente Steuern, die zu Vermögenswerten bzw. Veräußerungsgruppen gehören, nicht nach IFRS 5 zu bewerten, aber ggf. nach IFRS 5 im Abschluss darzustellen und zu erläutern.

[255] Vgl. etwa IAS 36.64 zur Notwendigkeit der Neuberechnung von temporary differences infolge eines Wertminderungstests bei Vermögenswerten nach IAS 36.

[256] Die Vermögensübertragung kann dabei in Form monetärer sowie sonstiger finanzieller Vermögenswerte bzw. Schulden erfolgen. Vgl. IAS 32.11. Zum Begriff des Finanzinstruments nach IFRS weiterführend Kuhn/Scharpf 2005, S. 53 ff.

mögensübertragung – insbesondere der Vermögensabgang – in Form von Steuerzahlungen an den Fiskus nicht zu bestreiten ist, erfüllen Ertragsteuern aufgrund ihrer Anspruchsgrundlage nicht die Definition eines Finanzinstruments. So führt IAS 32.AG12 aus, dass Ertragsteuern das Ergebnis gesetzlicher Anforderungen sind, die vom Staat auferlegt werden. Da Ertragsteuerschulden bzw. -ansprüchen daher keine vertraglichen Regelungen zugrunde liegen, handelt es sich auch nicht um Finanzinstrumente. Ertragsteuern – ob sie nun tatsächlicher oder latenter Natur sind – sind damit nach IFRS nicht als Forderung, finanzielle Verbindlichkeit oder Ähnliches aufzufassen.[257]

Gemäß dem ausdrücklichen Hinweis in IAS 37 sind Ertragsteuern auch nicht nach den Bilanzierungsvorschriften dieses Standards zu behandeln. Dazu ist anzumerken, dass IAS 37 generell nur solche Rückstellungen, Eventualforderungen sowie Eventualschulden regelt, die nicht im Anwendungsbereich anderer Standards liegen.[258] Positiv formuliert handelt es sich hierbei um Schulden, bei denen die Fälligkeit oder die Höhe ungewiss ist.[259] Soweit also die Bilanzierung ökonomischer Vorgänge aus Ertragsteuern bereits in IAS 12 geregelt wird, ist IAS 37 nicht einschlägig, passive latente Steuern sind daher nicht als Rückstellung im Sinne des IAS 37 aufzufassen.[260]

Von immateriellen Vermögenswerten nach der Definition von IAS 38 ist hingegen bei nicht-körperlichen, identifizierbaren und kontrollierbaren künftigen Nutzenzuflüssen auszugehen.[261] Ohne nähere Prüfung könnte die Bilanzierung aktiver latenter Steuern folglich auch in den Anwendungsbereich von IAS 38 fallen. Allerdings steht diesem eine definitorische Negativabgrenzung entgegen. Demnach liegen nur solche immateriellen Vermögenswerte im Anwendungsbereich von IAS 38, deren Bilanzierung nicht explizit von einem anderen Standard aufgegriffen wird[262] – etwa wie ein nach IFRS 3 und IAS 36 zu bilanzierender Geschäfts- oder Firmenwert.[263] Auch Vermögenswerte in Form aktiver latenter Steuern sind also nicht nach IAS 38 zu bilanzieren.[264]

---

257 In der Folge ist auch ihr Ansatz und ihre Bewertung nach IAS 39, Finanzinstrumente: Ansatz und Bewertung, ausgeschlossen. Vgl. auch ausführlich zur Relation zwischen IAS 32 und IAS 39 Kuhn/Scharpf 2005, S. 36.

258 So werden bspw. Pensionsrückstellungen gemeinsam mit anderen arbeitnehmerbezogenen Leistungen (employee benefits) in IAS 19, Leistungen an Arbeitnehmer, behandelt.

259 Vgl. IAS 37.10; Hebestreit/Dörges 2006, Tz. 4 ff.

260 Lediglich Eventualschulden und Eventualforderungen, die mit Ertragsteuern im Zusammenhang stehen, sind daher nach den Regelungen des IAS 37 angabe- und erläuterungspflichtig. Vgl. IAS 12.88. Änderungen zur Bilanzierung tatsächlicher Steuern bei Unsicherheiten der steuerlichen Veranlagung (uncertain tax positions) sind voraussichtlich ebenfalls aus dem Short Term Convergence Project zu erwarten. Vgl. IASB Project Summary 2006, S. 13 ff.

261 Vgl. IAS 38.8 ff.

262 Vgl. IAS 38.2(a).

263 Vgl. IFRS 3.51 ff. i.V.m. IAS 36.65 ff. Vgl. ausführlich und vertiefend zur Bilanzierung des Geschäfts- oder Firmenwerts nach IFRS Wirth 2005, S. 7 ff.

264 Vgl. IAS 38.3 (b).

Von diesen Negativabgrenzungen abgesehen weisen auch einige Stellen des IFRS-Regelwerks auf IAS 12 hin. Hierbei werden über den Regelungsbereich des IAS 12 hinausreichende Vorschriften oder Ausnahmen von den dort behandelten Bilanzierungsregeln adressiert. So wird beispielsweise in IAS 1 der Ausweis von latenten und tatsächlichen Steuern in der Bilanz festgelegt, während IAS 10 die Angabe von Steuersatzänderungen fordert, die erst nach dem Bilanzstichtag verabschiedet worden sind.[265] Diese Ergänzungen zu IAS 12 werden in Tabelle 2 zusammengefasst.

Tabelle 2: Ergänzungen zu IAS 12 in anderen Vorschriften des IFRS-Regelwerks

Textstelle	Wesentlicher Regelungsinhalt
IAS 1.68 (m)	Vermögenswerte und Schulden für tatsächliche Ertragsteuern sind gesondert in der Bilanz auszuweisen
IAS 1.68 (n)	Latente Steuervermögenswerte und -schulden sind gesondert in der Bilanz auszuweisen
IAS 10.22 (h)	Steuersatzänderungen nach dem Bilanzstichtag mit wesentlichen Auswirkungen auf tatsächliche bzw. latente Steuern sind nach IAS 10 angabepflichtig[266]
IFRS 3.65	Reduktion eines Geschäfts- oder Firmenwertes bei gleichzeitiger Wertaufholung aktiver latenter Steuern, die im Zeitpunkt eines Unternehmenserwerbs nicht als werthaltig eingestuft wurden
IFRS 3.B16 (i)	Zugangsbewertung von Ertragsteuervermögenswerten und -schulden, die im Zuge eines Unternehmenszusammenschlusses erworben wurden[267]
IFRS 5.33 (b) (ii)	Angabe des Steueraufwands, der auf das Ergebnis aus eingestellten Geschäftsbereichen (discontinued operations) entfällt
IFRS 5.33 (b) (ii)	Angabe des Steueraufwands, der aus der Bewertung von eingestellten Geschäftsbereichen zugehörigen, zur Veräußerung gehaltenen Vermögenswerten bzw. Veräußerungsgruppen resultiert

Schließlich sind auch diese Querverweise innerhalb des IFRS-Regelwerks vorhanden, die vermutlich als Hilfestellungen zu verstehen sind. So wird bei bestimmten bilanziell zu berücksichtigenden Sachverhalten darauf hingewiesen, dass auch die Bilanzierungsvorschriften des IAS 12 einzuhalten sind. In IAS 36 findet sich beispielsweise der Hinweis, dass infolge einer Wertminderung (impairment) auch latente Steuern neu zu berechnen sind.[268] Während dieser Hinweis im Zweifel noch hilfreich ist, verdeutlichen allerdings einige dieser Quer-

265 Künftige Steuersatzänderungen sind grundsätzlich nur dann bei der Bewertung latenter Steuern zu beachten, wenn die dazu erforderliche gesetzliche Grundlage mit an Sicherheit grenzender Wahrscheinlichkeit in Kraft treten wird. Vgl. dazu die Ausführungen in Abschnitt C.II.2.ab).

266 IAS 10 regelt im Wesentlichen die Abgrenzung zwischen wertaufhellenden und damit nur angabe- aber noch nicht bilanzierungspflichtigen Ereignissen (non-adjusting events after the balance sheet date) auf der einen Seite und wertbegründenden Ereignissen (adjusting events after the balance sheet date) auf der anderen Seite. Vgl. dazu vertiefend Moxter 2003b, S. 2559.

267 Vgl. dazu vertiefend noch die Ausführungen zur Kaufpreisallokation im Zusammenhang mit dem Bilanzierungsverbot passiver latenter Steuern auf eine GoF-bezogene temporary difference in Abschnitt C.II.1.ac).

268 Dies ist erforderlich, da sich der Buchwert der im Wert geminderten Vermögenswerte geändert hat und folglich veränderte temporary differences vorliegen. Vgl. IAS 36.64.

verweise nicht, warum eine besondere Beachtung des IAS 12 erforderlich ist. In IAS 16, Sachanlagen, wird beispielsweise folgender Hinweis gegeben:

> „Die sich aus der Neubewertung von Sachanlagen eventuell ergebenden Konsequenzen für die Ertragsteuern werden in IAS 12, Ertragsteuern, behandelt."[269]

Die Bedeutung latenter Steuern im IFRS-Regelwerk erhellen auch die Querverweise auf IAS 12 nicht, denn dazu sind diese zu unverbindlich. Ein konkreter Bezug zu bilanziellen Konsequenzen wird dabei jedenfalls nicht immer deutlich. Auch ohne die in Tabelle 3 zusammengefassten Querverweise wären außerdem die Regelungen des IAS 12 anzuwenden, denn schließlich ist bei der Erstellung von IFRS-Abschlüssen generell das gesamte IFRS-Regelwerk zu beachten. Diese Querverweise sind daher nach der hier vertretenen Auffassung redundant.

Tabelle 3: Querverweise innerhalb der IFRS auf IAS 12[270]

Textstelle	Wesentlicher Regelungsinhalt
IAS 8.4	Bei rückwirkenden Anpassungen von IFRS-Abschlüssen nach IAS 8 sind ertragsteuerliche Auswirkungen nach IAS 12 zu bilanzieren[271]
IAS 16.42	Anwendung des IAS 12 bei Neubewertung von Sachanlagen
IAS 21.50	Anwendung des IAS 12 auf Differenzen, Gewinne und Verluste aus der Währungsumrechnung[272]
IAS 27.25	Anwendung des IAS 12 auf konsolidierungsbedingte temporary differences[273]
IAS 29.32	Die Indexierung von Vermögenswerten und Schulden kann zu Differenzen zwischen dem steuerpflichtigen Einkommen und dem Periodenergebnis führen. Diese Differenzen werden gemäß IAS 12, Ertragsteuern, behandelt.
IAS 32.39	Der Betrag tatsächlicher oder latenter Steuern, die in Verbindung mit Eigenkapitaltransaktionskosten direkt im Eigenkapital erfasst werden, sind in die Angabe des Betrags GuV-neutral erfasster Steuern nach IAS 12 einzubeziehen[274]
IAS 36.64	Anwendung des IAS 12 auf temporary differences, die infolge eines impairment test resultieren
IAS 37.41	Die ertragsteuerlichen Konsequenzen aus dem Ansatz und Änderungen von Rückstellungen sind nach IAS 12 zu bilanzieren

269 IAS 16.42.

270 In Tabelle 3 werden nur Verweise auf IAS 12 innerhalb der Standards und Interpretationen aufgeführt. Zahlreiche Verweise auf IAS 12 sind auch in den Basis for Conclusions enthalten, die aber als nachrangig gelten. Vgl. Pellens/Fülbier/Gassen 2006, S. 88 f.

271 Eine rückwirkende Anpassung von IFRS-Abschlüssen ist erforderlich, wenn Fehlerkorrekturen oder aber neue Bilanzierungs- und Bewertungsmethoden retrospektive anzuwenden sind. Vgl. Driesch 2006, Tz. 20 ff.; ebenda Tz. 45 ff.

272 Vgl. zur Währungsumrechnung nach IAS 12 auch noch die Ausführungen in C.III.1.b).

273 Vgl. zu latenten Steuern aus Konsolidierungsmaßnahmen Abschnitt C.III.2.

274 Dies ergibt sich bereits aus den Grundsätzen der buchhalterischen Erfassung latenter Steuern nach IAS 12. Vgl. dazu Abschnitt C.II.3.

5. Zwischenfazit

Die Ausführungen zeigen, dass eine Formaldefinition latenter Steuern lediglich zu erahnen ist, eine präzise Definition aber aus IAS 12 nicht hervorgeht. Der Schlüssel zum Verständnis latenter Steuern führt infolgedessen offenbar nur über ein Grundwissen, das in IAS 12 weder mitgeliefert noch explizit vorausgesetzt wird. Nur eine weitergehende Analyse des IFRS-Regelwerks verdeutlicht im Sinne einer Negativabgrenzung, dass mit Ertragsteuern offenbar keine Finanzinstrumente, Rückstellungen, immaterielle Vermögenswerte oder Zuwendungen der öffentlichen Hand gemeint sind. Ferner zeigen zahlreiche, wenn auch zumeist unverbindliche Querverweise, dass IAS 12 im IFRS-Regelwerk eine zentrale Stellung einnimmt, wobei wohl insbesondere die Bilanzierung latenter Steuern gemeint ist.

Latente Steuern werden in IAS 12 als Bilanzierungsgegenstand jedoch nicht positiv definiert. Hierzu fehlt es an präziseren Ausführungen zum Begriff der Ertragsteuern und, darauf aufbauend, zum Begriff der latenten Ertragsteuern. Was hierunter zu verstehen ist, wird nach der hier vertretenen Auffassung bereits nicht abschließend vom Standard definiert. So wird zwar mit „Ertragsteuern" das Steuerobjekt des Steuertatbestands erläutert, auf das sich die Bilanzierung nach IAS 12 bezieht. Ob aber die Bilanzierung von Ertragsteuern dem Steuerpflichtigen oder aber dem Steuerschuldner zufällt, wenn unterschiedliche Steuersubjekte an einem Steuertatbestand beteiligt sind, wird in IAS 12 nicht identifiziert. Dass diese Diskrepanz noch zu weiterführenden Problemen in der Anwendung von IAS 12 führt, zeigt sich noch genauer in Abschnitt C.III.1.a), in dem die Abgrenzung des Konsolidierungskreises im Zusammenhang mit einer ertragsteuerlichen Organschaft erläutert wird. Die aus dem Begriff der Ertragsteuern hervorgehende Definition des Begriffs latenter Steuern ist noch weniger zufrieden stellend: Dass sich latente Steuern aus temporary differences ergeben, ist allenfalls als Hinweis auf die Anwendung des temporary concept zu sehen.[275] Diese im Verlauf von IAS 12 auch noch als „Grundprinzip" (fundamental principle) dieses Standards bezeichnete Vorgehensweise klärt aber nicht, welche Zielsetzung mit der Bilanzierung latenter Steuern verfolgt wird oder welcher Bilanzierungsgegenstand ihnen zugrunde liegt. Warum aus latenten Steuern bilanzierungsfähige Vermögenswerte und Schulden hervorgehen, wird darüber hinaus nur ansatzweise erkennbar – hier wird nur ein Bezug zu potentiellen künftigen Nutzenzu- bzw. -abflüssen hergestellt. Auf ein Ereignis der Vergangenheit, das die Existenz von Schulden und Vermögenswerten im Sinne des Rahmenkonzepts begründet, wird hingegen nicht eingegangen.

Festzuhalten ist damit, dass die inhaltliche Bedeutung latenter Steuern weder anhand der Zielsetzung und den Definitionen in IAS 12 noch auf dem Wege

---

[275] Vgl. zum temporary concept auch Abschnitt A.II.4.

einer Analyse gegenüber den anderen Standards des IFRS-Regelwerks erschöpfend geklärt werden kann. Nach der hier vertretenen Auffassung werden die Anwender der IFRS-Rechnungslegung dadurch in die bedenkliche Lage versetzt, dass sie einerseits die Vorschriften zum Ansatz, zur Bewertung und zum Ausweis latenter Steuern beachten müssen, dass sie dabei aber andererseits nicht mit ausführlichen Grundkenntnissen über latente Steuern als Bilanzierungsobjekt versorgt werden. Dies dürfte im Widerspruch zum Merkmal der Verständlichkeit stehen, das durch die Eigenschaften entscheidungsnützlicher Rechnungslegungsinformationen gefordert wird. Auf Eigenschaften, die latente Steuern zu Vermögenswerten und Schulden im Sinne der IFRS machen, wird im Definitionsteil und der Zielsetzung des IAS 12 ebenfalls nicht umfassend eingegangen.

Bereits an dieser Stelle zeichnet sich damit ein Konflikt der Bilanzierung latenter Steuern nach IAS 12 mit den normativen Grundsätzen der IFRS ab. Es wird in den Folgeabschnitten daher noch genauer zu eruieren sein, ob sich diese mangelnde Stringenz zwischen der Bilanzierung latenter Steuern nach IAS 12 und den normativen Grundsätzen der IFRS weiter bestätigt oder aber ob sich noch ein anderes Bild der Bedeutung latenter Steuern in der IFRS-Rechnungslegung ergibt, das im Einklang mit den normativen Grundsätzen der IFRS steht.

II. Grundsätze der Bilanzierung latenter Steuern nach IAS 12

IAS 12 befasst sich überwiegend mit Vorschriften zur Bilanzierung von latenten Steuern. Eine Vielzahl von Vorschriften, Erläuterungen und Beispielen regelt dabei vor allem die Berechnung, die Bewertung und die buchhalterische Erfassung latenter Steuern. In diesem Abschnitt werden die sich daraus ergebenden Grundsätze vorgestellt und erläutert, bevor ihre Anwendung bei der Konzernabschlusserstellung und die darauf basierende Darstellung latenter Steuern im IFRS-Abschluss in den nächsten Hauptabschnitten dargelegt werden.

Die Ermittlung der Bemessungsgrundlage, auf die sich die Bilanzierung latenter Steuern nach IAS 12 bezieht, wird in Abschnitt C.II.1 behandelt. Dabei werden einerseits die Berechnung und der Ansatz von temporary differences und Steuerguthaben erläutert.[276] Andererseits wird die Auseinandersetzung mit dem Bilanzierungsgegenstand vertieft, auf den sich die in diesem Standard zusammengefassten Bilanzierungsregeln beziehen. Darauf aufbauend wird in Abschnitt C.II.2 die Bewertung der Bemessungsgrundlage latenter Steuern dargestellt und gewürdigt. Die Möglichkeit im IFRS-Regelwerk, ergebniswirksame Buchungen

[276] In IAS 12 wird nicht stringent zwischen dem Ansatz und der Bewertung latenter Steuern unterschieden. Vgl. Wagenhofer 2005, S. 329. Die hier vorgenommene Unterteilung soll jedoch ermöglichen, die Bemessungsgrundlage latenter Steuern getrennt von ihrer Bewertung beurteilen zu können.

sowohl GuV-wirksam als auch GuV-neutral vorzunehmen, erfordert darüber hinaus eine gesonderte Betrachtung der buchhalterischen Erfassung latenter Steuern. Diese ist Gegenstand der Ausführungen in Abschnitt C.II.3.

1. Bemessungsgrundlage latenter Steuern

Als Ausgangspunkt ihrer Bilanzierung ist zunächst die Bemessungsgrundlage latenter Steuern nach IAS 12 zu ermitteln. Ziel dieses Abschnitts ist es, die Dotierung der Bemessungsgrundlage latenter Steuern nach den Vorschriften des IAS 12 darzulegen und anhand der in Kapitel B behandelten normativen Grundsätze der IFRS kritisch zu würdigen. In Abschnitt C.II.1.a) wird dazu die Bemessungsgrundlage latenter Steuern im IFRS-Abschluss auf Komplementär-Steuereffekte in Form der von IAS 12 geforderten temporary differences analysiert. Die Untersuchung der Ansatzvoraussetzungen für Steuerguthaben als weitere Bemessungsgrundlage latenter Steuern folgt daraufhin in Abschnitt C.II.1.b).

a) Temporary differences

Temporary differences sind grundsätzlich stichtagsgenau, das heißt nach den am Bilanzstichtag geltenden Verhältnissen zu berechnen. Die dabei zu beachtenden Grundsätze, die als „Grundprinzip" von IAS 12 gelten,[277] werden nachfolgend in Abschnitt C.II.1.aa) erläutert und analysiert. Ergänzt werden die Grundsätze zur Berechnung durch drei Ausnahmeregelungen: Erstens sind so genannte *initial recognition differences* nicht in die Bemessungsgrundlage latenter Steuern einzubeziehen. Wie in Abschnitt C.II.1.ab) noch genauer dargelegt wird, handelt es sich hierbei um temporary differences, die bereits im Zeitpunkt des erstmaligen Ansatzes (initial recognition) von Vermögenswerten und Schulden existieren. Weitere Ausnahmen von den Grundsätzen der Berechnung von temporary differences sind zweitens im Bezug auf den erstmaligen Ansatz von Geschäfts- oder Firmenwerten (GoF) zu beachten. Die diesbezüglich zu beachtenden Vorschriften in IAS 12 sind Gegenstand der Ausführungen in Abschnitt C.II.1.ac). Schließlich werden drittens in Abschnitt C.II.1.ad) noch die Vorschriften zu temporary differences in Form der so genannten *outside basis differences* untersucht. Dieser Begriff bezeichnet solche temporary differences, die aus der Beteiligung an Tochterunternehmen resultieren und sich auf die Ertragsbesteuerung des Mutterunternehmens als Gesellschafterin auswirken könnten.[278] Temporary differences, die hingegen der Gesellschaftssphäre des jeweiligen Tochterunter-

---

277 Vgl. IAS 12.10.

278 Auf die Bilanzierung von Anteilen nach der Equity-Methode oder auf die Quotenkonsolidierung wird im Rahmen dieser Arbeit nicht eingegangen, die Regelungen sind aber vergleichbar. Vgl. m.w.N. auch die Themenabgrenzung in Abschnitt A.III.

nehmens zuzuordnen sind, werden in diesem Zusammenhang auch *inside basis differences* genannt.[279]

aa) Grundsätze

Der Ausgangspunkt der Bilanzierung latenter Steuern für Komplementär-Steuereffekte nach IAS 12 liegt in der Berechnung von temporary differences. Als temporary differences werden „Unterschiedsbeträge zwischen dem Buchwert eines Vermögenswertes oder einer Schuld in der Bilanz und seinem Steuerwert“[280] definiert. Als Buchwert ist dabei kontextspezifisch der im IFRS-Abschluss erfasste Wertansatz bilanzierter Vermögenswerte und Schulden heranzuziehen: Handelt es sich um einen Einzelabschluss, sind temporary differences auf der Grundlage der einzelbilanziell ausgewiesenen Vermögenswerte und Schulden zu ermitteln. Handelt es sich hingegen um einen Konzernabschluss, sind die konsolidierten Buchwerte der Berechnung von temporary differences zugrunde zu legen.[281]

Im Gegensatz zum Buchwert wird sein steuerlicher Gegenpart bei der Ermittlung der temporary differences, der Steuerwert, in IAS 12 näher erläutert. Er ist dabei aus zwei unterschiedlichen Perspektiven zu bestimmen: Generell handelt es sich vor allem um den jeweils für einen Vermögenswert oder eine Schuld „für steuerliche Zwecke beizulegenden Betrag“[282]. Der Steuerwert ist also zum einen aus der Perspektive der im IFRS-Abschluss ausgewiesenen Vermögenswerte und Schulden zu bestimmen. Umgekehrt sind zum anderen aber auch Steuerwerte zu berücksichtigen, die keinem im IFRS-Abschluss bilanzierten Posten zuordenbar sind.[283] Diese sind auf Geschäftsvorfälle zurückzuführen, die im IFRS-Abschluss nicht zu bilanzierungsfähigen Vermögenswerten oder Schulden führen.[284] Auch die Perspektive der steuerrechtlichen Veranlagung der berichtenden Einheit ist daher in die Bestimmung von Steuerwerten einzubeziehen – der Steuerwert als Parameter von temporary differences ergibt sich damit aus einer wechselseitigen Überprüfung der im IFRS-Abschluss erfassten Vermögenswerte bzw. Schulden und der darüber hinausgehenden, für die Berechnung des zu

---

279 Vgl. u.a. Ernsting 2001, S. 19; Hoffmann 2006, Tz. 54; Schulz-Danso 2006, Tz. 101 ff. Die Begriffe sind offenbar aus dem US-amerikanischen Sprachgebrauch entlehnt. Die Begriffe inside und outside basis diffrences tauchen dort in einer offiziellen Interpretation von SFAS 109 auf, im EITF Abstract No. 93-16. Die EITF kann als US-GAAP-Gegenpart des IFRIC angesehen werden, die EITF-Abstracts haben gegenüber den Standards einen ergänzenden Charakter. Vgl. Pellens/Fülbier/Gassen 2006, S. 62; Kieso/Weygandt/Warfield 2001, S. 11.

280 IAS 12.5.

281 Vgl. IAS 12.11; Alexander/Archer 2003 S. 19.08. Weiterhin wird auch hier die bereits in Abschnitt A.II.2.ab) eingeführte Begriffssystematik beibehalten: Aktivische temporary differences meinen synonym auch abzugsfähige temporary differences, also potentiell steuermindernd wirkende Komplementär-Steuereffekte. Passivische temporary differences werden auch synonym für zu versteuernde temporary differences, also potentiell steuererhöhende Komplementär-Steuereffekte genutzt.

282 IAS 12.5.

283 Vgl. IAS 12.9.

284 Vgl. Coenenberg/Hille 2003, Tz. 53.

versteuernden Einkommens relevanten Sachverhalte. Wie in Abbildung 11 dargestellt wird, ist folglich eine umfassende steuerliche Analyse der berichtenden Einheit erforderlich, um eine vollständige Erfassung der Steuerwerte gewährleisten zu können.

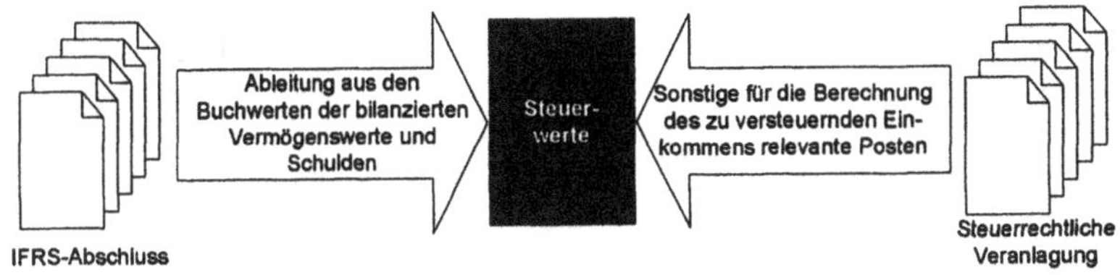

Abbildung 11: Ermittlung des Steuerwertes

Aus der Perspektive des IFRS-Abschlusses ergibt sich der jeweils zu bestimmende Steuerwert aus einer Ableitung des im IFRS-Abschluss bilanzierten Buchwerts eines Vermögenswertes oder einer Schuld. Der Buchwert von Vermögenswerten ist zur Ermittlung des Steuerwertes auf den Betrag zu reduzieren, der bei einer Realisation des Vermögenswertes von den dann zu erwartenden steuerpflichtigen Einkünften abgesetzt werden darf.[285] Bei Schulden handelt es sich bei dem zu ermittelnden Steuerwert umgekehrt um jenen Betrag, der sich bei einer Ablösung durch Leistung nicht aufwandswirksam auf die Ermittlung des zu versteuernden Einkommens auswirkt.[286]

Unerheblich ist bei der Herleitung von Steuerwerten ausgehend von den im IFRS-Abschluss bilanzierten Buchwerten, ob sich die jeweils betrachteten Bilanzposten bereits in der ertragsteuerlichen Veranlagung bemerkbar gemacht haben. Irrelevant ist außerdem, vor welchem Hintergrund die Differenzen entstanden sind: Ob sie das Ergebnis steuerneutraler Transaktionen sind oder aus abweichenden Bewertungsgrundsätzen resultieren, ist für die Dotierung von Steuerwerten belanglos.[287] Wichtig ist nur, dass sich die Realisation bzw. Ablösung des jeweils betrachteten Bilanzpostens *irgendwann* auf das zu versteuernden Einkommens auswirken wird.[288] Werden also beispielsweise Buchwerte von Bilanzposten im IFRS-Abschluss im Zuge eines Unternehmenszusammenschlusses erstmalig angesetzt oder im Wert angepasst, spielt es für die Dotierung

285 Vgl. IAS 12.7.
286 Vgl. IAS 12.8.
287 So wird bspw. in IAS 12.55 darauf hingewiesen, dass Steuerwerte und temporary differences trotz des Abzinsungsverbots latenter Steuern explizit auch dann zu berechnen sind, wenn der jeweils untersuchte Buchwert im IFRS-Abschluss zum Barwert bewertet wird. Vgl. zum Abzinsungsverbot auch Abschnitt C.II.2.
288 Vgl. IAS 12.10.

der jeweils zugehörigen Steuerwerte keine Rolle, ob der Unternehmenserwerb steuerbar oder steuerneutral ist.[289]

Aus dem Blickwinkel des IFRS-Abschlusses sind Steuerwerte rein schematisch also nichts anderes als im IFRS-Abschluss angesetzte Buchwerte, die um *noch* zu versteuernde und *bereits* versteuerte Reserven korrigiert werden. Die daraus hervorgehende temporary difference entspricht dabei dem Unterschied zwischen dem Buchwert des Bilanzpostens im IFRS-Abschluss und dem Steuerwert, wie in Abbildung 12 dargestellt wird. Nach der dort gewählten Systematik ist dabei von aktivischen temporary differences, folglich potentiell aktiven latenten Steuern auszugehen, wenn aus dem Vergleich des Buchwerts und dem zugehörigen Steuerwert eine negative Differenz resultiert. Von passiven latenten Steuern ist hingegen auszugehen, wenn sich ein positiver Betrag ergibt.[290] Permanente Differenzen werden durch diese Berechnungssystematik nicht ermittelt, da die IFRS-Buchwerte nur um noch nicht versteuerte, aber noch zu versteuernde bzw. bereits versteuerte Beträge korrigiert werden. Nicht steuerbare Beträge werden dementsprechend bei der Dotierung von Steuerwerten nicht berücksichtigt.

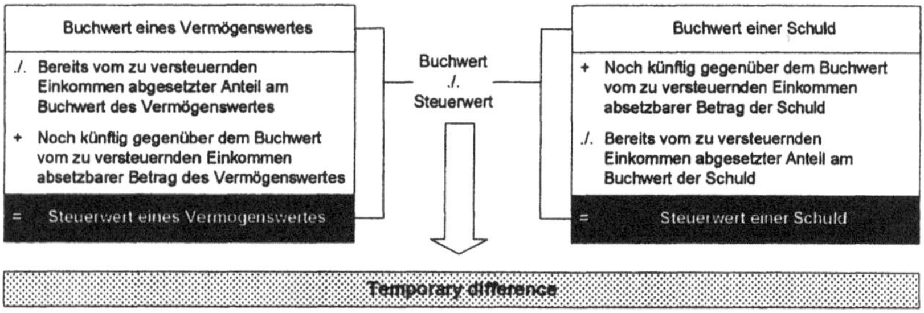

Abbildung 12: Herleitung von Steuerwerten aus dem im IFRS-Abschluss erfassten Buchwerten

Die auf diese Weise ermittelte Grundgesamtheit der temporary differences wird zusätzlich aus dem Blickwinkel der steuerrechtlichen Veranlagung erweitert, indem auch künftige Reduktionen oder Erhöhungen des zu versteuernden Einkommens in die Betrachtung mit einbezogen werden, die *keinem* im IFRS-Abschluss ausgewiesenen Bilanzposten zuordenbar sind.[291] Der Steuerwert ent-

[289] Vgl. IAS 12.19. Ein steuerlich im Erwerbszeitpunkt neutraler Vorgang würde hier in den meisten Fällen vorliegen, wenn der Unternehmenszusammenschluss auf dem Wege eines Anteilserwerbs vollzogen wird. Steuerbar sind hingegen meistens Unternehmenserwerbe in Form eines asset deal. Dazu mehr in Abschnitt C.II.1.ac) im Zusammenhang mit der Ausnahmevorschrift zur Bilanzierung latenter Steuern auf einen GoF.

[290] Der Fall szenarienabhängiger Steuerwerte, bei denen sich der Steuerwert danach richtet, wie Vermögenswerte genutzt werden (Einsatz in der operativen Tätigkeit vs. Veräußerung) wird hier nicht weiter betrachtet. Vgl. IAS 12.52 (b); Johnson/Holgate/McCann 2006, Tz. 13.170 ff.

[291] Vgl. IAS 12.9; Johnson/Holgate/McCann 2005, Tz. 13.124.

spricht damit bereits der temporary difference, in Ermangelung eines IFRS-Buchwerts ist keine weitere Berechnung erforderlich. Eine aktive Steuerlatenz liegt hierbei vor, wenn es sich um künftig noch vom zu versteuernden Einkommen absetzbare Steuerwerte handelt. Von passiven latenten Steuern ist hingegen auszugehen, wenn der aus der Perspektive des IFRS-Abschlusses „unsichtbare" Steuerwert künftig zu zusätzlichen steuerpflichtigen Einkünften führen wird.

Unter diese „unsichtbaren" Steuerwerte fallen zum einen Geschäftsvorfälle, deren Ergebniswirkung für die Ermittlung des zu versteuernden Einkommens über mehrere Veranlagungszeiträume zu verteilen ist, im IFRS-Abschluss jedoch sofort ergebniswirksam werden und damit nicht den Ansatz eines Vermögenswertes oder einer Schuld begründen.[292] IAS 12.9 nennt hier etwa das Beispiel von sofort nach IAS 38 GuV-wirksam zu erfassenden Forschungskosten,[293] die aber im steuerrechtlichen Abschluss zu aktivieren und über mehrere Jahre hinweg abzuschreiben sind.[294] Zum anderen gilt dies aber auch für Geschäftsvorfälle, die nur für die steuerrechtliche Veranlagung der berichtenden Einheit von Belang sind, für den Ansatz und die Bewertung der im IFRS-Abschluss bilanzierten Vermögenswerte und Schulden (außerhalb von latenten Steuern) jedoch irrelevant sind. Hierunter fallen beispielsweise Leasingvereinbarungen, die steuerrechtlich als Finance-Leasing, im IFRS-Abschluss hingegen als Operating-Leasing gewertet werden.[295] Aus steuerrechtlicher Perspektive sind dann in Form des Leasinggegenstands und der einhergehend zu erfassenden Leasingverbindlichkeit Steuerwerte vorhanden, für die im IFRS-Abschluss kein korrespondierender Bilanzposten existiert. Außerdem können konzerninterne Transaktionen aus steuerrechtlicher Perspektive die Existenz von Steuerwerten begründen, die aber aus dem IFRS-Konzernabschluss im Zuge der Konsolidierung wieder eliminiert werden.[296] Entsprechend sind diesen im Konzernabschluss keine Buchwerte von Vermögenswerten oder Schulden zur Berechnung von temporary differences gegenüberzustellen.

Grundsätzlich ist die Dotierung von temporary differences für jeden Vermögenswert, jede Schuld und jeden sonstigen Steuerwert gesondert vorzunehmen.[297] Wohl unter Wesentlichkeitsgesichtspunkten erfolgt aber in der Rech-

---

292 Vgl. auch Coenenberg/Hille 2003, Tz. 53.

293 Vgl. IAS 38.54.

294 Vgl. IAS 12.9. In den Abschlüssen deutscher Kapitalgesellschaften ist von dieser Fallkonstellation aufgrund des Aktivierungsverbots selbsterstellter immaterieller Vermögensgegenstände nicht auszugehen. Vgl. § 248 Abs. 2 HGB.

295 Vgl. zu den Unterscheidungskriterien von Leasingvereinbarungen IAS 17.7 ff.; mit einer Gegenüberstellung zum deutschen Steuerrecht auch Doll 2006, Tz. 46 ff.

296 Auf Konsolidierungsmaßnahmen wird noch näher in Abschnitt C.III.2 eingegangen. Auf die Besonderheiten der Bilanzierung von Ertragsteuern im Zusammenhang mit aktienbasierten Vergütungstransaktionen soll an dieser Stelle nicht eingegangen werden. Vgl. zur Dotierung und buchhalterischen Erfassung IAS 12.68A ff.; KPMG 2005, S. 454.

297 Vgl. IAS 12.5; Coenenberg/Hille 2003, Tz. 46.

nungslegungspraxis regelmäßig die Dotierung von temporary differences auf der Ebene von Bilanzpositionen.[298] Bei deutschen Kapitalgesellschaften kann hierbei normalerweise auf die Wertansätze einer derivativen Steuerbilanz zurückgegriffen werden, wobei zumeist auch von der überwiegenden Identität der jeweils für die KSt und die GewSt relevanten Steuerwerte ausgegangen werden kann.[299] Unterliegt die berichtende Einheit hingegen mehreren Arten der Ertragsbesteuerung und unterscheiden sich die jeweils zu beachtenden Vorschriften zur Ermittlung des zu versteuernden Einkommens wesentlich, sind Steuerwerte für jede Ertragsteuerart gesondert zu ermitteln. Schließlich kann auch noch der Fall vorliegen, dass für Zwecke der Unternehmensbesteuerung keine eigenständige Bilanz, Vermögensaufstellung oder Ähnliches erstellt wird. Trotzdem ist dann eine Aufstellung der Steuerwerte nach den Vorgaben des Steuerrechts pro forma anzufertigen, um temporary differences sachgerecht dotieren zu können.[300]

Weitere Besonderheiten sind bei der Dotierung von temporary differences – von den noch zu erläuternden Ausnahmeregelungen abgesehen – nicht zu beachten. Für die Dotierung von Steuerwerten und damit für die zu berechnenden temporary differences ist nicht ausschlaggebend, *ob* die berichtende Einheit aufgrund der von ihr bilanzierten Werte tatsächlich *steuerpflichtige* Nutzenzu- oder -abflüsse erwirtschaften wird. Ein direkter Zusammenhang zwischen den Vermögenswerten, den aus ihrer Realisierung zu erwartenden künftigen Nutzenzuflüssen (entweder Einsatz oder Veräußerung) und den daraus resultierenden steuerpflichtigen Einkünften wird jedenfalls bei der Dotierung von Steuerwerten nicht hergestellt. Für die Herleitung von Vermögenswert-Steuerwerten ist nur wichtig, dass die Realisierung des jeweils betrachteten Vermögenswertes potentiell zu künftigen steuerpflichtigen Einkünften führen *könnte*. Umgekehrt wird auch kein direkter Bezug zwischen einer im IFRS-Abschluss erfassten Schuld, den nach der Definition von Schulden gemäß Rahmenkonzept zu erwartenden künftigen Nutzenabflüssen und den potentiellen Auswirkungen auf das zu versteuernde Einkommen hergestellt. Auch bei Schulden ist für die Herleitung eines vom Buchwert abweichenden Steuerwertes nur relevant, dass sich die Ablösung (settlement) der Schuld künftig auf die Ermittlung des zu versteuernden Einkommens auswirken *könnte*.[301] Temporary differences erweisen sich damit als außerordentlich hypothetische Grundlage für die Bilanzierung latenter Steuern, für die zudem im Standard kein Ereignis der Vergangenheit genannt wird,

---

298 Vgl. Kirsch 2003d, S. 704.

299 So auch Loitz 2003, S. 518; Heuser/Theile 2005, Tz. 1304. Der SolZ als Annexsteuer wird hingegen normalerweise erst im Zusammenhang mit der Wahl des Steuersatzes zur Bewertung latenter Steuern berücksichtigt. Vgl. dazu die Ausführungen in Abschnitt C.II.2.a).

300 Nach den geplanten Änderungen im Rahmen der Short Term Convergence zwischen SFAS 109 und IAS 12 sollen Anwendungsleitlinien für die Herleitung einer bilanziellen Aufstellung von Steuerwerten in die überarbeiteten Standards implementiert werden. Vgl. IASB Observer Note July 2005, Abs. 9.

301 So insgesamt auch die Erläuterung von zu versteuernden und abzugsfähigen temporary differences in IAS 12.16 und IAS 12.25.

das die Existenz eines eigenständigen Vermögenswertes oder einer Schuld begründen würde.[302]

Auch die *Höhe* der zu erwartenden Steuerlast bzw. Steuerentlastung wird mit der Berechnung von temporary differences nur höchst hypothetisch hergeleitet. In die Berechnung von temporary differences gehen schließlich nur bereits bilanziell erfasste künftige Nutzenzu- bzw. -abflüsse ein, die durch den Ausweis von Vermögenswerten und Schulden im IFRS-Abschluss zum Ausdruck gebracht werden.[303] Temporary differences umfassen also stets den Betrag, der bei sofortiger Veräußerung bzw. Ablösung des jeweils betrachteten Bilanzpostens tatsächlich zu versteuern wäre. Die Bemessungsgrundlage latenter Steuern aus Komplementär-Steuereffekten nach dem temporary concept berücksichtigt damit nur den Fall einer Vollliquidation der berichtenden Einheit zu den jeweils aktuell ausgewiesenen Buchwerten.[304] Der Fall der fortgeführten Unternehmenstätigkeit und die dadurch zu erwartenden tatsächlichen Steuern spielen hingegen bei der Dotierung von temporary differences als Bemessungsgrundlage latenter Steuern keine Rolle.

Der hypothetische Charakter des temporary concept zeigt sich schließlich auch noch darin, dass – von den noch in Abschnitt C.II.1.ad) dargelegten Ausnahmevorschriften für outside basis differences abgesehen – der *Zeitpunkt,* in dem durch die Auflösung von temporary differences steuerlich relevante Einnahmen und Ausgaben zu erwarten sind, für ihre Dotierung unerheblich ist. IAS 12 enthält keine Vorgabe, dass die Auflösung der von der berichtenden Einheit ermittelten temporary differences innerhalb einer bestimmten Zeitspanne zu erfolgen hat.[305] Bei der Berechnung von temporary differences werden folglich quasipermanente Differenzen grundsätzlich nicht weiter bedacht, die Bilanzierung latenter Steuern auf Komplementär-Steuereffekte nach IAS 12 folgt damit dem so genannten comprehensive approach.[306] Ob aber beispielsweise die Auflösung einer temporary difference erst für den Zeitpunkt der Einstellung der Unternehmenstätigkeit zu erwarten ist und ob in absehbarer Zeit hingegen wirklich mit tatsächlichen Steuern zu rechnen ist, ist für die Bilanzierung latenter Steuern nach IAS 12 nicht von Belang.[307] Vorbehaltlich der noch in den Folgeabschnitten behandelten Ausnahmeregelungen und der nur für aktive temporary diffe-

---

[302] Ähnlich hier Rosenfield 1990, S. 99 bzgl. der Vorgängerregelung der US-GAAP in SFAS 96.

[303] Vgl. Bailey/Wild 2000, S. 467.

[304] So auch Bonham/Curtis/Davies 2004, S. 1330.

[305] Vgl. Meyer/Bornhofen/Homrighausen 2005, S. 504. In der Einleitung von IAS 12 (introduction) wird dies auch als wesentlicher Fortschritt gegenüber IAS 12 (rev. 1979) dargestellt. Vgl. IAS 12.IN3 ff.; zur Entwicklung von IAS 12 insgesamt siehe auch die Übersicht in Anhang A, S. XXIII.

[306] Vgl. Förschle/Kroner 1996, S. 1633 f.; Wagenhofer 2005, S. 326. Im Gegensatz zum partial approach werden nach dem comprehensive approach auch so genannte quasipermanente Differenzen in die Bilanzierung latenter Steuern einbezogen. Vgl. dazu auch Abschnitt A.II.3.

[307] Vgl. Kirsch 2003b, S. 1112.

rences erforderlichen Werthaltigkeitsbeurteilung sind damit alle temporary differences grundsätzlich bilanzierungspflichtig.[308]

Nach der hier vertretenen Auffassung wird bezweifelt, dass der außerordentlich hypothetische Charakter des temporary concept mit den normativen Grundsätzen des IFRS-Regelwerks im Einklang steht. Im Hinblick auf die Eigenschaften entscheidungsnützlicher Rechnungslegungsinformationen ist vor diesem Hintergrund anzumerken, dass bereits der hypothetische Charakter von temporary differences als Bemessungsgrundlage latenter Steuern nicht klar ersichtlich dargelegt wird: In IAS 12 wird nicht präzise erläutert, wie, in welcher Höhe und für welchen Zeitraum mit der Abgrenzung latenter Steuern künftige tatsächliche Steuern antizipiert werden. Es ist zu bezweifeln, dass dies dem normativen Merkmal der Verständlichkeit der IFRS-Rechnungslegung entspricht. Weiterhin ist in Anbetracht des Merkmals der Verlässlichkeit der Umfang latenter Steuern zu beanstanden, der sich aus der Berechnung von temporary differences ergibt. Mit temporary differences werden schließlich – vorbehaltlich der noch in Abschnitt C.II.2 darzulegenden Bewertungsvorschriften – tatsächliche Steuern in einem Umfang antizipiert, der nur im Falle einer Vollliquidation der berichtenden Einheit zu Buchwerten anfallen würde. Dies dürfte vor allem mit dem Untermerkmal einer glaubwürdigen Darstellung im Widerspruch stehen.[309] Inwieweit diese der Bemessungsgrundlage latenter Steuern implizit zugrunde liegende Vollliquidationsannahme außerdem mit dem Grundsatz der Unternehmensfortführung zu vereinbaren ist, ist ebenfalls nicht aus IAS 12 ersichtlich.

Im Hinblick auf die bilanztheoretischen Grundsätze des IFRS-Regelwerks ist festzuhalten, dass die begriffskonstituierenden Merkmale von Vermögenswerten und Schulden in IAS 12 im Rahmen der Regelungen zum „Grundprinzip" dieses Standards nicht aufgegriffen werden. Hierzu fehlt es im Standard auf der einen Seite an einer Erläuterung, inwiefern die berichtende Einheit aufgrund von temporary differences direkt mit einem Nutzenzu- bzw. -abfluss zu rechnen hat. Stattdessen ergibt sich der potentielle Nutzenzu- oder -abfluss von temporary differences lediglich indirekt aus einer möglichen künftigen Erhöhung bzw. Reduktion der ertragsteuerlichen Bemessungsgrundlage. Der auf dieser Grundlage zu erwartende Nutzenzu- bzw. -abfluss von Be- bzw. Entlastungen der berichtenden Einheit mit tatsächlichen Ertragsteuern wird durch einen Vergleich der im IFRS-Abschluss originär bilanzierten Vermögenswerte und Schulden mit ihren gegebenenfalls vorhandenen, zum Teil aber auch „unsichtbaren" steuerrechtlichen Gegenposten ermittelt.

---

308 Vgl. Marten/Weiser/Köhler 2003, S. 2341; Klein 2001, S. 1454.

309 Die glaubwürdige Darstellung wird von der IFRS-Rechnungslegung als Untermerkmal der Verlässlichkeit gefordert. Vgl. dazu Abschnitt B.I.2.d).

Auf der anderen Seite wird in IAS 12 nicht dargelegt, inwieweit mit aktivischen oder passivischen temporary differences ein gegenwärtiger Anspruch oder aber eine gegenwärtige Verpflichtung als Ergebnis eines Ereignisses der Vergangenheit vorliegt. Obwohl dies konstituierende Begriffsmerkmale von Vermögenswerten im Sinne des Rahmenkonzepts sind,[310] ist auch bei genauer Analyse von IAS 12 nicht ersichtlich, inwiefern die berichtende Einheit aufgrund von aktivischen temporary differences am Bilanzstichtag einen konkreten Anspruch auf Minderungen des zu versteuernden Einkommens hat und entsprechend mit einer Reduktion der künftigen Steuerbelastung rechnen darf. Umgekehrt ist nicht erkennbar, aus welchem Grund bereits am Bilanzstichtag eine gegenwärtige Verpflichtung vorliegt, die den Ansatz einer latenten Steuerschuld auf der Grundlage passivischer temporary differences begründen würde. Latente Steuern, die basierend auf temporary differences bilanziert werden, entstehen vielmehr erst als Konsequenz anderer Tätigkeiten der berichtenden Einheit – der jeweils antizipierte ertragsteuerliche Nutzenzu- bzw. Nutzenabfluss ist damit allein „dem Ansatz eines Vermögenswertes oder einer Schuld inhärent"[311]. Eine eigenständige Begründung für die Existenz eines Vermögenswerts im Falle aktivischer temporary differences bzw. einer Schuld im Falle passivischer temporary differences wird in diesem Standard hingegen nicht dargelegt.

Aus diesen Gründen stellen temporary differences nach der hier vertretenen Auffassung eine prekäre Grundlage der Bilanzierung von Vermögenswerten und Schulden im Sinne des Rahmenkonzepts dar. Wesentliche Verbesserungen im Hinblick auf die Einhaltung der hier bemängelten normativen Grundsätze der IFRS sind derzeit nicht absehbar. Im Hinblick auf die Grundsätze der Dotierung von temporary differences sind im Rahmen des Short Term Convergence Project eher technisch anmutende Änderungen zur Angleichung von IAS 12 an SFAS 109 geplant. So sollen Steuerwerte künftig nicht mehr aus den im IFRS-Abschluss bilanzierten Buchwerten hergeleitet,[312] sondern anhand einer gesondert pro forma aufzustellenden Steuerbilanz ermittelt werden. Außerdem wird der definitorische Charakter von Steuerwerten geändert, indem diese künftig nicht mehr als eigenständige Elemente der steuerrechtlichen Perspektive auf die im IFRS-Abschluss erfassten Geschäftsvorfälle gesehen werden, sondern eher den Charakter von Wertattributen aufweisen:

> „Tax base is a measurement attribute. It is the measurement under existing law applicable to a present asset, liability or equity instrument as a result of one or more past events. That asset, liability, or equity instrument may or may not be recognised for financial reporting."[313]

---

[310] Vgl. Abschnitt B.II.1.

[311] IAS 12.Zielsetzung. Vgl. dazu auch Abschnitt C.I.3.

[312] Vgl. dazu auch Abbildung 12, S. 72.

[313] Vgl. IASB Observer Note July 2005, Abs. 5. Bemerkenswert ist dabei vor allem, dass künftig auch Steuer-

Wesentliche Änderungen an den Grundsätzen der Dotierung von temporary differences sind folglich aus dem Short Term Convergence Project derzeit nicht zu erwarten. Wichtige Änderungen zeichnen sich aber bereits im Hinblick auf die drei Ausnahmeregelungen von den hier gewürdigten Grundsätzen der Dotierung von temporary differences ab. Sie werden in den Folgeabschnitten behandelt.

ab) Ausnahme 1: Initial recognition differences

Die erste Ausnahme von den in Abschnitt C.II.1.aa) vorgestellten Grundsätzen der Dotierung von temporary differences betrifft so genannte initial recognition differences. Hiermit sind temporary differences gemeint, die bereits im Zeitpunkt der Zugangsbilanzierung vorhanden sind. Diese Art von temporary differences führt dazu, dass die Anschaffungs- oder Herstellungskosten (AHK) von Vermögenswerten oder von Schulden nicht dem Saldo der aktivierten und passivierten Buchwerte entsprechen. Es stellt sich daher vor allem die Frage nach der buchhalterischen Erfassung der aus initial recognition differences hervorgehenden latenten Steuern bzw. wie diese latenten Steuern zu bilanzieren sind. IAS 12 löst dieses Problem, indem initial recognition differences weder bei der Zugangs- noch bei der Folgebilanzierung in die Bemessungsgrundlage latenter Steuern einbezogen werden dürfen.[314] Diese Ausnahmeregelung betrifft allerdings nur bestimmte initial recognition differences, die in IAS 12 durch einen Negativausschluss definiert werden. Die Systematik der Herleitung des Sachverhalts, auf den sich die Ausnahmeregelung bezieht, wird in Abbildung 13 auf Seite 79 dargestellt.

Die vom Bilanzierungsverbot des IAS 12 adressierten initial recognition differences liegen vor, wenn nach den steuerrechtlichen Vorschriften im Zugangszeitpunkt eines Vermögenswertes oder einer Schuld im IFRS-Abschluss ein Steuerwert anzusetzen ist, der vom IFRS-Zugangsbuchwert abweicht. Gleichzeitig wird aber durch den Geschäftsvorfall im Zugangszeitpunkt weder das Vorsteuerergebnis nach IFRS noch das zu versteuernde Einkommen beeinflusst.[315] Die von dem Bilanzierungsverbot adressierten temporary differences sind also auch nicht auf eine zwischen IFRS und Steuerrecht abweichende Definition von bilanzierungspflichtigen und sofort aufwands- oder ertragswirksamen Zugangs-

werte für Eigenkapitalinstrumente (equity instruments) zu ermitteln sein werden. Kann ein künftiger Nutzenzu- bzw. -abfluss mit einhergehender Auswirkung auf das zu versteuernde Einkommen aufgrund der Definition von Vermögenswerten und Schulden zumindest hypothetisch unterstellt werden, ist ein entsprechender Zusammenhang zwischen Eigenkapitalinstrumenten und der Unternehmensbesteuerung nicht nachvollziehbar. Eigenkapital wird im Rahmenkonzept als Saldogröße von Vermögenswerten und Schulden definiert und lässt für sich gesehen folglich weder einen Nutzenzu- noch einen Nutzenabfluss erwarten. Wie das IASB vor diesem Hintergrund die Abgrenzung latenter Steuern auf der Grundlage von temporary differences aus Eigenkapitalinstrumenten begründen wird, ist derzeit aber noch nicht absehbar.

314 Vgl. IAS 12.15 (a) und IAS 12.24.

315 Vgl. IAS 12.15 (a) (ii) bzw. IAS 12.24 (b).

kosten des Bilanzpostens zurückzuführen.[316] Ebenfalls *nicht* als initial recognition differences im Sinne von IAS 12.15 (b) bzw. IAS 12.24 gelten temporary differences, die aus Bilanzposten resultieren, die im Zuge eines Unternehmenszusammenschlusses erstmalig anzusetzen sind.[317] Wie in der Folge noch beschrieben wird,[318] werden diese temporary differences bei der Anwendung der Erwerbsmethode in die Bilanzierung latenter Steuern einbezogen und erhöhen bzw. reduzieren damit den aus der Kaufpreisallokation hervorgehenden GoF oder negativen Unterschiedsbetrag.

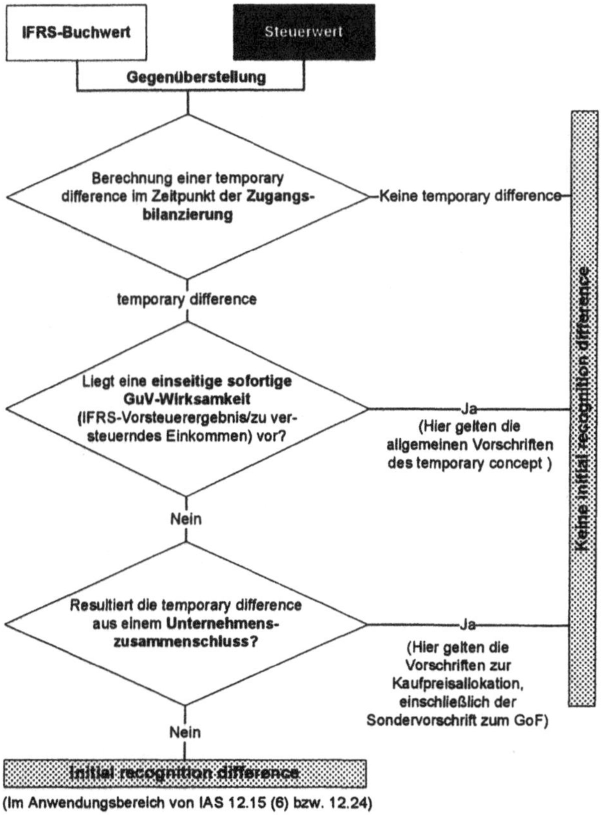

Abbildung 13: Definition von initial recognition differences

---

316 Vgl. IASC Insight July 1996, S. 13.

317 Vgl. IAS 12.15 (a) (i) bzw. IAS 12.24 (a). Zur Abgrenzung von Geschäftsbetrieben (business entities) gegenüber einzelnen Vermögenswerten, die auf dem Wege einer Anteilstransaktion erworben werden (sog. single asset entities) vgl. auch Senger/Brune/Elprana 2006, Tz. 19 ff.

318 Vgl. dazu Abschnitt C.II.1.ac).

Positiv formuliert können initial recognition differences vor allem aus einer abweichenden Definition von Anschaffungs- oder Herstellungskosten (AHK) im Rahmen der Zugangsbilanzierung herrühren. Diese entstehen beispielsweise, wenn der Erwerb oder die Herstellung bestimmter Investitionsgüter begünstigt wird. Erhält die berichtende Einheit beispielsweise steuerfreie Zuwendungen der öffentlichen Hand und kürzt sie diese von den AHK des erworbenen bzw. erstellten Vermögenswertes im IFRS-Abschluss,[319] nicht aber vom zugehörigen Steuerwert, liegt eine initial recognition difference vor.[320] Im Anwendungsbereich deutscher IFRS-Anwender dürften diese Fallkonstellationen vor allem aus Investitionszulagen im Sinne von § 9 InvZulG 1999 resultieren.[321] Weitere Beispiele für initial recognition differences umfassen Situationen, bei denen der Steuerwert, nicht aber der IFRS-Zugangswert eines Bilanzpostens zum Beispiel aus steuerpolitischen Gründen angepasst wird: International liegt diese Fallkonstellation vor allem im Zusammenhang mit so genannten partially deductible oder super-deductible assets vor,[322] also Vermögenswerten, die im Erwerbszeitpunkt vom Gesetzgeber aus steuerpolitischen Gründen mit einer Abschreibungsbasis ausgestattet werden, die unterhalb oder oberhalb der im IFRS-Abschluss anzusetzenden AHK liegt.[323] Im deutschen Steuerrecht kann die von den AHK als IFRS-Zugangswert abweichende Dotierung von Steuerwerten aus der Übertragung stiller Reserven resultieren.[324] Außerdem ist bei bestimmten Wirtschaftsgütern des Anlagevermögens die Übertragung realisierter Buchgewinne auf Ersatzinvestitionen möglich.[325] Dadurch wird eine steuererhöhende Wirkung aus einer Veräußerung oder Entschädigung abgegangener Wirtschaftsgüter vermieden, indem für den entstandenen Buchgewinn in der Steuerbilanz zwischenzeitlich eine steuerfreie Rücklage gebildet wird, die schließlich mit dem Steuerwert des neu erworbenen Wirtschaftsguts verrechnet wird. Beispiel 4 verdeutlicht diesen Zusammenhang.[326]

---

319 Vgl. IAS 20.24 zu Behandlungen von Zuwendungen der öffentlichen Hand.

320 So auch IAS 12.33.

321 Vgl. Schulz-Danso 2006, Tz. 85 (c); Heuser/Theile 2005, Tz. 1324; Weißenberger 2001, Tz. 78; Wotschofsky/Heller 2002, S. 819 f. Zur steuerrechtlichen Behandlung von Investitionszulagen vgl. auch Ellrott/Brendt 2006, Tz. 120; Tipke/Lang 2002, § 19 Tz. 31 ff.

322 Vgl. Bonham/Curtis/Davies 2004, S. 1351; mit weiteren Beispielen IASB Observer Note March 2004, Abs. 7 ff.

323 Super-deductible assets werden z.B. in Großbritannien als steuerpolitisches Instrument zur Standortförderung eingesetzt. Vgl. Johnson/Holgate/McCann 2005, Tz. 13.264.

324 Diese Möglichkeit besteht für Wirtschaftsgüter, die infolge höherer Gewalt oder eines behördlichen Eingriffs durch Neuerwerb ersetzt werden müssen. Vgl. R 35 EStR; Tipke/Lang 2002, § 9 Tz. 418 f.

325 Vgl. § 6b EStG, § 6c EStG. Ausführlich auch Tipke/Lang 2002, § 19 Tz. 37 ff.

326 Im Anschluss an IAS 12.23 ist ein Beispiel eingefügt, das verdeutlichen sollte, wie diese Ausnahmeregelung umzusetzen war. Die Prämissen des Beispiels beschreiben jedoch eindeutig permanente Differenzen, die Ausführungen nehmen daher auch Bezug auf steuerfreie Einnahmen aus der Realisierung eines Vermögenswertes. Ein Zusammenhang mit der Ausnahmeregelung ist daher nicht zu erkennen.

Beispiel 4: Temporary differences und erstmalige Erfassung von Geschäftsvorfällen

Ein Unternehmen setzt im Rahmen seiner betrieblichen Tätigkeit eine Maschine ein. Dieser Vermögenswert wird im IFRS-Abschluss mit 1.000 EUR bewertet, was auch dem Steuerwert der Maschine entspricht. Temporary differences existieren somit im Ausgangszeitpunkt nicht.

Im Verlauf des Geschäfts- bzw. Wirtschaftsjahres zerstört ein Feuer die Maschine. Eine dafür abgeschlossene Versicherung kommt für den Schaden auf und ersetzt den Zeitwert der Maschine in Höhe von 1.500 EUR. Gemäß IAS 16.67 wird die Maschine aufwandswirksam ausgebucht. Die Vereinnahmung der Entschädigung wird separat davon betrachtet und ertragswirksam im IFRS-Abschluss erfasst. Steuerrechtlich wird dieser Gewinn in Höhe von 500 EUR zunächst neutralisiert, indem die durch die Versicherungsleistung realisierten stillen Reserven auf eine Maschine übertragen werden, die als Ersatz neu erworben wurde.

Die neue Maschine hat Anschaffungskosten in Höhe von 2.000 EUR. Steuerrechtlich wird das Wirtschaftsgut abzüglich der stillen Reserven in Höhe von 1.500 EUR erfasst, ohne dass das zu versteuernde Einkommen tangiert wird. Gem. IAS 16.7 ff. ist eine Versicherungsleistung für die Zugangsbilanzierung der Ersatzmaschine irrelevant; es handelt sich vielmehr um einen neuen Geschäftsvorfall. Im IFRS-Abschluss wird die neue Maschine daher bei der erstmaligen Erfassung in Höhe von 2.000 EUR aktiviert. Im Zeitpunkt der Zugangsbilanzierung der neuen Maschine existiert daher bereits eine passive temporary difference in Höhe von 500 EUR.

Neben diesen Unterschieden im Zugangs*wert* erworbener bzw. hergestellter Vermögenswerte und übernommener Schulden sind initial recognition differences auch in Fallkonstellationen denkbar, in denen der Tatbestand des *Zugangs* unterschiedlich definiert wird. So kann die Zugangsbilanzierung von Vermögenswerten und Schulden im IFRS-Abschluss völlig am steuerrechtlichen Abschluss vorbeilaufen – und natürlich umgekehrt. Eine von dem Bilanzierungsverbot nach IAS 12.15 (b) und IAS 12.24 betroffene initial recognition difference liegt jedoch nur dann vor, wenn aus der Perspektive des IFRS-Abschlusses ein Zugang stattfindet.[327] Eine derartige Fallkonstellation ist beispielsweise bei Leasingvereinbarungen gegeben, die im IFRS-Abschluss als Finance-Leasing eingestuft werden, unter steuerrechtlichen Gesichtspunkten aber als Operating-Leasing zu behandeln sind.[328] Hier erfolgt im IFRS-Abschluss eine Aktivierung des Leasingobjektes beim Leasingnehmer gegen die Einstellung einer entspre-

[327] Wird also beispielsweise im Rahmen von konzerninternen Transaktionen ein Vermögenswert erstmalig in der steuerrechtlichen Veranlagung angesetzt, liegt ein Steuerwert vor, der aus der Perspektive des IFRS-Abschlusses „unsichtbar" ist. Das Bilanzierungsverbot betreffend initial recognition differences greift daher nicht.

[328] Vgl. Johnson/Holgate/McCann 2005, Tz. 13.200; IFRIC Update April 2005, S. 7; Schulz-Danso 2006, Tz. 81 und Tz. 85 (k). Debus weist darüber hinaus auf Fallkonstellationen hin, in denen eine Sacheinlage nur im IFRS-Abschluss, nicht aber aus ertragsteuerlicher Perspektive erfasst wird. Vgl. Debus 2003, Tz. 224.

chenden Leasingverbindlichkeit,[329] während nach den steuerrechtlichen Vorschriften zunächst kein Steuerwert vorliegt.[330]

Das Verbot, initial recognition differences nach der aktuellen Fassung von IAS 12 in die Bemessungsgrundlage latenter Steuern einzubeziehen, ist mit den andernfalls befürchteten Unklarheiten im IFRS-Abschluss begründet worden. Nach Auffassung der Autoren des IAS 12 wären latente Steuern ansonsten nämlich auf der einen Seite in voller Höhe zu bilanzieren. Der Buchwert der zugehörigen Vermögenswerte bzw. Schulden, aus deren Zugang die initial recognition difference resultiert, wäre auf der anderen Seite sofort um den Betrag der aktiven bzw. passiven latenten Steuern zu kürzen bzw. zu erweitern.[331] Im Endeffekt wäre also weder der Buchwert der Vermögenswerte bzw. Schulden nachvollziehbar, noch der Betrag, der sich als temporary difference ergeben würde.

Infolge der Ausnahmeregelung ist in dieser Konstellation hingegen wie bei permanenten Differenzen zu verfahren. Der real existente Steuerwert wird um den Betrag der temporary differences im Zeitpunkt der erstmaligen Erfassung des Geschäftsvorfalls und in der Folge an den Buchwert des korrespondierenden IFRS-Bilanzpostens angepasst, so dass die Abweichungen zwischen dem IFRS-Buchwert und dem jeweils zugehörigen Steuerwert nicht in die Bilanzierung latenter Steuern einzubeziehen sind.[332]

Mit der Neuausrichtung der Definition von temporary differences im Rahmen des Short Term Convergence Project soll auch das Bilanzierungsverbot latenter Steuern auf der Grundlage von initial recognition differences gestrichen werden.[333] Dies ist nach der hier vertretenen Auffassung grundsätzlich zu begrüßen, kommt es doch tendenziell dem Merkmal der Verständlichkeit entgegen, das von der IFRS-Rechnungslegung gefordert wird. Liegen keine Ausnahmeregelungen vor, sind die bilanzierten Wertansätze schließlich einfacher zu interpretieren, da sich der Interpretationsspielraum reduziert. Außerdem zeigen bereits die vorstehenden Ausführungen, dass die Identifikation von initial recognition differences, die von den Ausnahmeregelungen in IAS 12.15 (b) und IAS 12.24 betroffen sind, äußerst kompliziert ist.[334]

---

329 Vgl. IAS 17.20; ausführlich auch Doll 2006, Tz. 74 ff.

330 Es handelt sich hierbei explizit nicht um eine permanente Differenz: Der Einsatz des aktivierten Leasinggegenstands wird zu künftigen steuerpflichtigen Einkünften führen. Die Tilgung der gleichzeitig mit dem Leasinggegenstand passivierten Verbindlichkeit durch die an den Leasinggeber entrichteten Leasingzahlungen verkörpert den Nutzenabfluss, der aus der Leasingverbindlichkeit zu erwarten ist. Sowohl der Nutzenzufluss als auch der Nutzenabfluss wird sich auf das zu versteuernde Einkommen auswirken. Vgl. IASB Observer Note July 2005, S. 12 (example 3).

331 Vgl. IAS 12.22 (c); so auch IASC Insight September 1995, S. 6.

332 Vgl. IAS 12.22 (c); IASB Observer Note December 2005a, Abs. 6.

333 Vgl. IASB Update April 2003, S. 2. SFAS 109 sieht abweichend von IAS 12 keine Ausnahmevorschrift zu initial recognition differences vor. Vgl. Cook/Connor/Crisp 2005, S. 488.

334 Vgl. dazu auch noch einmal das Ablaufdiagram in Abbildung 13 auf S. 79 und die zugehörigen Erläuterungen.

Fraglich ist allerdings, ob die im Gegenzug eingeführte Sonderbehandlung von initial recognition differences hier Vorteile bringt. Auf der Grundlage der verfügbaren Informationen ist davon auszugehen, dass das IASB und das FASB die bestehende Ausnahmeregelung mit einer neuen Ausnahmeregelung ersetzen wollen. So war ursprünglich angedacht, die Stellungnahme der Emerging Issues Task Force (EITF) in Abstract 98-11 in die Neufassung des IAS 12 zu integrieren.[335] Nach dieser Interpretation von SFAS 109 ist die mit dem Steuersatz bewertete initial recognition difference nicht ergebniswirksam zu erfassen,[336] sondern im Zugangswert des erworbenen Vermögenswertes und gegebenenfalls in einen passiven Abgrenzungsposten (deferred credit) einzustellen.[337] Der passive Abgrenzungsposten ist dabei jedoch explizit nicht in die Bilanzierung latenter Steuern einzubeziehen, sondern proratarisch ergebniswirksam als Steuerertrag aufzulösen.[338]

Die „EITF-Lösung" wurde mittlerweile wieder verworfen, da die Bilanzierung eines reinen Abgrenzungspostens vom IASB abgelehnt wurde.[339] Nach einer hier nicht näher betrachteten Zwischenlösung sollen nunmehr Bilanzposten, die unter Einbeziehung von initial recognition differences angesetzt werden, künftig unabhängig von den tatsächlich geleisteten AHK zum beizulegenden Zeitwert im Zugangszeitpunkt bewertet werden. Die initial recognition difference soll daraufhin nach den allgemeinen Grundsätzen des temporary concept ermittelt und mit dem jeweils einschlägigen Steuersatz bewertet werden. Ein daraufhin noch verbleibender Überhang der damit anzusetzenden Vermögenswerte und Schulden gegenüber den geleisteten AHK soll schließlich mit der zu bilanzierenden latenten Steuer verrechnet werden. Letztlich wird dadurch ein Betrag in in die bilanziell anzusetzenden latenten Steuern einbezogen und über die Laufzeit des Steuerwertes verteilt, der dem nach EITF Abstract 98-11 zu passivierenden Abgrenzungsposten entspricht.[340] Beispiel 5 verdeutlicht diese Vorgehensweise auf Seite 84.

Begründet wurde diese nunmehr von IASB und FASB favorisierte Vorgehensweise vor allem damit, dass eine sofortige Ergebniswirkung vermieden wird. Weiterhin wurde angeführt, dass zumindest im Ansatzzeitpunkt latente Steuern

---

335 Vgl. IASB Observer Note April 2003, Abs. 4.

336 Vgl. EITF Abstract 98-11.3.

337 Eine Bilanzierung eines passiven Abgrenzungspostens ist nur dann erforderlich, wenn der dem Vermögenswert zugehörige Steuerwert so groß ist, dass der Buchwert des erstmalig angesetzten Vermögenswertes negativ werden würde. Vgl. EITF Abstract 98-11.3 (b). Weiterhin gelten Sondervorschriften, sofern ein finanzieller Vermögenswert bzw. ein Vermögenswert erworben wird, der sofort als „zur Veräußerung gehalten" (asset held for disposal) eingestuft wird. Diese sind auch nach EITF Abstract 98-11 stets zum beizulegenden Zeitwert, ggf. unter Absetzung von Veräußerungskosten, anzusetzen, der Buchwert ist entsprechend ebenfalls nicht um die initial recognition difference anzupassen, stattdessen wird der passive Abgrenzungsposten in Anspruch genommen. Vgl. EITF Abstract 98-11.3 (a).

338 Vgl. EITF Abstract 98-11.3 (b) und (d).

339 Vgl. IASB Observer Note April 2004, Abs. 5.

340 Vgl. IASB Update April 2004, S. 6.

und der jeweils erstmalig angesetzte Bilanzposten zu beizulegenden Zeitwerten bewertet werden.[341] Ob in der nunmehr geplanten Vorgehensweise allerdings wirklich Vorteile gegenüber dem derzeit gültigen Bilanzierungsverbot zu sehen sind, ist nach der hier vertretenen Auffassung aber zu bezweifeln. Davon abgesehen, dass ein beizulegender Zeitwert von Vermögenswerten bzw. Schulden bestimmt werden muss, der gegebenenfalls von den geleisteten oder eingegangenen (Anschaffungs-)Kosten abweicht,[342] soll hier der bilanziell anzusetzende Betrag latenter Steuern um den andernfalls ergebniswirksamen Betrag gekürzt werden. Wie in Beispiel 5 dargestellt wird, sind bei einem erstmaligen Ansatz eines Vermögenswertes, dessen Steuerwert größer ist als der nach IFRS anzusetzende beizulegende Zeitwert, die daraus resultierenden aktiven latenten Steuern zu reduzieren. Das künftige Steuerminderungspotential, das aus dem höheren Steuerwert zu erwarten ist, wird damit weder mit dem Betrag bilanziert, der nach den Grundsätzen der Dotierung von temporary differences zu erwarten wäre, noch mit einem beizulegenden Zeitwert in Form eines Barwerts künftiger Steuerersparnisse.

Beispiel 5: Voraussichtliche Behandlung von initial recognition differences nach ED-IAS 12[343]

Ein Unternehmen erwirbt im Zeitpunkt t_0 eine Maschine für 700 EUR. Der zugehörige Steuerwert beträgt 1.100 EUR, so dass eine initial recognition difference in Höhe von 400 EUR vorliegt.[344] Der beizulegende Zeitwert der Maschine liegt bei 500 EUR, der über diesen Wert hinaus gezahlte Betrag in Höhe von 200 EUR entfällt hingegen auf die künftigen Steuerminderungen.

Bei einem Steuersatz von 40% aktiviert das Unternehmen die Maschine zum beizulegenden Zeitwert von 500 EUR und berechnet auf die initial recognition difference aktive latente Steuern von 600 EUR x 40% = 240 EUR. Der verbleibende Überhang beträgt folglich 40 EUR:

Anschaffungskosten	700
./. Beizulegender Zeitwert des Vermögenswerts	500
./. Aktive latente Steuer (brutto)	240
= Überhang (~ Discount aktiver latenter Steuern)	**-40**

(Fortsetzung folgt auf der nächsten Seite)

[341] Zu diesen und weiteren Gründen für die nunmehr vorgesehene Vorgehensweise, die aber ohne zusätzliche Informationen aus externer Sicht nicht nachvollziehbar sind, vgl. FASB Minutes April 2004, S. 5.

[342] Vgl. dazu die vom IASB diskutierten Anwendungsprobleme in IASB Observer Note December 2005a, Abs. 16.

[343] Modifiziert entnommen aus IASB Observer Note July 2005, Abs. 29.

[344] Fallkonstellationen, in denen der Steuerwert höher ist, als der zugehörige Buchwert nach IFRS im Zeitpunkt des erstmaligen Ansatzes treten im deutschen Steuerrecht nur im Ausnahmefall auf. Ein Beispiel stellt aber die Übertragung stiller Reserven im Fall der Neuanschaffung bestimmter Wirtschaftsgüter dar. Vgl. dazu auch Fußnote 324 m.w.N.

(Fortsetzung von Beispiel 5)

Der Überhang mindert bei der Einbuchung der Maschine als eine Art Discount die aktiven latenten Steuern aus dem gegenüber dem IFRS-Buchwert der Maschine erhöhten Steuerwert und wird über die Nutzungsdauer des erworbenen Vermögenswertes verteilt. Unter Annahme einer 5-jährigen Nutzungsdauer und einer linearen Abschreibung zeigt sich allein bezogen auf die Folgebilanzierung der Maschine damit folgendes Bild:

Zeitpunkt	t_0	t_1	t_2	t_3	t_4	t_5
Bilanz						
Vermögenswert	500	400	300	200	100	0
Steuerwert	1100	880	660	440	220	0
Aktive latente Steuer (brutto)	240	192	144	96	48	0
Discount aktive latente Steuer	-40	-32	-24	-16	-8	0
Aktive latente Steuer (netto)	**200**	**160**	**120**	**80**	**40**	**0**
GuV						
Abschreibung		-100	-100	-100	-100	-100
Ertragsteuern		48	48	48	48	48
- davon tatsächliche Ertagsteuern		88	88	88	88	88
- davon latente Ertragsteuern		**-40**	**-40**	**-40**	**-40**	**-40**

Ob die Neufassung von IAS 12 bezüglich der Behandlung von initial recognition differences eher dem Merkmal der Verständlichkeit der IFRS-Rechnungslegung entgegenkommt als das derzeit noch gültige Bilanzierungsverbot, ist daher in Frage zu stellen. Es ist zu vermuten, dass wohl vor allem die Ergebnisneutralität der künftigen Vorgehensweise ausschlaggebend für die künftige Bilanzierung von initial recognition differences ist. Die offenbar unerwünschte Ergebniswirkung im Zeitpunkt der Einbuchung von Vermögenswerten oder Schulden mit anhaftenden initial recognition differences ist aber zumindest vor dem Hintergrund der bilanztheoretischen Grundsätze der IFRS nicht zu bemängeln. Das Rahmenkonzept befasst sich schließlich nicht konkret mit dem Zeitpunkt des Ansatzes und der Ausbuchung (recognition, derecognition) von Bilanzposten, sondern nur mit deren Eigenschaften und allgemeinen Ansatzvoraussetzungen.[345] Die sofortige Ergebniswirkung mag zwar wenig eingängig erscheinen, da Anschaffungsvorgänge normalerweise auch im IFRS-Abschluss ergebnisneutral sind. Jedoch zeigen die Regeln zur Bilanzierung von negativen Unterschiedsbeträgen aus der Anwendung der Erwerbsmethode nach IFRS 3, dass es hiervon auch Ausnahmen gibt.[346] Nach Meinung des Verfassers ist daher – vorbehaltlich der bereits formulierten grundsätzlichen Kritik an der Berücksichtigung von temporary differences in der Bemessungsgrundlage latenter Steuern – die sofor-

345 Vgl. Abschnitt B.II.

346 Negative Unterschiedsbeträge sind nach erneuter Prüfung der Wertansätze einer Kaufpreisallokation (purchase price allocation) sofort ergebniswirksam zu erfassen. Vgl. IFRS 3.56 (b).

tige Ergebniswirksamkeit von initial recognition differences zu favorisieren, ohne dass diese zuvor den Wertansatz der erworbenen bzw. übernommenen Vermögenswerte und Schulden tangiert haben und ebenfalls ohne die vom IASB und FASB vorgesehene Wertanpassung aktiver oder passiver latenter Steuern. So wäre zumindest die stringente Umsetzung des „Grundprinzips" von IAS 12 gesichert. Eine sofortige Ergebniswirksamkeit wäre darüber hinaus vermutlich auch nicht weniger (un-)verständlich, als die derzeit vom IASB favorisierte Vorgehensweise.

ac) Ausnahme 2: Erstmaliger Ansatz von Geschäfts- oder Firmenwerten

Die zweite Ausnahmeregelung bezüglich der Dotierung von temporary differences als „Grundprinzip" von IAS 12 betrifft den erstmaligen Ansatz von GoF.[347] Nach IFRS bilanziell anzusetzende GoF sind stets derivativer Natur und somit das Resultat eines Unternehmenszusammenschlusses (business combination), da die Bilanzierung eines originären, also selbst geschaffenen GoF nicht vorgesehen ist.[348] Qualitativ ist der GoF dabei als Sammelposten für diverse, nicht hinreichend für die Einzelerfassung als immaterielle Vermögenswerte bestimmbare künftige Nutzenzuflüsse anzusehen.[349]

Unternehmenszusammenschlüsse sind im IFRS-Abschluss zwingend nach der Erwerbsmethode (purchase method) zu bilanzieren.[350] Ein derivativer GoF ist dabei bilanziell anzusetzen, wenn die für den Erwerb aufgebrachten Anschaffungskosten den Wert übersteigt, der für die mit dem Geschäftsbetrieb[351] erworbenen identifizierbaren Vermögenswerte, Schulden und Eventualschulden angesetzt werden.[352] Diese sind im Rahmen der so genannten Kaufpreisallokation (purchase price allocation) zum beizulegenden Zeitwert zu bewerten, wobei neben Marktpreisen insbesondere Barwerte künftiger Nutzenzu- oder -abflüsse für die Bestimmung des Wertansatzes heranzuziehen sind. Übersteigt hingegen der Wert der mit dem erworbenen Geschäftsbetrieb übernommenen und zum

347 Eine noch in IAS 12.24 (a) (rev. 2000) enthaltene Ausnahmeregelung bezüglich aktiver latenter Steuern, die aus temporary differences im Zusammenhang mit „negativen Geschäfts- oder Firmenwerten" resultieren, ist mit der Einführung von IFRS 3 gestrichen worden. Vgl. von Eitzen/Dahlke/Kromer 2005, S. 512 f.

348 Vgl. IAS 38.48 ff.; Scheinpflug 2006, Tz. 37. Im deutschen Steuerrecht steht der Bilanzierung originärer GoF das Aktivierungsverbot selbst geschaffener immaterieller Vermögensgegenstände nach § 248 Abs. 2 HGB entgegen. Vgl. Kußmaul 2005, S. 47; Tipke/Lang 2002, § 9 Tz. 324.

349 Vgl. zur Charakterisierung des GoF in der IFRS-Rechnungslegung Wirth 2005, S. 181 ff.

350 Vgl. IFRS 3.14. Die Möglichkeit eines Zusammenschlusses gleichgestellter Unternehmen (merger of equals), bei dem also wirtschaftlich gesehen kein Erwerber identifizierbar ist, wird hingegen in IFRS 3 verworfen. Vgl. Senger/Brune/Elprana 2006, Tz. 18 ff.

351 Der für die Bilanzierung von Unternehmenszusammenschlüssen einschlägige IFRS 3 bezieht sich nicht auf den allgemeinen Begriff *Unternehmen*, sondern auf den *Geschäftsbetrieb* (business). Trotzdem bezieht sich der Standard auf *Unternehmen*zusammenschlüsse, *Unternehmen*serwerbe etc. Dieser Begriffssystematik wird nachfolgend Folge geleistet. Vgl. zu den Begriffsdefinitionen im Einzelnen IFRS 3.A.

352 Vgl. IFRS 3.52. Es ist damit von einem als Residualgröße zu charakterisierenden Vermögenswert auszugehen, der dadurch eine Sonderstellung in der IFRS-Rechnungslegung einnimmt. Vgl. Küting/Wirth 2003b, S. 627.

beizulegenden Zeitwert bewerteten Bilanzposten die für den Erwerb aufgebrachten Anschaffungskosten, resultiert ein negativer Unterschiedsbetrag. Dieser ist – vorbehaltlich einer erneuten genauen Prüfung der Wertansätze[353] – sofort GuV-wirksam als Ertrag zu erfassen.[354]

Temporary differences entstehen bei der Kaufpreisallokation regelmäßig dadurch, dass die neubestimmten IFRS-Wertansätze gegenüber dem jeweiligen Steuerwert der einzelnen Vermögenswerte, Schulden und Eventualschulden abweichen. Auch für diese temporary differences sind Vermögenswerte bzw. Schulden in Form aktiver bzw. passiver latenter Steuern anzusetzen.[355] Gleiches gilt für Steuerguthaben, die mit dem erworbenen Geschäftsbetrieb in die Verfügungsmacht des Erwerbers gelangt sind. So sind beispielsweise aktive latente Steuern aus steuerlichen Verlustvorträgen im Rahmen der Kaufpreisallokation anzusetzen.[356] Latente Steuern sind dabei allerdings explizit *nicht* zum beizulegenden Zeitwert zu bewerten.[357] Obwohl IFRS 3 grundsätzlich eine Zugangsbewertung aller mit dem erworbenen Geschäftsbetrieb übernommenen Bilanzposten zum beizulegenden Zeitwert vorsieht, wird bezüglich aller steuerlichen Vermögenswerte und Schulden auf die Bewertungsvorschriften des IAS 12 verwiesen. Weiterhin wird der für die Herleitung eines beizulegenden Zeitwerts denkbare Ansatz einer Barwertbetrachtung ausdrücklich untersagt.[358]

Der Ansatz latenter Steuern auf temporary differences und Steuerguthaben im Zuge der Kaufpreisallokation wirkt sich auf die Höhe des GoF bzw. des negativen Unterschiedsbetrags aus. Latente Steuern, die erstmalig infolge eines Unternehmenszusammenschlusses zu bilanzieren sind, werden dadurch gewissermaßen buchhalterisch zu Gunsten bzw. zu Lasten des GoF erfasst.[359] Die bei der Kaufpreisallokation wirkende „Mechanik" der Wertansätze untereinander fasst

353 Vgl. IFRS 3.56 (a).

354 Vgl. IFRS 3.56 (b); ausführlich Wirth 2005, S. 174 f.; Senger/Brune/Elprana 2006, Tz. 96.

355 Vgl. IAS 12.66. Hierbei ist es unerheblich, ob diese Vermögenswerte, Schulden und Eventualschulden steuerrechtlich überhaupt erfasst sind. Vgl. Johnson/Holgate/McCann 2005, Tz. 13.244.

356 Vgl. Wirth 2005, S. 166 ff. Der Ansatz aktiver latenter Steuern im Rahmen der Kaufpreisallokation setzt auch eine Werthaltigkeitsbeurteilung voraus. Vgl. dazu die Ausführungen in C.II.2.b). Darüber hinaus gelten im Übrigen bei der Nachaktivierung von Steuerguthaben im Zusammenhang mit Unternehmenszusammenschlüssen Sonderregeln hinsichtlich der Bilanzierung des GoF: Werden aktive latente Steuern im Erwerbzeitpunkt eines Unternehmenszusammenschlusses nicht vollumfänglich aktiviert, aber im Nachhinein trotzdem steuermindernd eingesetzt, ist ein zuvor bilanzierter GoF auf den Betrag zu reduzieren „der angesetzt worden wäre, wenn der latente Steueranspruch ab dem Erwerbszeitpunkt als ein identifizierbarer Vermögenswert bilanziert worden wäre." IFRS 3.65 (a). Der Reduktionsbetrag des GoF ist dabei auf dessen Buchwert beschränkt, es darf jedenfalls kein negativer Unterschiedsbetrag entstehen. Der Herabsetzungsbetrag ist als Aufwand GuV-wirksam zu erfassen. Vgl. IFRS 3.65 (b); Meurer 2006, S. 76 f. Senger/Brune/Elprana 2006, Tz. 116. Es handelt sich hierbei um die einzige Möglichkeit zur GoF-Abschreibung außerhalb der Vorschriften des IAS 36.

357 Vgl. IFRS 3.B16 (i); Lüdenbach 2006a, Tz. 158; Senger/Brune/Elprana 2006, Tz. 80.

358 Ebenda. Vgl. analog zum Abzinsungsverbot latenter Steuern im IFRS-Abschluss IAS 12.53.

359 Zur buchhalterischen Erfassung latenter Steuern nach IAS 12 vgl. auch Abschnitt C.II.3.

Abbildung 14 ausgehend von den Anschaffungskosten des Unternehmenserwerbs zusammen.[360]

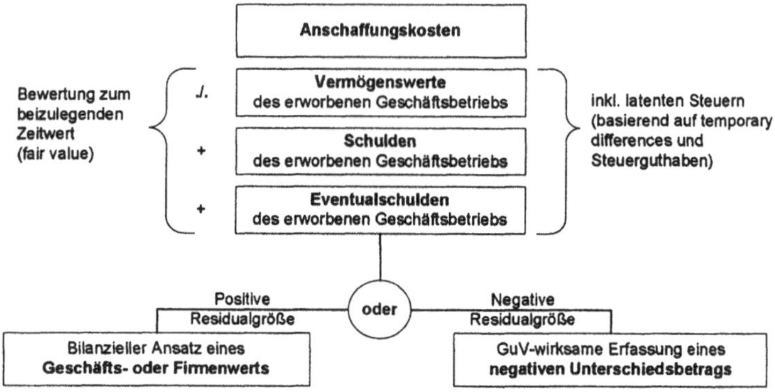

Abbildung 14: „Mechanik" der Kaufpreisallokation

Da der Saldo aller mit dem erworbenen Geschäftsbetrieb übernommenen Vermögenswerte, Schulden und Eventualschulden das Eigenkapital des übernommenen Geschäftsbetriebs ergibt, kann der in Abbildung 14 aufgezeigte Zusammenhang auch wie in Abbildung 15 auf Seite 89 zusammengefasst werden. Das im Wesentlichen zum beizulegenden Zeitwert bewertete Eigenkapital beinhaltet dabei bereits alle latenten Steuern, die auf identifizierbare temporary differences sowie Steuerguthaben entfallen.

Konzeptionell macht es in der IFRS-Rechnungslegung keinen Unterschied, ob GoF aus Unternehmenserwerben in Form von Anteilskäufen (share deal) oder aus Unternehmenserwerben in Form eines gesamtheitlichen Erwerbs der Vermögenswerte und Schulden (asset deal) resultieren. Die Regeln der Bilanzierung von GoF sind jeweils identisch.[361] Allgemein gilt, dass GoF zumindest einmal jährlich einem Werthaltigkeitstest (impairment test) nach IAS 36 unterzogen werden müssen, nicht aber der regelmäßigen Entwertung durch Abschreibung unterliegen.[362] Allerdings ist zwischen den Kontexten zu differenzieren, in denen der IFRS-Abschluss aufgestellt wird: Während Unternehmenserwerbe, die durch einen share deal vollzogen werden, erst im Kontext eines Konzernabschlusses gewissermaßen als „Konzernmehrwerte" zu bilanzieren sind, wird der asset deal bereits im Einzelabschluss-Kontext bilanziell sichtbar.

---

360 Vgl. zur Dotierung der Anschaffungskosten IFRS 3.24 ff.; KPMG 2005, S. 84 ff.

361 Vgl. Lüdenbach 2006a, Tz. 3; Senger/Brune/Elprana 2006, Tz. 30.

362 Vgl. IFRS 3.55. Vgl. ausführlich zum sog. impairment only-approach Frowein/Lüdenbach 2003, S. 65 ff.; Pellens/Fülbier/Gassen 2006, S. 697 ff.; Wirth 2005, S. 196 ff.

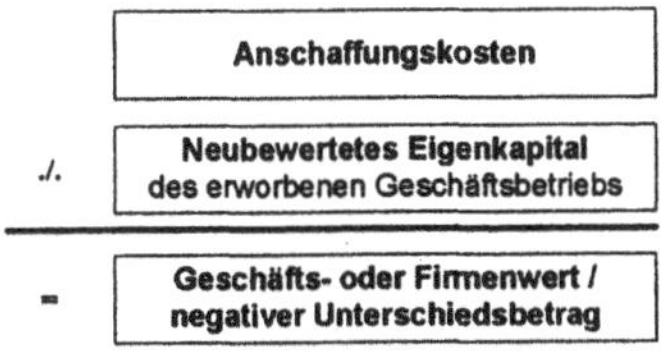

Abbildung 15: Dotierung des GoF als Residualgröße der Kaufpreisallokation

Wird ein GoF erstmalig im IFRS-Abschluss angesetzt, dürfen passive latente Steuern auf eine daraus resultierende temporary difference nicht bilanziert werden.[363] Dabei ist es für diese Ausnahmeregelung des IAS 12 unerheblich, ob aus steuerlicher Sicht überhaupt ein Steuerwert vorhanden ist. Entscheidend ist nur, dass die durch einen Vermögenswert verkörperten, künftigen Nutzenzuflüsse zu steuerpflichtigen Einkünften führen werden.[364] Von diesen ist beim GoF aber solange auszugehen, bis er vollumfänglich im Zuge eines Wertminderungstests abgeschrieben worden ist. Schließlich verkörpert der GoF nicht identifizierbare Nutzenzuflüsse, die sich indirekt – beispielsweise in Form von Synergien[365] – auf das zu versteuernde Einkommen auswirken.

Erfolgt der Unternehmenszusammenschluss auf dem Wege eines share deal, ist dem GoF regelmäßig ein Steuerwert in Höhe von Null gegenüberzustellen. Eine Aktivierung eines GoF-bezogenen Steuerwertes als Folge eines Erwerbs von Kapitalgesellschaftsanteilen ist schließlich zumindest im deutschen Steuerrecht nicht zulässig.[366] Der GoF wird vielmehr erst im Kontext des IFRS-Konzernabschlusses bilanziert und ist somit steuerrechtlich irrelevant. Aus einem Unternehmenszusammenschluss durch Anteilserwerb resultiert daher regelmäßig in voller Höhe des Buchwerts eine passivische temporary difference, auf die dann aber gemäß IAS 12.15 (a) keine latenten Steuern abgegrenzt werden dürfen.[367]

Auch wenn Unternehmenszusammenschlüsse in Form eines assets deal durchgeführt werden, können aus dem erstmaligen Ansatz eines GoF temporary diffe-

---

363 Vgl. IAS 12.15 (a); Coenenberg/Hille 2003, Tz. 94. Es handelt sich im Übrigen hierbei nicht um eine in Abschnitt C.II.1.ab) erläuterte initial recognition difference, da der Zugangsbilanzierung von GoF stets ein Unternehmenszusammenschluss zugrunde liegt. Initial recognition differences im Sinne von IAS 12.15 (b) bzw. IAS 12.24 liegen nur dann vor, wenn diese *nicht* durch einen Unternehmenszusammenschluss hervorgerufen werden.

364 Eine häufig in der Literatur noch vorzufindende Unterscheidung zwischen steuerlich anerkannten und steuerlich nicht anerkannten GoF ist im aktuellen IAS 12 nicht mehr enthalten. So bezog sich die Regelung in der Fassung des IAS 12 aus dem Jahr 2000 noch auf „einen GoF, für den eine Abschreibung steuerlich nicht absetzbar ist" (IAS 12.15 (b) (rev. 2000)). Vgl. so z.B. Schulz-Danso 2006, Tz. 75; Heuser/Theile 2005, Tz. 1322; von Eitzen/Dahlke 2005, S. 511; Wagenhofer 2005, S. 330; Meyer/Bornhofen/Homrighausen 2005, S. 506; Hoyos/Fischer 2006, Tz. 89. Die entsprechende Formulierung wurde im Zusammenhang mit der Übernahme des IFRS 3 in das IFRS-Regelwerk im Jahr 2004 – leider ohne weitergehende Begründung – angepasst. Vgl. auch die Übersicht zur Entwicklung des IAS 12 im Anhang A, S. XXIII.

365 Vgl. Wirth 2005, S. 181 f.

366 Vgl. Kußmaul 2005, S. 491.

367 Vgl. auch IAS 12.21.

rences resultieren. Dabei werden sich der IFRS-GoF und der ihm zugehörige Steuerwert nur dann in gleicher Höhe gegenüberstehen, wenn die nach IFRS-Vorschriften dotierten Anschaffungskosten des erworbenen Geschäftsbetriebs einerseits, andererseits die IFRS-Wertansätze der identifizierbaren Vermögenswerte, Schulden und Eventualschulden steuerrechtlich identisch gewürdigt werden. Jede Abweichung begründet temporary differences, die sich gemäß der in Abbildung 14 auf Seite 88 aufgezeigten „Mechanik" der Kaufpreisallokation über die Bilanzierung latenter Steuern auf die Höhe des GoF auswirken. Dass die divergierende steuerrechtliche und handelsrechtliche Würdigung von Kaufpreisallokationen zumindest bei deutschen Kapitalgesellschaften keine Seltenheit ist, zeigen Beispiele wie die Bewertung von Pensionsrückstellungen (marktadäquater Zinssatz vs. festgeschriebener Rechnungszinsfuß)[368] oder die Bilanzierung von Eventualschulden (Ansatzgebot vs. Ansatzverbot)[369]. Entgegen einer in der Literatur durchaus vertretenen Auffassung[370] werden sich der IFRS-GoF und sein steuerrechtliches Pendant folglich regelmäßig nicht in gleicher Höhe gegenüberstehen.[371]

Die Ausnahmeregelung des IAS 12.15 (a) wird mit dem Zirkelschluss begründet,[372] der beim Ansatz latenter Steuern auf temporary differences zwischen dem Buchwert des GoF und seinem Steuerwert zu lösen wäre: Wie bereits in Abbildung 14 dargestellt wurde, wird der GoF als Residualgröße berechnet. Würden nun temporary differences im Zusammenhang mit dem IFRS-GoF bei der Bilanzierung latenter Steuern berücksichtigt, wären Vermögenswerte bzw. Schulden aus latenten Steuern anzusetzen – was sich wiederum auf die Höhe des IFRS-GoF und in der Folge auf die damit verbundene temporary difference auswirken würde. Mithin würde der Ansatz passiver latenter Steuern in diesem Zusammenhang zu einer „Aufblähung"[373] des GoF führen.[374] Dieser Mechanismus wird in Abbildung 16 dargestellt.

---

368 So ist der für die Barwert-Bewertung von Pensionszusagen nach IFRS heranzuziehende Zinssatz „auf der Grundlage von Renditen zu bestimmen, die am Bilanzstichtag für erstrangige, festverzinsliche Industrieanleihen am Markt erzielt werden". IAS 19.78, vgl. vertiefend auch Seemann 2006, Tz. 61 ff. Im deutschen Steuerrecht wird hingegen nach § 6a Abs. 3 S. 3 EStG für die Bewertung von Pensionsrückstellungen ein fester Zinssatz in Höhe von 6% vorgegeben.

369 Eventualschulden (contingent liabilities) unterliegen im IFRS-Abschluss für den Fall ihrer Existenz bei einem erworbenen Unternehmen einem Ansatzgebot im Rahmen der Kaufpreisallokation. Vgl. IFRS 3.36; Hebestreit/Dörges 2006, Tz. 22.

370 Vgl. bspw. Pawelzik 2006, S. 13; Hoffmann 2006, Tz. 45.

371 So auch Küting/Wirth/Dürr 2006, S. 354.

372 Vgl. IAS 12.21; Lüdenbach 2006a, Tz. 157; Loitz 2004, S. 1180.

373 Küting/Wirth 2003b, S. 627; ähnlich hier Coenenberg 2005, S. 733; Epstein/Mirza 2005, S. 549.

374 Vgl. IAS 12.21; E49.BP36; Schulz-Danso 2006, Tz. 75; Fischer 2002, S. 890. Ähnlich hier die Begründung nach US-GAAP. Vgl. dazu SFAS 109.131.

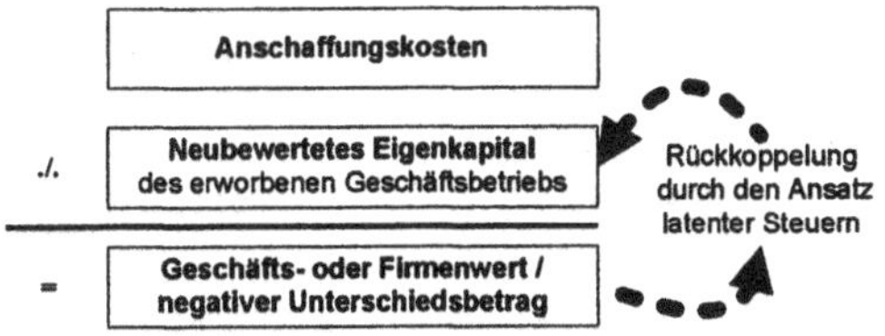

Abbildung 16: Zirkelschluss aus der Abgrenzung latenter Steuern auf den GoF

Diese Begründungen erscheinen aber insgesamt zweifelhaft. So hält der Zirkelschluss als Rechtfertigung einer Ausnahmeregelung bereits einer näheren Würdigung nicht stand: Zwar sind in IAS 12 keine Vorschriften enthalten, wie latente Steuern auf GoF zu berechnen sind, gleichwohl kann der zuvor angesprochene Zirkelschluss durch Iteration gelöst werden. Dazu sind die verschiedenen Variablen wie folgt gegenüberzustellen:

Verwendete Variablen:

AK	Anschaffungskosten
EK_{PPA}	Eigenkapital des erworbenen Geschäftsbetriebs nach Bewertung im Rahmen der Kaufpreisallokation (purchase price allocation)
GoF_{IFRS}	GoF nach IFRS
GoF_{Steuer}	Steuerwert des GoF nach IFRS
S	Steuersatz
DTA_{GoF}	Aktive latente Steuer auf den GoF nach IFRS

Zusammenhang:

	AK	
./.	EK_{PPA}	
./.	DTA_{GoF}	Dabei gilt: $DTA_{GoF} = (GoF_{IFRS}$ ./. $GoF_{Steuer}) \times S$
=	GoF_{IFRS}	

Abbildung 17: Relation zwischen IFRS-GoF und latenten Steuern

Der Zirkelschluss ließe sich nun durch wiederholtes Einsetzen des GoF_{IFRS} in die Berechnung der DTA_{GoF}-Relation näherungsweise lösen, beispielsweise unter Zuhilfenahme einer Tabellenkalkulation. Ein stabiles Ergebnis lässt sich dabei innerhalb weniger Iterationen bestimmen, wie noch in Beispiel 6 auf Seite 92 gezeigt wird.

Auch der Effekt, dass sich durch die Abgrenzung passiver latenter Steuern der GoF betragsmäßig ausdehnt, kann als Grund für die Ausnahmeregelung nur bedingt herhalten: Jede einzelne angesetzte Schuld und Eventualschuld reduziert schließlich das neubewertete Eigenkapital des erworbenen Geschäftsbetriebs, was wiederum nach der in Abbildung 14 auf Seite 88 vorgestellten „Mechanik" der Kaufpreisallokation den GoF erhöht. Folglich könnte für den Fall eines Unternehmenszusammenschlusses auch der Ansatz passiver latenter Steuern generell oder aber der Ansatz anderer Passivposten mit der Begründung abgelehnt werden, dass diese sonst eine Erhöhung des GoF herbeiführen würden.

Von der zweifelhaften Qualität der Begründung für diese Ausnahmeregelung abgesehen, ist außerdem noch festzustellen, dass die Ausnahme *nur* für *passivische* temporary differences gilt. Ein entsprechendes Bilanzierungsverbot für *aktivische* temporary differences, die aus dem erstmaligen Ansatz von GoF resultieren, ist in IAS 12 nicht enthalten.[375] Für Fallkonstellationen, in denen einem steuerlich verwertbaren GoF ein höherer Wertansatz zugewiesen wird als seinem IFRS-Pendant, sind folglich latente Steuern aus temporary differences zu bilanzieren. Keineswegs ist also von einem generellen Bilanzierungsverbot latenter Steuern im Zusammenhang mit GoF auszugehen.[376]

Der Ansatz aktiver latenter Steuern mindert den Buchwert des GoF und setzt den zuvor beschriebenen Zirkelschluss in Gang. Um diesen rechnerisch (zumindest näherungsweise) auflösen und die zutreffende Höhe des GoF und der einhergehenden aktiven latenten Steuern bestimmen zu können, kann dann der in Abbildung 17 auf Seite 91 vorgestellte Term verwendet werden. Dies wird in Beispiel 6 veranschaulicht, wobei anhand einer Proberechnung nachgewiesen wird, dass bereits ab der 6. Iteration keine wesentlichen Bewegungen in der Höhe des GoF und der darauf abzugrenzenden aktiven latenten Steuern bestehen. Nach der 12. Iteration ist die Gleichung schließlich bis auf die 2. Nachkommastelle ausgewogen.[377]

---

375 Vgl. von Eitzen/Dahlke/Kromer 2005, S. 512.

376 Vgl. IAS 12.24. So aber wohl Lüdenbach 2006a, Tz. 157.

377 Entspricht die Summe aus EK_{PPA}, DTA_{GoF} und GoF_{IFRS} den AK, ist der aus Abbildung 16 bekannte Zirkelschluss ausgewogen, so dass sich die Dotierung des GoF im Gleichgewicht befindet. In Beispiel 6 gleicht die Summe aus EK_{PPA}, DTA_{GoF} und GoF_{IFRS} bereits in der 12. Iteration bis auf zwei Nachkommastellen den AK, wie dort die Überprüfung des Differenzbetrags in der Spalte „Proberechnung" zeigt.

Beispiel 6: Iterative Bestimmung aktiver latenter Steuern auf einen GoF

Eingangsgrößen:

AK	1.000	EUR	S = 40%
EK_{PPA}	600	EUR	
GoF_{Steuer}	550	EUR	

Iteration	**GoF_{IFRS}**	**DTA_{GoF}**	**Proberechnung (AK ./. EK_{PPA} ./. DTA_{GoF} ./. GoF_{IFRS})**
1.	400,00	-60,00	60,00
2.	460,00	-36,00	-24,00
3.	436,00	-45,60	9,60
4.	445,60	-41,76	-3,84
5.	441,76	-43,30	1,54
6.	443,30	-42,68	-0,61
7.	442,68	-42,93	0,25
8.	442,93	-42,83	-0,10
9.	442,83	-42,87	0,04
10.	442,87	-42,85	-0,02
11.	442,85	-42,86	0,01
12.	442,86	-42,86	0,00

Ergebnis nach Iteration: Der GoF entspricht unter Berücksichtigung aktiver latenter Steuern in Höhe von 42,86 EUR einem Betrag von 442,86 EUR.

Das Bilanzierungsverbot passiver latenter Steuern auf einen erstmalig angesetzten GoF nach IAS 12.15 (a) strahlt auch auf die Folgebewertung aus: Veränderungen von temporary differences, die im Zusammenhang mit einer Wertminderung des GoF entstehen, sind nach der Ausführung des Standards auch auf den erstmaligen Ansatz der GoF zurückzuführen.[378] Wird folglich einseitig nur der IFRS-Buchwert, nicht aber der zugehörige Steuerwert durch Wertminderung angepasst, sind auf diesen Vorgang *keine latenten Steuern* abzugrenzen. Wird hingegen im Zeitablauf einseitig nur der zugehörige Steuerwert angepasst, so ist die aus diesem Vorgang resultierende temporary difference in die Bilanzierung latenter Steuern *einzubeziehen*, wie IAS 12.21B klarstellen soll:

> „Wenn die Anschaffungskosten eines bei einem Unternehmenszusammenschluss erworbenen Geschäfts- oder Firmenwertes beispielsweise 100 betragen und mit einem Satz von 20 Prozent pro Jahr steuerlich abzugsfähig sind, beginnend im Erwerbsjahr, so beläuft sich der Steuerwert des Geschäfts- oder Firmenwertes bei erstmaligem Ansatz auf 100 und am Ende des Erwerbsjahres auf 80. Wenn der Buchwert des Geschäfts- oder Firmenwertes am Ende des Erwerbsjahres unverändert bei 100 liegt, entsteht am Ende dieses Jahres eine zu versteuernde temporary difference von 20. Da diese zu versteuernde Differenz sich nicht auf den erstmaligen Ansatz des Geschäfts- oder Firmenwertes bezieht, wird die daraus entstehende latente Steuerschuld angesetzt.“[379]

378 Vgl. IAS 12.21A.
379 IAS 12.21B

Wodurch sich die Qualität einer ansonsten gleich hohen temporary difference unterscheidet, die einerseits durch eine Wertminderung des IFRS-GoF oder aber andererseits durch eine Abschreibung des steuerlichen GoF hervorgerufen wird, wird in IAS 12 nicht erläutert. Umso mehr stellt sich die Frage nach der Umsetzung dieser Ausnahmeregelung in der Rechnungslegungspraxis – insbesondere in durchaus denkbaren Fallkonstellationen, in denen gleichzeitig eine Wertminderung im IFRS-Abschluss und eine einhergehende, aber gegebenenfalls betragsmäßig abweichende Teilwertabschreibung des zugehörigen Steuerwertes vorgenommen wird. In einem solchen Anwendungsszenario wird eine nach IAS 12.21A und IAS 12.21B geforderte Unterscheidung zwischen temporary differences, die auf den erstmaligen Ansatz eines GoF zurückzuführen sind, und solche, die erst durch die Veränderung des Steuerwertes, dafür aber nicht auf den erstmaligen Ansatz eines GoF zurückzuführen sind, weder konsequent noch im innerbetrieblichen Vergleich einheitlich möglich sein.

Dies zeigt sich auch in den verschiedenen, diesbezüglich in der Literatur vertretenen Auffassungen: So sollen latente Steuern beispielsweise nicht für die Veränderung von temporary differences abzugrenzen sein, die ausschließlich durch die Folgebewertung von GoF nach IFRS bedingt sind[380] – nur die Folgebewertung des Steuerwertes soll demnach offenbar die Bilanzierung latenter Steuern beeinflussen dürfen. Eine weitere Möglichkeit wird in einer Vorgehensweise gesehen, die dem Komponentenansatz von SFAS No. 109 ähnlich ist.[381] Hiernach soll der GoF bei der Zugangsbilanzierung in eine steuerlich irrelevante und eine steuerlich relevante Komponente zerlegt werden. Später zu erfassende Wertminderungen des GoF im IFRS-Abschluss sollen daraufhin zunächst anteilig auf die zuvor identifizierten Komponenten verteilt werden. Nur Veränderungen von temporary differences, welche die zweite, steuerrechtlich relevante Komponente betreffen, sollen sich dadurch auf die Bilanzierung latenter Steuern auswirken.[382]

Wie zu sehen ist, dürften die Ausnahmeregelungen zu passiven temporary differences für einen GoF regelmäßig zu Anwendungsproblemen in der Rechnungslegungspraxis führen. Angesichts verschiedener Lösungsansätze, die jeweils nicht der unpräzisen Vorgabe des IAS 12 widersprechen, wird die konkrete Vorgehensweise regelmäßig vom billigen Ermessen der berichtenden Einheit abhängig sein.

---

380 Vgl. Schulz-Danso 2006, Tz. 75.

381 Zur Anwendung des Komponentenansatzes nach SFAS No. 109.252 ff. vgl. Wienken 2003, S. 197 f.

382 Zu dieser Vorgehensweise vgl. von Eitzen/Dahlke/Kromer 2005, S. 510 ff.; Lüdenbach 2006a, Tz. 157; KPMG 2005, S. 437 f. Zu weiteren Varianten, die für die hier aber nicht weiter untersuchten Personengesellschaften diskutiert werden, vgl. Pawelzik 2006, S. 13 ff; Meyer/Bornhofen/Homrighausen 2005, S. 506 ff.

Vor diesem Hintergrund stellt sich aber auch die Frage, welches Bild von der steuerlichen Würdigung von Unternehmenszusammenschlüssen sich die Verfasser des IAS 12 an dieser Stelle gemacht haben. Im Standard erfolgt jedenfalls keine Auseinandersetzung mit der Frage, ob ein steuerlich anerkannter GoF überhaupt die gleichen Qualitäten aufweist wie ein GoF nach IFRS. Denkbar ist immerhin, dass im steuerrechtlichen Pendant des IFRS-GoF ökonomisch vollkommen andere Werte zusammengefasst werden. Beispielsweise können unterschiedliche Abgrenzungskriterien zu den übrigen immateriellen Gütern des erworbenen Geschäftsbetriebs oder aber von den IFRS abweichende steuerrechtliche Bewertungsvorschriften dazu führen, dass ein „Steuer-GoF" anders dotiert wird, als ein „IFRS-GoF". Bereits in diesen Fällen erscheint eine Dotierung von temporary differences durch den Vergleich des IFRS-Buchwerts mit einem – wie auch immer gearteten – steuerlichen GoF nicht einleuchtend. Schließlich entziehen sich temporary differences aus einer solchen Betrachtung einer Erklärung, inwieweit diese zumindest hypothetisch künftige Steuerzahlungen verkörpern, da ihre Eingangsparameter nur bedingt etwas miteinander zu tun haben. Unterbleibt darüber hinaus eine detaillierte Kaufpreisallokation im steuerrechtlichen Abschluss, ist das Wesen des steuerlichen GoF nicht mehr vergleichbar mit dem GoF, der im IFRS-Abschluss angesetzt wird. Die Bilanzierung latenter Steuern für temporary differences zwischen einem GoF nach IFRS und einem – wie auch immer gearteten – steuerlichen GoF dürfte spätestens dann jedenfalls dem Merkmal der Verständlichkeit zuwiderlaufen, an dem sich die IFRS normativ orientieren sollten.

Festzuhalten bleibt, dass die Anwendung der in IAS 12.15 (a) formulierten Ausnahmeregelung unklar ist. Eine generelle Zielsetzung der Bilanzierung latenter Steuern in Bezug auf GoF ist in diesen Vorschriften nicht erkennbar – hierzu hält zum einen die Begründung der Ausnahmeregelung einer näheren Betrachtung nicht stand. Zum anderen ist eine derartige Ausnahmeregelung für *aktivische* temporary differences in IAS 12 nicht enthalten – aktivische temporary differences unterliegen weder bei der Zugangs- noch bei der Folgebilanzierung von GoF den Ausnahmeregelungen des IAS 12.[383] Aus der Perspektive der normativen Grundsätze des IFRS-Regelwerks müsste dem IASB eigentlich daran gelegen sein, die Ausnahmeregelung komplett zu streichen, damit aktive wie passive temporary differences aus GoF den gleichen Ansatzvorschriften unterliegen. Dies bedingen sowohl die Merkmale der Verständlichkeit als auch der Verlässlichkeit, genauer hier das Untermerkmal der Neutralität von Rechnungslegungsvorschriften.[384] Die Regelungen zur Folgebilanzierung dürften darüber hinaus nicht mit dem Merkmal der Vergleichbarkeit vereinbar sein, da sie unterschiedliche Interpretationsansätze zulassen.

[383] Vgl. so auch IASB Observer Note May 2004, Abs. 21 f.

[384] Vgl. zum Merkmal der Verlässlichkeit und der zugehörigen Untermerkmale Abschnitt B.I.2.d).

In Anbetracht dieser Kritikpunkte ist nach der hier vertretenen Auffassung die Abschaffung dieser Ausnahmeregelung zu fordern. Grundsätzlich denkbar sind dabei zwei mögliche Alternativen. So könnte die Ausnahmeregelung auf der einen Seite dadurch beseitigt werden, dass eine vollumfängliche Abgrenzung von temporary differences auf jegliche GoF zugelassen wird. Der aufgezeigten Zirkelschlussproblematik kann mit der hier skizzierten iterativen Näherungslösung entgegnet werden. Zuvor müssten dazu aber noch die inhaltlichen Qualitäten der auf GoF entfallenden Steuerwerte geklärt werden, so dass die Dotierung von temporary differences in diesem Zusammenhang eindeutig möglich ist und nicht aus ökonomischer Sicht vollkommen unterschiedliche Wertkonglomerate gegenübergestellt werden. Ist in Anbetracht der sich abzeichnenden weltweiten Anwendung der IFRS aber eine international allgemein gültige Definition eines „Steuer-GoF“ als steuerrechtlicher Gegenpart eines „IFRS-GoF“ nicht bestimmbar, könnte auf der anderen Seite auch ein umfassendes Bilanzierungsverbot für latente Steuern aus „IFRS-GoF“ eine verständliche, verlässliche sowie vergleichbare Rechnungslegung ermöglichen. Dieser Lösungsansatz – freilig eine weitere Ausnahmeregelung – würde den besonderen Charakter des IFRS-GoF als Residualgröße unterstreichen. Eine iterative Berechnung von temporary differences und die Formulierung besonderer Regeln zur Folgebilanzierung wären zudem überflüssig, was die Vorschriften von IAS 12 zusätzlich in ihrer Komplexität reduzieren würde. Ein gegebenenfalls vorhandener „Steuer-GoF“ könnte dann immer noch gesondert, das heißt ohne eine Gegenüberstellung mit seinem IFRS-Buchwert in die Berechnung von temporary differences eingehen, um steuerliches Abschreibungspotential durch die Bilanzierung latenter Steuern sichtbar zu machen. Diese Alternative scheint noch am ehesten mit der in den Grundsätzen diskutierten Vorgehensweise zur Berücksichtigung von Steuerwerten vereinbar zu sein, die aus der Perspektive des IFRS-Abschlusses „unsichtbar“ sind.[385]

Es bleibt abzuwarten, wie die Ausnahmeregelung von IAS 12.15 (a) im Rahmen des Short Term Convergence Project fortentwickelt wird. Ursprünglich sollte sie beibehalten werden, da die aktuellen Fassungen von IAS 12 und SFAS 109 in diesem Punkt übereinstimmen und eine Konvergenz folglich nicht erforderlich ist.[386] Jedoch ist das IASB im Rahmen seiner Entwicklungsarbeiten zur Business Combination Project Phase II[387] auf die Ungleichbehandlung aktiver und passiver latenter temporary differences aus einem GoF aufmerksam geworden und fordert diesbezüglich eine Modifikation der Bilanzierung latenter Steuern in

385 Vgl. dazu die in Abschnitt C.II.1.aa) dargelegten Grundsätze der Berechnung von temporary differences nach IAS 12.

386 Vgl. IASB Observer Note December 2005a, Abs. 18.

387 Das Business Combination Project Phase II ist ein weiteres gemeinsames Projekt des IASB und des FASB, in dem die Bilanzierung von Unternehmenszusammenschlüssen weiterentwickelt und vereinheitlicht werden soll.

IAS 12. Wie diese aussehen wird, ist derzeit allerdings noch offen: Vorgesehen wurde zwischenzeitlich eine Ergänzung des IAS 12 um den Hinweis, dass der Ansatz aktiver temporary differences im Zusammenhang mit einem IFRS-GoF unbedingt erforderlich ist, während passive temporary differences weiterhin einem Bilanzierungsverbot unterliegen sollten.[388] Mittlerweile soll nach Auffassung des IASB auch die Ausnahmeregelung von IAS 12.15 (a) bezüglich passiver temporary differences aus IFRS-GoF zu Gunsten einer höheren Stringenz der IFRS gestrichen werden.[389] Ob und in welcher Form diese Pläne im Rahmen des Short Term Convergence Project umgesetzt werden sollen, ist ebenfalls noch offen – das FASB hat sich zu diesem Vorstoß des IASB jedenfalls noch nicht geäußert.

ad) Ausnahme 3: Outside basis differences

Die dritte Ausnahmeregelung bei der Dotierung von temporary differences betrifft Komplementär-Steuereffekte, die im Zusammenhang mit *Investitionen*[390] in Tochterunternehmen auf der Ebene des Anteilseigners entstehen.[391] Outside basis differences treten dabei dann auf, wenn erstens der handelsrechtliche Wert der Investition in das jeweils betrachtete Tochterunternehmen vom steuerrechtlichen Wert der Anteile am Unternehmen abweicht.[392] Zweitens muss sich diese Differenz auf die künftige Ertragsteuerposition des Mutterunternehmens auswirken. Sind also die Erträge aus der Veräußerung der Investition oder aufgrund von Ausschüttungen des Tochterunternehmens generell von der Ertragsbesteuerung freigestellt, liegen permanente Differenzen vor, auf die definitionsgemäß keine latenten Steuern abzugrenzen sind.

Nach IAS 12.39 ff. sind outside basis differences beim Mutterunternehmen in dem Umfang ausnahmsweise *nicht* in die Bemessungsgrundlage latenter Steuern einzubeziehen, in dem eine Umkehr sowohl kontrollierbar als auch unwahrscheinlich ist.[393] Klarstellend wird dazu in IAS 12.40 ausgeführt, dass outside basis differences zum Beispiel dann kontrollierbar sind, wenn ein Mutterunternehmen die Dividendenpolitik seines Tochterunternehmens bestimmen kann und deshalb eine für das Mutterunternehmen zu versteuernde Ausschüttung durch das Tochterunternehmen unwahrscheinlich ist – unabhängig davon, ob die

388 Vgl. IASB Observer Note May 2004, Abs. 27.
389 Vgl. IASB Observer Note December 2005a, Abs. 24; IASB Update December 2005, S. 2.
390 Zu betonen ist, dass hier bewusst der von der offiziellen deutschen Übersetzung abweichende deutsche Begriff „Investitionen" gewählt wurde. Die offizielle deutsche Übersetzung spricht von „Anteilen", die englische Originalfassung von „investments". Wie sich noch zeigen wird, ist der Begriff „Investitionen" zutreffender.
391 IAS 12.39 ff. bezieht sich generell auf alle Investitionen in Tochterunternehmen, assoziierte Unternehmen oder Joint Ventures. Im Rahmen dieser Arbeit werden aber nur Tochterunternehmen in die Betrachtung einbezogen.
392 Vgl. IAS 12.38.
393 Vgl. IAS 12.39 zur Berücksichtigung passiver temporary differences, IAS 12.44 zur Berücksichtigung aktiver temporary differences.

Gesamtheit der outside basis differences überhaupt als Dividende ausgeschüttet werden kann.[394] Von einer wahrscheinlichen, zumindest anteiligen Umkehr ist hingegen auszugehen, wenn eine Desinvestition oder eine Ausschüttung geplant ist. Ein konkreter Zeitrahmen, auf den im Rahmen dieser Einschätzung abzustellen ist, wird weiterhin in IAS 12 nicht genannt. Hier soll lediglich nach dem Wortlaut des Standards die „absehbare Zeit"[395] betrachtet werden werden, so dass diese Art von temporary differences nur dann in der Bemessungsgrundlage bilanziell anzusetzender latenter Steuern zu berücksichtigen sind, wenn innerhalb des Prognosehorizonts der berichtenden Einheit mit ihrer Auflösung zu rechnen ist.[396]

Der Gesamtumfang von outside basis differences ist kontextabhängig zu bestimmen:[397] Bezieht sich der Abschluss auf das Einzelunternehmen als berichtende Einheit, so sind die Vorschriften aus IAS 12.38 ff. im Kontext des Einzelabschlusses auszulegen. Als Investition in das Tochterunternehmen gilt hier der Buchwert der vom Mutterunternehmen gehaltenen Anteile. Zur Dotierung von outside basis differences ist dann der für die Ertragsbesteuerung relevante Wertansatz der Anteile am Tochterunternehmen ihrem IFRS-Buchwert gegenüberzustellen.[398] Outside basis differences können folglich im Einzelabschluss entstehen, wenn auf der einen Seite rein steuerlich induzierte Bewertungsmaßnahmen vorgenommen werden (zum Beispiel Teilwertabschreibung). Auf der anderen Seite können sich auch Wertminderungen (bei Bewertung zu Anschaffungskosten) oder die Folgebewertung zu beizulegenden Zeitwerten (bei Bewertung nach IAS 39) auf den Anteilsbuchwert nach IFRS auswirken und damit für outside basis differences ursächlich sein.[399]

Bezieht sich der IFRS-Abschluss hingegen auf den Konzern als berichtende Einheit *und* werden die jeweils betrachteten Anteile an Tochterunternehmen auch konsolidiert,[400] so entspricht die Investition in das Tochterunternehmen dem Anteil des Konzerns am Reinvermögen dieses Unternehmens.[401] Im Konzernabschluss sind folglich zur Dotierung von outside basis differences die dem je-

---

394 Vgl. Hannemann/Pfeffermann 2003, S. 729.

395 So IAS 12.39 bzw. IAS 12.44.

396 Vgl. KPMG 2005, S. 462.

397 Vgl. Hoffmann 2006, Tz. 43; Schulz-Danso 2006, Tz. 104; Bonham/Curtis/Davies 2004, S. 1345.

398 Vgl. Bonham/Curtis/Davies 2004, S. 1347.

399 Anteile an Tochterunternehmen sind im IFRS-Einzelabschluss entweder zu fortgeführten Anschaffungskosten zu bilanzieren oder aber in Übereinstimmung mit IAS 39, so dass sie dann normalerweise zum beizulegenden Zeitwert zu bilanzieren sind. Ausnahmeregelungen für die Bilanzierung zum beizulegenden Zeitwert bestehen nur, wenn für die jeweiligen Anteile weder ein auf einem aktiven Markt notierter Preis vorliegt noch ein beizulegender Zeitwert verlässlich ermittelt werden kann. Vgl. IAS 39.46 (c); ausführlich auch Senger 2006, Tz. 11 ff.

400 Auf eine Konsolidierung kann c.p. nur unter Wesentlichkeitsaspekten verzichtet werden. Vgl. dazu noch die Ausführungen in Abschnitt C.III.1.a).

401 Vgl. Schulz-Danso 2006, Tz. 109; Hoffmann 2006, Tz. 43; Debus 2003, Tz. 275; a.A. offenbar Meyer/Bornhofen/Homrighausen 2005, S. 504.

weiligen Konzernunternehmen zuordenbaren Vermögenswerte und Schulden per Saldo (~ Reinvermögen) dem für die Ertragsbesteuerung relevanten Wertansatz der Anteile beim Mutterunternehmen gegenüberzustellen.[402] Dabei sind explizit auch GoF zu berücksichtigen – und das, obwohl passive latente Steuern auf temporary differences, die aus dem erstmaligen Ansatz von GoF resultieren, auf der Ebene des Tochterunternehmens nicht angesetzt werden dürfen.[403]

Der schematische Zusammenhang bei der Dotierung von outside basis differences im Konzernabschluss wird in Abbildung 18 dargestellt.

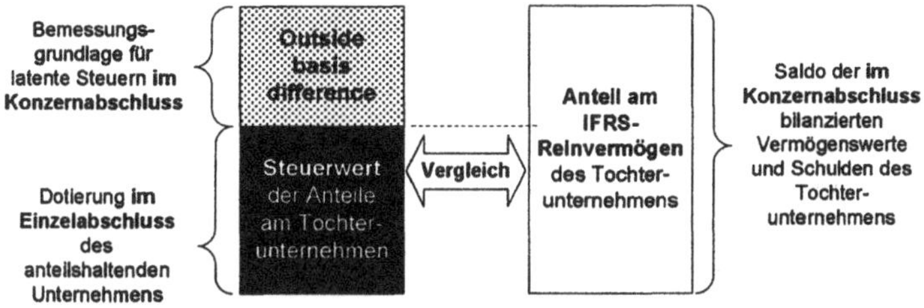

Abbildung 18: Outside basis differences im Konzernabschluss

Unter der Annahme, dass die so dotierte outside basis difference durch das Mutterunternehmen kontrolliert werden kann – und dies dürfte regelmäßig möglich sein[404] – ist diese nur in dem Umfang zu bilanzieren, in dem ihre Auflösung in absehbarer Zeit wahrscheinlich ist. Die Bemessungsgrundlage latenter Steuern umfasst also beispielsweise im Fall einer in absehbarer Zeit erwarteten Ausschüttung nur den Betrag der Dividende, nicht aber den Betrag der gesamten outside basis difference.[405] Dieser wäre nur dann anzusetzen, wenn mit der Umkehr der gesamten outside basis difference zu rechnen ist, beispielsweise im Fall der Liquidation oder Veräußerung des Tochterunternehmens. Zusätzlich sind aktivierungsfähige outside basis differences einer Werthaltigkeitsüberprüfung zu unterziehen.[406]

---

402 Vgl. Bonham/Curtis/Davies 2004, S. 1347; Pawelzik 2006, S. 15.

403 Vgl. IAS 12.15 (a); ausführlich hierzu Abschnitt C.II.1.ac).

404 Die Kontrolle als stärkste Form von Unternehmensverbindungen schließt zum einen die Beherrschung der Finanz- und damit auch der Ausschüttungspolitik ein und stellt zum anderen das begriffskonstituierende Merkmal eines Tochterunternehmens dar. Vgl. Senger/Elprana 2006, Tz. 4 f.; ähnlich hier im Bezug auf outside basis differences Heuser/Theile 2005, Tz. 1328.

405 Vgl. Johnson/Holgate/McCann 2005, Tz. 13.260. Der Betrag der outside basis difference ist trotzdem nach IAS 12.81 (f) im Anhang anzugeben. Vgl. Abschnitt C.IV.3.b).

406 Vgl. IAS 12.44 (a). Auf die in IAS 12.44 (b) und IAS 12.45 angesprochene Verfügbarkeit eines zu versteuernden Ergebnisses, gegen das die temporary difference verwendet werden kann, wird in Abschnitt C.II.2.bb) eingegangen. Gleicher Auffassung offenbar Hoffmann 2006, Tz. 52. Meyer/Bornhofen/Homrighausen nehmen hier hingegen eine Unterscheidung zwischen temporary differences und den in IAS 12 unbekannten quasipermanenten Differenzen vor. Vgl. Meyer/Bornhofen/Homrighausen 2005, S. 506 f.

Die Auswirkung dieser Vorschriften für Beteiligungen an deutschen Kapitalgesellschaften wird anhand von Beispiel 7 veranschaulicht. Es zeigt sich dabei, dass die Ausnahmeregelung zur Bilanzierung latenter Steuern auf outside basis differences in IFRS-Konzernabschlüssen regelmäßig dazu führen wird, dass keine bzw. nur in einem relativ geringen Umfang latente Steuern anzusetzen sind.

Beispiel 7: Outside basis differences und § 8b KStG

Dividendenausschüttungen, die aus einer Beteiligung an einer Kapitalgesellschaft resultieren, sind nach § 8b Abs. 1 KStG grundsätzlich nicht bei der Berechnung des zu versteuernden Einkommens der Mutterkapitalgesellschaft zu berücksichtigen. Gleiches gilt grundsätzlich nach § 8b Abs. 2 KStG für Gewinne und Verluste aus der Veräußerung von Anteilen an Kapitalgesellschaften.

Gleichwohl resultiert hieraus keine Steuerfreiheit der aus der Beteiligung an einer Kapitalgesellschaft erzielten Ergebnisse: Nach § 8b Abs. 5 KStG gilt für Dividendenausschüttungen und nach § 8b Abs. 3 KStG für Veräußerungsgewinne die so genannte Betriebsausgabenpauschalierung,[407] nach der pauschal 5% der empfangenen Dividende bzw. des Veräußerungsgewinns als nicht abzugsfähige, mit der Beteiligung im Zusammenhang stehende Betriebsausgaben gelten. Diese erhöhen damit sowohl das zu versteuernde Einkommen als auch die KSt-Belastung des Unternehmens.[408] Veräußerungsverluste sind hingegen nach § 8b Abs. 3 Satz 3 KStG nicht bei der Ermittlung des zu versteuernden Einkommens zu berücksichtigen und führen nicht zu einer Minderung der KSt-Belastung.[409]

Aktive Differenzen

Im Hinblick auf die Bilanzierung latenter Steuern für outside basis differences ist damit auf der einen Seite festzustellen, dass der Ansatz aktivischer temporary differences regelmäßig ausscheidet, da eine Verlustanrechnung im Veräußerungsfall nicht gestattet ist. Die Auflösung von aktivischen Differenzen aus Beteiligungen an Kapitalgesellschaften wird sich nicht mindernd auf das zu versteuernde Einkommen der Mutterkapitalgesellschaft auswirken, so dass hier von permanenten Differenzen, nicht aber von temporary differences auszugehen ist.

Passive Differenzen

Der Ansatz von passiven latenten Steuern für outside basis differences ist vor dem Hintergrund des § 8b KStG stets dann erforderlich, wenn die Auflösung einer passivischen temporary difference nicht so gesteuert kann, dass eine Auswirkung auf das zu versteuernde Einkommen der Mutterkapitalgesellschaft unwahrscheinlich ist. Ist folglich die Ausschüttung von Dividenden oder aber die Veräußerung der Beteiligung wahrscheinlich, ist die Abgrenzung passiver latenter Steuern in Höhe von 5% vom Anteil der sich voraussichtlich auflösenden outside basis difference erforderlich.

---

407 Vgl. dazu Kußmaul/Zabel 2004, S. 577 ff.

408 Der Mechanismus greift hier für die GewSt c.p. analog, da eine Hinzurechnung des steuerfrei gestellten Anteils von Dividendenausschüttungen bei der Berechnung des Gewerbeertrags aufgrund des Schachtelprivilegs nicht erforderlich ist. Vgl. § 8 Nr. 4 GewSt i.V.m. § 9 Nr. 2a GewSt; ferner Kussmaul 2005, S. 364 ff.

409 Zu Ausnahmen von der sog. Dividendenfreistellung und der Steuerfreiheit von Veräußerungsgewinnen sowie -verlusten sowie zur Regelung des § 8b KStG insgesamt vgl. bspw. Frotscher 2004, Tz. 27 ff.

Die hier skizzierte Ausnahmeregelung wurde ursprünglich geschaffen, damit latente Steuern nicht auf solche noch nicht ausgeschütteten Gewinne (undistributed profits) abzugrenzen sind, die aller Voraussicht nach auch langfristig nicht ausgeschüttet werden.[410] Dies ist der Fall, wenn die vom Tochterunternehmen erwirtschafteten und grundsätzlich zur Ausschüttung verfügbaren Gewinne als Teil des langfristig dem Konzernunternehmen zur Verfügung gestellten Eigenkapitals aufgefasst werden.

Der unter gesellschaftsrechtlichen Gesichtspunkten undifferenzierte Bezug zu den nicht ausgeschütteten Gewinnen ist darauf zurückzuführen, dass das gesamte handelsrechtliche Nettovermögen vom Standard als grundsätzlich zur Ausschüttung verfügbar aufgefasst wird – und das völlig unabhängig davon, ob diese Beträge nach den Vorschriften des jeweils geltenden Gesellschaftsrechts tatsächlich ausschüttungsfähig sind. Es wird dabei eine Art „abstrakte Ausschüttungsfähigkeit" der vom Tochterunternehmen erwirtschafteten und noch an das Mutterunternehmen abzuführenden Eigenkapitalkomponenten angenommen. Die hier skizzierten outside basis differences sind daher auf keinen Fall mit thesaurierten Gewinnen gleichzusetzen.[411] Dieser Begriff richtet sich schließlich nach den jeweils anwendbaren gesellschaftsrechtlichen Rahmenparametern außerhalb des IFRS-Regelwerks. Durch den Vergleich von anteiligem Reinvermögen nach IFRS und dem Steuerwert der Anteile wird vielmehr der Betrag berechnet, der c.p. bei einer Vollliquidation des Tochterunternehmens vom Mutterunternehmen zu versteuern wäre, und zwar nachdem diese Beträge Gegenstand der Besteuerung beim Tochterunternehmen gewesen sind.[412] Folglich wird auch bei der Dotierung von outside basis differences die Einzelveräußerung der Vermögenswerte und Schulden zu Buchwerten unterstellt, um mögliche künftige Steuerzahlungen zu berechnen.

Zum einen ist damit festzustellen, dass die Dotierung von outside basis differences als Bemessungsgrundlage latenter Steuern mit den in Abschnitt C.II.1.aa) vorgestellten Grundsätzen zur Berechnung von temporary differences vergleichbar ist. Sowohl outside basis differences als auch „normale" temporary differences werden schließlich unter Annahme einer Vollliquidation zu Buchwerten berechnet. Zum anderen wird aber auch erkennbar, dass mit der Ausnahmeregelung für latente Steuern auf outside basis differences das temporary concept zu-

---

410 Vgl. IAS 12.IN6. Aus dem gleichen Grund ist diese Ausnahmeregelung auch in den gegenwärtigen US-GAAP enthalten. Vgl. Read/Bartsch 1991, S. 52. Anzumerken ist, dass diese Ausnahme in der US-amerikanischen Rechnungslegung auf ausländische Tochtergesellschaften eingeschränkt ist, während die vergleichbare Regelung aus IAS 12 alle Konzernunternehmen betrifft. Vgl. Loitz 2004, S. 1187.

411 So aber offenbar Heuser/Theile 2005, Tz. 1325 ff.

412 Vgl. Hoffmann 2006, Tz. 43; Schulz-Danso 2006, Tz. 104. Die neben den nicht ausgeschütteten Gewinnen in IAS 12.38 (b) genannten und folglich ebenfalls bei der Dotierung von outside basis differences zu beachtenden Wechselkursänderungen finden dabei ebenfalls ihre Berücksichtigung, da der Berechnung das anteilige Reinvermögen nach einer gegebenenfalls vorzunehmenden Umrechnung von der funktionalen Währung des Konzernunternehmens in die Berichtswährung des Konzerns zugrunde zu legen ist.

mindest gedehnt, wenn nicht gar durchbrochen wird: Mit der Ausnahme für Anteile an Tochterunternehmen wird erstens bewusst dem quasipermanenten Charakter von Differenzen Rechnung getragen, die aus noch nicht ausgeschütteten Gewinnen resultieren, vom Anteilseigner aber als nachhaltige Investition in das Konzernunternehmen angesehen werden. Dementsprechend werden nach IAS 12.39 ff. gegenüber den „normalen" temporary differences – vorbehaltlich der noch zu erläuternden Bewertungsvorschriften – *nicht* zwingend tatsächliche Steuern für den Fall einer Vollliquidation zu Buchwerten antizipiert. Vielmehr spiegelt sich in der Bemessungsgrundlage latenter Steuern für outside basis differences der voraussichtlich künftig anfallende Mehr- bzw. Minderbetrag im zu versteuernden Einkommen wider, denn schließlich darf nur der wahrscheinlich effektiven Anteil dieser temporary differences angesetzt werden. Dies ist zwar im Hinblick auf die Aussagekraft zu begrüßen, steht aber im Widerspruch zu den Grundsätzen der Dotierung von temporary differences.[413] Diese sehen prinzipiell keine Sonderbehandlung für quasipermanente Komplementär-Steuereffekte vor.[414]

Vor dem Hintergrund dieser Abweichungen von den Grundsätzen des IAS 12 war ursprünglich die Abschaffung der Ausnahmeregelung zu outside basis differences im Rahmen des Short Term Convergence Project geplant.[415] Nach wiederholten Beratungen zwischen dem IASB und dem FASB wurde jedoch verabredet, diese Ausnahmeregelung beizubehalten.[416] Auch in der künftigen Fassung von IAS 12 werden daher voraussichtlich outside basis differences nur dann in die Bilanzierung latenter Steuern einzubeziehen sein, sofern mit einer Umkehr in absehbarer Zeit zu rechnen ist.[417] Auch die zusätzlich erforderliche Werthaltigkeitsbeurteilung aktiver outside basis differences wird beibehalten.[418]

Begründet wird die voraussichtliche Beibehaltung dieser Ausnahmeregelung mit der Vielschichtigkeit (complexities) der Berechnung von outside basis differences, die nach Auffassung des FASB häufig Schwierigkeiten bereitet.[419] Das FASB beschreibt die praktische Problematik mit den folgenden Worten:

---

413 Vgl. Abschnitt C.II.1.aa).

414 Deutlich wird dies in der Begründung für die Fortführung dieser Ausnahmeregelung. Demnach sei „a large liability accrual that may not be paid in the immediate future (generally, the next five years) was not useful information." FASB Board Meeting Handout October 2004, S. 6. Damit wird der Bruch mit dem temporary concept zugunsten einer Berücksichtigung von quasipermanenten GuV-Differenzen bzw. timing differences offenkundig in Kauf genommen.

415 Vgl. IASB Update July 2003, S. 3; m.w.N. Loitz 2004, S. 1187 f.

416 Vgl. IASB Project Summary 2006, S. 6.

417 Vgl. SFAS 109.31.

418 Vgl. SFAS 109.34; zur Werthaltigkeitsbeurteilung vgl. außerdem noch die Ausführungen in Abschnitt C.II.2.b).

419 Vgl. IASB Update October 2004, S. 5. Vgl. SFAS 109.173.

> „Unique, incremental complexities associated with permanently reinvested foreign earnings include:
> 1. Number of Jurisdictions
> 2. Retention of Information
> 3. Interaction with Tax Planning.“[420]

Diese „Komplexitäten“ überzeugen auf den ersten Blick nur bedingt. Sie erscheinen eher als technische Herausforderung denn als unüberwindbare Schwierigkeiten bei der Dotierung von outside basis differences.[421] So ist eine Vielzahl unterschiedlicher Gerichtsbarkeiten bzw. Gesetzgeber bereits bei der sachgerechten, konzernweiten Dotierung von temporary differences zu beachten.[422] Die unter zweitens angeführte Zurückhaltung von Informationen stellt außerdem wohl ein generelles Problem bei der Abschlusserstellung dar, führt aber nicht dazu, dass an anderer Stelle etwa eine Abweichung von konzerneinheitlich angewendeten Bilanzierungs- und Bewertungsmethoden gestattet ist. Die ebenfalls als Grund für Komplexitäten angeführten Interdependenzen mit der ertragsteuerlichen Planung werfen außerdem noch die im Folgenden insbesondere im Zusammenhang mit der Bewertung diskutierte Frage auf, inwieweit IAS 12 eine Steuerplanung im Rahmen der Bilanzierung latenter Steuern erforderlich macht.[423] Sie liefern aber keinen erkennbaren und nachvollziehbaren Grund gegen die Berücksichtigung von outside basis differences im Rahmen der Steuerplanung.

Wirklich erkennbar wird die vom FASB betonte Komplexität erst bei genauer Betrachtung der Berechnung von outside basis differences im Kontext eines Konzernabschlusses. Outside basis differences werden dann schließlich nicht anhand einer 1:1-Beziehung durch den Vergleich eines einzelnen IFRS-Buchwerts mit seinem jeweils zuordenbaren Steuerwert berechnet, sondern indem die Investition in das jeweils betrachtete Tochterunternehmen dem Steuerwert der Beteiligung gegenübergestellt wird.[424] Da die Investition in das Tochterunternehmen dabei dem Anteil am Reinvermögen des Tochterunternehmens ent-

---

420 FASB Board Meeting Handout October 2004, S. 5.

421 An dieser Stelle sei angemerkt, dass komplexe und in der Bilanzierungspraxis zum Teil äußerst anspruchsvolle Rechnungslegungsvorschriften das IASB in der Vergangenheit nicht daran gehindert haben, sie in das IFRS-Regelwerk aufzunehmen. Exemplarisch dafür genannt seien an dieser Stelle nicht nur die in der vorliegenden Arbeit analysierten latenten Steuern, sondern auch die Vorschriften zur Ausbuchung von finanziellen Vermögenswerten und Schulden nach IAS 39 (vgl. ausführlich Kehm/Lüdenbach 2006, Tz. 55 ff.; Börger/Elprana 2005, S. 1707 ff.) oder aber zur Bewertung von leistungsorientierten Altersversorgungszusagen nach IAS 19 (vgl. Riehl 2006, Tz. 22 ff.; Seemann 2006, Tz. 58 ff.), bei denen in der Bilanzierungspraxis zwecks sachgerechter Dotierung regelmäßig auf die Hilfe externer Gutachter zurückgegriffen wird.

422 Dass das FASB an anderer Stelle – wohlgemerkt ohne sichtbare Analyse – darauf hinweist, dass es das US-System der Unternehmensbesteuerung im Vergleich zu anderen großen industrialisierten Nationen für außerordentlich komplex hält, unterstützt diese Position ebenfalls nicht. Vgl. FASB Board Meeting Handout October 2004, S. 4.

423 Dazu mehr in Abschnitt C.II.2.bb).

424 Siehe dazu auch noch einmal Abbildung 18 auf S. 99.

spricht, ist grundsätzlich jede Buchung, die sich auf die Bilanzierung von Vermögenswerten und Schulden des Tochterunternehmens dem Grunde oder der Höhe nach auswirkt, für die Berechnung von outside basis differences bei den jeweils anteilshaltenden Konzernunternehmen relevant. Liegen mehrstufige Konzernstrukturen vor und ist das jeweils anteilshaltende Konzernunternehmen wiederum selbst Tochterunternehmen eines übergeordneten, ebenfalls konsolidierten Unternehmens, ist eine abschließende Beurteilung von outside basis differences im Konzernabschluss erst nach der Beendigung aller sonstigen für die Konzernabschlusserstellung erforderlichen Maßnahmen möglich. Diese Problematik wird im Vorgriff auf die Bilanzierung latenter Steuern bei der Konzernabschlusserstellung, auf die im Detail in Abschnitt C.III eingegangen wird, in Beispiel 8 dargelegt.

Beispiel 8: Dotierung von outside basis differences nach Abschluss der Konsolidierung Einzelabschlüsse

Gegeben sei eine 3-stufige Konzernstruktur, in der das Enkelunternehmen die operative Tätigkeit des Konzerns ausführt, während das Tochterunternehmen genau wie das Mutterunternehmen eine Holdingfunktion ausübt. Zur Vereinfachung sei des Weiteren angenommen, dass der Konzern von latenten Steuern abgesehen keine Schulden hat, so dass die konzernbilanziell angesetzten Vermögenswerte dem Eigenkapital vor latenten Steuern aus temporary differences entsprechen. Es wird außerdem von einem einheitlichen Steuersatz von 50% ausgegangen sowie einer absehbaren Auflösung aller temporary differences, so dass die Ausnahmeregelung des IAS 12.39 ff. nicht greift. Weiterhin wird von der vollen Werthaltigkeit aktiver latenter Steuern ausgegangen.

Einzelabschluss

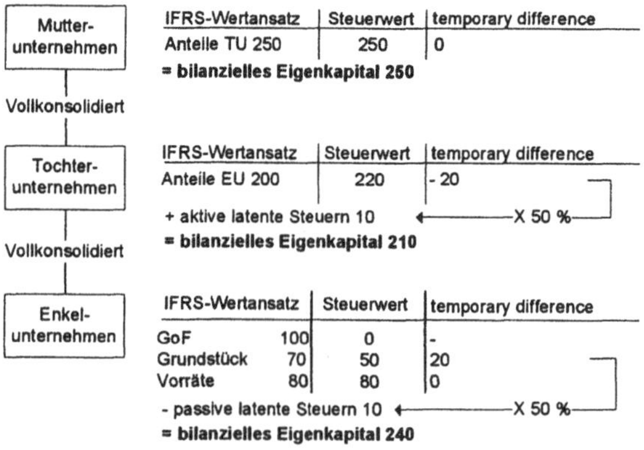

(Fortsetzung folgt auf der nächsten Seite)

(Fortsetzung von Beispiel 8)

Aus der Perspektive der Einzelabschlüsse sind zum einen aktive latente Steuern für die outside basis difference auf der Ebene des Tochterunternehmens bezogen auf die Anteile EU in Höhe von 10 EUR zu bilanzieren. Zum anderen sind für die temporary difference aus dem vom Enkelunternehmen gehaltenen Grundstück passive latente Steuern i.H.v. 10 EUR anzusetzen, wie aus der oben wiedergegebenen Skizze erkennbar ist. Gemäß IAS 12.15 (a) entfällt die Dotierung von temporary differences auf den beim Enkelunternehmen ausgewiesenen GoF.

Konsolidierte Werte

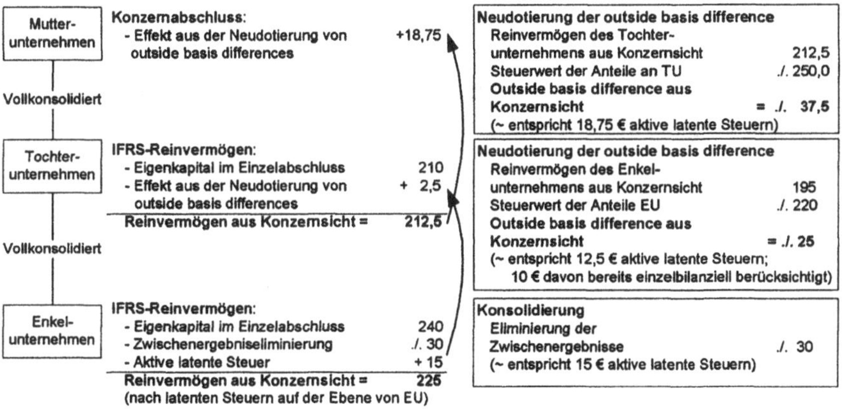

Ein vollständiger Perspektivenwechsel ist im Anschluss an alle Konsolidierungsmaßnahmen erforderlich. Wird unterstellt, dass aus den Vorräten, die das Enkelunternehmen hält, 30 EUR Zwischengewinne zu eliminieren sind, resultieren hieraus temporary differences in Höhe von 30 EUR, die eine Bilanzierung aktiver latenter Steuern von 15 EUR auf der Ebene des Tochterunternehmens erforderlich machen. Diese Konsolidierungsmaßnahme erfordert nunmehr eine Neuberechnung von outside basis differences bei allen übergeordneten Konzernunternehmen. Die Skizze stellt die Berechnung der Veränderung latenter Steuern gegenüber dem Einzelabschluss dar.

Im Kontext eines Konzernabschlusses sind also zur Berechnung von outside basis differences einerseits alle im IFRS-Einzelabschluss des jeweils betrachteten Tochterunternehmens erfassten Vermögenswerte und Schulden einschließlich der dort bilanzierten latenten Steuern zu berücksichtigen. Andererseits sind auch alle Bilanzierungsmaßnahmen zu berücksichtigen, die erst bei der Konzernabschlusserstellung erforderlich werden. Vor diesem Hintergrund erscheint die geplante Beibehaltung der Ausnahmeregelung in IAS 12 aus dem Blickwinkel der Bilanzierungspraxis im Lichte einer willkommenen Komplexitätsreduktion gegenüber einer konzeptionell stringenten Umsetzung des temporary concept.

Vor dem Hintergrund der normativen Grundsätze der IFRS ist die Ausnahmeregelung nach IAS 12.39 ff. zum einen nach dem Merkmal der Verständlichkeit der Rechnungslegung zu beurteilen. Mit der Dotierung von temporary differences wird auf der einen Seite propagiert, dass eine vollumfängliche Berücksichtigung aller steuerlichen Konsequenzen erfolgen soll, die aus „der künftigen Realisierung (Erfüllung) des Buchwerts von Vermögenswerten (Schulden) [resultiert], welche in der Bilanz einer berichtenden Einheit angesetzt sind“[425]. Mit den Bilanzierungsvorschriften zu latenten Steuern aus outside basis differences wird aber auf der anderen Seite ein Ausnahmetatbestand geschaffen, der diesen Grundsätzen widerspricht. Latente Steuern, die für outside basis differences bilanziert werden, unterscheiden sich dadurch qualitativ von „normalen“ temporary differences. Nach der hier vertretenen Auffassung dürfte jede Ausnahmeregelung die Verständlichkeit der Rechnungslegung erschweren, so dass unter diesem Gesichtspunkt die Ausnahmeregelung abzulehnen ist.

Zum anderen ist aber auch das Merkmal der Verlässlichkeit der IFRS-Rechnungslegung hervorzuheben: Durch die Begrenzung der Bilanzierung latenter Steuern auf den Anteil von outside basis differences, der sich in absehbarer Zeit umkehren wird, werden nur konkret absehbare tatsächliche Steuern antizipiert. Dies dürfte eher mit dem Untermerkmal einer glaubwürdigen Darstellung von Rechnungslegungsinformationen im Einklang stehen als die bilanzielle Berücksichtigung von temporary differences unter Annahme einer Vollliquidation zu Buchwerten.

Die Beurteilung der Ausnahmeregelung zu outside basis differences nach dem Merkmal der Verständlichkeit und dem Merkmal der Verlässlichkeit führt daher zu unterschiedlichen Ergebnissen. Nach der hier vertretenen Auffassung ist aber dem Merkmal der Verlässlichkeit der Vorzug einzuräumen.[426] Von den bereits vorgebrachten Kritikpunkten am temporary concept als solches einmal abgesehen, führt die Ausnahmeregelung zu einer tendenziell aussagekräftigeren Bilanzierung latenter Steuern als die Bilanzierung nach den Grundsätzen der Dotierung von temporary differences. Schließlich werden als zusätzlicher Parameter die Ausschüttungs- bzw. Veräußerungspläne der berichtenden Einheit in die Berechnung der Bemessungsgrundlage latenter Steuern einbezogen. Die Ausnahmeregel zur Bilanzierung latenter Steuern auf outside basis differences ist folglich aus normativer Perspektive zu befürworten, wenngleich das temporary concept damit nicht stringent eingehalten wird. Zur Kompensation der Durchbrechung der Grundsätze des IAS 12 sind daher Anhangangaben zu fordern, die aber nach IAS 12 nicht zwingend vorgeschrieben sind, wie noch in Abschnitt C.IV.3.b) dargelegt wird.

---

425 IAS 12. Zielsetzung, Abschnitt (a).

426 Zur Abwägung von unterschiedlichen qualitativen Merkmalen der Rechnungslegung untereinander vgl. auch Abschnitt B.I.3.

b) Steuerguthaben

Parallel zu den temporary differences sind auch „noch nicht genutzte steuerliche Verluste und noch nicht genutzte Steuergutschriften“[427] (unused tax losses and unused tax credits) in die Bilanzierung latenter Steuern nach IAS 12 einzubeziehen. Was inhaltlich unter diese Begriffe fällt, die in der vorliegenden Ausarbeitung übergreifend als Steuerguthaben bezeichnet werden,[428] wird nachfolgend in Abschnitt C.II.1.ba) erläutert. In Abschnitt C.II.1.bb) werden daraufhin die Ansatzvoraussetzungen gewürdigt, nach denen Steuerguthaben dem Grunde nach bei der Dotierung der Bemessungsgrundlage latenter Steuern zu berücksichtigen sind.

ba) Inhaltliche Voraussetzungen

Weder der hier gewählte Begriff der Steuerguthaben noch die von IAS 12 gewählten Begriffe unused tax losses oder unused tax credits werden im IFRS-Regelwerk näher beschrieben.[429] Merkmale, die gegeben sein müssen, damit ein für die Bilanzierung latenter Steuern nach IAS 12 relevanter Sachverhalt vorliegt, werden vom Standard nicht vorgegeben. Wie bereits bei temporary differences als Bemessungsgrundlage latenter Steuern im IFRS-Abschluss fehlt es also auch im Hinblick auf Steuerguthaben an einer präzisen inhaltlichen Erläuterung in IAS 12, welches Bilanzierungsobjekt hier in der Rechnungslegung adressiert wird.

Nach der hier vertretenen Auffassung steht diese Definitionslücke nicht im Einklang mit den in Kapitel B vorgestellten normativen Grundsätzen der IFRS. Wenn der Bilanzierungsgegenstand nicht einmal in den wesentlichen Grundzügen definiert wird, dürfte dies dem Merkmal der Vergleichbarkeit der IFRS-Rechnungslegung zuwiderlaufen – schließlich ist damit vom Bilanzierenden individuell zu bestimmen, ob und welche Steuerguthaben der Rechnungslegung nach IAS 12 unterliegen. Ob dies in allen Fällen zu einer vergleichbaren Behandlung von Steuerguthaben führt, ist anzuzweifeln. Eine präzise Definition von nicht nicht genutzten steuerlichen Verlustvorträgen und sonstigen Steuergutschriften erscheint daher im Lichte einer sinnvollen Ergänzung zu den bestehenden Regelungen des IAS 12.

Meistens dürften die mit diesen Standard adressierten ertragsteuerlichen Sachverhalte aber bekannt sein. Was unter steuerliche Verluste nach dem allgemeinen Sprachgebrauch fällt, ist schließlich in den meisten Fällen eindeutig. Für deutsche Kapitalgesellschaften sind hier körperschaftsteuerliche und gewerbesteuerliche Verlustvorträge der Bilanzierung latenter Steuern als Bemessungsgrundlage zugrunde zu legen. Basierend auf den in Abschnitt A.II.2.b) skizzier-

[427] So die Überschrift zu IAS 12.34-36.
[428] Zur Begriffsbestimmung vgl. auch Abschnitt A.II.2.b).
[429] Vgl. zum Begriff latenter Ertragsteuern nach IAS 12 auch Abschnitt C.I.2.

ten Grundlagen zu Steuerguthaben dürften auch sonstige Steuergutschriften, die sich auf die Bemessungsgrundlage der Ertragsteuern auswirken, nach den Vorschriften des IAS 12 zu bilanzieren sein, so dass auch Gutschriften aus der so genannten alternative minimum tax in der Bemessungsgrundlage latenter Steuern zu berücksichtigen sein dürften.[430]

Investitionsabhängige Steuergutschriften (investment tax credits) werden hingegen bereits aus dem Anwendungsbereich von IAS 12 explizit ausgeschlossen,[431] so dass die Bilanzierungsvorschriften dieses Standards diesbezüglich nicht anzuwenden sind. Ebenfalls irrelevant für die Bilanzierung von latenten Steuern im IFRS-Abschluss sind Anrechnungsguthaben, die der Fiskus in Abhängigkeit vom Ausschüttungsverhalten einzelner Steuersubjekte gewährt. Diese sind nach IAS 12.52B erst in dem Zeitpunkt bilanzierungsfähig, in dem ein Ausschüttungsbeschluss rechtskräftig wird und eine entsprechende Dividendenverbindlichkeit zu bilanzieren ist – sie wirken sich schließlich erst auf Mittel aus, die an Anteilseigner ausgeschüttet werden, und stehen damit nicht unmittelbar der berichtenden Einheit zur Verfügung. KSt-Guthaben deutscher Kapitalgesellschaften aus dem Übergang auf das Halbeinkünfteverfahren, die in Abhängigkeit von den Ausschüttungen an natürliche Personen bis maximal zum 31.12.2020 geltend gemacht werden können,[432] begründen daher nicht den Ansatz latenter Steuern. KSt-Guthaben sind vielmehr nach den Rechnungslegungsvorschriften des IAS 12 als tatsächliche Steuern zu bilanzieren.[433]

bb) Ansatzvoraussetzungen

Wie bereits die inhaltlichen Voraussetzungen sind auch die Bedingungen wenig detailliert, die an den Ansatz von Steuerguthaben gestellt werden. In IAS 12 sind diesbezüglich keine Regelungen enthalten, obwohl Ausführungen zum Ansatz von Bilanzposten an anderen Stellen des IFRS-Regelwerks durchaus üblich sind.[434] Die bei der Bilanzierung von Steuerguthaben zu beachtenden abstrakten Ansatzvoraussetzungen sind aber eher rudimentärer Natur:

---

430 Eine entsprechende Klarstellung ist für die Neufassung von IAS 12 geplant. Vgl. IASB Observer Note March 2005a, Abs. 20 ff. (S. 6 ff.).

431 Vgl. IAS 12.4; siehe auch die Ausführungen in Abschnitt C.I.1.

432 Vgl. zu den Übergangsvorschriften aus dem Wechsel vom körperschaftsteuerlichen Anrechnungsverfahren auf das Halbeinkünfteverfahren §§ 36 ff. KStG; Kussmaul 2005, S. 341 ff.; Kröner 2004 Tz. 12 ff.

433 Vgl. ausführlich Schulz-Danso 2006, Tz. 17 ff. und Tz. 67 f.; ähnlich hier auch die US-GAAP nach EITF Abstract 95-10.

434 Genannt seien an dieser Stelle exemplarisch die Vorschriften zu immateriellen Vermögenswerten nach IAS 38 (vgl. IAS 38.7 ff.; ausführlich hier auch Scheinpflug 2006, Tz. 3 ff.) oder zu Rückstellungen nach IAS 37 (vgl. IAS 37.11 ff.; ausführlich auch Hebestreit/Dörges 2006, Tz. 4 ff.).

> „Ein latenter Steueranspruch für den Vortrag noch nicht genutzter steuerlicher Verluste und noch nicht genutzter Steuergutschriften ist in dem Umfang zu bilanzieren, in dem es wahrscheinlich ist, dass zukünftiges zu versteuerndes Ergebnis zur Verfügung stehen wird, gegen das die noch nicht genutzten steuerlichen Verluste und noch nicht genutzten Steuergutschriften verwendet werden können.“[435]

Voraussetzungen, wie konkret Verlustvorträge und Steuergutschriften nutzbar sein müssen, damit sie für die Bemessungsgrundlage latenter Steuern im IFRS-Abschluss von Belang sind, werden in IAS 12.34 ff. nicht genannt. Der Ansatz von Steuerguthaben im IFRS-Abschluss wird in den weiteren Vorschriften des IAS 12 nur von Umständen abhängig gemacht, die eigentlich bereits der konkreten Bilanzierung bzw. der Bewertung aktiver Steuerlatenzen zuzurechnen sind und noch in Abschnitt C.II.2.b) genauer erläutert werden. So werden verschiedene Kriterien genannt, anhand derer die „Wahrscheinlichkeit, ob ein zu versteuerndes Ergebnis zur Verfügung stehen wird, gegen das noch nicht genutzte steuerliche Verluste oder noch nicht genutzte Steuergutschriften verwendet werden können“[436], zu beurteilen ist. IAS 12 mischt folglich den Ansatz und die Bewertung aktiver latenter Steuern.[437]

Kriterien der abstrakten Bilanzierungsfähigkeit wurden hingegen in den Standard *nicht* integriert. Unter welchen Umständen ein ansatzfähiger steuerlicher Verlustvortrag oder eine Steuergutschrift vorliegt, ist in IAS 12 nicht geregelt. Dabei stellt sich eigentlich aus verschiedenen Blickwinkeln die Frage nach der Ansatzfähigkeit von Steuerguthaben: Dass die berichtende Einheit überhaupt in künftigen Veranlagungszeiträumen Steuerguthaben von der ertragsteuerlichen Bemessungsgrundlage absetzen darf, ist zunächst einmal vom rechtlichen Bestand des jeweils betrachteten Steuerguthabens abhängig. IAS 12 setzt sich aber weder mit der Frage auseinander, ob die Existenz und die Höhe beispielsweise von steuerlichen Verlustvorträgen vom Fiskus zumindest in Form eines Bescheids oder Ähnlichem bestätigt sein muss oder lediglich ihre voraussichtliche rechtliche Durchsetzbarkeit auf der Grundlage der jeweils gültigen Steuergesetze gegeben sein muss, bevor diese in Form aktiver latenter Steuern anzusetzen sind. Darüber hinaus sind in den Vorschriften der IFRS keine Vorgaben zur Ansatzfähigkeit von Steuerguthaben enthalten, deren Inanspruchnahme die Beseitigung rechtlicher Hemmnisse voraussetzt. Hiervon ist beispielsweise regelmäßig bei vororganschaftlichen körperschaftsteuerlichen Verlusten deutscher Kapitalgesellschaften auszugehen, die während ihrer Zugehörigkeit zu einer Organschaft nicht vom zu versteuernden Einkommen abgesetzt werden dür-

435 IAS 12.34.
436 IAS 12.36.
437 Vgl. Wagenhofer 2005, S. 329.

fen.[438] Der ihnen inhärente Rechtsanspruch erlischt schließlich während der Zugehörigkeit zu einer Organschaft c.p. nicht.[439]

Nach der hier vertretenen Auffassung kann die Interpretation von IAS 12 nur aus einer rein ökonomisch geprägten Perspektive sachgerecht sein. So sollte in Übereinstimmung mit IAS 12.34 die *Wahrscheinlichkeit* einer steuermindernden Inanspruchnahme von Steuerguthaben nicht nur für die Bewertung latenter Steuern von Belang sein, sondern auch für die Beurteilung ihres Ansatzes dem Grunde nach. Rein ökonomisch kommt es schließlich darauf an, ob das Steuerguthaben voraussichtlich künftig steuermindernd mit dem zu versteuernden Einkommen verrechnet werden kann. Sofern also mit hinreichender Wahrscheinlichkeit und unter Berücksichtigung der einschlägigen Steuergesetzgebung die Existenz und der Umfang steuerlicher Verlustvorträge hinreichend bestimmbar sind, sollten diese in die Bemessungsgrundlage latenter Steuern einbezogen werden.[440]

Nicht von Belang ist demnach die formalrechtliche Anerkennung der Steuerguthaben durch den Fiskus, solange diese auch ohne vorherige Bestätigung rechtlich durchsetzbar sind. Nach der gleichen Logik sind auch vororganschaftliche Verlustvorträge deutscher Kapitalgesellschaften in die Bemessungsgrundlage latenter Steuern einzubeziehen, sofern ihre Inanspruchnahme durch die berichtende Einheit nicht unwahrscheinlich ist. Einem Ansatz dieser vororganschaftlicher Verluste dem Grunde nach ist demnach nicht zu beanstanden, sofern ihre Nutzbarkeit nur davon abhängig ist, dass die Organschaft beendet wird.[441] Abzulehnen ist hingegen der Ansatz vororganschaftlicher Verluste, sofern der dafür erforderlichen Auflösung des Ergebnisabführungsvertrags grundsätzliche Beschränkungen betrieblicher, rechtlicher oder ökonomischer Natur entgegenstehen, die von der berichtenden Einheit rein faktisch nicht beseitigt werden können.

Aus der Perspektive der qualitativen Eigenschaften von Rechnungslegungsinformationen sind die allenfalls geringfügig in IAS 12 ausgeprägten Ansatzvoraussetzungen im Hinblick auf Steuerguthaben zu kritisieren. So dürften die fehlenden Regelungen zur abstrakten Bilanzierungsfähigkeit von Steuerguthaben vor

438 Vgl. § 15, S. 1 Nr.1 KStG i.V.m. § 10d EStG; Dötsch 2004, Tz. 95 und Tz. 102 ff. GewSt-Verlustvorträge sind nach Abschnitt 68 Abs. 5 Satz 1 GewStR hingegen auf der Ebene der jeweils gesondert zu betrachtenden Organgesellschaft berücksichtigungsfähig. Vgl. Dötsch 2004, Tz. 137.

439 Zum Fortbestehen und zur Verwendung vororganschaftlicher Verluste vgl. Altendorf 2003, S. 138 ff. Vgl. zur ähnlichen Frage bei Unternehmenserwerben unter Berücksichtigung einer Mantelkaufproblematik Meurer 2006, S. 76.

440 Vgl. Schulz-Danso 2006, Tz. 58. Die meisten Kommentatoren von IAS 12 beurteilen die Ansatzvoraussetzungen latenter Steuern auf Steuerguthaben allerdings nur im Hinblick auf die Wahrscheinlichkeit künftiger steuerpflichtiger Einkünfte, die hier im Zusammenhang mit der Bewertung latenter Steuern in Abschnitt C.II.2.a) beleuchtet wird.

441 Hier allerdings ablehnend Schulz-Danso 2006, Tz. 60; Hoffmann 2006, Tz. 72; ähnlich auch von Eitzen/Helms 2002, S. 827.

allem nicht mit den Merkmalen der Verständlichkeit und der Vergleichbarkeit im Einklang stehen. Nach der hier vertretenen Auffassung würden in diesem Zusammenhang Richtlinien eine sinnvolle Ergänzung in IAS 12 darstellen, anhand derer konkret bestimmbar wird, unter welchen Umständen Steuerguthaben in die Bemessungsgrundlage latenter Steuern einzubeziehen sind.

Weiterhin ist festzuhalten, dass die Vorschriften zum Ansatz aktiver latenter Steuern für Steuerguthaben nicht auf die bilanztheoretischen Qualitäten der damit zu bilanzierenden Vermögenswerte eingehen. Wie bereits dargelegt wurde,[442] weist der Standard zwar auf die potentiell steuermindernde Wirkung latenter Steuern im Allgemeinen hin und erfüllt damit zumindest einen Teil der Vermögenswert-Definition des IFRS-Rahmenkonzepts. Jedoch wird weder im Hinblick auf temporary differences noch auf Steuerguthaben auf das Ereignis der Vergangenheit hingewiesen, das die Existenz eines gegenwärtig in der Verfügungsmacht stehenden Anspruches auf einen künftigen Nutzenzufluss begründen würde. Beides – der voraussichtliche Nutzenzufluss wie auch das Ereignis der Vergangenheit – sind aber begriffskonstituierende Merkmale für Vermögenswerte im Sinne der bilanztheoretischen Grundlagen der IFRS.[443]

Die allgemeinen Ansatzvoraussetzungen des Rahmenkonzepts werden immerhin insoweit aufgegriffen, als ein Ansatz von Steuerguthaben als aktive latente Steuern nur infrage kommt, wenn „es wahrscheinlich ist, dass zukünftiges zu versteuerndes Ergebnis zur Verfügung stehen wird, gegen das die noch nicht genutzten steuerlichen Verluste und [die] noch nicht genutzten Steuergutschriften verwendet werden können“[444]. Eine Auseinandersetzung mit der zweiten allgemeinen Ansatzvoraussetzung, der verlässlichen Bewertbarkeit des zu aktivierenden Vermögenswertes, findet im Standard erst gar nicht statt.

Weitere Ausführungen, weshalb mit Steuerguthaben bilanzierungsfähige Vermögenswerte im Sinne des Rahmenkonzepts vorliegen, wären nach der hier vertretenen Auffassung begrüßenswert. Im Gegensatz zu temporary differences kann der Ansatz latenter Steuern für Steuerguthaben nämlich auch unter normativen Aspekten nachvollzogen werden. So entsprechen Steuerguthaben auf der einen Seite der Definition von Vermögenswerten im Rahmenkonzept: Erstens lassen Steuerguthaben eine künftige Reduktion der Steuerbelastung und damit einen Nutzenzufluss erwarten. Zweitens fundieren Steuerguthaben darauf, dass sie in der Vergangenheit vom Fiskus direkt oder indirekt gewährt wurden – zwar begründen Steuerguthaben „keinen unmittelbaren Steuererstattungsanspruch“[445], jedoch sind sie unter Berücksichtigung der aktuellen Gesetzgebung gegenüber

442 Vgl. Abschnitt C.I.2 zur Erläuterung des Begriffs latenter Steuern nach IAS 12 und Abschnitt C.II.1.aa) zur Analyse der Grundsätze der Dotierung von temporary differences.

443 Vgl. zu den Definitionen Abschnitt B.II.1.

444 IAS 12.34.

445 Schulz-Danso 2006, Tz. 56.

dem Fiskus in künftigen Veranlagungszeiträumen durchsetzbar. Auf der anderen Seite erfüllt die Bilanzierung aktiver latenter Steuern für Steuerguthaben nach IAS 12 auch die *allgemeinen Ansatzvorschriften* des Rahmenkonzepts: Eine Aktivierung dem Grunde sowie der Höhe nach erfolgt nur insoweit, als eine künftige Inanspruchnahme gegen zu versteuernde Einkommen wahrscheinlich ist. Wie nachfolgend noch genauer dargelegt wird, ist außerdem auch die verlässliche Bewertbarkeit des aus Steuerguthaben resultierenden künftigen Nutzenzuflusses gegeben.[446] Im Gegensatz zu latenten Steuern für temporary differences wird mit der Bilanzierung latenter Steuern für Steuerguthaben nicht nur der Fall der Vollliquidation der berichtenden Einheit zu Buchwerten antizipiert, sondern auch die konkrete Kostenersparnis bei Inanspruchnahme der Steuerguthaben.

Nach der hier vertretenen Auffassung steht also die Bilanzierung aktiver latenter Steuern für Steuerguthaben im Einklang mit den normativen Grundsätzen des IFRS-Regelwerks. Wünschenswert wäre jedoch die Aufnahme inhaltlicher wie abstrakter Ansatzvoraussetzungen für Steuerguthaben. Konkretisierungen, welche Steuerguthaben in die Bilanzierung nach IAS 12 einzubeziehen und nach welchen Kriterien sie dem Grunde nach ansatzfähig sind, sind jedoch im Rahmen des Short Term Convergence Project derzeit nicht absehbar. Impulse auf Ansatzfragen im Zusammenhang mit Steuerguthaben können sich jedoch aus der geplanten Änderung der noch genauer in C.II.2.b) erläuterten Werthaltigkeitsbeurteilung aktiver latenter Steuern ergeben. Die Hinwendung zum so genannten *impairment approach* bei der Bewertung aktiver latenter Steuern wird demnach dazu führen, dass künftig zunächst alle aktiven latenten Steuern vollumfänglich anzusetzen sind und erst in einem Folgeschritt aufgrund von Werthaltigkeitsüberlegungen gemindert werden. Dies impliziert, dass – entgegen der derzeit herrschenden Meinung – der hier vertretenen Auffassung zu folgen ist, also beispielsweise vororganschaftliche Verluste zunächst vollumfänglich anzusetzen und erst im Rahmen eines Wertminderungstests auf ihren voraussichtlich nutzbaren Teil zu reduzieren sind.

c) Zwischenfazit

Wie zu sehen ist, gestaltet sich die Dotierung der Bemessungsgrundlage latenter Steuern außerordentlich komplex. Hierzu tragen nicht nur die drei Ausnahmeregelungen vom „Grundprinzip" des IAS 12 bei. Bereits die Grundsätze der Dotierung von temporary differences stellen eine erhebliche Erweiterung der ansonsten an Anschaffungskosten und direkt messbaren künftigen Zahlungsströmen orientierten Rechnungslegung dar. Schließlich sind sowohl für die im IFRS-Abschluss erkennbaren Vermögenswerte und Schulden Steuerwerte abzuleiten als auch darüber hinausgehende, aus der Perspektive des IFRS-Abschlusses „un-

[446] Steuerguthaben werden mit den einschlägigen Steuersätzen bewertet und zusätzlich einer Werthaltigkeitsbeurteilung unterzogen. Zur Bewertung vgl. auch Abschnitt C.II.2.

sichtbare" Steuerwerte zu identifizieren. Die Dotierung von Steuerguthaben wirft darüber hinaus vor allem Fragen hinsichtlich der inhaltlichen und konkreten Voraussetzungen auf, nach denen diese bei der Bilanzierung latenter Steuern zu berücksichtigen sind.

Aus dem Blickwinkel der Merkmale entscheidungsnützlicher Rechnungslegungsinformationen sind bei temporary differences als Bemessungsgrundlage latenter Steuern vor allem Mängel im Hinblick auf die Verlässlichkeit und die Verständlichkeit von IFRS-Abschlüssen festzustellen. Mit dem Merkmal der Verlässlichkeit der Rechnungslegung dürfte vor allem der hochgradig hypothetische Charakter von temporary differences unvereinbar sein: Mit temporary differences werden tatsächliche Steuern nur insoweit antizipiert, als sie im Falle einer Vollliquidation zu Buchwerten anfallen würden. Ob und in welchem Zeitraum ihre Auflösung überhaupt absehbar ist, ist dabei nur ausnahmsweise bei der Dotierung von outside basis differences von Belang. Selbst wenn bei den übrigen temporary differences davon auszugehen ist, dass sich diese bei der Fortführung des Unternehmens nicht auf dessen Steuerzahllast auswirken werden, sind sie c.p. in der Bemessungsgrundlage latenter Steuern zu berücksichtigen. Dass der hypothetische Charakter von temporary differences nicht in IAS 12 erläutert wird, dürfte außerdem der Verständlichkeit der IFRS-Rechnungslegung zuwider laufen.

Eingeschränkt wird die Verständlichkeit von latenten Steuern auch durch die Ausnahmeregelungen von IAS 12. Nicht alle temporary differences dürfen schließlich auch in die Bilanzierung einbezogen werden. So führt die Ausnahmeregelung betreffend initial recognition differences dazu, dass auf ihrer Grundlage derzeit keine latenten Steuern und nach den künftigen Vorschriften latente Steuern nur in einem nicht begreifbaren Umfang zu bilanzieren sind. Wie darüber hinaus gezeigt werden konnte, ist die Ausnahmeregelung zum GoF weder dem Grunde nach noch hinsichtlich ihrer Umsetzung verständlich oder nachvollziehbar. Nicht unerwähnt bleiben soll an dieser Stelle, dass die GoF-Ausnahmeregelung hinsichtlich ihrer Umsetzung bei der Folgebilanzierung verschiedene Interpretationsansätze vertretbar erscheinen lässt und folglich auch noch den Grundsatz der Vergleichbarkeit in Frage stellt. Die geplante Abschaffung dieser Ausnahmeregelung ist daher zu begrüßen. Einzig die Ausnahmeregelung zu outside basis differences erscheint aus normativer Perspektive annehmbar. Hier überwiegt nach der hier vertretenen Auffassung, dass durch die Ausnahmeregelung die Bemessungsgrundlage latenter Steuern auf den voraussichtlich wirksamen Betrag begrenzt wird und dadurch ein höheres Maß an Verlässlichkeit der Rechnungslegung erreicht wird.

Aus dem Blickwinkel der bilanztheoretischen Grundsätze der IFRS ist demgegenüber anzumerken, dass die Vorschriften zum Ansatz von temporary differences keinen klaren Bezug zur asset/liability view erkennen lassen. Zwar wird dargelegt, dass aufgrund von temporary differences ein künftiger Nutzenzu- bzw. -abfluss zu erwarten ist. Kriterien zur Verfügungsmacht bzw. zur Unentziehbarkeit von Vermögenswerten und Schulden werden aber nicht gesondert aufgegriffen.[447] Auch ein Ereignis der Vergangenheit, das passivische temporary differences zu Schulden und aktivische temporary differences zu Vermögenswerten im Sinne des Rahmenkonzepts machen würde, wird jeweils nicht aufgezeigt. Dafür werden aktive und passive latente Steuern als Konsequenz der Vermögenswerte und Schulden dargestellt, auf die sie sich beziehen. Latente Steuern, die basierend auf temporary differences bilanziert werden, erfüllen somit nicht selbständig die normativen Begriffsdefinitionen von Vermögenswerten und Schulden. Es ist anzuzweifeln, dass dies mit den bilanztheoretischen Grundsätzen der IFRS im Einklang steht.

Ein vergleichbares, aber im Ergebnis nicht identisches Bild zeigt sich bei der kritischen Auseinandersetzung mit Steuerguthaben als Bemessungsgrundlage latenter Steuern: Aus der Perspektive der Merkmale entscheidungsnützlicher Rechnungslegungsinformationen ist hier vor allem unter dem Gesichtspunkt der Verständlichkeit und der Vergleichbarkeit von IFRS-Abschlüssen zu bemängeln, dass IAS 12 kaum inhaltliche oder abstrakte Voraussetzungen an den Ansatz von Steuerguthaben enthält. Infolgedessen kann nicht eindeutig bestimmt werden, unter welchen Umständen im Sinne des Standards bilanzierungsfähige unused tax losses oder unused tax credits vorliegen. Aus der Perspektive der bilanztheoretischen Grundsätze der IFRS ist außerdem anzumerken, dass im Hinblick auf die asset/liability view die Existenz von Vermögenswerten aus aktiven latenten Steuern für Steuerguthaben nur unvollständig dargelegt wird. Zwar wird der künftige Nutzenzufluss aufgezeigt, mit dem die berichtende Einheit infolge von Steuerguthaben rechnen kann, keineswegs aber das Ereignis der Vergangenheit, das einen gegenwärtigen Anspruch des Unternehmens gegenüber dem Fiskus begründen würde. Nur beides gemeinsam ist aber begriffskonstituierend für einen Vermögenswert im Sinne des Rahmenkonzepts.

Bei Steuerguthaben als Bemessungsgrundlage latenter Steuern könnten aber ganz im Gegenteil zu temporary differences die vorgebrachten Kritikpunkte ausgeräumt werden. So könnte der Standard den Merkmalen entscheidungsnützlicher Rechnungslegungsinformationen gerecht werden, wenn IAS 12 entsprechend um inhaltliche und abstrakte Ansatzvoraussetzungen erweitert würde – beispielsweise im Sinne der in den Vorabschnitten unterbreiteten Vorschläge. Auch die bilanztheoretischen Zweifel hinsichtlich des Ansatzes aktiver latenter Steuern für Steuerguthaben könnten ausgeräumt werden. So könnte das in IAS 12 nicht dargelegte, aber für Vermögenswerte begriffskonstituierend wirk-

[447] So auch Ring 2003, S. 1054.

ende Ereignis der Vergangenheit damit erklärt werden, dass Steuerguthaben c.p. auf der Grundlage der Gesetzgebung rechtlich durchsetzbar sind, sobald die jeweils einschlägigen Voraussetzungen erfüllt sind. Der infolge von Steuerguthaben zu erwartende künftige Nutzenzufluss kann ebenfalls nachvollziehbar dargelegt werden, und, wie im Folgeabschnitt noch erläutert wird, berücksichtigten die Vorschriften des IAS 12 bereits heute die allgemeinen Ansatzvoraussetzungen des Rahmenkonzepts – wenn auch nur im Zusammenhang mit Fragen der Bewertung latenter Steuern. Wesentliche Änderungen, die die hier vorgebrachten Kritikpunkte normativer Natur aber in Form einer fortentwickelten Fassung von IAS 12 entkräften würden, sind derzeit in den Entwicklungen des Short Term Convergence Project nicht erkennbar.

2. Bewertung latenter Steuern

Im vorangegangenen Abschnitt wurde anhand der Vorschriften in IAS 12 erläutert, wie temporary differences und Steuerguthaben zu ermitteln sind und unter welchen Bedingungen sie dem Grunde nach in die Bemessungsgrundlage latenter Steuern einzubeziehen sind. In diesem Abschnitt wird dargelegt, wie die Bemessungsgrundlage unter Beachtung der jeweils einschlägigen steuerrechtlichen und ökonomischen Rahmenparameter zu bewerten ist.

Bei der jeweils zum Bilanzstichtag vorzunehmenden Bewertung latenter Steuern sind zwei Maßnahmen zu unterscheiden: Zum einen ist die verfügbare Bemessungsgrundlage latenter Steuern mit dem Ertragsteuersatz zu multiplizieren, um den nach der Logik von IAS 12 zu erwartenden künftigen Mehr- bzw. Minderbetrag tatsächlicher Steuern zu berechnen. Auf diesen Aspekt der Bewertung latenter Steuern wird in Abschnitt C.II.2.a) eingegangen. Zum anderen ist ihre Werthaltigkeit zu beurteilen, da sich Komplementär-Steuereffekte und Steuerguthaben nur unter bestimmten Umständen auf die künftige Steuerlast auswirken werden. Wie aber noch genauer in Abschnitt C.II.2.b) erläutert wird, ist dies durch die imparitätische Ausrichtung von IAS 12 nur bei aktiven latenten Steuern erforderlich sowie zulässig. Abbildung 19 fasst die Bewertungsschritte zusammen.

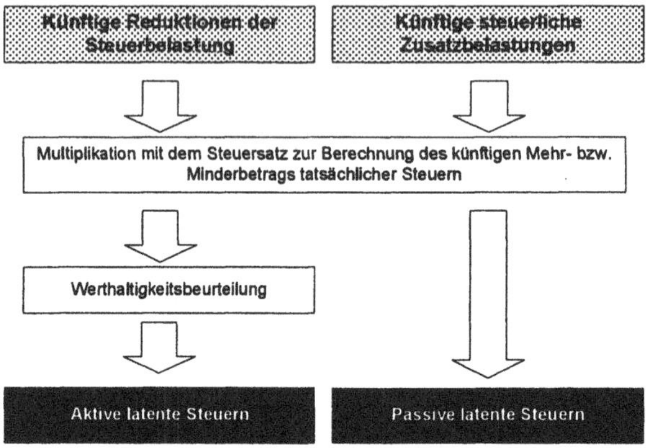

Abbildung 19: Bewertungsschritte aktiver und passiver latenter Steuern nach IAS 12

Es ist noch darauf hinzuweisen, dass gegenüber der Dotierung der Bemessungsgrundlage latenter Steuern im Rahmen ihrer Bewertung eine aggregierte Betrachtung erforderlich ist. Zwar ist die Bewertung prinzipiell für jede Steuerart gesondert vorzunehmen, für die einzelne temporary differences und Steuerguthaben als Bemessungsgrundlage latenter Steuern berechnet worden sind. Jedoch bezieht sich die Bewertung pro Steuerart daraufhin grundsätzlich kumuliert auf alle aktiven latenten Steuern einerseits sowie kumuliert auf alle passiven latenten Steuern andererseits.[448] Unabhängig davon, welche und wie viele Sachverhalte in die Bemessungsgrundlage der Bilanzierung latenter Steuern eingegangen sind, ist bei der Bewertung schließlich nur noch zu bestimmen, inwieweit temporary differences und Steuerguthaben absehbare Reduktionen und Erhöhungen der künftigen Steuerzahllast vermitteln. Hierzu ist eine Einzelbetrachtung der zuvor berechneten temporary differences und Steuerguthaben nicht erforderlich.

Die Abzinsung latenter Steuern ist nach IAS 12 im Übrigen nicht zulässig[449] und wird daher an dieser Stelle nicht weiter analysiert. Nach der Auffassung des IASB würde die Abzinsung latenter Steuern „eine detaillierte Aufstellung des zeitlichen Verlaufes der Umkehrung jeder temporären Differenz“[450] erforderlich machen, die „[...] [in] vielen Fällen [...] nicht durchführbar oder aufgrund ihrer Komplexität wirtschaftlich nicht vertretbar [ist]“[451]. Das Abzinsungsverbot wird also mit praktischen Problemen bei der Prognose von latenten Steuern und zu

448 Vgl. dazu Abschnitt C.II.1.aa).
449 Vgl. IAS 12.53.
450 IAS 12.54.
451 Ebenda.

versteuernden Einkünften begründet.[452] Hemmnisse normativer Natur liegen hingegen nicht vor.[453] Im Gegenteil: Aus dem Abzinsungsverbot latenter Steuern resultiert gegenüber der Bilanzierung vieler Vermögenswerte und Schulden, die im IFRS-Abschluss zu beizulegenden Zeitwerten bewertet werden, eine Überbewertung aktiver wie passiver latenter Steuern.[454] Ob das Abzinsungsverbot vor dem Hintergrund einer allgemeinen Hinwendung zur Zeitwert-Bilanzierung im IFRS-Abschluss noch zeitgemäß ist, darf daher angezweifelt werden – Änderungen im Rahmen des Short Term Convergence Project sind hier jedoch nicht zu erwarten.

a) Steuersatz

Der Steuersatz ist ein wesentlicher Bewertungsparameter latenter Steuern. Die Grundsätze seiner Bestimmung werden nachfolgend in Abschnitt C.II.2.aa) dargelegt. Der Steuersatz ist analog zur Bemessungsgrundlage latenter Steuern grundsätzlich stichtagsbezogen zu ermitteln. Ändern sich die Parameter des Steuersatzes zwischen den Bilanzstichtagen des IFRS-Abschlusses, so schlägt sich diese Änderung auch in der Gesamtberechnung der latenten Steuern nieder. Wie und vor allem ab welchem Zeitpunkt diese Änderungen im IFRS-Abschluss zu verbuchen sind, wird in Abschnitt C.II.2.ab) behandelt.[455]

aa) Grundsätze

Die Grundsätze der Bewertung latenter Steuern mit dem Steuersatz sind relativ knapp zu beschreiben. So ist der Bewertung aktiver wie passiver Steuerlatenzen der Steuersatz zugrunde zu legen, dessen „Gültigkeit für die Periode, in der ein Vermögenswert realisiert wird oder eine Schuld erfüllt wird, erwartet wird"[456]. IAS 12 orientiert sich dadurch grundsätzlich an der liability method,[457] jedoch mit Einschränkungen: Künftige Steuersätze sind jeweils nur dann abweichend von den jeweils aktuell gültigen Sätzen für die Bewertung latenter Steuern heranzuziehen, wenn ihre Einführung auch mit hinreichender Sicherheit zu erwar-

452 Vgl. Coenenberg/Hille 2003, Tz. 108; Schulz-Danso 2006, Tz. 137. Nach Hoffmann steht dieses „Argument [...] bei den ohnehin höchst ermessensbehafteten Ansatzregeln auf schwachen Füßen". Hoffmann 2006, Tz. 86.

453 Vgl. Loitz/Rössel 2002, S. 650; Pellens/Fülbier/Gassen 2006, S. 217.

454 Vgl. Klein 2001, S. 1453; Loitz/Rössel 2002, S. 650; Coenenberg/Hille 2003, Tz. 43. Dies gilt selbst dann, wenn der IFRS-Buchwert infolge einer Barwert-Betrachtung bestimmt wird, denn schließlich wird auch der Steuerwert regelmäßig nicht bzw. zu einem gesetzlich vorgegebenen und damit im Regelfall von der IFRS-Sichtweise abweichenden Zinssatz abgezinst.

455 Auf die Erläuterung der Anwendung sachverhaltsabhängiger Steuersätze für temporary differences wird an dieser Stelle hingegen verzichtet. Ein Beispiel ist hierfür eine sog. capital gains tax, die für den Fall einer Veräußerung von Vermögenswerten einen höheren oder niedrigeren Steuersatz vorsieht als für Einkünfte aus der regulären operativen Tätigkeit eines Unternehmens. Hier ist jeweils der Steuersatz heranzuziehen, der nach der Planung des Unternehmens wahrscheinlich greifen wird. Vgl. IAS 12.51 f. SIC 21.5; Coenenberg/Hille 2003, Tz. 103; Johnson/Holgate/McCann 2005, Tz. 13.170 ff.

456 IAS 12.47.

457 Vgl. Küting/Weber 2005, S. 174; Dahlke/von Eitzen 2003, S. 2237. Zur liability method vgl. auch Abschnitt A.II.3.

ten ist.[458] Solange hingegen eine Steuersatzänderung noch nicht rechtsverbindlich absehbar ist, sind der Bewertung latenter Steuern am Bilanzstichtag folglich die Steuersätze des aktuellen Veranlagungszeitraums zugrunde zu legen.[459]

Unterliegt die bilanzierende Einheit unterschiedlichen Arten der Ertragsbesteuerung, sind grundsätzlich temporary differences und Steuerguthaben für jede Steuerart gesondert zu ermitteln.[460] Nur sofern keine wesentlichen Abweichungen der Steuerwerte und Steuerguthaben zwischen den Steuerarten feststellbar sind – hiervon ist beispielsweise bei deutschen Kapitalgesellschaften regelmäßig im Hinblick auf die GewSt und KSt/SolZ auszugehen[461] – kann aus Gründen der Praktikabilität eine vereinheitlichte Dotierung der Bemessungsgrundlage erfolgen. Wird bereits die Bemessungsgrundlage latenter Steuern für verschiedene Steuerarten einheitlich ermittelt, kann dann auch unter den gleichen Wesentlichkeitsgesichtspunkten für die Bewertung ein Mischsteuersatz herangezogen werden.[462] Die Berechnung eines solchen Mischsteuersatzes wird in Beispiel 9 dargestellt.

Beispiel 9: Berechnung eines Mischsteuersatzes für GewSt, KSt und SolZ

Gewerbesteuer

Die aufgrund der GewSt entstehende relative Steuerbelastung des Gewerbeertrags berechnet sich aus der Steuermesszahl nach § 14 Abs. 2 Nr. 2 GewStG und dem Hebesatz, der nach § 16 Abs. 1 GewStG von jeder Gemeinde individuell festgelegt wird. Dabei ist zu beachten, dass die GewSt als steuerlich abzugsfähige Betriebsausgabe gilt und somit von ihrer eigenen Bemessungsgrundlage abzugsfähig ist.[463] Daher ist zur Berechnung des effektiven Gewerbeertragsteuersatzes eine Im-Hundert-Rechnung erforderlich:

Steuermesszahl ~ m = 5% (u.a. für Kapitalgesellschaften)

Hebesatz[464] ~ H

$$\text{Effektiver Gewerbesteuersatz} = \frac{5\% \times H}{1 + 5\% \times H}$$ [465]

(Fortsetzung folgt auf der nächsten Seite)

[458] Vgl. IAS 12.47.

[459] Auf Steuersatzänderungen wird noch genauer in C.II.2.ab) eingegangen.

[460] Vgl. Abschnitt C.II.1.aa).

[461] Vgl. Abschnitt C.II.1.a).

[462] So offenbar Schulz-Danso 2006, Tz. 129; Coenenberg/Hille 2003, Tz. 39; Fischer 2002, S. 893.

[463] Vgl. Kußmaul 2005, S. 368.

[464] Sofern das Unternehmen in verschiedenen Gemeinden mit stark variierenden Hebesätzen tätig ist, ist hier aufgrund der Zerlegung des Steuermessbetrags nach den §§ 28 ff. GewStG gegebenenfalls noch ein gewichteter Hebesatz herzuleiten. Zur Zerlegung des Steuermessbetrags vgl. auch Köhler 2004, Tz. 5 ff.; Kußmaul 2005, S. 369 f.

[465] Vgl. Kußmaul 2005, S. 368.

(Fortsetzung von Beispiel 9)

Körperschaftsteuer und Solidaritätszuschlag

Der nominale Steuersatz für die KSt lag im Veranlagungszeitraum 2005 gemäß § 23 Abs. 1 KStG bei 25%. Als Annexsteuer knüpft hieran der SolZ in Höhe von 5,5% an, so dass der gemeinsame nominale Steuersatz von KSt und SolZ bei (1+5,5%) x 25% = 26,375% liegt. Für die Berechnung der effektiven Steuerbelastung einer deutschen Kapitalgesellschaft ist außerdem zu beachten, dass die GewSt auch bei der Berechnung des für die KSt relevanten zu versteuernden Einkommens als steuerlich abzugsfähige Betriebsausgabe gilt.[466] Unter der Annahme einer ansonsten im Wesentlichen identischen Bemessungsgrundlage von KSt+SolZ einerseits und GewSt andererseits kann ein effektiver KSt-Steuersatz berechnet werden, der die Abzugsfähigkeit der GewSt berücksichtigt:

$$\text{Effektiver Körperschaftsteuersatz} = 26{,}375\% - \frac{5\% \times H}{1 + 5\% \times H}$$

Mischsteuersatz

Der Mischsteuersatz ergibt sich aus der Summe der beiden Effektivsteuersätze:

$$\text{Effektiver Mischssteuersatz} = \left(\frac{5\% \times H}{1 + 5\% \times H}\right) + \left[26{,}375\% - \left(\frac{5\% \times H}{1 + 5\% \times H}\right)\right]$$

Sofern bei der Ertragsbesteuerung ein Steuertarif zur Anwendung kommt, bei dem sich der jeweils gültige Steuersatz nach der Höhe des zu versteuernden Einkommens richtet,[467] sind latente Steuern mit geschätzten Durchschnittsteuersätzen zu bewerten.[468] Die Durchschnittsteuersätze sind dabei aus einer Prognose der in künftigen Berichtsperioden zu versteuernden Einkünfte abzuleiten – und zwar für jeden Veranlagungszeitraum gesondert.[469] Weiterhin ist eine Prognose zur Bestimmung der Berichtsperioden erforderlich, in denen sich die am Stichtag vorhandenen temporary differences voraussichtlich auflösen werden. Diese sind daraufhin zeitkongruent mit den Durchschnittsteuersätzen zu bewerten, wie in Abbildung 20 auf Seite 120 dargestellt wird.[470]

Bemerkenswert hieran ist, dass IAS 12 in diesem Zusammenhang offenbar für die sachgerechte Herleitung des Durchschnittsteuersatzes eine Prognose der künftigen steuerpflichtigen Einkünfte und der voraussichtlichen Entwicklung der temporary differences fordert. Dies wurde hinsichtlich der Abzinsung latenter Steuern mit der Begründung abgelehnt, dass „eine solche Aufstellung nicht

466 Vgl. Kußmaul 2005, S. 624.

467 Denkbar sind hier lineare, progressive oder gestufte Steuersätze.

468 Vgl. IAS 12.49.

469 Vgl. KPMG 2005, S. 450.

470 Kirsch identifiziert daher in diesem Zusammenhang für deutsche Personengesellschaften zwei Prognoseprobleme. Es ist sowohl die künftige Entwicklung der temporary differences als auch der künftige Gewerbeertrag zu prognostizieren. Zur Umsetzung dieser Vorgaben bei deutschen Personengesellschaften insgesamt vgl. Kirsch 2002, S. 1875 ff.

durchführbar oder aufgrund ihrer Komplexität wirtschaftlich nicht vertretbar“[471] ist. Für deutsche Kapitalgesellschaften ist eine derartige Prognose aber regelmäßig nicht von Belang, da hier weder die GewSt noch die KSt in Abhängigkeit des zu versteuernden Einkommens progressive oder gestaffelte Steuersätze vorsieht.

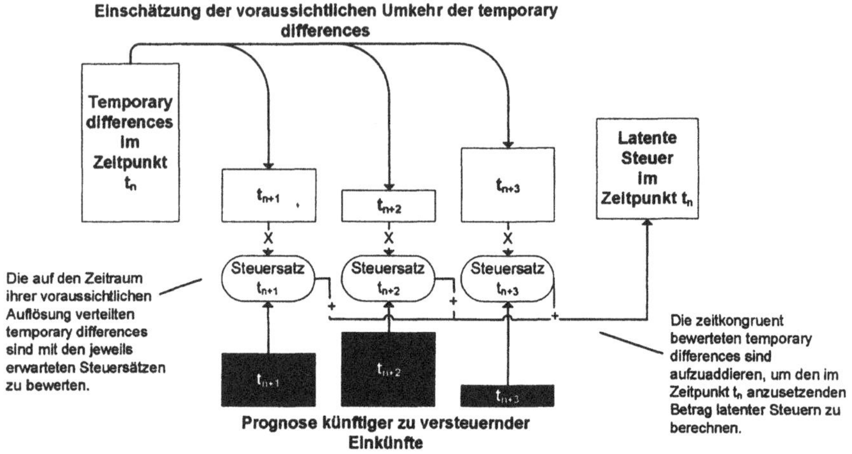

Abbildung 20: **Schätzung künftiger Einkünfte zur Schätzung eines zu erwartenden Durchschnittsteuersatzes**

Bei gespaltenen Ertragsteuersätzen, bei denen ein höherer oder niedrigerer Steuersatz in Abhängigkeit vom Ausschüttungsverhalten des Unternehmens greift, sind latente Steuern darüber hinaus stets mit dem Thesaurierungssteuersatz (undistributed rate) zu bewerten.[472] Der Ausschüttungssteuersatz (distributed rate) ist hingegen nur für die Bilanzierung tatsächlicher Steuern relevant: Erst wenn ein Ausschüttungsentschluss vorliegt und eine entsprechende Verbindlichkeit anzusetzen ist, ist der Anspruch auf die Steuerrückerstattung bzw. die Verpflichtung zur Steuernachzahlung in Form von tatsächlichen, nicht aber latenten Ertragsteuern im IFRS-Abschluss zu erfassen. Die IFRS folgen also hinsichtlich der Bilanzierung latenter Steuern einer „Thesaurierungsfiktion“[473], die damit begründet wird, dass ein Unternehmen normalerweise nicht zur Ausschüttung seiner thesaurierten Gewinne verpflichtet ist. Ob der Ausschüttungssteuersatz

---

[471] IAS 12.54.

[472] Vgl. IAS 12.52A; Ernsting 2001, S. 14.

[473] Fuchs 2000, S. 1925.

überhaupt effektiv wird, bleibt schließlich bis zu einem Ausschüttungsbeschluss durch das Unternehmen ungewiss.[474]

Bemerkenswert ist in diesem Zusammenhang die Begründung für diese Vorgehensweise: So wurde vom IASB argumentiert, dass eine Nachzahlung oder Rückerstattung, die im Falle einer Ausschüttung zu erwarten ist, so lange keinen Vermögenswert oder eine Schuld verkörpert, bis sich die berichtende Einheit zu einer Ausschüttung verpflichtet hat. Dies ist nach der Auffassung des IASB das notwendige Ereignis, das die Existenz eines Bilanzpostens erst begründet.[475] Entgegen den allgemeinen Ausführungen zum Ertragsteuerbegriff in IAS 12 wird die Nutzung des Thesaurierungssteuersatzes also implizit mit der asset/liability view erklärt. Dabei wird zum einen auf künftige Nutzenzu- bzw. -abflüsse, zum anderen aber auch auf das Ereignis der Vergangenheit eingegangen, so dass IAS 12 durchaus die Definition von Vermögenswerten und Schulden im Rahmenkonzept aufgreift – an dieser Stelle allerdings nur bei der Bilanzierung tatsächlicher Steuern, nicht aber im Hinblick auf latente Steuern.

ab) Steuersatzänderungen

Steuersatzänderungen fließen nach IAS 12 grundsätzlich prospektiv in die Bewertung latenter Steuern ein. Nach der derzeitigen Fassung dieses Standards ist für die Bewertung latenter Steuern jeweils der Steuersatz heranzuziehen, der „zum Bilanzstichtag gültig oder angekündigt“[476] ist. Dazu ist jeweils einzuschätzen, ob mit an Sicherheit grenzender Wahrscheinlichkeit von einer Änderung des Steuersatzes auszugehen ist[477] oder ob gegebenenfalls noch ausstehende Verfahrensschritte zur Inkraftsetzung neuer Steuergesetze einer Steuersatzänderung noch hinderlich sein könnten.[478] Für die Bundesrepublik Deutschland bedeutet dies beispielsweise, dass für die jeweilige Gesetzesänderung die Zustimmung durch den Bundestag und den Bundesrat vorliegen muss.[479] Unerheblich ist hingegen, ob die Gesetzesänderung noch formalrechtlich in Kraft treten muss. Sind also besondere Publizitätsbestimmungen (beispielsweise Veröffentlichung im Bundesgesetzblatt) einzuhalten oder erfordert die Inkraftsetzung der Gesetzesänderung die Unterschrift eines Staatsoberhauptes ohne Vetorechte,[480] sind latente Steuern am Bilanzstichtag bereits mit den neuen Steuersätzen zu bewerten.

---

[474] Vgl. Epstein/Mirza 2006, S. 547.

[475] Vgl. IASB Observer Note March 2005b, S. 4;IASB Observer Note January 2005, S. 5.

[476] IAS 12.47.

[477] Vgl. Küting/Wirth 2003b, S. 624.

[478] Vgl. IASB Observer Note February 2005, Abs. 11 (S. 4).

[479] Vgl. Schulz-Danso 2006, Tz. 128. In manchen Steuerverwaltungshoheiten kann hingegen bereits die Ankündigung einer Änderung des Steuersatzes durch die Regierung ausreichend sein. Vgl. IAS 12.48.

[480] Beispielsweise ist in Großbritannien die Unterschrift der Königin erforderlich, um Gesetzesänderungen formalrechtlich in Kraft zu setzen. Da die Königin aber keine Vetorechte besitzt, gilt die Steuersatzänderung bereits mit der Verabschiedung durch das Unterhaus des britischen Parlaments (House of Commons) als verbindlich angekündigt. Vgl. IASB Observer Note February 2005, Abs. 12 ff. (S. 4 f.).

Zur Verdeutlichung dieses Grundsatzes werden in Tabelle 4 die Richtlinien zusammengefasst, die im Zuge des Short Term Convergence Project in IAS 12 implementiert werden sollen. Anhand dieser Vorgaben soll der für die Bewertung latenter Steuern relevante Zeitpunkt der Steuersatzänderungen in verschiedenen Industrienationen deutlicher herausgestellt werden, um Zweifelsfällen und den daraus resultierenden Interpretationsspielräumen entgegen zu wirken.

Tabelle 4: Zeitpunkt zu berücksichtigender Steuersatzänderungen am Beispiel verschiedener Industrienationen[481]

Country	Point of Substantive Enactment
United Kingdom	Substantive enactment occurs when the House of Commons passes a resolution under the Provisional Collection of Taxes Act
Canada	Substantive enactment occurs as set out in EIC 111, ie, if there is a majority government, when detailed draft legislation has been tabled for first reading in Parliament. If there is a minority government, proposed amendments to the Income Tax Act would not normally be considered to be substantively enacted until the proposals have passed third reading in the House of Commons
Australia	Substantive enactment occurs as set out in UIG 39, ie, when the Bill has been tabled in the Parliament and there is majority support for the passage of the Bill through both Houses of Parliament
France	Substantive enactment occurs upon signature by the President.
Germany	Substantive enactment occurs when the Bundestag and Bundesrat pass the legislation
Japan	Substantive enactment occurs when the Diet passes the legislation.
United States	Substantive enactment occurs upon the signing of legislation by the President or upon a successful override vote by both houses of Congress
South Africa	Substantive enactment occurs when the National Assembly passes the Money Bill

Eine steuersatzinduzierte Bewertungsänderung latenter Steuern ist im Übrigen auch erforderlich, wenn sich der Einkommensteuersatz nach der Höhe des zu versteuernden Einkommens richtet und eine Neueinschätzung künftiger steuerpflichtiger Einkünfte vorliegt.[482] Auch diese Steuersatzänderungen sind in der Berichtsperiode bei der Bewertung latenter Steuern zu beachten, in der eine am Bilanzstichtag erneut vorzunehmende Prognose künftiger steuerpflichtiger Ein-

---

481 Modifiziert entnommen aus Observer Notes February 2005, S. 4; IASB Update March 2005, S. 5. Zur Entwicklung dieser Aufstellung vgl. auch IASB Observer Note February 2005, Abs. 12 ff. (S. 4 ff.). Auf eine Übersetzung wurde verzichtet, um hinsichtlich der zahlreichen rechtsspezifischen Begriffe eine Verfälschung zu vermeiden. Ursprünglich war im Übrigen eine Änderung der Formulierung von IAS 12.47 angedacht, da Abweichungen zwischen SFAS 109 und IAS 12 befürchtet wurden: SFAS 109 stellt grundsätzlich auf in der Berichtsperiode (formal-)rechtskräftig verabschiedete Steuersätze (enacted tax rate) ab, während IAS 12 durch die Orientierung an den mit an Sicherheit grenzender Wahrscheinlichkeit zu erwartenden Steuersätzen möglicherweise abweichende Schlüsse zugelassen hätten. Vgl. dazu auch Loitz 2004, S. 1188. Das IASB geht aber davon aus, dass die Regelungen identisch sind. Um unterschiedliche Interpretationen diesbezüglich zwischen IAS 12 und SFAS 109 explizit zu vermeiden, wird in der Neufassung von SFAS 109 voraussichtlich auf die Formulierung in der künftigen Fassung von IAS 12 verwiesen. Vgl. IASB Project Summary 2006, S. 8 f.

482 Vgl. dazu C.II.2.aa).

künfte für künftige Berichtsperioden abweichende Durchschnittsteuersätze erwarten lässt.

Durch die Vorwegnahme von Steuersatzänderungen verändern sich die Buchwerte aktiver wie passiver latenter Steuern. Die in der Bilanz erfassten Steuerlatenzen werden also nicht nur durch Geschäftsvorfälle und die Werthaltigkeitsbeurteilung aktiver latenter Steuern beeinflusst, sondern auch durch den Steuersatz. Auf die buchhalterische Erfassung dieser Bewertungsänderungen wird noch genauer in Abschnitt C.II.3 eingegangen, die aus Steuersatzänderungen resultierenden Angabepflichten im IFRS-Abschluss werden in Abschnitt C.IV.2 dargestellt und erläutert.

Festzuhalten bleibt aber, dass die Bewertung latenter Steuern mit dem Steuersatz aus der Perspektive der normativen Grundsätze nicht zu beanstanden ist. Dies gilt sowohl für die Steuersatzwahl als auch für die Berücksichtigung von Steuersatzänderungen. Zwar gibt das Rahmenkonzept keinen zwingend anzuwendenden Bewertungsmaßstab vor,[483] so dass bereits deshalb die Bewertung latenter Steuern nicht im Widerspruch zu den normativen Grundsätzen der IFRS stehen kann. Allerdings entspricht die konsequente Orientierung an künftigen Steuersätzen den allgemeinen Ansatzvoraussetzungen des IFRS-Rahmenkonzepts: Dass künftig geltende Steuersätze in die Bewertung latenter Steuern einfließen, dürfte tendenziell die verlässliche Bewertbarkeit unterstützen, die als allgemeine Voraussetzung für den Ansatz von Vermögenswerten und Schulden gilt.[484] Dies erklärt sich damit, dass nach der von IAS 12 verfolgten liability method eher der Mehr- oder Minderbetrag berechnet werden kann, der zumindest hypothetisch an tatsächlichen Steuern zu erwarten ist, als nach der deferral method. Dass Steuersatzänderungen erst dann in der Bewertung latenter Steuern berücksichtigt werden, wenn die Änderung sicher absehbar ist, dürfte darüber hinaus außerdem der allgemeinen Ansatzvoraussetzung entsprechen, dass ein erwarteter künftiger Nutzenzufluss wahrscheinlich sein muss, bevor er im IFRS-Abschluss bilanziell erfasst werden darf. Im Hinblick auf die absehbaren Änderungen in IAS 12 ist schließlich noch zu begrüßen, dass die Vorschriften zur Steuersatzwahl, die im Wesentlichen bereits deutlich formuliert sind, durch zusätzliche Richtlinien künftig weiter präzisiert werden. Dies dürfte vor allem der einheitlichen Steuersatzwahl entgegenkommen und somit die Vergleichbarkeit von IFRS-Abschlüssen unterstützen.

b) Werthaltigkeitsbeurteilung

In diesem Abschnitt wird die Werthaltigkeitsbeurteilung latenter Steuern nach den Vorschriften des IAS 12 behandelt. Dabei zeigt sich in Abschnitt C.II.2.ba),

---

483 Vgl. Abschnitt B.II.3.

484 Vgl. Abschnitt B.II.2.

dass der Ansatz und die Bewertung latenter Steuern vor allem streng imparitätisch ausgerichtet ist. Wie außerdem noch in Abschnitt C.II.2.bb) erläutert wird, eröffnen die Vorschriften des IAS 12 einen breiten Ermessensspielraum bei der Bilanzierung aktiver latenter Steuern.

ba) Imparität des IAS 12

Die imparitätische Ausrichtung von IAS 12 zeigt sich darin, dass passivische temporary differences, die nicht Gegenstand einer der in Abschnitt C.II.1.a) vorgestellten Ausnahmeregelungen sind, stets und im vollen Umfang bilanziell zu erfassen sind.[485] Eine besondere Einschätzung, wie wahrscheinlich sie sich auf die künftige Steuerbelastung des Unternehmens auswirken, ist für ihren Ansatz nicht erforderlich.[486]

Begründet wird die Bilanzierungspflicht passiver latenter Steuern in IAS 12 im Wesentlichen mit folgender Überlegung:[487] Passive temporary differences resultieren einerseits aus Vermögenswerten, die nach IFRS höher bewertet werden als im Rahmen ihrer steuerlichen Behandlung. Andererseits können passive temporary differences auch aus Schulden herrühren, die niedriger nach IFRS bewertet werden als nach dem jeweils einschlägigen Steuerrecht. Weiterhin ist die Bewertung von Vermögenswerten und Schulden im IFRS-Abschlusses ein Ausdruck dafür, welcher künftige, c.p. zu versteuernde Nutzenzu- bzw. -abfluss bei ihrer Realisierung bzw. Begleichung mindestens zu erwarten ist. Passivische temporary differences verkörpern folglich zu erwartende steuerpflichtige Erträge. Die damit zusammenhängende, künftig mindestens anfallende Steuerlast wird durch die Bilanzierung passiver latenter Steuern im IFRS-Abschluss berücksichtigt.

Die dieser Begründung für den vollen Ansatz passiver latenter Steuern zugrunde liegenden Prämissen werden in IAS 12 nicht näher erläutert. Impliziert wird aber mit der Bilanzierungspflicht latenter Steuern aus passiven temporary differences erstens die Fortführung des bilanzierenden Unternehmens, die als Grundannahme der IFRS-Rechnungslegung zu sehen ist.[488] Zweitens wird in diesem Zusammenhang offenbar auch angenommen, dass das Unternehmen in Zukunft nachhaltig steuerpflichtige Einkünfte generieren wird.[489] Ohne ein positives zu versteuerndes Einkommen über die Totalperiode ist schließlich die zwingende Passivierung latenter Steuerschulden nicht begründbar. So würden sich auflösende passivische temporary differences zwar potentiell erhöhend auf das zu versteuernde Einkommen auswirken, aber aufgrund einer insgesamt negativen

485 Vgl. IAS 12.15.
486 Vgl. Wagenhofer 2005, S. 327; KPMG 2005, S. 436.
487 Vgl. IAS 12.16.
488 Vgl. Abschnitt B.I.1.
489 Dies kann gegenüber der Prämisse der Unternehmensfortführung (going concern) auch als „going at profit" bezeichnet werden. So Drinkwater/Edwards 1965, S. 580.

einkommensteuerlichen Bemessungsgrundlage c.p. trotzdem nicht zu Steuerzahlungen führen.

Aktive latente Steuern sind hingegen im Vorfeld ihrer bilanziellen Erfassung einer gesonderten Analyse zu unterziehen. Hierbei ist – wie noch im Folgeabschnitt genauer dargelegt wird – zu beurteilen, ob das zu ihrer künftigen Nutzung notwendige zu versteuernde Einkommen wahrscheinlich (probable) zur Verfügung stehen wird.[490] Bei aktiven latenten Steuern, die künftige Steuerminderungen verkörpern, wird damit sehr wohl eingeräumt, dass der „wirtschaftliche Nutzen in der Form von verminderten Steuerzahlungen (...) dem Unternehmen allerdings nur dann [zufließen wird], wenn es ausreichende zu versteuernde Ergebnisse erzielt, gegen die die Abzüge saldiert werden können."[491] Im Gegensatz zu passiven latenten Steuern wird bei aktiven latenten Steuern folglich nicht per definitionem von künftig zu versteuernden Einkünften ausgegangen.

Aus welchem Grund bei den aktiven latenten Steuern in IAS 12 eine andere Herangehensweise gewählt wurde als bei den passiven latenten Steuern, ist insbesondere hinsichtlich des Merkmals der Neutralität, das das Rahmenkonzept von den IFRS fordert, nicht nachvollziehbar.[492] Die Auflösung passivischer temporary differences im Zeitablauf führt schließlich ebenfalls nur dann zu einer tatsächlichen Mehrbelastung durch Ertragsteuern, wenn die passiven temporary differences im Zeitpunkt ihrer Umkehr zu einem positiven zu versteuernden Einkommen beitragen. Dieses Ungleichgewicht zwischen aktiven und passiven latenten Steuern dürfte vor allem bei Unternehmen mit geringen Einkünften zu dem paradoxen Ergebnis führen, dass wesentliche Ertragsteueraufwendungen zwar latenter, nicht aber tatsächlicher Natur zu bilanzieren sind und dass das Bilanzbild außerdem vor allem passive Steuern aufweist. Ob dieses Ungleichgewicht vor diesem Hintergrund mit dem Merkmal der Verständlichkeit der IFRS-Rechnungslegung vereinbar ist, dürfte ebenfalls anzuzweifeln sein. Hinsichtlich der bilanztheoretischen Grundsätze der IFRS ist schließlich noch anzumerken, dass das allgemeine Ansatzkriterium der Wahrscheinlichkeit nur bei aktiven latenten Steuern aufgegriffen und umgesetzt wird.[493] Kritisch zu sehen ist hingegen, dass die Eintrittswahrscheinlichkeit bei der Bilanzierung passiver latenter Steuern nicht berücksichtigt wird. Sinnvoll erscheint vor diesem Hintergrund daher vor allem eine gesonderte Werthaltigkeitsbeurteilung nicht nur der aktiven, sondern auch der passiven latenten Steuern.

---

490 Vgl. IAS 12.24; IAS 12.34.

491 IAS 12.27.

492 Die Neutralität ist ein Untermerkmal zum Merkmal der Verlässlichkeit, an der sich die IFRS-Rechnungslegung nach den Grundsätzen des Rahmenkonzepts orientieren sollte. Vgl. IFRS R.36; ferner die Ausführungen in Abschnitt B.I.2.d).

493 Vgl. dazu auch die Auseinandersetzung mit den Ansatzvorschriften des IAS 12 zu Steuerguthaben in Abschnitt C.II.1.bb).

bb) Wahrscheinlichkeit künftiger steuerbarer Einkünfte

Aktive latente Steuern sind nach IAS 12 generell nur insoweit zu bilanzieren, als es wahrscheinlich ist, dass ein zukünftiges zu versteuerndes Ergebnis zur Verfügung stehen wird, gegen das aktivische temporary differences bzw. Steuerguthaben verwendet werden können. Der Begriff der Wahrscheinlichkeit (probability) wird dabei inhaltlich allerdings nicht näher erläutert.[494] Vielmehr ist die Werthaltigkeitsbeurteilung im Hinblick auf die voraussichtliche Verfügbarkeit künftiger steuerbarer Einkünfte anhand verschiedener Kriterien vorzunehmen. Dabei wird zwar in IAS 12 der Form nach zwischen aktivischen temporary differences einerseits und Steuerguthaben andererseits differenziert.[495] Die jeweils zugrunde zu legenden und an jedem Bilanzstichtag erneut zu überprüfenden Beurteilungskriterien sind aber identisch.[496] Dies ist auch konsequent, denn sowohl aktivische temporary differences als auch Steuerguthaben können schließlich nur dann steuermindernd wirken, wenn das Unternehmen künftig steuerpflichtige Gewinne (future taxable profit) erwirtschaftet.[497]

Die Vorschriften zur Einschätzung der Werthaltigkeit lassen sich zu den folgenden vier Kriterien entflechten, die sowohl für aktivische temporary differences als auch für Steuerguthaben gelten:[498]

(1) Kann aufgrund vorhandener, fristgerecht verfügbarer passiver temporary differences auf eine steuermindernde Wirkung der aktiven latenten Steuern geschlossen werden?[499]

(2) Kann fristgerecht mit künftigen steuerpflichtigen Einkünften gerechnet werden, auf die sich aktive latente Steuern steuermindernd auswirken werden?[500]

(3) Verfügt das Unternehmen über Steuergestaltungsmöglichkeiten (tax planning opportunities), durch die fristgerecht steuerpflichtige Einkünfte gene-

---

494 Vgl. Lüdenbach/Hoffmann 2003b, S. 8.

495 Vgl. IAS 12.28 ff. zur Beurteilung aktivischer temporary differences, IAS 12.34 ff. zur Beurteilung der Werthaltigkeit von Steuerguthaben. Die Regelungen werden in Anhang C, S. XXVII wiedergegeben und einander gegenübergestellt, um zu verdeutlichen, dass es sich um ein und dieselben Beurteilungskriterien handelt.

496 Vgl. IAS 12.35; so auch Hoffmann 2006, Tz. 37; Marten/Weiser/Köhler 2003, S. 2340; Schulz-Danso 2006, Tz. 61; KPMG 2005, S. 445.

497 Dieser Grundgedanke soll offenbar in ED-IAS 12 noch weiter gestärkt werden. Vgl. IASB Observer Note March 2005a, Abs. X1 ff. (S. 11 ff.). Die in IAS 12 und vielfach in der Literatur vorzufindende Differenzierung zwischen der Bewertung aktiver temporary differences einerseits und der Steuerguthaben anderseits ist hingegen vor diesem Hintergrund nicht nachvollziehbar. So aber u.a. Hoffmann 2006, Tz. 55 ff.; Schulz-Danso 2006, Tz. 57 ff.; Coenenberg/Hille 2003, Tz. 85 ff.

498 Die Detailregelungen können Anhang C entnommen werden, in dem die Beurteilungskriterien einerseits für aktivische temporary differences, andererseits für Steuerguthaben gegenübergestellt werden. Die hier aufgeführte Nummerierung der einzelnen Kriterien entspricht der Gliederung in Anhang C auf S. XXVII.

499 Vgl. IAS 12.28; IAS 12.36 (a).

500 Vgl. IAS 12.29 (a); IAS 12.36 (b).

riert werden können, damit sich aktive latente Steuern steuermindernd auswirken können?[501]

(4) Sofern das Unternehmen kürzlich Verluste erlitten hat, liegen besondere Anhaltspunkte dafür vor, dass sich aktive latente Steuern aufgrund künftiger steuerpflichtiger Einkünfte trotzdem steuermindernd auswirken werden?[502]

Dabei zeigen sich Unterschiede in der Charakteristik dieser Kriterien: Während die Existenz passivischer temporary differences bzw. künftiger steuerpflichtiger Einkünfte (Kriterien (1) und (2)) einen vor allem quantitativ geprägten, regulären Ausblick auf die künftigen Berichtsperioden erfordern, sind nach den Kriterien (3) und (4) explizit auch Sondereffekte in die Werthaltigkeitsbeurteilung einzubeziehen.

Auf den ersten Blick erscheint paradox, dass die Werthaltigkeit aktiver latenter Steuern durch die Existenz passiver temporary differences begründet werden soll (1) und erst in einem Folgeschritt (2) künftige steuerbare Einkünfte in die Betrachtung einzubeziehen sind. Die Vorschriften des IAS 12 stellen hier offenbar eine Werthaltigkeit „sui generis" her, indem die Existenz passiver latenter Steuern bereits die Werthaltigkeit aktiver latenter Steuern begründet. Ein Bezug zur tatsächlichen Steuerbelastung erschließt sich dabei jedoch nicht ohne weiteres. Ein zweiter Blick, der mit Abbildung 21 eröffnet wird, zeigt aber die grundlegende Logik des temporary concept im Hinblick auf die Wechselwirkung aktiver und passiver Steuerlatenzen.

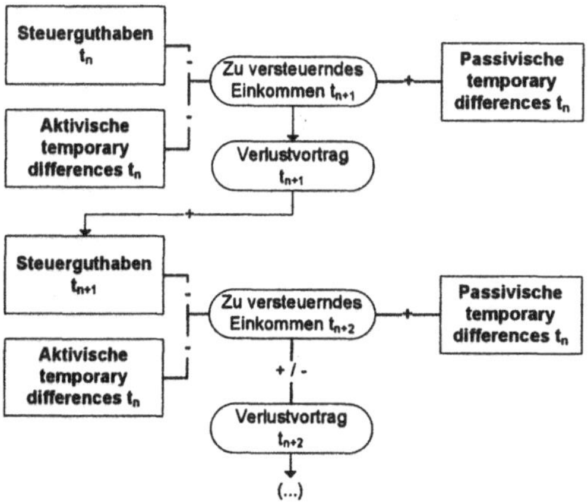

Abbildung 21: Wechselwirkung aktiver und passiver latenter Steuern

501 Vgl. IAS 12.29 (b) i.V.m. IAS 12.30; IAS 12.36 (d).
502 Vgl. IAS 12.31; IAS 12.36 (c); IAS 12.36 (c).

So wird in IAS 12 offenbar angenommen, dass sich die am Bilanzstichtag t_n festgestellten aktivischen temporary differences und Steuerguthaben in künftigen Veranlagungszeiträumen, beispielsweise im Zeitraum t_{n+1} mindernd auf das zu versteuernde Einkommen auswirken werden. Sofern sich dann gleichzeitig genügend passivische temporary differences erhöhend auf das zu versteuernde Einkommen auswirken, ist von der Werthaltigkeit jener aktivischen temporary differences auszugehen, die sich im gleichen Zeitraum umkehren.[503] Wird hingegen erwartet, dass sich aktivische temporary differences auflösen, wenn nicht ausreichend passivische temporary differences steuerwirksam werden, ist zu prüfen, ob das daraus resultierende Ergebnis in spätere Veranlagungszeiträume vorgetragen werden kann,[504] beispielsweise in den Betrachtungszeitraum t_{n+2}. Ein solcher Verlustvortrag würde dann wiederum bereits den Gesamtbetrag von Steuerguthaben erhöhen, die im Betrachtungszeitpunkt t_n festgestellt wurden und in t_{n+1} verfügbar waren. Die Werthaltigkeit von Steuerguthaben, die am Bilanzstichtag t_n festgestellt werden, ist darüber hinaus nach Kriterium (1) nach der gleichen Systematik einzuschätzen. Es ist also insgesamt zu beurteilen, ob innerhalb der Gültigkeitsdauer von aktivischen temporary differences und Steuerguthaben sich in einem ausreichenden Maße passivische temporary differences erhöhend auf das zu versteuernde Einkommen auswirken werden.[505]

Die Kriterien zur Beurteilung der Werthaltigkeit aktiver Steuerlatenzen unterstellen also offenbar erstens ein zu versteuerndes Einkommen in Höhe von Null, denn andernfalls müsste dieses im Vordergrund der Betrachtung stehen. Zweitens ist wohl davon auszugehen, dass der Standard von einer zwingenden Realisierung passiver latenter Steuern in Form von tatsächlichen steuerpflichtigen Einkünften ausgeht – nur so ist nachvollziehbar, dass sich passive latente Steuern positiv auf die Werthaltigkeit aktiver latenter Steuern auswirken können. Kriterium (1) impliziert also, dass sich in jedem künftigen Veranlagungszeitraum passivische temporary differences auflösen und damit die Werthaltigkeit aktivischer temporary differences begründen. Drittens berücksichtigt IAS 12 auch einen „Vortrag“ sich umkehrender aktiver temporary differences und Steuerguthaben, denen zeitkongruent nicht in mindestens gleicher Höhe passivische temporary differences gegenüberstehen. Der daraus resultierende und in nachfolgenden Berichtsperioden steuermindernd nutzbare Verlustvortrag erhöht den in der Folgeperiode zur Verfügung stehenden Betrag an Steuerguthaben.

Die vier Kriterien zur Werthaltigkeitsbeurteilung aktiver latenter Steuern sind vor diesem Hintergrund wohl vor allem als Hilfestellung zur Einschätzung zu sehen, ob und in welchem Ausmaß künftige steuerpflichtige Einkünfte zur Verfügung stehen werden. Eine besondere Reihenfolge ist dabei offenbar nicht zu

503 Vgl. IAS 12.28 (a).
504 Vgl. IAS 12.28 (b).
505 Vgl. IAS 12.36 (a).

berücksichtigen, dafür aber Interdependenzen – schließlich beziehen sich alle Kriterien auf das erwartete zu versteuernde Einkommen. Ist also nach der in Abbildung 21 aufgezeigten Logik von fristgerecht verfügbaren passiven temporary differences in einem ausreichenden Maße auszugehen, ist keine darüber hinausreichende Einkommensprognose erforderlich.[506] Liegen aber passive temporary differences nicht in einem ausreichenden Maße vor, ist nach den Kriterien des IAS 12 das für künftige Perioden erwartete zu versteuernde Einkommen in die Beurteilung der Werthaltigkeit aktiver Steuerlatenzen einzubeziehen.[507] Dabei ist einzuschätzen, ob es wahrscheinlich ist, dass jene aktiven Steuerlatenzen, denen nicht zeitgerecht und in einem ausreichenden Maße steuerbare temporary differences gegenüberstehen, im Zeitpunkt ihrer Umkehr das tatsächlich zu versteuernde Einkommen mindern können.

Zu beachten ist hierbei, dass die Werthaltigkeitsbeurteilung nicht durch eine Doppelerfassung künftiger steuerbarer Einkünfte verfälscht wird: Kann die Werthaltigkeit eines Teils der aktiven latenten Steuern durch die Existenz passiver temporary differences bestätigt werden, sind Letztere aus der Einschätzung künftiger steuerpflichtiger Einkünfte herauszurechnen, denn sie signalisieren bereits erwartete Erhöhungen des zu versteuernden Einkommens. Alternativ kann auch eine umfassende Werthaltigkeitsbeurteilung vorgenommen werden, indem passive temporary differences entgegen dem Kriterium (1) außer Acht gelassen werden und der Gesamtbestand aktiver Steuern der Einschätzung künftiger steuerpflichtiger Einkünfte gegenübergestellt wird. Wird diese auf der Grundlage einer IFRS-Unternehmensplanung vorgenommen, ist aber zusätzlich noch zu bedenken, dass eine Ergebnisprognose auf IFRS nicht unmittelbar auch auf das zukünftige *steuerpflichtige* Einkommen schließen lässt. Folglich ist eine Korrektur um permanente Differenzen, also um nicht steuerbare Komponenten des IFRS-Ergebnisses vorzunehmen. Dabei ist der in Abbildung 22 dargestellte Zusammenhang zu beachten.

---

506 Hoffmann stellt in diesem Zusammenhang zutreffend fest, dass nur „hilfsweise" auf die Existenz ausreichend steuerpflichtiger Gewinne bei der Werthaltigkeitsbeurteilung abzustellen ist. Vgl. Hoffmann 2006, Tz. 34. Dies wird voraussichtlich im Zuge des Short Term Convergence Project klargestellt. So soll ED-IAS 12 gegenüber der aktuellen Fassung dieses Standards folgendermaßen ergänzt werden: „To the extend evidence about one or more sources of taxable income is sufficient to support a conclusion that it is probable that taxable income will be available [...], other sources need not be considered." IASB Observer Note March 2005a, Abs. X2 (S. 12 f.).

507 Vgl. IAS 12.27; IAS 12.35.

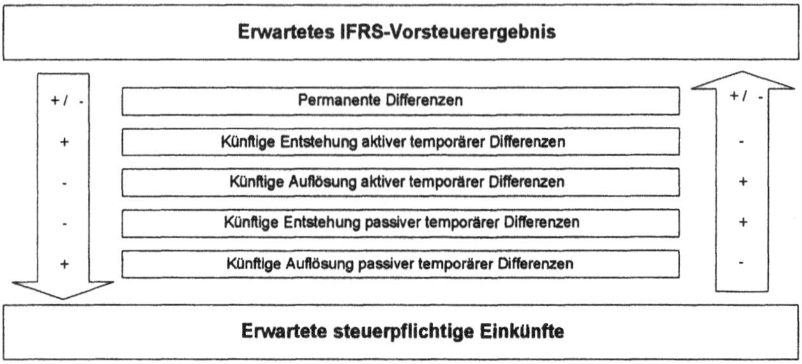

Abbildung 22: Ergebnisprognose nach IFRS und nach Steuerrecht im Zusammenhang[508]

Soweit bei Beachtung regulärer Rahmenbedingungen nicht von einer fristgerechten Inanspruchnahme aktiver latenter Steuern ausgegangen werden kann, sind die oben als Kriterium (3) und (4) genannten Sondereffekte bei der Einschätzung der Werthaltigkeit zu berücksichtigen. Zum einen können dabei Steuergestaltungsmöglichkeiten Unternehmen dazu befähigen, „künstlich“ zu versteuerndes Einkommen zu generieren, um eine fristgerechte und möglichst vollumfängliche Nutzung aktiver Steuerlatenzen zu ermöglichen. Hierzu gehört zum Beispiel die Ausübung von Wahlrechten der Unternehmensbesteuerung; zusätzliches steuerbares Einkommen kann darüber hinaus unter bestimmten Umständen durch die Veräußerung von Vermögenswerten[509] oder durch eine rechtsformwechselnde Umwandlung generiert werden.[510]

Eine besondere Sorgfalt bei der Werthaltigkeitsbeurteilung aktiver latenter Steuern ist zum anderen bei solchen Unternehmen anzulegen, welche in der jüngeren Vergangenheit Verluste erlitten haben.[511] In IAS 12 wird davon ausgegangen, dass die Existenz von Verlusten in der Vergangenheit ein Hinweis darauf sein könnte, dass künftige steuerbare Einkommen möglicherweise nicht zur Verfügung stehen werden. Aktive Steuerlatenzen dürfen dann nur insoweit für werthaltig befunden werden, als dass „überzeugende substantielle Hinweise dafür vorliegen, dass ein ausreichendes zu versteuerndes Ergebnis zur Verfügung stehen wird“[512]. Demnach sind steuerlich nutzbare Verlustvorträge auf ihre Ursa-

---

[508] Modifiziert übernommen aus Kirsch 2003a, S. 129.

[509] Vgl. IAS 12.30; IAS 12.36 (c).

[510] Vgl. Kußmaul 2005, S. 558 ff. zur Steuerwirkung beim Wechsel der Rechtsform. Auch die Aufhebung einer Organschaft zur Nutzung vororganschaftlicher körperschaftsteuerlicher Verlustvorträge ist nach der hier vertretenen Auffassung unter Berücksichtigung steuergestalterischer Maßnahmen zu bewerten, nicht aber bereits im Ansatz. Vgl. zu den Ansatzvoraussetzungen Abschnitt C.II.1.bb).

[511] Vgl. IAS 12.35.

[512] IAS 12.35; IAS 12.31.

che hin zu untersuchen und danach, ob sich diese in Zukunft wiederholen können.[513] Wurde der bestehende Verlustvortrag durch identifizierbare Faktoren verursacht, die wahrscheinlich nicht mehr auftreten werden (Einmaleffekte), kann dies die Werthaltigkeit des steuerlichen Verrechnungsguthabens begründen.[514]

Erkennbar wird insgesamt die Vorgehensweise, die bei der Werthaltigkeitsbeurteilung aktiver latenter Steuern gewählt werden sollte. So sind grundsätzlich die verschiedenen möglichen Quellen wahrscheinlicher künftiger steuerpflichtiger Einkünfte umfassend zu berücksichtigen.[515] Dabei wird in IAS 12 aber nicht dargelegt, *wie wahrscheinlich* künftige steuerpflichtige Einkünfte sein sollen, damit sie in die Einschätzung der Werthaltigkeit einfließen dürfen. Hängt die Werthaltigkeit darüber hinaus von Steuergestaltungsmaßnahmen ab, fehlt es außerdem an Voraussetzungen, wie konkret die Durchführung von Steuergestaltungsmaßnahmen absehbar sein sollten, damit sie bei der Werthaltigkeitsbeurteilung aktiver Steuerlatenzen in Betracht gezogen werden können. Auch inwiefern in besonderen Umständen ein Ansatz aktiver latenter Steuern in Verlustsituationen gerechtfertigt ist, wird in IAS 12 nicht näher erläutert.[516]

Vor diesem Hintergrund überrascht es nicht, dass das Wahrscheinlichkeitskriterium höchst unterschiedlich ausgelegt werden kann. Insbesondere im Zusammenhang mit Verlustvorträgen wurden in der Vergangenheit regelmäßig besonders hohe, zum Teil sogar quantifizierte Anforderungen gestellt. So befürwortet eine vergleichsweise große Anzahl von Kommentatoren des IAS 12 offenbar eine von erhöhter Vorsicht geprägte Bewertung aktiver Steuerlatenzen und fordert dementsprechend eine hohe Eintrittswahrscheinlichkeit künftiger steuerbarer Ergebnisse. Als Richtwert wird dabei ein Korridor von rund 75 bis 80% Eintrittswahrscheinlichkeit gefordert, ohne dass aber ausgeführt wird, wie diese zu ermitteln ist.[517] Eine solche Quantifizierung von Eintrittswahrscheinlichkei-

---

513 IAS 12.36 (c).

514 Vgl. Coenenberg 2005, S. 463.

515 Dies bedeutet bspw. auch, dass bei der Werthaltigkeitsbeurteilung organschaftlicher Verluste auf der Ebene des Organträgers die künftigen zu versteuernden Einkünfte aller Konzernunternehmen des Organkreises in die Betrachtung einbezogen werden. Vgl. zur Organschaft und den daraus resultierenden Schwierigkeiten der Konzernbilanzierung latenter Steuern nach IAS 12 Abschnitt C.III.1.a).

516 In der Literatur werden diesbezüglich Aspekte wie eine erwartete „positive Branchenentwicklung, der erfolgreiche Abschluss einer Restrukturierungsphase, die Amortisation von [...] Anlaufverlusten" genannt, welche zu einem positiven Urteil über die Werthaltigkeit von aktiven Steuerlatenzen beitragen könnten. Schulz-Danso 2006, Tz. 62; so auch Coenenberg/Hille 2003, Tz. 82. Weitere positive Einflussfaktoren können auch in der Einstellung von verlustträchtigen Unternehmensbereichen oder in einer guten Auftragslage gesehen werden. Auch die Unternehmensgröße respektive die Möglichkeit zur konzerninternen Verlagerung von Gewinnen werden zum Teil als positiver Wertindikator für Verlustvorträge aufgefasst. Vgl. Küting/Zwirner 2003, S. 312.

517 Vgl. Loitz/Rössel 2002, S. 648; Epstein/Mirza 2006, S. 539; Rabeneck/Reichert 2002, S. 1414; Klein 2001, S. 1454; Küting/Zwirner 2003, S. 304; dies in Anbetracht der jüngeren Entwicklungen relativierend Küting/Zwirner 2005, S. 1554. Wagenhofer fordert hingegen eine Eintrittswahrscheinlichkeit von „wesentlich über 50%". Wagenhofer 2005, S. 327; ähnlich hier Alexander/Archer 2003, S. 19.14.

ten dürfte aber im Regelfall nicht möglich sein. Davon abgesehen dürfte dieser äußerst vorsichtige Umgang mit aktiven latenten Steuern außerdem weder mit den Vorschriften des IAS 12 noch mit den normativen Grundsätzen der IFRS im Rahmenkonzept im Einklang stehen.[518] Wird beachtet, dass die Bilanzierung latenter Steuern nach IAS ohnehin bereits imparitätisch geprägt ist,[519] dürfte eine Beurteilung nach dem More-likely-than-not-Leitgedanken eher dem Merkmal der Neutralität entsprechen, das in den normativen Grundsätzen der IFRS verankert ist.[520] Diese Auffassung dürfte in der Literatur bei jenen auf Zustimmung treffen, die eine Eintrittswahrscheinlichkeit von „nur" mehr als 50% fordern.[521]

Erkennbar wird auch, dass die konkrete Vorgehensweise in der Werthaltigkeitsbeurteilung aktiver latenter Steuern durch die Vorschriften des IAS 12 nicht präzise festgelegt wird. Dies eröffnet Interpretationsspielräume. So kann auf der einen Seite argumentiert werden, dass eine vollumfängliche Aktivierung solange vertretbar ist, wie von der Unternehmensfortführung (going concern) ausgegangen werden kann und keine rechtlichen oder sonstigen ökonomischen Einschränkungen der steuermindernden Wirkung aktiver Steuerlatenzen vorliegen. Sind dann keine Anhaltspunkte für eine bevorstehende Unternehmensliquidation erkennbar und ist von voraussichtlich nachhaltig positiven Einkünften auszugehen, folgt hieraus die Aktivierung latenter Steuern im vollen Umfang – ihre Verwendung ist schließlich bei fortgesetzter Unternehmenstätigkeit wahrscheinlich.[522] Begründbar ist diese Vorgehensweise insbesondere vor dem Hintergrund unbegrenzt gültiger Verlustvorträge: „In many tax jurisdictions, the tax authorities permit unused tax losses to be carried forward of periods. Tax losses that can be carried forward without time limit will not require scheduling of reversals as the entity will have a longer time to generate taxable profit or create tax planning opportunities"[523]. Kann also davon ausgegangen werden, dass der steuerlich anerkannte Verlustvortrag in der Zukunft des Unternehmens irgendwann genutzt werden kann, ist keine Detailplanung des künftigen steuerbaren Einkommens notwendig. Nur sofern aktive latente Steuern befristet nutzbar sind oder aber Verlustsituationen eine Gefährdung der Unternehmensfortführung anzeigen, sind hiernach genauere Prognosen erforderlich.[524]

---

518 So auch Loitz 2004, S. 1179.

519 Vgl. Abschnitt C.II.2.ba).

520 Vgl. Abschnitt B.I.2.d).

521 Vgl. Johnson/Holgate/McCann 2005, Tz. 13.131; Alexander/Archer 2003, S. 19.15; Schulz-Danso 2006, Tz. 62; Heurung/Kurtz 2000, S. 1778; Debus 2003, Tz. 225; Küting/Zwirner 2005, S. 1554.

522 Während dieser Variante in der Kommentarliteratur nur zurückhaltend begegnet wird, (vgl. etwa ablehnend bzw. kritisch Epstein/Mirza 2006, S. 539; Coenenberg/Hille 2003, Tz. 80 ff.; Coenenberg 2005, S. 462 f.; Weißenberger 2001, Tz. 79), trifft sie zumindest in der Unternehmenspraxis offenbar auf Zustimmung. Vgl. Küting 2002, S. 76, hier zitiert nach Kirsch 2003a, S. 130.

523 PricewaterhouseCoopers 2002, S. 65.

524 Ähnlich hier Debus 2003, Tz. 225. Zur Bedeutung der Unternehmensfortführung für die Nutzbarkeit aktiver latenter Steuern vgl. auch Kirsch 2003b, S. 1112 f.

Auf der anderen Seite kann trotz der widersprüchlichen Aussagen des IAS 12 zur Steuerplanung vor allem bei Existenz noch nicht genutzter Verlustvorträge eine detaillierte Prognose zur erwarteten Entwicklung von Steuerguthaben und temporary differences und künftiger steuerpflichtiger Einkünfte gefordert werden.[525] Nach dieser Auffassung ist dann präzise zu schätzen, in welchem Umfang und in welchen Zeitperioden künftig steuerbare Einkünfte zur Verfügung stehen werden, um den ansatzfähigen Betrag aktiver Steuerlatenzen zu bestimmen.

Nach der hier vertretenen Auffassung führt nur eine Kombination beider Ansätze zu einer sachgerechten und mit den Regeln zur Werthaltigkeitsbeurteilung aktiver latenter Steuern nach IAS 12 übereinstimmenden Lösung. So begründet nach der Meinung des Verfassers bereits eine positiv verlaufende Abschätzung der Unternehmensfortführung den vollumfänglichen Ansatz unbefristeter aktiver Steuerlatenzen. Eine detaillierte Prognose künftiger steuerbarer Einkünfte, wie sie zum Teil in der Literatur als Regelfall gefordert wird, ist nur dann vor dem Hintergrund der Vorschriften des IAS 12 vertretbar und erforderlich, wenn entweder von einer nachhaltigen Verlustsituation des Unternehmens auszugehen ist und folglich die Unternehmensfortführung gefährdet erscheint oder aber die Nutzbarkeit aktiver latenter Steuern befristet ist.[526] Ist demnach im Einzelfall eine Prognose künftiger steuerpflichtiger Einkünfte zur Einschätzung der Werthaltigkeit erforderlich, kann hierbei gegebenenfalls als Ausgangspunkt auf Unternehmensplanungen zurückgegriffen werden. Diese sind in der Praxis regelmäßig verfügbar und sind in vielen Fällen ohnehin als Ausgangspunkt für andere bilanzielle Bewertungszwecke erforderlich.[527]

Unabhängig aber davon, welche der hier vorgestellten Vorgehensweisen gefolgt wird, bleibt festzuhalten, dass IAS 12 unterschiedliche Interpretationen zur konkreten Vorgehensweise bei der Werthaltigkeitsbeurteilung aktiver latenter Steuern zulässt. So sind bereits die Vorschriften des IAS 12 nicht so hinreichend präzise formuliert, dass die Notwendigkeit einer Nichtaktivierung aktiver laten-

---

[525] Vgl. Schulz-Danso 2006, Tz. 48; Coenenberg/Hille 2003, Tz. 87; Kirsch 2003a, S. 131; Kirsch 2003b, S. 1112; ähnlich hier auch von Eitzen/Helms 2002, S. 827. Genaue Kriterien für eine Steuerplanung zur Beurteilung latenter Steuern finden sich jedoch in der Literatur nur vereinzelt. Schulz-Danso spricht sich für eine Gewinnprognose für die Jahre aus, in denen sich aktive temporary differences voraussichtlich auflösen werden, jedoch eingeschränkt auf einen Planungszeitraum von maximal 5 Jahren, sofern Verlustvorträge vorhanden sind. Begründet wird dies mit der zeitnahen Nutzung von Verlustvorträgen, insbesondere in kritischen, weil ertragschwachen Unternehmen. Der 5-Jahres-Zeitraum lehnt sich an die Anforderungen des IAS 36.27 ff. an, welche die Prämissen für die Bestimmung des Nutzungswertes im Rahmen eines Impairment-Tests festlegen. Vgl. Schulz-Danso 2006, Tz. 61.

[526] Ähnlich hier Kirsch 2003g, Tz. 121; KPMG 2005, S. 444.

[527] So etwa für den Wertminderungstest nach IAS 36. Vgl. hier ausführlich Bartels/Jonas 2006, Tz. 40 ff. Durch den Rückgriff auf Unternehmensplanungen wird auch gewährleistet, dass sich die Prognose künftiger steuerpflichtiger Einkünfte auch über den gleichen Zeitraum erstreckt wie beispielsweise jene Planungen, die dem Wertminderungstest nach IAS 36 zugrunde liegen – andernfalls würde sich die Beurteilung aktiver latenter Steuern auf einen anderen Zeitraum beziehen als die Beurteilung anderer Vermögenswerte des Unternehmens und damit das Bilanzbild verzerren.

ter Steuern im IFRS-Abschluss sachgerecht interpretiert werden kann. Vor diesem Hintergrund ist davon auszugehen, dass diese Vorschriften in der Rechnungslegungspraxis uneinheitlich umgesetzt werden. Dies dürfte weder mit dem Merkmal der Verständlichkeit vereinbar sein noch mit dem Merkmal der Vergleichbarkeit der IFRS-Rechnungslegung.

Folglich erscheinen Richtlinien zur Vorgehensweise in der Werthaltigkeitsbeurteilung in IAS 12 erforderlich. Diese könnten zwar nicht die weiterhin vorhandenen Ermessensspielräume bei der Bewertung latenter Steuern eindämmen.[528] Ermessensspielräume sind aber ohnehin ein fester Bestandteil einer jeden Schätzung. Konkretere Vorgaben zur Bewertung, wie sie an anderer Stelle beispielsweise im Zusammenhang mit dem Wertminderungstest nach IAS 36 existieren, könnten aber die Werthaltigkeitsbeurteilung latenter Steuern zumindest aus verfahrenstechnischer Perspektive auf eine einheitliche Grundlage stellen. Soll darüber hinaus ein ähnlicher Grad an vorausschauender Überprüfung der Werthaltigkeit latenter Steuern wie bei den meisten anderen langfristigen Bilanzposten hergestellt werden, ist wohl außerdem eine generelle Prognosepflicht künftiger steuerbarer Einkünfte einzuführen, sofern berechtigte Zweifel an der Nutzung vorhandener aktiver latenter Steuern bestehen.

Materiell oder formell wesentliche Änderungen in der Werthaltigkeitsbeurteilung aktiver latenter Steuern sind derzeit aber nicht absehbar. Im Rahmen des Short Term Convergence Project wird der More-likely-than-not-Leitgedanke in IAS 12 implementiert, was wohl zu einer tendenziell weniger von Vorsicht geprägten Einschätzung der Werthaltigkeit aktiver Steuerlatenzen führen wird. In dieselbe Richtung wird die Ansatzsystematik aktiver latenter Steuern modifiziert: Den aktuellen Regelungen liegt der so genannte *affirmative judgement approach* zugrunde, nach dem die Nutzungsfähigkeit aktiver latenter Steuern positiv nachzuweisen ist. Nach den Plänen des IASB soll hier künftig der bereits in SFAS 109 enthaltene *impairment approach* gelten, nach dem zunächst alle Steuerlatenzen bilanziell vollumfänglich anzusetzen sind und erst in der Folge einer Werthaltigkeitsbeurteilung unterzogen werden sollen.[529] Künftig wird also voraussichtlich nicht mehr der Nachweis zu führen sein, aus welchem Grund latente Steuern aktiviert werden, sondern warum eine Wertminderung erfolgt. Es ist dabei davon auszugehen, dass demnach nur bei begründeter Skepsis eine Überprüfung und gegebenenfalls daraufhin eine Wertberichtigung aktiver latenter Steuern vorzunehmen ist. Bei ansonsten gleichen ökonomischen und steuerrechtlichen Rahmenbedingungen müssten der affirmative judgement approach

---

528 Diese werden in der Literatur kritisch hervorgehoben. Vgl. u.a. Kirsch 2003b, S. 1112; Küting/Zwirner 2003, S. 312; Schildbach 1998, S. 945.

529 Vgl. IASB Project Summary 2006, S. 10.

und der impairment approach aber theoretisch zu gleichen Ergebnissen führen.[530]

Für die praktische Anwendung fast wichtiger wird aber wohl die vollständige Umstrukturierung der Werthaltigkeitsbeurteilung aktiver latenter Steuern sein, die infolge des Short Term Convergence Project zu erwarten ist. So sollen die Kriterien zur Bewertung aktiver latenter Steuern aus temporary differences und Steuerguthaben in ED-IAS 12 künftig zusammengelegt werden.[531] Dies ist vor dem Hintergrund der Komplexität der aktuellen Vorschriften (siehe dazu auch die Zusammenstellung in Anhang C auf Seite XXVII) zu begrüßen – es ist schließlich davon auszugehen, dass die zu erwartende Komplexitätsreduktion ein erhöhtes Verständnis für die Bilanzierungsregeln des IAS 12 nach sich zieht und sich dies in der Bilanzierungspraxis durch eine einheitlichere Umsetzung dieser Regeln außert. Dies gilt umso mehr, als in ED-IAS 12 voraussichtlich auch die Kriterien (3) und (4) weiter erläutert werden. Dies wird tendenziell ebenfalls eine einheitlichere Vorgehensweise bei der Berücksichtigung von Steuergestaltungsmöglichkeiten und Verlustsituationen im Rahmen der Werthaltigkeitsbeurteilung aktiver latenter Steuern begünstigen.[532]

Allerdings wird wohl auch das Short Term Convergence Project keine wirklich präzise Vorgabe bringen, unter welchen Umständen und vor allem in welcher Form eine Werthaltigkeitsbeurteilung aktiver latenter Steuern vorzunehmen ist. Die derzeit absehbaren Neuerungen lassen lediglich erkennen, dass eine um temporary differences bereinigte Einschätzung künftiger steuerpflichtiger Einkünfte erforderlich ist, sofern von einer Werthaltigkeit aktiver latenter Steuern nicht bereits aufgrund von passiven temporary differences ausgegangen werden kann.[533] Auch künftig wird es daher wohl an Richtlinien zur Bewertung aktiver latenter Steuern fehlen, die eine im unternehmensübergreifenden Vergleich einheitliche Vorgehensweise gewährleisten könnten.

---

530 Jedenfalls geht das IASB wohl davon aus, indem es jede Abweichung im Bewertungsansatz als „common misconception" bezeichnet. IASB Observer Note June 2005, Tz. 14 f. Jedoch scheint die Bilanzierungspraxis diese Annahme zu widerlegen: Küting/Zwirner zeigen in diesem Zusammenhang anhand empirischer Daten von DAX-30-Unternehmen, dass eher im US-GAAP-Abschluss, also unter Anwendung des impairment approach, als im IFRS-Abschluss Verlustvorträge aktiviert werden. Vgl. Küting/Zwirner 2005, S. 1558; ähnlich hier Epstein/Mirza 2006, S. 539.

531 Die Vorschriften zur Werthaltigkeitsbeurteilung in der jetzigen Fassung von IAS 12 (und im Übrigen auch in SFAS 109) werden dabei komplett gegen einen neuen Abschnitt mit der Bezeichnung „Measuring the realisability of deferred tax assets" ausgetauscht. Vgl. IASB Update March 2005, S. 6.

532 Vgl. IASB Observer Note March 2005a, Abs. X4 (S. 13) sowie Abs. ABX1 ff. (S. 14 ff.).

533 Vgl. IASB Project Summary 2006, S. 10.

c) Zwischenfazit

In diesem Abschnitt wurden die Vorschriften des IAS 12 zur Bewertung latenter Steuern dargelegt und analysiert. Zu unterscheiden sind dabei zwei Instanzen: die Wahl des jeweils zur Herleitung aktiver wie passiver latenter Steuern erforderlichen Steuersatzes und die Werthaltigkeitsbeurteilung. Letztere ist nur bei aktiven latenten Steuern erforderlich, passive latente Steuern sind hingegen stets im IFRS-Abschluss zu bilanzieren.

Die Wahl des Steuersatzes gestaltet sich dabei im Hinblick auf die hier primär untersuchten Kapitalgesellschaften als relativ geradlinig und ist nach der hier vertretenen Auffassung im Hinblick auf die normativen Grundsätze der IFRS nicht zu beanstanden. Vor allem bei Steuersatzänderungen orientieren sich die Vorschriften des IAS 12 zwar nicht direkt, aber implizit an den allgemeinen Ansatzvoraussetzungen des Rahmenkonzepts.

Die gesonderte Bewertung aktiver latenter Steuern eröffnet hingegen nicht nur weite Ermessensspielräume, sondern liegt auch nach der hier vertretenen Auffassung im Widerspruch zu den normativen Grundsätzen der IFRS. Hier ist zum einen die imparitätische Ausrichtung von IAS 12 kritisch hervorzuheben. Dadurch, dass eine Werthaltigkeitsbeurteilung nur bei aktiven latenten Steuern erforderlich ist, wird die Wahrscheinlichkeit eines künftigen Nutzens als allgemeine Ansatzvoraussetzung des Rahmenkonzepts nur teilweise von den Vorschriften des IAS 12 aufgegriffen.[534] Die pauschale Bilanzierungspflicht passiver latenter Steuern entspricht hingegen nicht diesem Aspekt der bilanztheoretischen Grundsätze der IFRS. Die imparitätische Ausrichtung von IAS 12 steht darüber hinaus im Widerspruch zum Merkmal der Verlässlichkeit und hier insbesondere mit dem Untermerkmal der Neutralität – schließlich sind im IFRS-Abschluss passive latente Steuern auch dann anzusetzen, wenn positive zu versteuernde Einkünfte nicht absehbar sind. Aktive latente Steuern sind hingegen aufgrund ihrer gesonderten Bewertung gegebenenfalls auch dann nicht zu bilanzieren, wenn nur mit geringfügigen steuerpflichtigen Einkünften gerechnet wird.

Zum anderen sind die Vorschriften zur Einschätzung der Werthaltigkeit aktiver latenter Steuern nach der hier vertretenen Auffassung nicht so präzise und prägnant, dass eine eindeutige Vorgehensweise gewährleistet erscheint. So werden die jeweils zu beachtenden Kriterien zwar gesondert für temporary differences und Steuerguthaben, aber letztlich doppelt in IAS 12 dargelegt. Die Regeln zum Ansatz aktiver latenter Steuern erweitern damit den Umfang dieses Standards, was die Verständlichkeit der Rechnungslegung erschweren dürfte. Die konkrete Vorgehensweise bei der Beurteilung der Werthaltigkeit kann aber auch darüber hinaus aus diesen Vorschriften nicht eindeutig abgeleitet werden, wie die verschiedenen Interpretationsansätze verdeutlichen. Hierzu fehlt es nicht nur an

[534] Vgl. zu den allgemeinen Ansatzvoraussetzungen des Rahmenkonzepts Abschnitt B.II.2.

Ausführungen zum Wahrscheinlichkeitsgrad, ab dem von der Werthaltigkeit aktiver latenter Steuern auszugehen ist. Wenig prägnant ist IAS 12 außerdem vor allem zur Frage, ob und in welcher Form eine Prognose künftiger steuerpflichtiger Einkünfte der Beurteilung zugrunde gelegt werden soll: Auf der einen Seite wird die Abzinsung latenter Steuern mit Hinweis auf die praktischen Probleme in der Erstellung detaillierter Prognosen künftiger steuerpflichtiger Einkünfte und der künftigen Entwicklung der Bemessungsgrundlage latenter Steuern von IAS 12 abgelehnt. Trotzdem ist auf der anderen Seite offenbar eine Prognose fällig, wenn nicht ausreichend passivische temporary differences vorhanden sind, aufgrund derer von der Werthaltigkeit der aktiven latenten Steuern auszugehen ist.[535] Dass hiermit weite Ermessensspielräume eröffnet werden, dürfte vor allem nicht mit dem Merkmal der Vergleichbarkeit der Rechnungslegung im Einklang stehen. Verstärkt wird dies dadurch, dass wenig detailliert vom Standard dargelegt wird, unter welchen Bedingungen und in welcher Form steuergestalterische Maßnahmen und Verlustsituationen im Rahmen der Werthaltigkeitsbeurteilung zu berücksichtigen sind.

Anzumerken ist noch, dass außerhalb der Bewertung mit dem Steuersatz und der Werthaltigkeitsüberprüfung und der einhergehenden Möglichkeit zur Wertkorrektur aktiver latenter Steuern keine weiteren Bewertungsschritte von IAS 12 vorgesehen werden. Ausgehend von der Bemessungsgrundlage latenter Steuern und in Kombination mit dem Abzinsungsverbot werden damit latente Steuern schließlich zu Nominalbeträgen bewertet. Von den bereits genannten Ungenauigkeiten der Werthaltigkeitsbeurteilung einmal abgesehen, bedeutet dies auf der einen Seite, dass unter den von IAS 12 festgelegten Prämissen wohl von der verlässlichen Bewertbarkeit latenter Steuern auszugehen ist.[536] Auf der anderen Seite spiegelt der nach den Bewertungsvorschriften von IAS 12 berechnete Buchwert aktiver und passiver latenter Steuern nominal den Betrag tatsächlicher Steuern wider, der mit ihnen antizipiert werden soll. Bezogen auf Steuerguthaben bedeutet dies, dass in der Bilanz der Betrag erfasst wird, in dessen Höhe unter Berücksichtigung der jeweils geltenden ökonomischen und steuerrechtlichen Rahmenparameter mit tatsächlichen Steuern zu rechnen ist. Gleiches gilt für temporary differences, wobei aber weiterhin ihr bereits angemerkter hypothetischer Charakter gilt. Auf der Grundlage von temporary differences angesetzte latente Steuern spiegeln daher nur den Betrag tatsächlicher Steuern wider, der im Falle einer Vollliquidation der berichtenden Einheit zu erwarten ist.

---

[535] Mit einer ähnlichen Begründung wird übrigens eine Prognose latenter Steuern im Zusammenhang mit der Saldierung aktiver und passiver latenter Steuern abgelehnt. Vgl. IAS 12.75; ferner die Ausführungen in Abschnitt C.IV.1.b).

[536] Zu diesem weit gefassten allgemeinen Ansatzkriterium des Rahmenkonzepts vgl. die Ausführungen in Abschnitt B.II.2.

Insgesamt sind daher nach der hier vertretenen Auffassung – abgesehen von der grundsätzlichen Kritik an der Dotierung der Bemessungsgrundlage latenter Steuern[537] – vor allem prägnantere Richtlinien zur Werthaltigkeitsbeurteilung hinsichtlich des erforderlichen Wahrscheinlichkeitsgrads und der Methodik zu fordern. Dies scheint durch die derzeit absehbaren Entwicklungen des Short Term Convergence Project möglich. Eine Gleichbehandlung aktiver und passiver latenter Steuern oder eine Abzinsung latenter Steuern ist aber auch hier nicht geplant.

3. Buchhalterische Erfassung latenter Steuern

In den vorangegangenen Abschnitten wurde vor allem erläutert und analysiert, wie die Bemessungsgrundlage latenter Steuern herzuleiten ist und wie auf ihr basierende aktive wie passive latente Steuern zu bewerten sind. In diesem Abschnitt wird dargelegt, wie die „other side of the entry"[538] auszuwählen ist, wie also latente Steuervermögenswerte und Steuerschulden im IFRS-Abschluss buchhalterisch zu erfassen sind.[539] Diesbezüglich ist zu unterscheiden, ob Aufwendungen und Erträge aus latenten Steuern GuV-wirksam oder GuV-neutral zu verbuchen sind. Das hierbei zu beachtende „Prinzip" wird in IAS 12.57 vergleichsweise knapp dargelegt:

> „Die Behandlung der Auswirkungen tatsächlicher und latenter Steuern eines Geschäftsvorfalles oder eines anderen Ereignisses stimmt mit der Behandlung des Geschäftsvorfalles oder des Ereignisses selbst überein. Dieses Prinzip wird in den Paragraphen 58 bis 68C festgelegt."

Die ergänzenden Ausführungen in IAS 12.58 bis IAS 12.68C unterscheiden dabei vor allem zwischen der GuV-wirksamen und GuV-neutralen (Zugangs-)Bilanzierung von Ertragsteuern und enthalten Ausnahmeregelungen der Zugangs- und Folgebilanzierung latenter Steuern.[540] Die dabei zu beachtenden Grundsätze der buchhalterischen Erfassung latenter Steuern werden nachfolgend in C.II.3.a) erläutert. Mischformen der intraperiod tax allocation, die eine zum Teil GuV-wirksame, zum Teil aber auch GuV-neutrale Behandlung erfordern, sind daraufhin Gegenstand der Ausführungen in C.II.3.b). Auf Sonderformen der buchhal-

---

[537] Vgl. dazu Abschnitt C.II.1.c).

[538] IASC Insight December 1996, S. 17.

[539] Anders als es die Überschrift vermuten lässt, wird dieser Frage in IAS 12 im Gliederungspunkt „Ansatz tatsächlicher und latenter Steuern" (Recognition of current and deferred taxes) nachgegangen. Es handelt sich dabei um einen Teilbereich der sog. intraperiod tax allocation, die sich mit der Zuordnung von Aufwendungen und Erträgen aus Ertragsteuern innerhalb der Erfolgsrechnung eines Unternehmens befasst. Vgl. zur Gliederung von IAS 12 auch Anhang B, S. XXVII.

[540] Vgl. IAS 12.58; IAS 12.61. Weiterhin wird auch die buchhalterische Erfassung latenter Steuern im Rahmen von Unternehmenszusammenschlüssen behandelt. Diese Aktiva bzw. Passiva wirken sich auf die Berechnung von GoF aus. Vgl. Abschnitt C.II.1.ac).

terischen Erfassung von latenten Steuern bei bestimmten Anschaffungsvorgängen wurde bereits bei der Erläuterung der Ausnahmeregelungen vom temporary concept eingegangen. Sie werden daher an dieser Stelle nicht weiter betrachtet.[541]

a) Grundsätze

Im IFRS-Regelwerk gilt generell, dass Aufwendungen und Erträge GuV-wirksam zu buchen sind, sofern nicht eine Sondervorschrift eines Standards oder eine Interpretation eine andere Vorgehensweise vorschreibt.[542] Diese Regel wird in IAS 12.57 aufgegriffen und bestätigt. Aufwendungen und Erträge aus latenten Steuern sind also normalerweise GuV-wirksam zu erfassen.[543]

Eine Teilmenge von temporary differences kann jedoch darauf zurückgeführt werden, dass bewertungsinduzierte Erfolgskomponenten zum Teil direkt im Eigenkapital erfasst werden. Nach IAS 1.96 sind diese nicht in die GuV gebuchten, jedoch auch nicht auf Transaktionen mit Anteilseignern zurückzuführenden Erfolgskomponenten Bestandteil des so genannten Gesamtertrags und -aufwands der Periode.[544] Resultiert aus der GuV-neutralen Bewertung von Bilanzposten eine temporary difference, so sind auch die daraus hervorgehenden latenten Steuern GuV-neutral im IFRS-Abschluss zu erfassen.[545]

Zur Differenzierung zwischen GuV-wirksamen und GuV-neutralen latenten Steuern wird in IAS 12.62 auf verschiedene Fallkonstellationen innerhalb des IFRS-Regelwerks verwiesen, die eine Aufwands- oder Ertragsbuchung direkt im Eigenkapital erforderlich machen könnten.[546] Beispiel 10 skizziert die GuV-

---

541 Vgl. Erfassung latenter Steuern für so genannte initial recognition differences Abschnitt C.II.1.ab). Die buchhalterische Erfassung latenter Steuern im Zusammenhang mit Unternehmenszusammenschlüssen und einem dabei erstmalig anzusetzenden GoF wurde bereits in Abschnitt C.II.1.ac) erläutert.

542 Vgl. IAS 1.78. GuV-wirksam sind jene Buchungen, die direkt im Periodenergebnis laut GuV erfasst werden, GuV-neutrale Ergebnisbuchungen werden hingegen im Eigenkapital erfasst. Vgl. auch Abschnitt B.II.1.

543 Vgl. IAS 12.58. Vor allem latente Steuern aus temporary differences in ihrer Teilmenge der timing differences sind vor diesem Hintergrund GuV-wirksam zu behandeln. Wie bereits in Abschnitt A.II.2.aa) dargelegt wurde, sind timing differences im Wesentlichen auf Verwerfungen zwischen der steuerrechtlichen und handelsrechtlichen Erfassung von Geschäftsvorfällen zurückzuführen, die sich entweder bereits auf das zu versteuernde Einkommen oder aber auf das IFRS-Jahresergebnis ausgewirkt haben. Ähnlich hier Schulz-Danso 2006, Tz. 95.

544 Dieser ist in der Eigenkapitalveränderungsrechnung auszuweisen. Vgl. IAS 1.96 (c); siehe ausführlich mit Beispielen auch Senger/Brune 2006a, Tz. 14 ff.

545 Vgl. IAS 12.58 (a) i.V.m. IAS 12.61. Welche Rücklage innerhalb des Eigenkapitals dabei buchungstechnisch anzusprechen ist, wird in IAS 12 übrigens nicht dargelegt. Nachvollziehbar erscheint hier die Erfassung in der gleichen Rücklage, in der auch das Ergebnis aus dem zugrunde liegenden Geschäftsvorfall erfasst wurde. Vgl. KPMG 2005, S. 454.

546 Es handelt sich dabei um die bereits in Abschnitt C.I.4 erwähnten Querverweise mit unverbindlichem Charakter, da stets zusätzlich die Grundsätze des IAS 12 zugrunde liegenden temporary concept zu beachten sind – es ist also keineswegs von einem zwingenden Zusammenhang mit der Bilanzierung latenter (oder tatsächlicher) Ertragsteuern auszugehen.

neutrale Buchung latenter Steuern im Zusammenhang mit einem neubewerteten Vermögenswert des Sachanlagevermögens in Anlehnung an IAS 12.62 (a).[547]

Beispiel 10: GuV-neutrale Erfassung latenter Steuern

Ein betrieblich genutztes Grundstück wird gemäß IAS 16.31 ff. neu bewertet. Hierbei ergibt sich gegenüber dem bisherigen Buchwert von 300.000 EUR ein Zuschreibungsbedarf von 50.000 EUR für den IFRS-Abschluss, der sich aber zunächst nicht auf das zu versteuernde Einkommen des Unternehmens auswirkt. Das Unternehmen unterliegt einem effektiven Ertragsteuersatz von 40%, der Steuerwert des Betriebsgrundstücks entspricht seinem IFRS-Buchwert vor Neubewertung.

Dieser Sachverhalt ist wie folgt bilanziell zu erfassen:

Betriebsgrundstück	50.000 EUR	an	Passive latente Steuern	20.000 EUR (50.000*40%)
			Neubewertungsrücklage	30.000 EUR (50.000*(1-40%))

Während dieses Beispiel die Unterscheidung zwischen GuV-neutralen und GuV-wirksamen Ergebnisbuchungen aus latenten Steuern in nachvollziehbarer Form darlegt, ist anzuzweifeln, ob hier die weiteren Hinweise in IAS 12 die buchhalterische Erfassung latenter Steuern näher erläutern können.[548] So wird als weiteres Beispiel für eine GuV-neutrale Verbuchung latenter Steuern zum einen noch auf die Erfassung von „Währungsdifferenzen infolge einer Umrechnung des Abschlusses eines ausländischen Geschäftsbetriebs“[549] im Eigenkapital hingewiesen. Dies ergibt jedoch nur in einem bestimmten Anwendungsfall einen Sinn – latente Steuern sind schließlich im Zusammenhang mit outside basis differences erstens nur im Konzernabschluss unter Einbeziehung sämtlicher Eigenkapitalkomponenten eines Tochterunternehmens zu dotieren,[550] zweitens ist eine dabei zu berücksichtigende GuV-neutrale Buchung nur aus der Fremdwährungsumrechnung in eine abweichende Berichtswährung denkbar.[551] Ähnlich komplex gestaltet sich zum anderen der wohl ebenfalls als Hilfestellung gedachte Hinweis in IAS 12, dass Direktbuchungen ins Eigenkapital durch „eine Anpassung des Anfangssaldos der Gewinnrücklagen infolge einer Änderung der Bilanzierungs- und Bewertungsmethoden, die rückwirkend angewendet wird,

[547] Vgl. vertiefend im Hinblick auf Sachanlagen i.S.v. IAS 16 Zülch/Lienau 2004, S. 569 ff.; mit weiteren Beispielen vgl. auch Heuser/Theile 2005, Tz. 1341.

[548] Vgl. mit ausführlichen Beispielen zu Verständnisproblemen dieser zentralen Vorschrift in IAS 12 Ruhnke/Schmidt/Seidel 2005, S. 82 ff.

[549] IAS 12.62 (c).

[550] Vgl. dazu Abschnitt C.II.1.ad).

[551] Dabei ist die modifizierte Stichtagskursmethode nach den Vorschriften von IAS 21.39 ff. anzuwenden. Vgl. ausführlich Abschnitt C.III.1.bb), zur Währungsumrechnung und outside basis differences außerdem noch Beispiel 16 auf S. 170.

oder [infolge] der Korrektur eines Fehlers“[552] erforderlich sein könnten. Dies ist zwar durchaus zutreffend, da Fehlerkorrekturen und Methodenänderungen grundsätzlich rückwirkend zu bilanzieren sind.[553] Anpassungen der Bilanzierung, die auf zurückliegende Berichtsperioden zurückzuführen sind, sind dabei periodengerecht zu erfassen. Fehlerkorrekturen und Methodenänderungen erfordern daher, soweit möglich, einerseits eine Anpassung der GuV der im IFRS-Abschluss dargestellten Vergleichsjahre, andererseits eine Anpassung des Eröffnungssaldos der Gewinnrücklagen.[554] Eine einhergehende Bilanzierung latenter Steuern ist jedoch nur dann erforderlich, wenn hieraus auch Änderungen im Bestand von temporary differences resultieren oder gar Fehler in der Bewertung latenter Steuern zu einer rückwirkenden Anpassung der IFRS-Abschlüsse zwingen. Auch dieses Beispiel dürfte also nicht unbedingt die Regeln verständlich machen, nach denen latente Steuern buchhalterisch zu erfassen sind.

Es ist festzuhalten, dass Aufwendungen und Erträge aus latenten Steuern direkt im Eigenkapital zu erfassen sind, sofern sie sich auf Aufwendungen und Erträge beziehen, die wiederum auf GuV-neutral erfasste Änderungen von temporary differences zurückzuführen sind. Die Bemühung relativ komplexer Beispiele in IAS 12, mit denen die Grundsätze der buchhalterischen Erfassung von Ertragsteuern im IFRS-Abschluss offenbar erhellt werden sollen, dürfte jedoch nicht unbedingt dem Merkmal der Verständlichkeit der Rechnungslegung entsprechen.[555] Hier wären präzisere Richtlinien wünschenswert. Solange aber das „Prinzip“ des IAS 12.57 stringent umgesetzt wird, ist die Differenzierung zwischen einer GuV-neutralen und GuV-wirksamen Erfassung latenter Steuern nicht weiter zu beanstanden.

Aus der Perspektive der bilanztheoretischen Grundsätze der IFRS ergeben sich ebenfalls keine Kritikpunkte. Zwar kann gegen diese divergierende buchhalterische Erfassung eingewendet werden, dass durch GuV-neutrale Ergebnisbuchungen latenter Steuern unter Umständen gegen das Kongruenzprinzip verstoßen wird.[556] Dies aber ist darauf zurückzuführen, dass das IFRS-Regelwerk *überhaupt* GuV-neutrale Aufwendungen und Erträge zulässt. Wie bereits in Abschnitt B.II.1 erläutert wurde, geschieht dies ohne konzeptionelle Rechtfertigung im Rahmenkonzept der IFRS, so dass auch kein Verstoß gegen normative

552 IAS 12.62 (b).

553 Vgl. IAS 8.22; IAS 8.42.

554 Vgl. IAS 8.22. Ausnahmen bestehen jedoch insoweit, als es sich zum einen um eine Änderung der Bilanzierungs- und Bewertungsmethoden handelt, die durch die erstmalige Anwendung eines neuen Standards oder einer neuen Interpretation erforderlich wird, deren Übergangsvorschriften Ausnahmen von einer vollständigen rückwirkenden Anwendung vorsehen. Vgl. IAS 8.19 (a); ausführlich auch Driesch 2006, Tz. 15 ff. Zum anderen kann eine periodenspezifische rückwirkende Anpassung generell entfallen, sofern die Anpassungsbeträge praktisch nicht ermittelbar sind. Vgl. IAS 8.23 ff. zu Methodenänderungen; IAS 8.43 ff. zu Fehlerkorrekturen; ausführlich hier auch Driesch 2006, Tz. 42 ff.

555 So im Ergebnis auch Ruhnke/Schmidt/Seidel 2005, S. 87.

556 Vgl. Ruhnke/Schmidt/Seidel 2005, S. 83.

Grundsätze vorliegen kann. Das „Prinzip“ der buchhalterischen Erfassung latenter Steuern kann aber vor allem bei Mischformen zu Problemen in der praktischen Umsetzung führen, wie im Folgeabschnitt dargelegt wird.

b) Mischformen

Mischformen der buchhalterischen Erfassung latenter Steuern nach IAS 12 kommen aus insgesamt drei Blickwinkeln in Betracht. Erstens können temporary differences auch durch Geschäftsvorfälle verursacht werden, deren Ergebniswirkung zum Teil GuV-wirksam, zum Teil aber auch GuV-neutral erfasst werden. Diese Mischform der Erfassung latenter Steuern, die durch das erweiterte Ergebnisausweiskonzept der IFRS erforderlich wird, wird in Abschnitt C.II.3.ba) erläutert. Zweitens können Mischformen auch dann auftreten, wenn eine Werthaltigkeitsbeurteilung aktiver latenter Steuern vorgenommen wird. Diese Mischform betrifft ebenfalls nur eine Einschätzung, die aus dem Blickwinkel der IFRS vorzunehmen ist. Sie wird in Abschnitt C.II.3.bb) dargestellt. Drittens können aber auch aus dem Blickwinkel der Ertragsteuern Mischformen der Bilanzierung latenter Steuern erforderlich sein. Bei Änderungen der steuerrechtlichen Rahmenparameter (wie beispielsweise neue Steuersätze) ist eine Neubewertung latenter Steuern erforderlich.[557] Existieren im Abschluss der berichtenden Einheit dabei gleichzeitig GuV-neutral erfasste latente Steuern aus temporary differences, ist zu überlegen, zu welchem Anteil die Änderung latenter Steuern GuV-wirksam vorzunehmen ist und welcher Anteil der Neubewertung direkt im Eigenkapital verbucht wird. Dieser Frage wird in Abschnitt C.II.3.bc) nachgegangen.

ba) Unterschiedliche Erfassung von Geschäftsvorfällen im IFRS-Abschluss

Bereits in Abschnitt C.II.3.a) wurde auf die Möglichkeit eines GuV-neutral zu buchenden Anteils latenter Steuern hingewiesen, die auf outside basis differences basieren und zugleich auf Währungsumrechnungsdifferenzen zurückzuführen sind. Weiterhin können zum Beispiel Wertminderungen zuvor neubewerteter Vermögenswerte des Sachanlagevermögens eine Mischform der buchhalterischen Erfassung latenter Steuern erforderlich machen. So sind Wertminderungen von Sachanlagen, die nach dem Neubewertungsmodell des IAS 16 folgebilanziert werden, grundsätzlich zwar GuV-wirksam zu erfassen. Allerdings ist die Abwertung gemäß IAS 16.40 zuvor in dem Umfang GuV-neutral zu buchen, in dem in vorangegangenen Berichtsperioden für den wertgeminderten Vermögenswert eine entsprechende Neubewertungsrücklage gebildet worden ist. In diesem Fall sind die buchhalterisch zu erfassenden latenten Steuern, die aus der erneuten Dotierung von temporary differences resultieren, in eine GuV-wirk-

[557] Zu Steuersatzänderungen bei der Bewertung latenter Steuern vgl. Abschnitt C.II.2.ab).

same und eine GuV-neutrale Ergebniskomponente aufzuteilen. Dieser Zusammenhang wird in Beispiel 11 erläutert.

Beispiel 11: Gleichzeitige GuV-neutrale und GuV-wirksame Erfassung latenter Steuern

Das bereits aus Beispiel 10 bekannte Betriebsgrundstück wird aufgrund eines negativen Geschäftsverlaufs im Zusammenhang mit einer zahlungsmittelgenerierenden Einheit, die dieses Grundstück nutzt, einem Wertminderungstest nach IAS 36 unterzogen. Dabei wird eine nachhaltige Wertminderung des Grundstücks in Höhe von 60.000 EUR ermittelt, die den zuvor bei der Neubewertung ermittelten Aufstockungsbetrag (50.000 EUR) übersteigt.

Gemäß IAS 36.60 i.V.m. IAS 16.40 ist die Wertminderung in Höhe der zuvor dotierten Neubewertung in Höhe von 50.000 EUR GuV-neutral zu erfassen; der Restbetrag wird GuV-wirksam bilanziert:

Wertminderungsaufwand	10.000 EUR			
Neubewertungsrücklage	50.000 EUR	an	Betriebsgrundstück	60.000 EUR

Unter der Annahme, dass sich auch die Hintergründe der Wertminderung nach IAS 36 *nicht* auf den Steuerwert des Grundstücks auswirken, ändert sich der Bestand der auf das Betriebsgrundstück entfallenden temporary differences wie folgt:

Zustand vor der Wertminderung:
Buchwert IFRS ./. Steuerwert = 50.000 EUR (passivische temporary difference)

Zustand nach der Wertminderung:
Buchwert IFRS ./. Steuerwert = ./. 10.000 EUR (aktivische temporary difference)

Nach IAS 12.61 entfällt die Veränderung der temporary differences in Höhe von 50.000 EUR auf die Guv-neutral und in Höhe von 10.000 EUR auf die GuV-wirksam erfasste Wertminderung. Die Änderung von temporary differences, die vorbehaltlich der Werthaltigkeitseinschätzung zu einem Ansatz aktiver latenter Steuern führen wird, ist wie folgt zu verbuchen:

Aktive latente Steuern	4.000 EUR (10.000 * 40%)	an	Neubewertungs-RL	20.000 EUR (50.000 * 40%)
Passive latente Steuern	20.000 EUR (50.000 * 40%)		Latenter Steuerertrag	4.000 EUR (10.000 * 40 %)

Die Entscheidung, zu welchem Teil latente Steuern GuV-wirksam und zu welchem Teil sie GuV-neutral zu erfassen sind, kann bei bestimmten ertragsteuerlichen Rahmenbedingungen mit Schwierigkeiten verbunden sein. Unterliegt das Unternehmen beispielsweise einem progressiven Ertragsteuersatz, ist die direkte Zuordnung eines Grenzsteuersatzes zu einem bestimmten Geschäftsvorfall, der die Abgrenzung latenter Steuern erforderlich macht, nicht möglich.[558] Im Hin-

[558] Vgl. zur Steuersatzschätzung bei einkommensabhängigen Steuertarifen Abschnitt C.II.2.aa).

blick auf den Anteil latenter Steuern, der direkt im Eigenkapital zu erfassen ist, soll hier eine angemessene Aufteilung durch Schätzung vorgenommen werden, etwa durch Heranziehung eines Durchschnittsteuersatzes.[559]

Trotz einer möglicherweise notwendigen Schätzung ist erkennbar, dass die im vorherigen Abschnitt vorgestellten Grundsätze der buchhalterischen Erfassung latenter Steuern stringent umgesetzt werden. Im Ergebnis werden die zuvor GuV-neutral gebildeten latenten Steuern wieder ausgebucht, das auf den GuV-wirksamen Anteil der Wertminderung des Betriebsgrundstücks zurückzuführende Ergebnis aus latenten Steuern wird ebenfalls in der GuV erfasst. Im Hinblick auf die normativen Grundsätze der IFRS ergeben sich hieraus folglich keine Beanstandungen.

bb) Werthaltigkeitsbeurteilung aktiver latenter Steuern

Der Buchwert aktiver latenter Steuern ist grundsätzlich zum Bilanzstichtag zu überprüfen und auf den Umfang zu- oder abzuschreiben, der sich voraussichtlich steuermindernd in künftigen Berichtsperioden auswirken wird.[560] Der aus der erneuten Werthaltigkeitsbeurteilung aktiver latenter Steuern resultierende Ergebniseffekt ist dabei insoweit GuV-neutral zu buchen, als er auf Steuerlatenzen entfällt, die zuvor direkt im Eigenkapital erfasst worden sind.[561]

Aktive latente Steuern können auf der einen Seite aus Steuerguthaben resultieren, die grundsätzlich GuV-wirksam zu behandeln sind. Dies liegt darin begründet, dass ihre Entstehung nicht auf einen im IFRS-Abschluss direkt im Eigenkapital erfassten Geschäftsvorfall zurückzuführen ist. Die Bildung oder Auflösung von Wertberichtigungen wird daher stets in der GuV erfasst, eine Mischform der buchhalterischen Erfassung latenter Steuern liegt daher nicht vor.

Auf der anderen Seite können aktive latente Steuern auch aus temporary differences resultieren. Wie bereits in Abschnitt C.II.3.a) dargelegt worden ist, sind diese in Abhängigkeit ihres jeweils zugrunde liegenden Geschäftsvorfalls entweder GuV-wirksam oder aber GuV-neutral zu behandeln. Ändert sich also der Buchwert aktiver latenter Steuern infolge einer Werthaltigkeitsbeurteilung latenter Steuern zum Bilanzstichtag, ist zu überlegen, in welchem Umfang der Effekt aus der Werthaltigkeitsbeurteilung aktiver latenter Steuern direkt im Eigenkapital zu erfassen ist. Nach IAS 12 ist dabei abzuschätzen, inwieweit die Werthaltigkeitsbeurteilung die Zu- oder Abschreibung zuvor GuV-neutral erfasster latenter Steuern betrifft.[562] Sofern jedoch „unter den vorliegenden Umständen

---

559 Vgl. IAS 12.63. Dies kann durch Schätzung eines Durchschnittsteuersatzes erfolgen. Vgl. Schulz-Danso 2006, Tz. 100; Bonham/Curtis/Davies 2004, S. 1362.

560 Vgl. IAS 12.56; zur Werthaltigkeitseinstufung aktiver latenter Steuern vgl. auch Abschnitt C.II.2.b).

561 Vgl. IAS 12.63 (c).

562 Vgl. IAS 12.63.

eine sachgerechtere Verteilung“[563] möglich ist, darf auch ein anderer Aufteilungsmodus gewählt werden. In der Regel wird hier aber nur eine Schätzung in Form einer proratarischen Zuordnung auf eine GuV-neutrale und eine GuV-wirksame Komponente in Betracht kommen. Der Betrag der Zu- oder Abschreibung ist dann aufzuteilen, indem die Summe der im Eigenkapital erfassten aktiven latenten Steuern zu allen unmittelbar vor der Buchung erfassten aktiven latenten Steuern ins Verhältnis gesetzt wird.[564]

Die Vorschriften des IAS 12 erweisen sich an dieser Stelle als vergleichsweise unverbindlich und dürften daher nicht unbedingt einer einheitlichen und damit potentiell vergleichbaren Rechnungslegung zuträglich sein. Folglich sind präzisere Vorschriften zur Aufteilung von GuV-wirksame und GuV-neutral zu erfassenden latenten Steuern zu fordern. In den wesentlichen Zügen werden aber die in Abschnitt C.II.3.a) vorgestellten Grundsätze auch im Zusammenhang mit der Werthaltigkeitsbeurteilung aktiver latenter Steuern umgesetzt, so dass die Kritik an fehlenden Detailregelungen hier nicht zu sehr ins Gewicht fällt.

Weniger einleuchtend werden hier die Änderungen sein, die voraussichtlich im Zuge des Short Term Convergence Project in die Regelungen des IAS 12 aufgenommen werden sollen. Wie im Folgeabschnitt noch näher erläutert wird, wird IAS 12 hier an die Vorschriften von SFAS 109 angepasst.[565] Die Ergebnisse einer erneuten Beurteilung der Werthaltigkeit aktiver latenter Steuern sind demnach künftig auf jeden Fall im GuV-Ergebnis zu erfassen.[566] Eine Aufteilung zwischen ursprünglich GuV-wirksam bzw. GuV-neutral erfassten latenten Steuern aus temporary differences wird dann zwar im Fall einer Werthaltigkeitsüberprüfung nicht mehr erforderlich sein. Allerdings wird dadurch das „Prinzip“ der Vorschriften des IAS 12.57 durchbrochen, was nach der hier vertretenen Auffassung vor allem dem Merkmal der Verständlichkeit der Rechnungslegung zuwiderlaufen dürfte.

bc) Änderungen im Steuerstatus und Steuersatzänderungen

Während die beiden zuvor diskutierten Sachverhalte auf rein IFRS-seitig und bewertungsinduzierte Änderungen latenter Steuern zurückzuführen sind, können auch Änderungen der steuerrechtlichen Rahmenparameter eines Unternehmens eine Anpassung latenter Steuern erforderlich machen. Hierzu gehören Steuersatzänderungen[567] oder auch ein Wechsel des Steuerstatus des bilanzierenden Unternehmens, der zum Beispiel vorliegt, wenn ein Unternehmen mit steuerlichen Konsequenzen seinen Sitz verlegt oder einen Rechtsformwechsel durch-

563 Ebenda.
564 Vgl. zur Vorgehensweise auch IASB Observer Note April 2005b, Beispiel 5.
565 Vgl. IASB Update April 2005, S. 4.
566 Vgl. SFAS 109.26. Cook/Connor/Crisp 2005, S. 502.
567 Vgl. IAS 12.63 (b).

führt.[568] Ohne dass dann ein originär im IFRS-Abschluss relevanter Geschäftsvorfall zu erfassen ist, wirken sich diese steuerrechtlichen Rahmenparameter sowohl auf die Bemessungsgrundlage als auch auf die Bewertung latenter Steuern aus.[569]

Die als „Prinzip“ bezeichnete Vorgabe des IAS 12.57 gilt grundsätzlich auch bei Änderungen des Steuersatzes und des Steuerstatus – latente Steuern sind also generell GuV-wirksam zu erfassen, allerdings „ausgenommen in dem Umfang, in dem sie sich auf Posten bezieht, welche früher direkt dem Eigenkapital belastet oder gutgeschrieben wurden“[570]. Folglich ist bei jeder steuerrechtlich induzierten Änderung latenter Steuern zu überlegen, zu welchem Anteil davon zuvor GuV-neutral bzw. GuV-wirksam erfasste latente Steuern betroffen sind.[571] Diese auch zum Teil als „backwards tracing“[572] bezeichnete Prozedur wird in Beispiel 12 verdeutlicht.[573]

Beispiel 12: Backwards tracing bei Steuersatzänderungen nach IAS 12

Ein Unternehmen hält ein Wertpapier, das für Zwecke der Folgebewertung gemäß IAS 39.45 als „zur Veräußerung verfügbar“ klassifiziert wird. Sämtliche Veränderungen im beizulegenden Zeitwert des Wertpapiers gegenüber seinen ursprünglichen Anschaffungskosten werden daher gemäß IAS 39.55 (b) direkt im Eigenkapital erfasst.

Die künftige Veräußerung des Wertpapiers wird zu steuerpflichtigen Einkünften führen, so dass auf die Differenz zwischen dem IFRS-Buchwert und seinem Steuerwert (= Anschaffungskosten) in Höhe der Zu- oder Abschreibung auf den beizulegenden Zeitwert des Wertpapiers latente Steuern abzugrenzen sind. Im ersten Jahr liegt der relevante Steuersatz bei 30% und die Zuschreibung nach IFRS bei 100. Hieraus resultieren GuV-neutral zu erfassende passive latente Steuern in Höhe von 30 (30% von 100).

(Fortsetzung folgt auf der nächsten Seite)

---

568 Vgl. SIC 25.1; so auch Schulz-Danso 2006, Tz. 135.

569 Vgl. IAS 12.60. Zur Dotierung der Bemessungsgrundlage latenter Steuern vgl. Abschnitt C.II.1; zur Bewertung vgl. die Ausführungen in Abschnitt C.II.2.

570 IAS 12.60. So auch im Bezug auf Änderungen des Steuerstatus SIC 25.

571 Vgl. Heuser/Theile 2005, Tz. 1347; Bonham/Curtis/Davies 2004, S. 1371. Eine ähnliche Überlegung wäre im Übrigen anzustellen, wenn ein Unternehmen eine Neubewertung von Sachanlagevermögen i.S.d. IAS 16 nur für steuerrechtliche Zwecke vornehmen würde. Zu dieser hier nicht weiter behandelten Spezialvorschrift vgl. IAS 12.64 f.

572 Von „backwards“ ~ „rückwärts“ bzw. „rückwärts gerichtet“ und „to trace“ ~ „suchen“ bzw. „einer Sache nachspüren“ (Quelle: Langenscheidts Großwörterbuch Englisch – Deutsch). Nach der hier vertretenen Auffassung ist aber eine präzise Übersetzung dieses Begriffs ins Deutsche nicht möglich. Die Standardsetter FASB und IASB bezeichnen den Begriff backwards tracing selber auch als „slang term that has been used [...] for many years at the FASB and IASB“ (IASB Observer Note April 2005a, Abs. 3). Gemeint ist aber eine Art Aufteilung einer Gesamtänderung von temporary differences auf einen Effekt im Eigenkapital und auf die verschiedenen Posten in der GuV.

573 Vgl. mit einem ausführlichen Beispiel auch Loitz 2004, S. 1189 ff.

(Forsetzung von Beispiel 12)

Der Steuersatz wird im zweiten Jahr auf 35% angehoben, während der beizulegende Zeitwert des Wertpapiers um weitere 50 steigt. Bezogen auf die Entwicklung im zweiten Jahr sind also passive latente Steuern in Höhe von 17,5 (35% von 50) zu bilanzieren. Darüber hinaus sind die bereits im ersten Jahr entstandenen temporary differences unter Berücksichtigung des neuen Steuersatzes zu bewerten. Da der Steuersatz um 5% gestiegen ist, sind also weitere 5 an passiven latenten Steuern zu erfassen (5% von 100). Wiederum sind sämtliche Beträge GuV-neutral zu buchen, da die Fortschreibung des zur Veräußerung verfügbaren Wertpapiers ebenfalls direkt im Eigenkapital erfasst wurde. Die folgende Aufstellung zeigt das GuV-neutrale Ergebnis aus der Zu- bzw. Abschreibung des Wertpapiers und die jeweils erfasste latente Steuer pro Jahr und kumuliert:

	GuV-neutrales Ergebnis						
	Pro Jahr			Kumuliert			
Jahr	Wertpapier	Latente Steuern	Steuerquote	Wertpapier	Latente Steuern	Summe	Steuerquote
1	100,0	-30,0	30%	100,0	-30,0	70,0	30%
2	50,0	-22,5	45%	150,0	-52,5	97,5	35%
3	-70,0	24,5	35%	80,0	-28,0	52,0	35%

Es zeigt sich, dass sich im Jahr der Steueranhebung nicht nur 35% auf die zusätzlich entstandene temporary difference im Eigenkapital bemerkbar machen, sondern sich der neue Steuersatz auch auf die Bewertung der bereits im Vorjahr bilanzierten latenten Steuern auswirkt. Folglich kommt es vorübergehend in Jahr 2 zu einer erhöhten Steuerquote von 45% im Eigenkapital. Der Bestand an GuV-neutral erfassten latenten Steuern in der kumulierten Betrachtung führt hingegen zu einer nachvollziehbaren Gesamtbelastung in Höhe des neuen Steuersatzes in Höhe von 35%.

Die buchhalterische Erfassung latenter Steuern nach den derzeitigen Vorschriften des IAS 12 erscheinen damit im Lichte einer stringenten Umsetzung der in Abschnitt C.II.3.a) vorgestellten Grundsätze. Derzeit geplant ist jedoch die Angleichung von IAS 12 an die diesbezüglich geltenden Vorschriften des SFAS 109 zur so genannten interperiod tax allocation.[574]

[574] Vgl. IASB Observer Note April 2005a, Abs. 14; IASB Update April 2005, S. 3. Die Ausführungsvorschriften sollten sich an der US-GAAP zur intraperiod tax allocation orientieren, die jedoch weitreichender sind: SFAS 109 fordert nicht nur die differenzierte GuV-neutrale bzw. GuV-wirksame Erfassung von Ertragsteuern bei ihrer erstmaligen Erfassung, sondern auch die Zuordnung von GuV-wirksamen Ertragsteuern zu den einzelnen Abschnitten innerhalb der GuV. Vgl. auch IASB Observer Note September 2004, Abs. 8 ff. So ist im US-GAAP-Abschluss einerseits eine Allokation tatsächlicher und latenter Steuern zum Ergebnis aus fortgeführten und zum Ergebnis aus eingestellten Geschäftsbereichen (continuing and discontinued operations) erforderlich. Andererseits sind Ertragsteuern den außerordentlichen Posten (extraordinary items) zuzuordnen, die aber im IFRS-Abschluss nicht mehr ausgewiesen werden dürfen. Vgl. SFAS 109.35 ff.; ausführlich auch IASB Observer Note September 2004, Abs. 10 ff.; zum Ausweisverbot außerordentlicher Posten in der GuV vgl. IAS 1.85.

Im Rahmen des Short Term Convergence Project ist die buchhalterische Erfassung von steuerrechtlich induzierten Änderungen latenter Steuern als wesentliche Abweichung zwischen den US-GAAP und den IFRS identifiziert worden.[575] So ist zwar nach US-GAAP im Rahmen der *erstmaligen* buchhalterischen Erfassung latenter Steuern ebenfalls zwischen GuV-neutral und GuV-wirksam zu buchenden latenten Steuern zu unterscheiden. *Folgeeffekte* aus Steuersatzänderungen und dem Wechsel im Steuerstatus von Unternehmen sind nach SFAS 109 jedoch aus Vereinfachungsgründen grundsätzlich GuV-wirksam im Jahresergebnis zu erfassen.[576] Da folglich kein backwards tracing erforderlich ist, sind die in Beispiel 12 GuV-neutral erfassten Effekte aus der Steuersatzänderung bei gleicher Ausgangslage im US-GAAP-Abschluss GuV-wirksam zu erfassen.

Beispiel 13: Kein backwards tracing bei Steuersatzänderungen nach SFAS 109

Bereits im ersten Jahr wurden latente Steuern aus temporary differences in Höhe von 100 zu einem Steuersatz von 30% bewertet und GuV-neutral im Eigenkapital erfasst. Die Steuersatzerhöhung im zweiten Jahr um 5% erfordert eine Aufstockung dieser latenten Steuern um 5, die aber gemäß SFAS 109.27 GuV-wirksam erfasst wird, wie in der folgenden Aufstellung dargestellt wird:

	GuV-neutrales Ergebnis							GuV-Ergebnis		Gesamtergebnis	
	Pro Jahr			Kumuliert				Pro Jahr		Pro Jahr	
Jahr	Wertpapier	Latente Steuern	Steuerquote	Wertpapier	Latente Steuern	Summe	Steuerquote	Latente Steuern	Steuerquote	Latente Steuern	Steuerquote
1	100,0	-30,0	30%	100,0	-30,0	70,0	30%	0,0	0%	-30,0	-30%
2	50,0	-17,5	35%	150,0	-47,5	102,5	32%	-5,0	-5%	-22,5	-45%
3	-70,0	24,5	35%	80,0	-23,0	57,0	29%	0,0	0%	24,5	-35%

Es zeigt sich, dass in der kumulierten Betrachtung des GuV-neutralen Ergebnisses eine nicht direkt nachvollziehbare Steuerquote von 32% erfasst ist, die weder dem alten noch dem neuen Steuersatz entspricht. In der GuV wird zudem aus der Steuersatzänderung ein latenter Steueraufwand in Höhe von 5 ausgewiesen, ohne dass ein GuV-Ergebnis erkennbar wäre, auf das sich dieser Effekt bezieht. Erst in der Gesamtübersicht, in der das GuV-Ergebnis und das GuV-neutrale Ergebnis gemeinsam erfasst werden, wird wieder der aus Beispiel 12 bekannte Zusammenhang hergestellt.

Nach den in Abschnitt C.II.3.a) vorgestellten Grundsätzen von latenten Steuern erfolgt normalerweise eine Zuordnung latenter Steuern auf verschiedene Elemente des Gesamtperiodenergebnisses im Zeitpunkt ihrer erstmaligen buchhalterischen Erfassung. Es ist aber davon auszugehen, dass nach den künftigen Regeln des IAS 12 alle Effekte aus der Änderung von steuerlichen Rahmenparametern direkt GuV-wirksam zu erfassen sind. Dies erscheint vor dem Hintergrund der differenzierten GuV-wirksamen bzw. GuV-neutralen Erfassung latenter

575 Vgl. IASB Observer Note April 2005a, Abs. 12.
576 Vgl. SFAS 109.27 f.; IASB Observer Note September 2004, Abs. 24; Loitz 2004, S. 1189.

Steuern im Zeitpunkt ihrer erstmaligen Erfassung nicht nur inkonsequent. Diese Vorgehensweise wirft vielmehr auch die Frage auf, ob Auswirkungen aus Änderungen im Steuersatz oder im Steuerstatus eines Unternehmens „sicherer" als die übrigen direkt im Eigenkapital erfassten Aufwendungen und Erträge und daher sofort GuV-wirksam zu behandeln sind.[577] Zudem führt die Vorgehensweise nach den US-amerikanischen Vorschriften zum Ausweis einer nicht unmittelbar nachvollziehbaren Steuerquote.[578]

Festzuhalten bleibt damit, dass auf der einen Seite gegen die derzeitigen Regelungen des IAS 12 zur buchhalterischen Erfassung latenter Steuern bei Steuersatzänderungen und Änderungen im Steuerstatus keine besonderen Kritikpunkte hervorzubringen sind. Auf der anderen Seite werfen die diesbezüglich absehbaren Änderungen in IAS 12 aber bereits im Vorfeld ihrer Implementierung Fragen nach der Verständlichkeit der Rechnungslegung auf. Es zeugt schließlich nicht von besonderer Stringenz in der Anwendung der Bilanzierungsvorschriften, wenn bei der erstmaligen buchhalterischen Erfassung latenter Steuern eine Aufteilung zwischen GuV-neutralen und GuV-wirksamen Ergebniskomponenten erforderlich ist, in der Folge aber von diesem Grundsatz abgewichen wird.

c) Zwischenfazit

Es zeigt sich, dass nicht nur bei der Dotierung der Bemessungsgrundlage latenter Steuern und ihrer Bewertung zahlreiche Ausnahme- und Sondervorschriften des IAS 12 zu beachten sind, sondern auch bei ihrer buchhalterischen Erfassung. Die Bilanzierung latenter Steuern gewinnt dabei durch eine differenzierte Erfassung von Aufwendungen und Erträgen in der GuV und im Eigenkapital an Komplexität.

Eine Unterscheidung zwischen GuV-neutral und GuV-wirksam zu erfassenden latenten Steuern ist aber grundsätzlich aus normativer Perspektive nicht mit Kritik zu belegen – diese ist Auswuchs der gespaltenen Ergebniskonzeption der IFRS. Die bilanztheoretischen Grundsätze der IFRS setzen sich zudem nicht mit Kriterien auseinander, nach denen Aufwendungen oder Erträge in der GuV oder im Eigenkapital zu erfassen sind. Erforderlich wären aber nach der hier vertretenen Auffassung eingängigere Richtlinien oder Beispiele zur Umsetzung der Vorschriften des IAS 12. Die Unterscheidung zwischen Eigenkapital- und GuV-Buchungen latenter Steuern wird in diesem Standard ausgerechnet anhand relativ komplizierter Beispielen erläutert.

Kritisch hervorzuheben ist hingegen die nach den derzeitigen Entwicklungen absehbare mangelnde Stringenz der buchhalterischen Erfassung latenter Steuern.

---

577 Vgl. Loitz 2004, S. 1190.

578 Die Steuerquote ist der Quotient aus Steuerergebnis und Vorsteuerergebnis. Vgl. IAS 12.86; ferner die Ausführungen in Abschnitt C.IV.1.a).

Nur im Zeitpunkt der Zugangsbilanzierung latenter Steuern soll künftig konsequent zwischen GuV-neutral und GuV-wirksam zu buchenden Ergebniskomponenten unterschieden werden. Soweit die Folgebilanzierung betroffen ist, wird das „Prinzip“ von IAS 12 zur buchhalterischen Erfassung latenter Steuern also nur nach den derzeitigen Vorschriften, nicht aber nach den absehbaren Entwicklungen aus dem Short Term Convergence Project eingehalten. Künftig sollen sowohl Änderungen in der Werthaltigkeitseinschätzung aktiver latenter Steuern als auch Änderungen im Steuersatz oder Steuerstatus eines Unternehmens GuV-wirksam erfasst werden. Dies dürfte vor allem mit dem Merkmal der Verständlichkeit nicht im Einklang stehen, an dem sich aber die Rechnungslegung nach den in Kapitel B vorgestellten normativen Grundsätzen der IFRS orientieren sollte. Dass dies zumindest dem IASB im Rahmen des Short Term Convergence Project klar ist, zeigen die diesbezüglich verfügbaren Protokolle – die Thematik war mehrfach Gegenstand der Gespräche zwischen dem FASB und dem IASB.[579] Zwischenzeitlich wurde auch die Weiterentwicklung dieser unter dem Oberbegriff der intraperiod tax allocation zusammengefassten Vorschriften vorgeschlagen und zwar im Sinne der Vorschriften des IAS 12.[580] Die Weiterentwicklung des in Beispiel 12 (Seite 146) erläuterten backwards tracing wurde jedoch schließlich zugunsten einer zügigen Durchführung der Short Term Convergence wieder verworfen.[581]

III. Anwendung des IAS 12 bei der Konzernabschlusserstellung

Bislang wurden die Vorschriften des IAS 12 vor allem aus der Perspektive des Einzelabschlusses dargestellt und gewürdigt. Nachfolgend steht nun die Konzernbilanzierung latenter Steuern nach IAS 12 im Vordergrund der Untersuchung. Dazu ist ein grundlegender Perspektivwechsel erforderlich, da sich die Ertragsbesteuerung im Regelfall auf einzelne oder mehrere Steuersubjekte bezieht, die konsolidierte Rechnungslegung nach IFRS aber auf den Konzern als berichtende Einheit.[582] Der Konzernabschluss wird dabei aus den Einzelab-

---

579 Vgl. vor allem IASB Observer Note April 2005a, Abs. 1 ff.; IASB Observer Note September 2004, S. 1 ff.

580 Vgl. FASB Board Meeting Minutes April 2005, S. 2 ff.; IASB Update April 2005, S. 3 f.

581 Vgl. IASB Update April 2005, S. 3 f. Die intraperiod tax allocation soll noch einmal im zweiten Teil des Financial Statement Presentation Project (vormals Reporting Financial Performance Project) diskutiert werden. Ein Diskussionspapier, auf dessen Grundlage ein Entwurf erstellt wird, ist für 2007 geplant. Im Financial Statements Presentation Project werden u.a. Fragen der Abgrenzung zwischen GuV-wirksam und GuV-neutral erfassten Aufwendungen und Erträgen diskutiert. Vgl. mit weiteren Hinweisen Kerkhoff/Diehm 2005, S. 342 ff. Nach der im März 2006 als Ergebnis der ersten Projektphase veröffentlichten Neufassung von IAS 1 sind künftig GuV-neutral erfasste, so genannte components of other recognised income and expense entweder gemeinsam mit den typischen Posten der GuV darzustellen oder aber direkt im Anschluss an die GuV (statement of profit and loss) in einer Gesamtübersicht (statement of recognised income and expenses). Vgl. ED-IAS 1.33 i.V.m. ED-IAS 1.81 ff.; insgesamt auch Hasenburg/Dräxler 2006, S. 289 ff.

582 Der Konzernabschluss ist dabei aber normalerweise für die Unternehmensbesteuerung nicht relevant. Vgl. Kußmaul 2005, S. 542; Wehrheim/Adrian 2003, S. 1058.

schlüssen der in den Konsolidierungskreis einbezogenen Konzernunternehmen hergeleitet, wobei zwischen konsolidierungsvorbereitenden Maßnahmen einerseits und die daraufhin auf der Grundlage eines Summenabschlusses vorgenommenen Konsolidierungsmaßnahmen andererseits zu unterscheiden ist. Die Systematik stellt Abbildung 23 zusammen.

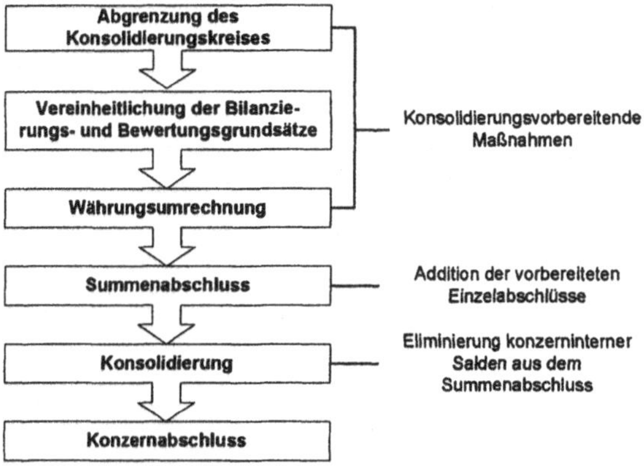

Abbildung 23: Prozess der derivativen Konzernabschlusserstellung

Im Zuge der Konzernabschlusserstellung ändern sich sowohl aufgrund der in Abschnitt C.III.1 dargestellten konsolidierungsvorbereitenden Maßnahmen als auch durch die in Abschnitt C.III.2 erläuterten Konsolidierungsmaßnahmen die Eingangsgrößen für die Berechnungen von temporary differences. Das Hauptaugenmerk der nachfolgenden Abschnitte liegt daher auf der Bilanzierung von latenten Steuern für temporary differences. Eine erneute Analyse von Steuerguthaben ist hingegen nicht erforderlich, da die Parameter ihrer Dotierung und Bewertung bereits auf der Ebene des Einzelabschlusses festgelegt und durch die Konzernabschlusserstellung nicht tangiert werden. Materielle Auswirkungen auf die Werthaltigkeit können sich schließlich nur aus Änderungen der ökonomischen oder steuerrechtlichen Rahmenparameter ergeben.[583]

1. Konsolidierungsvorbereitende Maßnahmen

Zu den konsolidierungsvorbereitenden Maßnahmen gehört zuerst die Abgrenzung des Konsolidierungskreises, nach der die berichtende Einheit im Sinne der IFRS-Konzernrechnungslegung definiert wird. Konsequenzen für die Bilanzie-

[583] Dies schließt bspw. auch die Bewertung von steuerlichen Verlustvorträgen einer Organschaft auf der Ebene des Organträgers mit ein. So auch Heuser/Theile 2005, Tz. 1335; vgl. zur Werthaltigkeitsbeurteilung von aktiven latenten Steuern insgesamt die Ausführungen in Abschnitt C.II.2.bb).

rung latenter Steuern, die aus einer abweichenden Definition des Konzerns als berichtende Einheit der IFRS-Rechnungslegung einerseits und der für die Unternehmensbesteuerung relevanten enthaltenen steuerrechtlichen Beurteilungseinheiten bei Steuergruppen (tax groups) wie der ertragsteuerlichen Organschaft anderseits resultieren, werden in Abschnitt C.III.1.a) behandelt.

Steht fest, welche Konzernunternehmen zu konsolidieren sind, ist in einem Folgeschritt ihre Rechnungslegung auf konzernweit zu vereinheitlichen. Dies ist notwendig, damit im Konzernabschluss trotz fehlender originärer Konzernbuchführung für vergleichbare Geschäftsvorfälle identische Bilanzierungsgrundsätze zur Anwendung kommen. Die dafür erforderlichen Anpassungsmaßnahmen gegenüber dem handelsrechtlichen Einzelabschluss, der auch als HB-I bezeichnet wird, werden in einer so genannten HB-II durchgeführt. Auf ihre Erstellung wird nachfolgend nicht gesondert eingegangen, da es sich um einen rein technischen Vorgang handelt, der sich deshalb einer Würdigung hinsichtlich der Bilanzierung latenter Steuern nach IAS 12 entzieht – schließlich sind bei der Erstellung der HB-II grundsätzlich alle Vorschriften der IFRS zu beachten.[584] Bei der Bilanzierung latenter Steuern in der HB-II sind daher die bereits erläuterten Grundsätze der Bilanzierung latenter Steuern nach IAS 12 anzuwenden, wobei auch im Kontext eines Konzernabschlusses die jeweils für das einzelne Konzernunternehmen gültigen steuerrechtlichen Rahmenbedingungen zu beachten sind.[585] Auch auf die Erstellung einer gegebenenfalls erforderlichen HB-III wird nicht weiter eingegangen, sondern im Rahmen der nachfolgenden Ausführungen als bekannt vorausgesetzt. Hierbei handelt es sich um eine HB-II, in der die bereits im Zusammenhang mit der GoF-Ausnahmeregelung latenter Steuern erläuterten „Konzernmehrwerte" erfasst und folgebilanziert werden.[586] Den

---

[584] Nach IAS 27.26 sind die Abschlüsse daher zum gleichen Stichtag aufzustellen. Vgl. Hayn/Grüne 2005, S. 20 f.; Küting/Weber 2005, S. 179 ff. Nach IAS 27.28 sind darüber hinaus einheitliche Bilanzierungs- und Bewertungsmethoden anwenden. Vgl. ausführlich mit praktischen Hinweisen zur Umsetzung Theile 2003, S. 959 f.; Senger/Brune 2006b, Tz. 25.

[585] So auch Bailey/Wild 2000, S. 838: „The taxation calculation, including deferred tax, for the group must reflect the relevant rules and cannot ignore the geographical boundaries." Zur praktischen Umsetzung vgl. Heuser/Theile 2005, Tz. 1335; Lüdenbach 2006b, Tz. 159. Auch die Werthaltigkeitsbeurteilung von innerhalb der Organschaft nutzbaren Verlustvorträgen erscheint vor diesem Hintergrund nur aus der Perspektive des Einzelabschlusses des Organträgers zweckmäßig. So auch Heuser/Theile 2005, Tz. 1335.

[586] Vgl. zur Erfassung konzernspezifischer Wertansätze aus einer Kaufpreisallokation in der HB-III Küting/Weber 2005, S. 237 ff. Alternativ besteht auch die Möglichkeit, diese Werte im Rahmen der Kapitalkonsolidierung aufzudecken und zu bilanzieren. Regelmäßig dürfte sich aber auch eine Erfassung auf der Ebene des Einzelabschlusses anbieten, um eine sachgerechte, umfassende sowie zutreffende Beurteilung der Effekte aus einer Kaufpreisallokation dem Grunde sowie der Höhe nach einschließlich der dabei zu bilanzierenden latenten Steuern gewährleisten zu können. So auch Wirth 2005, S. 174. Entspricht das jeweils betrachtete Konzernunternehmen der zahlungsmittelgenerierenden Einheit (cash generating unit, ZGE), welcher ein aus dem Unternehmenserwerb resultierender GoF zugeordnet wird, könnte zusätzlich bei der Erstellung des HB-III-Abschlusses bereits der nach IAS 36 erforderliche Wertminderungstest erfolgen. Zur Definition und Identifikation von ZGE sowie zur Zuordnung von GoF auf ZGE und der Durchführung von Wertminderungstests nach IAS 36 vgl. Bartels/Jonas 2006, Tz. 60 ff.; Heyd/Lutz-Ingold 2005, S. 168 ff.

Zusammenhang zwischen den für den Summenabschluss relevanten Einzelabschlussvarianten zeigt Abbildung 24.

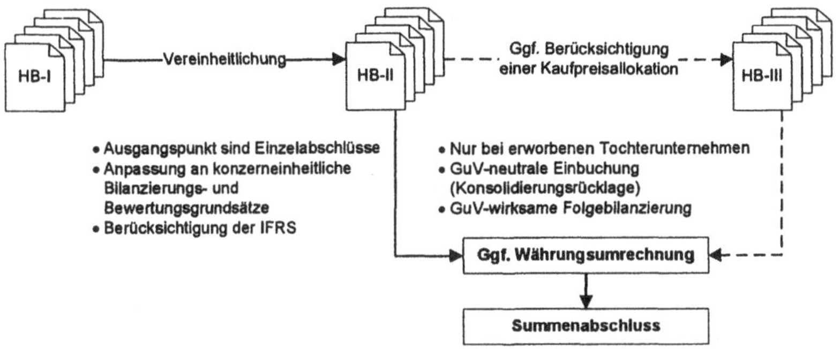

Abbildung 24: Erstellung konzerneinheitlicher Einzelabschlüsse

Die an die Bilanzierungs- und Bewertungsmethoden des Konzerns angepassten Einzelabschlüsse sind in einem Folgeschritt gegebenenfalls noch einer konsolidierungsvorbereitenden Währungsumrechnung zu unterziehen. Dies ist auf der einen Seite notwendig, wenn die in ihnen bilanzierten Vermögenswerte und Schulden in einer Währung geführt werden, die nicht der funktionalen Währung des jeweils betrachteten Konzernunternehmens entspricht. Eine Währungsumrechnung ist auf der anderen Seite erforderlich, um die in der funktionalen Währung des Konzernunternehmens vorliegende HB-II bzw. HB-III in die Berichtswährung des Konzerns zu transformieren. In Abschnitt C.III.1.b) werden die Grundsätze der Währungsumrechnung erläutert und die möglichen Auswirkungen auf die Bilanzierung latenter Steuern nach IAS 12 gewürdigt.

a) Abgrenzung des Konsolidierungskreises

Rechtlich selbständige, aber wirtschaftlich kontrollierte Tochterunternehmen werden nachfolgend neben dem Mutterunternehmen auch als Konzernunternehmen bezeichnet.[587] Sie sind in den aus der Sicht des Mutterunternehmens zu ermittelnden Konsolidierungskreis einzubeziehen und auf dem Wege der Vollkonsolidierung im Konzernabschluss darzustellen.[588] Nur unter Wesentlichkeitsaspekten können Tochterunternehmen von insgesamt untergeordneter Bedeutung von der Vollkonsolidierung gegebenenfalls ausgeschlossen werden.[589]

587 Vgl. zur Entwicklung des Begriffs Konzernunternehmen Senger/Elprana 2006, Tz. 34 f.

588 Vgl. IAS 27.12 ff.; vertiefend zur Abgrenzung des Konsolidierungskreises nach IFRS Küting/Weber 2005, S. 127 ff.; Ruhnke/Schmid/Seidel 2004, S. 2231 ff. Vgl. speziell zu den Begriffen der Unternehmensverbindungen im IFRS-Abschluss Senger/Elprana 2006, Tz. 3 ff.

589 Vgl. Lüdenbach 2006b, Tz. 82 ff. Die Anteile an dem Tochterunternehmen sind dann generell nach IAS 39 zum beizulegenden Zeitwert zu bilanzieren. Eine Bilanzierung zu fortgeführten Anschaffungskosten kommt

Über die Abgrenzung des Konsolidierungskreises wird festgelegt, wie sich die Einheit zusammensetzt, für die der Konzernabschluss erstellt wird. Folglich sind Ertragsteuern nach IAS 12 für eine berichtende Einheit zu bilanzieren, deren Zusammensetzung sich nach den Vorschriften der IFRS bestimmt. Die für das Steuerrecht relevanten Steuersubjekte sind hingegen regelmäßig einzelne, rechtlich selbständige Unternehmen. Solange der Konzern als berichtende Einheit mit den einbezogenen, für die Ertragsbesteuerung relevanten Steuersubjekten deckungsgleich ist, ergeben sich hieraus keine zusätzlichen Schwierigkeiten der Bilanzierung latenter Steuern nach IAS 12. Schließlich werden dann alle für die Bilanzierung von latenten Ertragsteuern relevanten Steuerwerte sowie Steuerguthaben werden in den Konzernabschluss einbezogen.

Gelegentlich bezieht sich das Steuerrecht aber auf steuerrechtliche Beurteilungseinheit(en), in denen mehrere rechtlich voneinander unabhängige Steuersubjekte für Zwecke der Ertragsbesteuerung zusammengefasst werden. Das deutsche Rechtsinstitut der ertragsteuerlichen Organschaft ist eine solche von rechtlichen Einheiten abweichende steuerrechtliche Beurteilungseinheit. In ihr werden dem Organträger (OT) die ertragsteuerlichen Bemessungsgrundlagen der Organgesellschaften (OG) zugerechnet.[590] Dabei hat jede OG in einem ersten Schritt selbstständig das jeweils von ihr erwirtschaftete zu versteuernde Einkommen bzw. den Gewerbeertrag zu berechnen.[591] Das zu versteuernde Einkommen bzw. der Gewerbeertrag wird daraufhin in einem zweiten Schritt dem OT zugerechnet[592] und dort der Besteuerung unterworfen. Durch die ertragsteuerliche Organschaft wird ein steuerlicher Verlustausgleich zwischen allen OG und dem OT erreicht.[593] Die gewerbe- wie körperschaftsteuerlich bedingte Steuerschuldnerschaft für den Organkreis liegt dabei beim OT, während die OG nicht zur Zahlung der auf sie entfallenden Ertragsteuern herangezogen werden können. Im Zusammenhang mit ertragsteuerlichen Organschaften umfasst der nach IAS 12 bilanziell abzubildende Steuertatbestand damit mehrere Steuersubjekte, die für die Besteuerung von Relevanz sind.[594]

---

dann nur in Frage, wenn die Bestimmung des beizulegenden Zeitwerts nicht unter Bezugnahme auf einen aktiven Markt möglich ist und eine Bestimmung des beizulegenden Zeitwerts auch anderweitig nicht in zuverlässiger Art und Weise möglich ist. Vgl. IAS 39.46 (c); Senger 2006, Tz. 47.

590 Vgl. §§ 14 ff. KStG und § 2 Abs. 2 S. 2 GewStG. Zu den Anforderungen an die Herstellung einer ertragsteuerlichen Organschaft und den daraus resultierenden Rechtsfolgen vgl. ausführlich Dötsch 2004, Tz. 11 ff.

591 Vororganschaftliche Verlustvorträge der OG sind dabei für Zwecke der KSt *nicht* mit dem zu versteuernden Einkommen verrechenbar, während vororganschaftliche Gewerbeverluste von dem Gewerbeertrag des jeweils betrachteten Konzernunternehmens abzusetzen sind. Vgl. § 15 Nr. 1 KStG; zur zweistufigen Berechnung des für die ertragsteuerliche Organschaft relevanten Gewerbeertrags vgl. Orth 2004, Tz. 435 f.

592 Vgl. § 14 Abs. 1 S. 1 KStG.

593 Die Organschaft bewirkt folglich eine additive, aber keineswegs konsolidierte Ermittlung der steuerlichen Bemessungsgrundlagen. Zur Charakterisierung der ertragsteuerlichen Organschaft vgl. Kußmaul 2006, S. 552 ff.; Orth 2003, S. 167.

594 Zur Gegenüberstellung von Steuertatbestand und dem Begriff der Ertragsteuer nach IAS 12 vgl. die Ausführungen in Abschnitt C.I.1.

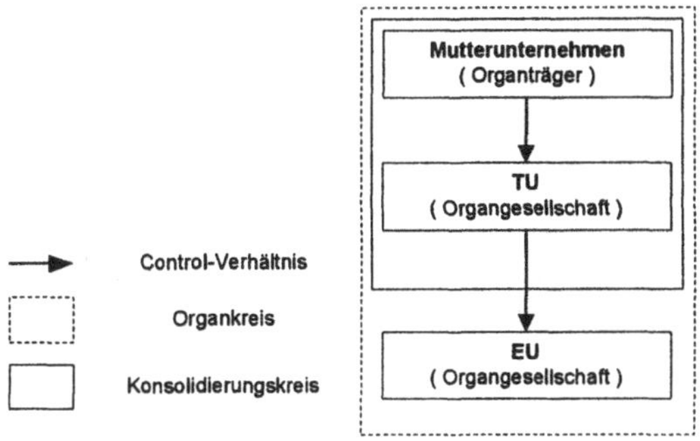

Abbildung 25: Organgesellschaft außerhalb des Konsolidierungskreises

Liegen Steuergruppen (tax groups) wie die ertragsteuerliche Organschaft[595] vor, kann zum einen der Fall eintreten, dass die insgesamt für die tatsächliche Steuerbelastung relevanten steuerrechtlichen Beurteilungseinheit(en) von der berichtenden Einheit abweichen, für die der Konzernabschluss erstellt wird. Wenn beispielsweise Tochterunternehmen, die OG eines im Konsolidierungskreis enthaltenen Organkreises sind, unter Wesentlichkeitsgesichtspunkten nicht vollkonsolidiert werden, resultiert hieraus die in Abbildung 25 dargestellte Abweichung zwischen der berichtenden Einheit nach IFRS und der steuerrechtlichen Beurteilungseinheit. Das dort als EU bezeichnete Tochterunternehmen beeinflusst dann zwar durch die organschaftlich bedingte Zurechnung von Einkünften und Verlusten die vom OT zu tragende Steuerzahllast. Die von ihm erwirtschafteten Aufwendungen, Erträge und die ihm zurechenbaren Vermögenswerte und Schulden gehen aber nicht in die konsolidierte Darstellung des Konzernabschlusses ein, da das Tochterunternehmen EU nicht vollkonsolidiert wird. In diesem Fall kommen die Regelungen zur Bilanzierung latenter Steuern auf der Grundlage der so genannten outside basis differences zur Anwendung.[596]

Zum anderen kann auch der Fall eintreten, dass der OT eines Organkreises nicht konsolidiert wird. Die in Abbildung 26 dargestellte Fallkonstellation kann beispielsweise eintreten, wenn eine Pflicht zur Erstellung eines Teilkonzernabschlusses auf der Ebene unterhalb des OT vorliegt.[597] Dieses Szenario würde zu

595 Vergleichbare Konstrukte im internationalen Vergleich sind im Übrigen beispielsweise die niederländische fiscale eenheid (vgl. dazu Kampschöer/Pancham/Roos 2003, S. 1 ff.; Dörr/Küppers 2005, S. 419 ff.; Geiger 2002a, S. 361 ff.), der in den USA und in Australien bekannte consolidated tax return (vertiefend hier Wienken 2003, S. 33 ff.; Watrin/Sievert/Strohm 2004, S. 7; Salzberger 1999, S. 98 ff.; Endres 2003, S. 462 ff.) oder der in Großbritannien und Irland mögliche group relief (vgl. Dörr 2004, S. 266 f.; Geiger 2002b, S. 398 f.).

596 Vgl. Senger/Brune 2006f, Tz. 234. Die daraus resultierende outside basis difference dürfte dann aber ebenfalls nur von untergeordneter Bedeutung sein, denn die Nichteinbeziehung der OG in den Konsolidierungskreis ist bereits nur aufgrund von Unwesentlichkeit möglich. Zur Bilanzierung von latenten Steuern für outside basis differences vgl. Abschnitt C.II.1.ad).

597 Nach den IFRS ergibt sich die Pflicht zur Erstellung von Teilkonzernabschlüssen aus den Regelungen des IAS 27.10. Vgl. vertiefend hierzu Baetge/Schulze 2002, Tz. 56 ff. Aus deutscher Perspektive vorrangig sind

dem Ergebnis führen, dass steuerbare Einkünfte und Verluste innerhalb des Konsolidierungskreises anfallen, während der OT als Steuerschuldner für den Organkreis nicht in den IFRS-Konzernabschluss einbezogen wird. Die vom OT zu leistenden Steuerzahlungen werden aber ökonomisch von den OG nur dann mitgetragen, wenn zwischen dem OT und den OG Steuerumlagen vereinbart wurden.[598] Es stellt sich damit für den Teilkonzernabschluss die Frage, ob und wie Ertragsteuern zu bilanzieren sind.

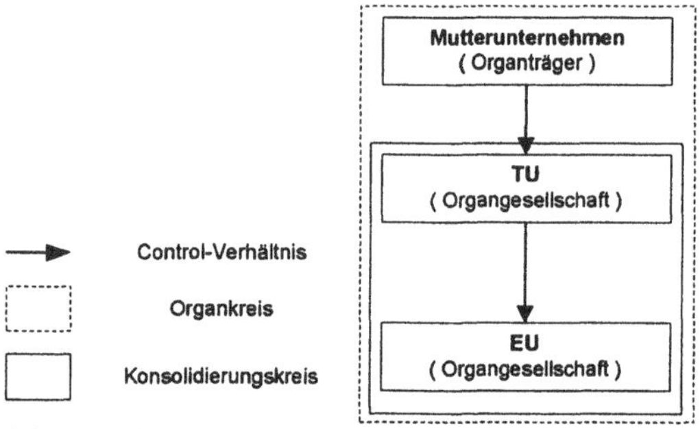

Abbildung 26: Organträger außerhalb des Konsolidierungskreises

Eine eindeutige Lösung zur Bilanzierung latenter Steuern in der in Abbildung 26 skizzierten Fallkonstellation scheitert daran, dass IAS 12 keine konkreten Vorgaben dazu macht, unter welchen Umständen die Bilanzierung von Ertragsteuern erforderlich ist. Hierzu fehlt es an präzisen Regeln im Anwendungsbereich von IAS 12, ob die Bilanzierung von Ertragsteuern im IFRS-Abschluss bereits dann geboten ist, wenn die berichtende Einheit steuerpflichtiges Einkommen erwirtschaftet, oder aber erst dann, wenn sie auch die ertragsteuerlichen Konsequenzen hieraus tragen muss.[599] IAS 12 geht darüber hinaus auch nicht direkt auf die Bilanzierung von latenten Steuern im Zusammenhang mit Steuergruppen ein.[600]

Vor diesem Hintergrund sind unterschiedliche Ansätze der Ertragsteuerbilanzierung vertretbar. Erstens kann argumentiert werden, dass die in den Konsolidie-

aber die Vorschriften des HGB. Demnach dürften in dem hier diskutierten Zusammenhang für deutsche Kapitalgesellschaften im Regelfall die Befreiungsregeln der §§ 291, 292 und 293 HGB greifen, nach denen solche Mutterunternehmen von der grundsätzlichen Konzernabschlusspflicht nach § 290 HGB befreit sind, die in einen übergeordneten Konzernabschluss einbezogen werden („Tannenbaumprinzip", dazu ausführlich Küting/Weber 2005, S. 107 ff.). Eine Börsennotierung oder ein Antrag, mit dem am Mutterunternehmen beteiligte Minderheitsgesellschafter die Erstellung eines Konzernabschlusses verlangen, kann gleichwohl nach § 291 Abs. 3 HGB eine Pflicht zur Aufstellung eines Teilkonzernabschlusses begründen. Vgl. Hoyos/Ritter-Thiele 2006, Tz. 35 ff.

598 Zur Gestaltung einer konzerninternen Steuerumlage zum Ausgleich von Ertragsteuerzahlungen, die der Organträger einer Organschaft leistet und den dabei zu beachtenden Grenzen zu einer verdeckten Gewinnausschüttung vgl. Walter 2005, Tz. 853 ff.; Neumann 2005, Tz. 414.

599 Vgl. dazu ausführlich Abschnitt C.I.1.

600 Vgl. KMPG 2005, S. 467 f.

rungskreis einbezogenen Konzernunternehmen keiner direkten ökonomischen Belastung durch tatsächliche Ertragsteuern unterliegen. Dabei stellen auch faktisch belastende, vom Steuerzahler in Rechnung gestellte Steuerumlagen keine Ertragsteuern im Sinne des IAS 12 dar. Sie beruhen vielmehr auf einer vertraglichen Vereinbarung und begründen daher den Ansatz eines Finanzinstruments im Sinne des IAS 32, nicht aber den Ansatz tatsächlicher oder latenter Ertragsteuern im Sinne von IAS 12.[601]

Zweitens kann die Bilanzierung von tatsächlichen und latenten Steuern aber auch mit einer Steuerumlage begründet werden. Wird folglich die Steuerumlage als tatsächliche Steuer aufgefasst, sind tatsächliche und latente Steuern zu bilanzieren.[602] Schließlich könnte drittens auch die Bilanzierung von Ertragsteuern davon abhängig gemacht werden, ob die jeweils in den Konzernabschluss einbezogenen Unternehmen steuerbare Einkünfte erwirtschaften. Anknüpfungspunkt für die Bilanzierung nach IAS 12 ist demnach nicht die Steuerschuldnerschaft und die damit zu tragende Steuerzahllast, sondern die Erwirtschaftung steuerpflichtiger Einkünfte.[603]

Mit dem Short Term Convergence Project soll IAS 12 offenbar den zuletzt genannten Weg einschlagen und die diesbezüglich in den US-GAAP enthaltenen Vorschriften übernehmen.[604] SFAS 109 regelt, dass tatsächliche wie latente Ertragsteuern auch dann zu bilanzieren sind, wenn die berichtende Einheit selbst zwar steuerbare Einkünfte erwirtschaftet, jedoch in eine so genannte konsolidierte Steuererklärung (consolidated tax return) einbezogen wird und daher nicht der Steuerschuldner für die Steuergruppe ist.[605] SFAS 109 gibt aber diesbezüglich weder eine zwingend umzusetzende Vorgehensweise zur Allokation von Ertragsteuern auf die Unternehmen der Steuergruppe vor[606] noch enthalten die US-amerikanischen Bilanzierungsvorschriften Regelungen zur „Gegenbuchung". So wird nicht geregelt, ob eine GuV-wirksame Buchung oder aber eine GuV-neutrale Erfassung im Eigenkapital, etwa im Sinne einer Einlage oder Entnahme vorzunehmen ist, wenn das Unternehmen selber keine Ertragsteuern an den Fiskus entrichtet. In SFAS 109 und damit wohl auch der künftigen Fassung von IAS 12 wird also voraussichtlich nicht dargelegt, wie beispielsweise die In-

---

601 Nach IAS 32.AG12 gelten Verpflichtungen und Ansprüche aus Ertragsteuern nicht als Finanzinstrumente, da sie nicht auf vertraglicher, sondern auf gesetzlicher Grundlage basieren. Die vertragliche Grundlage ist aber eines der Hauptcharaktermerkmale bei Finanzinstrumenten. Vgl. dazu IAS 32.11; Kuhn/Scharpf 2005, S. 56 ff.; Pellens/Fülbier/Gassen 2006, S. 510 ff.

602 So etwa Senger/Brune 2006f, Tz. 233; KPMG 2005, S. 469; a.A. Wehrheim/Adrian 2003, S. 1060. Offenbar ist die Abgrenzung latenter Steuern bei Organschaften bereits nach HGB strittig. So etwa befürwortend bei Steuerumlage Kirsch 2003g, Tz. 103 ff.; ablehnend wiederum Wehrheim/Adrian 2003, S. 1059.

603 So etwa KPMG 2005, S. 434.

604 Vgl. IASB Observer Note March 2005a, Abs. 43 ff.; IASB Update March 2005, S. 6.

605 Zum consolidated tax return nach US-amerikanischer Prägung vgl. auch Wienken 2003, S. 33 ff.; Endres 2003, S. 475 f.

606 Nach SFAS 109.40 soll die jeweils vom Unternehmen angewendete Methodik aber „systematic, rational and consistent with the broad principles" von SFAS 109 sein.

anspruchnahme von Steuerguthaben oder aber der Ausgleich tatsächlicher Steuerschulden zu bilanzieren sind.

Als richtungsweisend könnte sich hier ein Lösungsansatz herausstellen, der vom Australian Accounting Standards Board (AASB) mit der Urgent Issues Group (UIG) Interpretation 1052 vorgelegt worden ist.[607] Diese Stellungnahme ist auf der Grundlage von IAS 12 bzw. seines australischen Pendants AASB 112 entwickelt worden.[608] Demnach sind tatsächliche und latente Ertragsteuern zunächst auf der Ebene des Einzelabschlusses nach den Grundsätzen der Bilanzierung von Ertragsteuern zu bilanzieren. Bilanzposten aus tatsächlichen Steuern und aktive latente Steuern aus Steuerguthaben werden sodann periodengleich dem Steuerschuldner der Besteuerungsgruppe zugeschlagen,[609] während latente Steuern aus temporary differences weiterhin bei den einzelnen Konzernunternehmen geführt werden.[610] Die Gegenbuchung auf der Ebene des Einzelabschlusses der Konzernunternehmen ist dabei davon abhängig, in welchem Umfang zuvor eine Steuerumlagevereinbarung (tax funding agreement) getroffen worden ist: In Höhe einer Steuerumlage wird für die auszubuchenden Posten eine Forderung bzw. eine Verbindlichkeit erfasst.[611] Entspricht die Steuerumlage nicht der Saldogröße aus den tatsächlichen Steueransprüchen und Steuerverpflichtungen einerseits und den aktiven latenten Steuern aus Steuerguthaben andererseits, wird der Restbetrag als Einlage bzw. Ausschüttung behandelt und direkt im Eigenkapital des Konzernunternehmens erfasst.[612] Die Buchung beim steuerzahlenden Unternehmen der Besteuerungsgruppe erfolgt spiegelbildlich,[613] so dass es einzelbilanziell zum einen alle Bilanzposten aus tatsächlichen Steuern der Besteuerungsgruppe und zum anderen alle aktiven latenten Steuern aus Steuerguthaben ausweist.[614] Die Ausschüttung aus dem bzw. die Einlage in das Tochterunternehmen in Höhe der zu viel bzw. zu wenig geleisteten Steuerumlage wird dabei dem Beteiligungsbuchwert zugeordnet. Beispiel 14 verdeutlicht die Funktionsweise der vom AASB vorgeschlagenen Vorgehensweise an einer ertragsteuerlichen Organschaft.[615]

607 Australien hat sich dazu entschlossen, zum 1. Januar 2005 IFRS anzuwenden. Nach FRC Bulletin 2002/4 sind demnach alle gewinnorientierten Unternehmen (for-profit entities) zur IFRS-Rechnungslegung verpflichtet. Vergleichbar dem Anerkennungsprozess durch die EU-Kommission wurde IAS 12 durch das AASB überprüft und als AASB 112 in das australische Rechnungslegungs-Regelwerk übernommen.

608 Tatsächlich handelt es sich bei der UIG-Interpretation 1052 um eine Weiterentwicklung von UIG Abstract 52 „Income Tax Accounting under the Tax Consolidation System". Die Weiterentwicklung war notwendig geworden, da UIG Abstract 52 nicht die Bilanzierung latenter Steuern auf Ebene der nicht-steuerzahlungspflichtigen Tochterunternehmen vorsah und somit nach Meinung des AASB weder im Einklang mit SFAS 109 noch mit IAS 12 stand. Vgl. AASB 2005a, UIG-Interpretation 1052, S. 3 f.

609 Vgl. AASB 2005a, UIG-Interpretation 1052.10 (a), (b).

610 Vgl. AASB 2005a, UIG-Interpretation 1052.44.

611 Vgl. AASB 2005a, UIG-Interpretation 1052.10 (c).

612 Vgl. AASB 2005a, UIG-Interpretation 1052.10 (d).

613 Vgl. AASB 2005a, UIG-Interpretation 1052.11.

614 Vgl. AASB 2005a, UIG-Interpretation 1052.43.

615 In Anlehnung an AASB 2005a, UIG-Interpretation 1052.IE6 ff.

Beispiel 14: Angleichung der steuerrechtlichen und handelsrechtlichen Beurteilungseinheit

Gegeben sei die auf Seite 156 in Abbildung 26 dargestellte Fallkonstellation. Im Einzelabschluss bilanziert die Organgesellschaft TU eine tatsächliche Steuerverbindlichkeit in Höhe von X EUR und passive latente Steuern in Höhe von Y EUR. EU wiederum bilanziert als OG aufgrund einer Verlustsituation im aktuellen Jahr nur einen steuerlichen Verlustvortrag in Höhe von V EUR.

Erstmalige Erfassung der Ertragsteuern in den Einzelabschlüssen:
Zunächst sind tatsächliche und latente Steuern nach den allgemeinen Grundsätzen in den Einzelabschlüssen der OG einzubuchen.

- **Buchung im TU-Einzelabschluss:**

Steueraufwand	(X+Y)	EUR	an	Passive latente Steuern	Y EUR
				Tatsächliche Steuerschulden	X EUR

- **Buchung im EU-Einzelabschluss:**

Aktive latente Steuern	V	EUR	an	Steuerertrag	V EUR

Umbuchung der Ertragsteuern zum OT:
MU stellt als OT der Organschaft ihrem Tochterunternehmen TU den Betrag U als Umlage für tatsächliche Steuern in Rechnung, wobei die Umlage größer ist als die zuvor bei TU berechneten tatsächlichen Steuerschulden. Folglich behandelt TU den zuviel in Rechnung gestellten Betrag als Ausschüttung.

- **Buchung im TU-Einzelabschluss:**

Tatsächliche Steuerschulden	EUR X			
Eigenkapital	EUR (U-X)	an	Verbindlichkeit Steuerumlage	U EUR

Dem Enkelunternehmen EU wird aufgrund der Verlustsituation keine Umlage in Rechnung gestellt, es erhält jedoch auch keine Vergütung für den auf Ebene des OT nutzbaren Verlustvortrags. Dieser bilanzielle Transfer des Verlustvortrags ohne Gegenleistung wird ebenfalls als Herabsetzung des Eigenkapitals erfasst.

- **Buchung im EU-Einzelabschluss:**

Eigenkapital	V	EUR	an	Aktive latente Steuern	V EUR

Im Einzelabschluss des OT MU sind die Gegenpositionen einzubuchen. Da es sich bei EU um eine indirekte Beteiligung von MU handelt, wird die bilanziell als Entnahme darzustellende Übertragung des Verlustvortrags von EU an MU gegen den Beteiligungsbuchwert von TU gebucht:

- **Buchung im MU-Einzelabschluss:**

Aktive latente Steuern	V EUR	an	Anteile an TU	V EUR
Forderung aus Steuerumlage	U EUR	an	Tatsächliche Steuerschulden	X EUR
		an	Anteile an TU	U-X EUR

Wie aus Beispiel 14 ersichtlich wird, weist der OT nach der „australischen Lösung“ die tatsächlichen Steuerschulden sowie die aktiven latenten Steuern aus Verlustvorträgen des Organkreises aus, wo sie in einem nächsten Schritt miteinander zu saldieren sind, sofern eine sofortige Verlustnutzung möglich ist. Die

OG weisen hingegen die Erträge und Aufwendungen aus latenten und tatsächlichen Steuern, aber weder Ansprüche und Verpflichtungen aus tatsächlichen Steuern noch aktive latente Steuern aus Verlustvorträgen aus, da die aus diesen Bilanzposten zu erwartenden Zahlungsflüsse nicht bei ihnen, sondern beim OT auftreten werden. Gleichwohl sind weiterhin aktive und passive latente Steuern aus temporary differences auf der Ebene der OG auszuweisen.

Festzuhalten bleibt, dass derzeit Vorschriften in IAS 12 fehlen, nach denen die Bilanzierung latenter Steuern eindeutig bestimmt werden kann, sofern vorhandene steuerrechtlichen Beurteilungseinheiten von der nach IFRS definierten berichtenden Einheit abweichen. Aus der Perspektive der qualitativen Merkmale entscheidungsnützlicher Rechnungslegungsinformationen ist dies nicht zufrieden stellend. Zwar wird durch die absehbaren Änderungen in IAS 12 dem Merkmal der Vergleichbarkeit von IFRS-Abschlüssen eher Rechnung getragen, da eine Bilanzierung latenter Steuern künftig für Steuergruppen einheitlich zwingend vorgeschrieben wird. Die Ansätze, Ertragsteuern bei abweichenden steuerrechtlichen Beurteilungseinheiten nur beim Steuerschuldner zu bilanzieren oder aber nur dann im Abschluss zu erfassen, wenn eine durch die Ertragsbesteuerung verursachte ökonomische Belastung über Umlagen hergestellt wird, werden nach der absehbaren Neuregelung in IAS 12 daher nicht mehr vertretbar sein. Dies ist aus normativer Sicht zu begrüßen, da die dann geltende Pflicht zur Allokation die Anzahl der möglichen Interpretationsansätze von IAS 12 reduziert. Gleichwohl wird auch nach den künftigen Vorschriften des IAS 12 das Merkmal der Vergleichbarkeit nicht hinreichend berücksichtigt, da weiterhin präzise Vorschriften zur Bilanzierung latenter Steuern innerhalb von Steuergruppen fehlen werden. Durch das Short Term Convergence Project sollen schließlich nur die rudimentären Vorschriften aus SFAS 109 übernommen werden. Die hier vorgestellten und nach der hier vertretenen Auffassung durchaus mit den Vorschriften von IAS 12 im Einklang stehenden, präziseren Vorgaben des australischen Standardsetter AASB werden hingegen im Laufe der Neufassung von IAS 12 voraussichtlich nicht bedacht.[616]

b) Währungsumrechnung

Die Einzelabschlüsse jener Konzernunternehmen, die nicht bereits in der Berichtswährung des Konzernabschlusses aufgestellt werden, sind der konsolidierungsvorbereitenden Währungsumrechnung zu unterziehen.[617] Dabei sieht der dafür einschlägige IAS 21 ein zweistufiges Vorgehen vor, in dem zwischen der funktionalen Währung (functional currency) und der Berichtswährung (presentation currency) unterschieden wird. Als funktionale Währung eines Unterneh-

[616] Vgl. Project Summary 2006, S. 1 ff.

[617] Vgl. IAS 21.18. Die Vorschriften zur Indexierung von sog. Hochinflationsabschlüssen nach IAS 29 werden nachfolgend nicht gesondert betrachtet. Vgl. dazu Senger/Brune 2006c, Tz. 25 ff.

mens gilt die „Hauptwährung" seines ökonomischen Betätigungsfelds,[618] die sich auch primär auf seine Liquiditätsposition auswirkt.[619] Die Berichtswährung eines Unternehmens ist hingegen nach IAS 21 die Zahlungsmitteleinheit, in der ein IFRS-Abschluss veröffentlicht wird. Dies ist im Regelfall die funktionale Währung des Mutterunternehmens, wobei aber beispielsweise im Falle einer Notierung an einer ausländischen Börse oder einer überwiegenden Abwicklung der Geschäftsvorfälle im Konzern in einer anderen Währung auch Abweichungen möglich sind. Beide Währungen können sich von der hier so bezeichneten lokalen Währung unterscheiden, in der ein Konzernunternehmen zum Beispiel aufgrund gesetzlicher Pflichten außerhalb der IFRS einen Einzelabschluss aufzustellen hat.[620]

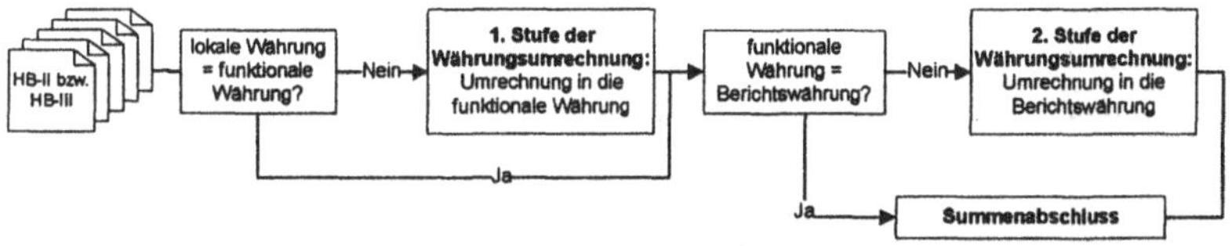

Abbildung 27: Stufen der konsolidierungsvorbereitenden Währungsumrechnung

Das IFRS-Regelwerk gibt nicht verpflichtend vor, in welcher Berichtswährung der Abschluss *zu veröffentlichen* ist.[621] Es schreibt nur vor, dass der Abschluss in der funktionalen Währung des jeweiligen Konzernunternehmens *aufzustellen* ist. Weicht die lokale Währung eines einbezogenen Konzernunternehmens, in der es den für die Konsolidierung verwendeten Einzelabschluss aufstellt, von der funktionalen Währung dieses Unternehmens ab, ist die erste Stufe der Währungsumrechnung vorzunehmen. Stimmt zudem die funktionale Währung der zu konsolidierenden Einzelabschlüsse nicht mit der Berichtswährung des Konzerns überein, ist die zweite Stufe der Währungsumrechnung durchzuführen.[622] Diese Stufen der konsolidierungsvorbereitenden Währungsumrechnung werden in Abbildung 27 zusammengefasst. Wie dabei erkennbar wird, betrifft die erste Stufe der Währungsumrechnung primär die Sphäre des Einzelabschlusses, währ-

618 Vgl. ausführlich IAS 21.9 ff.; Kagermann/Küting/Wirth 2002, S. 378; Heuser/Theile 2005, Tz. 1562; Hayn/Grüne 2005, S. 23 f.

619 Dies zeigt sich darin, dass sich die Ausführungen des IAS 21 zur Definition der funktionalen Währung im Wesentlichen auf die wichtigen Ein- und Auszahlungen eines Unternehmens konzentrieren. So wird zur Bestimmung der funktionalen Währung u.a. die Orientierung an den Absatzleistungen bzw. den Eingangsgrößen der operativen Tätigkeit wie bspw. Lohn- und Materialkosten gefordert. Vgl. IAS 21.9.

620 So sind regelmäßig Einzelabschlüsse für Zwecke der Unternehmensbesteuerung in einer vom Gesetzgeber vorgeschriebenen Währung aufzustellen. Die Einzelabschlüsse deutscher Unternehmen sind z.B. nach § 244 HGB in Euro aufzustellen. Vgl. Förschle 2005, Tz. 5 ff.

621 Vgl. IAS 21.18 f.; Bonham/Curtis/Davies 2004, S. 523 ff. Zur Begründung siehe auch IAS 21.BC13.

622 Vgl. IAS 21.BC18 ff.

end die zweite Stufe lediglich bei der Umrechnung von Fremdwährungsabschlüssen in die Berichtswährung des Konzerns relevant ist.[623]

Bei einer Analyse der Vorschriften des IAS 21 kann zunächst nur vermutet werden, dass eine Verbindung zwischen der Währungsumrechnung und der Bilanzierung latenter Steuern besteht. Zumindest wird in IAS auf die Anwendung des IAS 12 und somit auch potentiell auf die Bilanzierung latenter Steuern verwiesen. Der genaue Anwendungszusammenhang wird dabei jedoch nicht dargelegt,[624] schließlich sind in IAS 21.50 *keine konkreten* Anweisungen zur Bilanzierung enthalten:[625]

> „Gewinne und Verluste aus Fremdwährungstransaktionen sowie Umrechnungsdifferenzen aus der Umrechnung der Vermögens-, Finanz- und Ertragslage eines Unternehmens (einschließlich eines ausländischen Geschäftsbetriebs) können steuerliche Auswirkungen haben, die gemäß IAS 12 Ertragsteuern bilanziert werden.“

Konkret stellt sich hinsichtlich der Bilanzierung latenter Steuern folglich erstens die Frage, wie die Bemessungsgrundlage latenter Steuern unter Berücksichtigung von Fremdwährungseffekten zu berechnen ist. Zu untersuchen ist dabei insbesondere die Berechnung von temporary differences, wenn ein in die funktionale Währung umgerechneter IFRS-Buchwert mit seinem zugehörigen, jedoch in einer lokalen Währung geführten Steuerwert zu vergleichen ist. Dieser Fragestellung wird nachfolgend in Abschnitt C.III.1.ba) im Zusammenhang mit einer weitergehenden Erläuterung der ersten Stufe der Währungsumrechnung nachgegangen. [626] Zweitens ist zu untersuchen, wie sich die zweite Stufe der Währungsumrechnung auf die Bilanzierung latenter Steuern auswirkt. Die Vorschriften der Währungsumrechnung in die Berichtswährung sind Gegenstand von Abschnitt C.III.1.bb).

ba) Umrechnung in die funktionale Währung

Stellt das einzubeziehende Konzernunternehmen einen Abschluss in einer Währung auf, die nicht der funktionalen Währung dieses Unternehmens entspricht, ist der Einzelabschluss in lokaler Währung zunächst in die funktionale Währung des Unternehmens umzurechnen. Hierbei kommt die so genannte Zeitbezugsmethode zur Anwendung.[627] Erst der umgerechnete Abschluss stimmt mit den An-

---

623 So auch Senger/Brune 2006c, Tz. 3.

624 So auch Bonham/Curtis/Davies 2004, S. 543.

625 Es handelt sich dabei um einen der zahlreichen Querverweise innerhalb des IFRS-Regelwerks mit unverbindlichem Charakter. Vgl. Abschnitt C.I.4.

626 Die dabei zu beachtenden Vorschriften des IAS 21 sind im Übrigen mit den Regelungen zur Fremdwährungsumrechnung einzelner Geschäftsvorfälle identisch, so dass die Ausführungen in C.III.1.ba) hierfür analog gelten. Vgl. IAS 21.34; Senger/Brune 2006c, Tz. 3.

627 Vgl. ausführlich und mit Beispielen Hayn/Grüne 2005, S. 24 ff.

forderungen des IFRS-Regelwerks überein. Auch die Bilanzierung latenter Steuern erfolgt daher in funktionaler Währung.

Die Zielsetzung der Zeitbezugsmethode besteht darin, die im Einzelabschluss enthaltenen Geschäftsvorfälle so im Konzernabschluss abzubilden, „als wären sie vom berichtenden Unternehmen bzw. in der funktionalen Währung getätigt worden“[628]. Ausgaben und Einnahmen, die in einer abweichenden Währung getätigt bzw. erzielt werden, sind dabei zum Kurs am Tag der Transaktion (spot exchange rate, nachfolgend auch Transaktionskurs) in die funktionale Währung umzurechnen und werden somit transaktionsgenau bilanziell erfasst.[629] Sofern das Unternehmen einen Teil seiner ihm zuordenbaren Vermögenswerte und Schulden buchhalterisch in einer Zahlungsmitteleinheit führt, welche nicht der funktionalen Währung entspricht, ist darüber hinaus eine erneute Bewertung am Bilanzstichtag durchzuführen:

(1) Monetäre Vermögenswerte und Schulden (monetary assets and liabilities) in Fremdwährung sind zum Währungskurs des Bilanzstichtags (closing rate, nachfolgend auch Stichtagskurs) zu bewerten.[630] Unter die monetären Bilanzposten fallen beispielsweise Bar- und Bankbestände in Fremdwährung oder Forderungen sowie Verbindlichkeiten, die in nicht-funktionaler Währung zu begleichen sind. Aus diesem Bewertungsvorgang hervorgehende Wertschwankungen in funktionaler Währung werden GuV-wirksam erfasst.[631]

(2) Nicht-monetäre Vermögenswerte und Schulden (non-monetary assets and liabilities) in ausländischer Währung, die zum beizulegenden Zeitwert bewertet werden, sind zum Währungskurs am Tag ihrer Neubewertung erneut umzurechnen.[632] Der Bewertungseffekt, der dabei auf die erneute Währungsumrechnung des Vermögenswertes oder der Schuld zurückzuführen ist, wird dabei analog zum zugrunde liegenden Bilanzposten behandelt – der Effekt aus einem veränderten Wechselkursverhältnis wird also buchhalterisch gemeinsam mit der Anpassung des beizulegenden Zeitwerts erfasst.

(3) Sonderregelungen gelten jedoch für Bilanzposten wie Forderungen und Verbindlichkeiten, die aus langfristigen Finanzierungsarrangements zwischen Konzernunternehmen resultieren. Diese werden als Teil der Investition in ausländische Geschäftsbetriebe gewertet (net investment in a foreign

628 Küting/Wirth 2003a, S. 378.
629 Vgl. IAS 21.21.
630 Vgl. IAS 21.23 (a).
631 Vgl. IAS 21.28; ausführlich auch Kuhn/Scharpf 2005, S. 131 f.
632 Vgl. IAS 21.23 (c); Kuhn/Scharpf 2005, S. 135 f.

operation) und sind damit annahmegemäß langfristiger Natur.[633] Durch einen veränderten Wechselkurs bedingte Bewertungsänderungen werden daher im Konzernabschluss nicht wie bei den übrigen in abweichender Währung geführten monetären Vermögenswerten und Schulden GuV-wirksam, sondern GuV-neutral direkt im Eigenkapital erfasst.[634]

(4) Alle übrigen nicht-monetären Bilanzposten werden weiterhin zum Kurs am Tag der Transaktion umgerechnet, aus der sie hervorgegangen sind.[635] Nur sofern ihr Buchwert im Rahmen ihrer Folgebewertung einem Vergleichswert gegenüberzustellen ist – als Beispiel wird in diesem Zusammenhang die Bewertung von Vorratsvermögen zum Minimum aus den AHK und dem Nettoveräußerungswert genannt[636] –, ist der Vergleichswert „(...) mit dem Wechselkurs am Tag der Ermittlung dieses Wertes [umzurechnen]"[637]. Hieraus kann ein Wertminderungsbedarf von Bilanzposten resultieren, der nur in der funktionalen Währung vorzunehmen ist, sich jedoch nicht aus der Gegenüberstellung des Buchwerts und des Vergleichswertes ergibt.[638]

Die Umrechnung von Abschlussposten in die funktionale Währung erfordert also im Wesentlichen dann eine GuV-wirksame Erfassung von Wechselkursschwankungen, wenn abzusehen ist, dass sich Entwicklungen des Wechselkurses in absehbarer Zeit auf die liquiden Mittel des Unternehmens auswirken werden. Dabei ist regelmäßig bei fast allen Fremdwährungsposten in der Bilanz eine Stichtagsbetrachtung erforderlich, entweder weil sie bereits monetärer Natur sind oder aber da ihr Buchwert im Rahmen der Folgebewertung einem Vergleichswert gegenüberzustellen ist.

Offen bleibt dabei bislang jedoch noch, welcher Währungskurs bei der Bilanzierung latenter Steuern verwendet werden soll, wenn Steuerwerte und Steuerguthaben in einer nicht-funktionalen Währung geführt werden.[639] Explizite Vorschriften zur Umrechnung eines Steuerwertes bzw. eines Steuerguthabens sind weder in IAS 12 noch in IAS 21 enthalten.

633 Vgl. IAS 21.15.

634 Vgl. IAS 21.32; Senger/Brune 2006c, Tz. 21.

635 Vgl. IAS 21.23 (b).

636 Vgl. IAS 21.25; zur Vorratsbewertung nach IAS 2 insgesamt Riese 2006, Tz. 91 ff.; Kümpel 2005, S. 75 ff. Als weiteres Beispiel wird der Vergleich des Buchwerts mit dem erzielbaren Betrag im Rahmen eines Wertminderungstests nach IAS 36 genannt. Vgl. IAS 21.25.

637 IAS 21.25 (b).

638 Vgl. IAS 21.25.

639 Von dieser Fallkonstellation ist insbesondere dann auszugehen, wenn die funktionale Währung eines Konzernunternehmens nicht mit seiner lokalen Währung übereinstimmt. Dies ist u.a. auch dann denkbar, wenn das Unternehmen Betriebsstätten unterhält, die in einer von der funktionalen Währung abweichenden lokalen Währung steuerlich veranlagt werden. Zur steuerlichen Definition und Behandlung von Betriebsstätten nach OECD-MA vgl. Schieber/Wassermeyer 2006, Tz. 1 ff.

Ein zumindest denkbarer Ansatz zur Umrechnung steuerlicher Wertansätze könnte darin bestehen, bei der Berechnung von temporary differences am Bilanzstichtag die Umrechnung von Bilanzposten und Steuerwerten auf identische Wechselkurse zurückzugreifen. Eine Umrechnung eines Steuerwertes, dessen Betrag sich gegenüber dem letzten Bilanzstichtag geändert hat, wäre nach diesem Ansatz auch dann erforderlich, wenn der zugehörige IFRS-Bilanzposten am Abschlussstichtag nicht erneut umzurechnen ist. Für die Umrechnung des in lokaler Währung geführten Steuerwertes wäre dann der Wechselkurs heranzuziehen, der bei der letzten Umrechnung des Bilanzpostens in die funktionale Währung des Unternehmens genutzt worden ist. Die temporary difference ergibt sich daraufhin aus der Gegenüberstellung des fortgeführten, aber gegebenenfalls nicht erneut umgerechneten IFRS-Buchwerts mit dem in lokaler Währung dotierten und zum letzten relevanten Wechselkurs umgerechneten Steuerwert.

Implizit ist entgegen dieser zumindest denkbaren Vorgehensweise nach IAS 12 aber wohl von einer generellen Umrechnung von Steuerwerten zum Stichtagskurs auszugehen. Dieser Schluss ergibt sich aus der ein wenig versteckten Regelung in IAS 12.41:[640]

> „Ein Unternehmen weist die nicht monetären Vermögenswerte und Schulden in seiner funktionalen Währung aus [...]. Wird das zu versteuernde Ergebnis oder der steuerliche Verlust (und somit der Steuerwert seiner nicht monetären Vermögenswerte und Schulden) des ausländischen Geschäftsbetriebes in der Fremdwährung ausgedrückt, **so haben Änderungen der Wechselkurse temporäre Differenzen zur Folge, woraus sich eine latente Steuerschuld oder** (...) **ein latenter Steueranspruch ergibt**. Die sich ergebende latente Steuer wird im Ergebnis erfolgswirksam erfasst [...]."[641]

Entwicklungen des Wechselkurses zwischen der lokalen und der funktionalen Währung sind also bei der Dotierung von temporary differences zu berücksichtigen, indem in nicht-funktionaler Währung geführte Steuerwerte zum Stichtagskurs umgerechnet werden.[642] Da diese unter Umständen Buchwerten gegenübergestellt werden, die noch zum historischen Kurs umgerechnet worden sind, können folglich allein aus der Währungsumrechnung von Steuerwerten temporary differences entstehen bzw. sich fortentwickeln. Deutlicher wird dies voraussichtlich durch die Änderungen, die im Zuge des Short Term Convergence Project in IAS 12 vorgenommen werden. So wurde die Angleichung der Vorschriften in IAS 12 und SFAS 109 bezüglich der Währungsumrechnung in die

---

640 Diese Vorschrift befindet sich im Abschnitt zur Bilanzierung latenter Steuern auf outside basis differences. Vgl. dazu ausführlich Abschnitt C.II.1.ad).

641 IAS 12.41 (im Original nicht hervorgehoben). Der Begriff *erfolgswirksam* ist hier als *GuV-wirksam* zu interpretieren. Im Originaltext wird eine Erfassung „in profit or loss" beschrieben. Zur buchhalterischen Erfassung latenter Steuern vgl. auch Abschnitt C.II.3.

642 Vgl. KPMG 2005, S. 464.

funktionale Währung anhand des folgenden, hier modifiziert übernommenen Beispielfalls diskutiert:[643]

Beispiel 15: Temporary differences aus der Umrechnung von Steuerwerten in die funktionale Währung[644]

Ein Unternehmen erwirbt im Laufe eines Geschäftsjahres ein Grundstück für 25.000 tschechische Kronen (CZK). Der Umrechnungskurs am Tag der Anschaffung entspricht 1 EUR = 25 CZK. Da die funktionale Währung des Unternehmens der EUR ist, wird das Grundstück zu Anschaffungskosten in Höhe von 1.000 EUR aktiviert und in der Folge unter Anwendung des Anschaffungskostenmodells bilanziert.[645]

Zum Bilanzstichtag wird das Grundstück im IFRS-Abschluss immer noch zum Buchwert in Höhe von 1.000 EUR geführt. Da keine Anzeichen für eine Wertminderung vorliegen, wird von einer Abschreibung und der einhergehenden Neuumrechnung des Vermögenswertes in die funktionale Währung des Unternehmens abgesehen. Auch der Steuerwert des Grundstückes wird im tschechischen Steuerrecht immer noch mit 25.000 CZK geführt. Geändert hat sich zwischenzeitlich jedoch der Umrechnungskurs von CZK in EUR. 1 EUR entspricht nunmehr 20 CZK, so dass sich der Steuerwert des Grundstücks in funktionaler Währung von 1.000 EUR auf 1.250 EUR erhöht.

	Buchwert	1.000	EUR
./.	Steuerwert	1.250	EUR
=	Temporary difference	-250	EUR

In der Folge liegt nunmehr eine aktivische temporary difference in Höhe von 250 EUR vor, auf die die allgemeinen Vorschriften zur Bilanzierung latenter Steuern anzuwenden sind. Es gelten dabei die steuerrechtlichen Parameter des jeweils betrachteten Konzernunternehmens.

Würde das Grundstück nun direkt nach dem Bilanzstichtag zum Buchwert veräußert werden, so resultiert hieraus *kein* Effekt in der tatsächlichen Steuerbelastung des Unternehmens, denn schließlich steht dem Erlös in Höhe von 25.000 CZK ein gleich hoher Steuerwerterlös in lokaler Währung gegenüber. Im IFRS-Abschluss wäre hingegen in funktionaler Währung ein Effekt in den latenten Steuern aus der Veränderung der temporary differences von 250 EUR auf Null zu erfassen.

Nach IAS 12 besteht also zum einen die Möglichkeit, dass der Bilanzposten mit einem anderen Wechselkurs umgerechnet wird, als der zugehörige Steuerwert. Zum anderen kann hieraus die paradoxe Fallkonstellation hervorgehen, dass sich Änderungen im Steuerwert auf die Dotierung von temporary differences auswir-

[643] Bis zum Short Term Convergence Project sehen die Vorschriften der US-GAAP zur Bilanzierung latenter Steuern ein Bilanzierungsverbot für latente Steuern aus temporary differences vor, die aus der Umrechnung von Fremdwährungspositionen in die funktionale Währung eines Unternehmens resultieren. Vgl. SFAS 109.9 (f); Cook/Connor/Crisp 2005, S. 493.

[644] Modifiziert entnommen aus IASB Observer Note June 2003, Appendix B.

[645] Das Anschaffungskostenmodell ist für Sachanlagen im Sinne des IAS 16 eine von zwei möglichen Alternativen zur Folgebewertung. Vgl. IAS 16.29; ausführlich auch Scheinpflug 2006, Tz. 101 ff.

ken, die nur auf Wechselkursschwankungen zwischen der lokalen, steuerlich relevanten Währung einerseits und der funktionalen Währung des Unternehmens andererseits zurückzuführen sind. Normalerweise verkörpern temporary differences aber zumindest hypothetisch den steuerlich relevanten Betrag, der sich bei einer sofortigen Liquidation einzelner Vermögenswerte zu Buchwerten auf das zu versteuernde Einkommen auswirken würde.[646] Im Fall der Umrechnung von Steuerwerten in die funktionale Währung ist dieser Zusammenhang aber nicht mehr gegeben. Durch die Umrechnung von Steuerwerten fließen hier Währungskurseffekte in die Bemessungsgrundlage *latenter* Steuern ein, die sich nicht auf die *tatsächliche* Unternehmensbesteuerung des Unternehmens im Falle der fortgesetzten Nutzung bzw. Veräußerung des Vermögenswertes auswirken werden.[647] Die Unternehmensbesteuerung wird schließlich c.p. in lokaler Währung abgewickelt. Die Bewertung von Vermögenswerten, Schulden und der jeweils zugehörigen Steuerwerte in funkionaler Währung wirkt sich hingegen auf die künftig tatsächlich zu tragende Steuerzahllast nicht aus. Durch IAS 12.41 werden über „fiktive" temporary differences vielmehr Effekte in die Bemessungsgrundlage latenter Steuern eingerechnet, die permanenter Natur sind und damit eigentlich nicht Gegenstand der Bilanzierung latenter Steuern sein dürfen.

Die vom IASB vorgesehene Umrechnung von Steuerwerten zum Stichtagskurs stellt damit einen Bruch mit den Grundsätzen der Berechnung von temporary differences dar. Weder aus der Perspektive der Merkmale von entscheidungsnützlichen Rechnungslegungsinformationen noch aus der Perspektive der bilanztheoretischen Grundsätze der IFRS kann diese Regelung zufrieden stellen. Zwar ist einzuräumen, dass eine andersartige Umrechnung von Steuerwerten – etwa zu historischen Umrechnungskursen oder zum Kurs der letztmaligen Neudotierung des Steuerwertes – zu einer erheblichen Mehrarbeit für das Unternehmen führen würde. Bei einer Kosten-Nutzen-Überlegungen ist aber zum einen das Merkmal der Verlässlichkeit der IFRS-Rechnungslegung zu berücksichtigen, da letztlich latente Steuern abgegrenzt werden, ohne dass tatsächliche Steuern wenigstens in der für temporary differences typischen Art und Weise antizipiert werden.[648] Dies dürfte auch dem im Rahmenkonzept festgelegten Merkmal der glaubwürdigen Darstellung zuwiderlaufen. Zum anderen kann auch die Existenz eines Vermögenswertes oder einer Schuld nicht begründet werden, da ein konkret absehbarer Nutzenzu- oder -abfluss nicht erkennbar ist.

Aus der Perspektive der normativen Grundsätze der IFRS ist die hier skizzierte Vorgehensweise folglich abzulehnen, wenngleich sie eine Arbeitserleichterung bei der Umrechnung von Abschlussposten in die funktionale Währung bedeutet.

---

646 Vgl. Abschnitt C.II.1.aa).

647 Vgl. Heuser/Theile 2005, Tz. 1331; Pawelzik 2006, S. 16; Wienken 2003, S. 167.

648 Zur Aussagekraft von latenten Steuern, die basierende auf temporary differences bilanziert werden, vgl. darüber hinaus die kritischen Anmerkungen in Abschnitt C.II.1.aa).

Darüber hinaus ist eine direkt erkennbare Regelung in einem der relevanten Standards zur Umrechnung von Steuerwerten in die funktionale Währung eines Unternehmens zu fordern. Vor dem Hintergrund eines möglichst hohen Vergleichbarkeitsgrades der IFRS-Rechnungslegung kann jedenfalls die wenig eingängige Regelung des zu Beginn dargestellten IAS 21.50 kombiniert mit der ebenfalls hier wiedergegebenen Vorschrift in IAS 12.41 nicht überzeugen. Jedenfalls dürfte die derzeitige Fassung der beiden Standards einer einheitlichen Regelauslegung im Schnittbereich zwischen IAS 12 und IAS 21 aufgrund ihrer fehlenden Prägnanz tendenziell entgegenwirken.

bb) Umrechnung in die Berichtswährung

Die Umwandlung des Einzelabschlusses von der funktionalen Währung in die Berichtswährung des Konzerns wird anhand der modifizierten Stichtagskursmethode vorgenommen und stellt die zweite Stufe der konsolidierungsvorbereitenden Währungsumrechnung dar.[649] Wird der Einzelabschluss in der funktionalen Währung des Konzernunternehmens aufgestellt, der Konzernabschluss aber in einer anders lautenden Zahlungsmitteleinheit, so ist der Einzelabschluss in die Berichtswährung des Konzernabschlusses umzurechnen.

Bei der zweiten Stufe der konsolidierungsvorbereitenden Währungsumrechnung handelt es sich im Gegensatz zur ersten Stufe der Währungsumrechnung um einen „Transformationsvorgang ohne Bewertungsfunktion“[650]. Die Vorgehensweise ist daher im Vergleich zur oben dargestellten Zeitbezugsmethode auch einfacher zu handhaben: Zum einen werden alle Vermögenswerte und Schulden des Konzernunternehmens – dabei sind auch Bewertungseffekte aus der Anwendung der Erwerbsmethode sowie GoF zu berücksichtigen[651] – zum Stichtagskurs umgerechnet.[652] Zum anderen werden die Beträge der GuV zum Transaktionskurs der Aufwendungen und Erträge umgerechnet.[653] Unter praktischen Gesichtspunkten räumen die Vorschriften des IAS 21 hier jedoch auch die Möglichkeit ein, für die Umrechnung Näherungswerte in Form von Periodendurchschnittskursen zu verwenden, sofern die Wechselkurse keinen allzu starken Schwankungen ausgesetzt waren.[654]

Aus der Umrechnung der Bilanzposten zum jeweiligen Stichtagskurs resultieren aus Wechselkursschwankungen gegenüber dem Vorjahresstichtag Währungsumrechnungsdifferenzen, die nach den Vorschriften des IAS 21 GuV-neutral direkt im Eigenkapital zu erfassen sind.[655] Begründet wird diese auch als modifizierte

---

649 Vgl. ausführlich und mit Beispielen Hayn/Grüne 2005, S. 28 ff.
650 Küting/Wirth 2003a, S. 380.
651 Vgl. IAS 21.47; Senger/Brune 2006c, Tz. 24; Küting/Wirth 2003a, S. 383.
652 Vgl. IAS 21.39 (a).
653 Vgl. IAS 21.39 (b).
654 Vgl. IAS 21.40.
655 Vgl. IAS 21.39 (c).

Stichtagskursmethode bezeichnete Vorgehensweise damit, dass die „(...) Änderungen in den Wechselkursen nur einen geringen oder überhaupt keinen direkten Einfluss auf den gegenwärtigen und künftigen operativen Cash Flow haben“[656] und eine GuV-wirksame Bilanzierung der Währungsumrechnungsdifferenzen nicht notwendig ist. Die Umrechnung von Fremdwährungsabschlüssen von Konzernunternehmen in die Berichtswährung des Konzerns erfolgt also ausschließlich GuV-neutral.[657]

Es zeigt sich, dass auch aktive wie passive latente Steuern gemeinsam mit den übrigen Bilanzposten zum Stichtagskurs umzurechnen sind. Eine erneute Bewertung latenter Steuern ist bei der Umrechnung eines Abschlusses in die Berichtswährung des Konzerns auf der Ebene des Einzelabschlusses nicht vorzunehmen. Anders als bei der Umrechnung einzelner Positionen in die funktionale Währung des Unternehmens wirkt sich die zweite Stufe der konsolidierungsvorbereitenden Währungsumrechnung damit nicht auf die Dotierung von temporary differences auf der Ebene des Tochterunternehmens aus.[658]

Gleichwohl kann sich die konsolidierungsvorbereitende Währungsumrechnung auf der Ebene des Mutterunternehmens auf den Umfang von outside basis differences auswirken.[659] Währungskursdifferenzen, die aus Veränderungen des Stichtagskurses gegenüber dem jeweiligen historischen Kurs resultieren, wirken sich schließlich auf die Beträge aus, die das jeweils betrachtete Tochterunternehmen im Falle einer Vollliquidation zu Buchwerten in der Berichtswährung ausschütten könnte. Zur Dotierung von temporary differences ist in diesem Zusammenhang das Reinvermögen von Tochterunternehmen dem beim Mutterunternehmen geführten Steuerwert der Anteile an diesem Tochterunternehmen gegenüberzustellen. Werden die Vermögenswerte und Schulden des Tochterunternehmens von dessen funktionaler Währung in die Berichtswährung des Konzerns umgerechnet, ist der Anteil, der auf die Zu- oder Abnahme des Reinvermögens aufgrund von Währungskursschwankungen zurückzuführen ist, GuV-neutral zu erfassen,[660] sofern die übrigen Voraussetzungen für die Abgrenzungen latenter Steuern für outside basis differences gegeben sind. Beispiel 16 zeigt den Zusammenhang auf.

---

656 IAS 21.41.

657 Vgl. auch Kagermann/Küting/Wirth 2002, S. 81.

658 So auch Johnson/Holgate/McCann 2005, Tz. 13.273.

659 Vgl. hierzu ausführlich Abschnitt C.II.1.ad).

660 Vgl. Debus 2003, Tz. 247; Heuser/Theile 2005, Tz. 1568. Zur buchhalterischen Erfassung latenter Steuern siehe auch Abschnitt C.II.3. Vergleichsweise unverbindlich wird dieser Sachverhalt auch in IAS 12.68 (c) angesprochen.

Beispiel 16: GuV-neutral zu erfassende latente Steuern auf outside basis differences[661]

Unternehmen MU ist Anteilseigner an Unternehmen TU. TU stellt seinen Abschluss in seiner funktionalen Währung USD auf, die Berichtswährung des Konzerns ist EUR.

Zum Bilanzstichtag t1 beträgt der Währungskurs 1 USD = 1,1 EUR; am Bilanzstichtag t2 ist dieser Kurs auf 1 USD = 1,2 EUR gestiegen. Im gleichen Zeitraum steigt das Reinvermögen von TU durch nicht ausgeschüttete Gewinne von 5.000 USD auf 6.000 USD ohne eine korrespondierende Änderung des Steuerwertes der Anteile bei MU.

Der Periodendurchschnittskurs ist 1 USD = 1,15 EUR, so dass der Gewinn von TU in Höhe von 1.000 USD in der Berichtswährung des Konzerns 1.150 EUR entspricht. Insgesamt könnte TU im Falle einer sofortigen Vollliquidation zu Buchwerten folglich 6.000 USD, mithin zum Stichtagskurs bewertet 7.200 EUR ausschütten.

	Reinvermögen von TU in USD	Währungskurs EUR/USD	Reinvermögen von TU in EUR	Steuerwert der Anteile bei MU	Outside basis difference
t1	5.000	1,1	5.500	5.500	0
t2	6.000	1,2	7.200	5.500	1.700

Es zeigt sich, dass auf der Ebene von MU zwischen t1 und t2 eine passivische temporary difference im Zusammenhang mit den Anteilen an TU in Höhe von 1.700 EUR entsteht, die unter Berücksichtigung der Vorschriften von IAS 12.39 ff. gegebenenfalls als passive latente Steuern zu bilanzieren sind. Da bekannt ist, dass der Gewinn von TU nach der Umrechnung in die Berichtswährung 1.150 EUR beträgt, muss sich der Restbetrag der outside basis difference in Höhe von 550 EUR auf die Veränderung des für die Umrechnung der Aktiva und Passiva verwendeten Wechselkurses beziehen. Latente Steuern, die auf diesen Teil der outside basis difference entfallen, sind GuV-neutral zu erfassen.

Die Veränderung des Eigenkapitals, die auf die Umrechnung von Einzelabschlüssen in die Berichtswährung zurückzuführen ist, kann folglich Gegenstand der Abgrenzung latenter Steuern auf outside basis differences sein[662] – *nicht aber die Währungsumrechnungsdifferenz selbst*, denn hierzu fehlt es an einem Steuerwert, dem dieser Buchwert zur Dotierung von temporary differences gegenüberzustellen ist.[663] Zu beachten ist dabei außerdem, dass die Währungsumrechnung in die Berichtswährung des Unternehmens GuV-neutral erfolgt. Die Einbuchung latenter Steuern auf der Grundlage hieraus resultierender temporary differences ist daher ebenfalls GuV-neutral vorzunehmen.

Insgesamt ist festzuhalten, dass die Umrechnung von IFRS-Abschlüssen in eine abweichende Berichtswährung die Bilanzierung latenter Steuern für outside

---

661 Erstellt in Anlehnung an ein Beispiel in SFAS 109.276.

662 Vgl. Schulz-Danso 2006, Tz. 125; Loitz 2004, S. 1183; Coenenberg/Hille 2003, Tz. 68; KPMG 2005, S. 465.

663 In der Literatur wird z.T. die Meinung vertreten, dass sich die Abgrenzung latenter Steuern auch bei Umrechnung in die Berichtswährung auf Währungsumrechnungsdifferenzen beziehen kann. So bspw. Schmidbauer 2001, S. 1572; Küting/Wirth 2003a, S. 386 f.

basis differences verkompliziert. Hinsichtlich der normativen Grundsätze der IFRS sind aber nach der hier vertretenen Auffassung keine zusätzlichen Kritikpunkte vorzubringen. Die in IAS 12 enthaltenen Vorschriften zu outside basis differences werden stringent in Kombination mit den Grundsätzen der buchhalterischen Erfassung latenter Steuern umgesetzt, so dass an dieser Stelle auf die dort vorgenommene kritische Würdigung verwiesen wird.[664]

c) Zwischenfazit

Es zeigt sich, dass die Vorschriften des IAS 12 nur bedingt in der Kombination mit den hier vorgestellten konsolidierungsvorbereitenden Maßnahmen anwendbar sind. Unzulänglichkeiten finden sich dabei vor allem im Hinblick auf das Merkmal der Vergleichbarkeit von IFRS-Abschlüssen. So wirft auf der einen Seite die Bilanzierung latenter Steuern im Zusammenhang mit Steuergruppen Fragen nach der konkreten Umsetzung der Vorschriften des IAS 12 auf. Auf der anderen Seite sind die Vorschriften zur Umrechnung von Steuerwerten in die funktionale Währung eines Unternehmens nicht hinreichend prägnant, um eine stets eindeutige Bilanzierung gewährleisten zu können.

Zwar konnten hier jeweils mit einem Ausblick auf die laufenden Entwicklungen des Short Term Convergence Project Lösungen einerseits zur Bilanzierung latenter Steuern bei Vorliegen eines Konsolidierungskreises erarbeitet werden, der von einer unternehmensübergreifenden Steuergruppe abweicht. Andererseits konnte auch die Währungsumrechnung in die funktionale Währung erläutert werden, wie sie vom IASB gesehen wird. Allerdings lassen weder die derzeitigen noch die absehbaren Vorschriften des IAS 12 einen Präzisionsgrad erkennen, der notwendig ist, um eine einheitliche Regelauslegung und damit eine vergleichbare Rechnungslegung nach IFRS gewährleisten zu können. Dies zeigt sich zum einen vor allem in insgesamt drei derzeit möglichen und durchaus vertretbaren Auslegungsvarianten des IAS 12 bei abweichenden Steuergruppen. Zum anderen ist der pauschale Hinweis in IAS 21.50, dass Währungsumrechnungsmaßnahmen *möglicherweise* nach IAS 12 bilanzierungspflichtige Auswirkungen nach sich ziehen, ebenfalls nicht der eindeutigen Anwendung von IFRS zuträglich.

Außerdem ist die Bilanzierung von latenten Steuern für jene temporary differences kritisch hervorzuheben, die aus Fremdwährungsposten resultieren, die in die funktionale Währung umzurechnen sind. Werden die jeweils dem Fremdwährungsposten zugehörigen Steuerwerte in eine von der funktionalen Währung abweichenden lokalen Währung geführt, sind die Steuerwerte zum Stichtagskurs umzurechnen. Da die Besteuerung c.p. in der lokalen Währung erfolgt, werden

---

[664] Vgl. die Ausführungen in Abschnitt C.II.1.ad) zu outside basis differences und Abschnitt C.II.3 zur buchhalterischen Erfassung latenter Steuern im IFRS-Abschluss.

dadurch latente Steuern auf der Grundlage von Änderungen im Währungskurs bilanziert, obwohl ein Effekt auf die tatsächliche Steuerbelastung nicht zu erwarten ist. Im Hinblick auf das Merkmal der Verlässlichkeit von IFRS-Abschlüssen stellt sich hier die Frage nach der Aussagekraft, wenn mit latenten Steuern aus temporary differences Steuereffekte antizipiert werden, die sich niemals auf die tatsächliche Steuerbelastung der berichtenden Einheit auswirken werden. Da kein Nutzenzu- oder Nutzenabfluss vorliegt, wenn die Ertragsbesteuerung nicht in der funktionalen Währung, sondern in einer abweichenden lokalen Währung erfolgt, stellt dies im Hinblick auf die bilanztheoretischen Grundsätze der IFRS einmal mehr infrage, inwieweit mit temporary differences die Existenz von Vermögenswerten oder Schulden im Sinne des Rahmenkonzepts begründet werden kann.

2. Latente Steuern aus Konsolidierungsmaßnahmen

Nach der Durchführung der konsolidierungsvorbereitenden Maßnahmen werden die Einzelabschlüsse in den so genannten Summenabschluss zusammengeführt.[665] Aus diesem sind konzerninterne Posten zu eliminieren, um einen Abschluss des Konzerns als berichtende Einheit zu erstellen. Die Zielsetzung der Konsolidierung besteht dabei darin, nur noch solche Elemente im Konzernabschluss auszuweisen, die auf Geschäftsvorfälle mit Wirtschaftssubjekten außerhalb des Konsolidierungskreises zurückzuführen sind.

Da im Zuge der Konsolidierung Vermögenswerte und Schulden im Hinblick auf Ansatz und Bewertung an die Perspektive der Konzernbilanzierung angepasst werden, sind diese auch für die Erfassung latenter Steuern relevant. Schließlich ändert sich durch die Konsolidierung auch ein Eingangsparameter der Dotierung von temporary differences. Dies gilt umso mehr, da konzerninterne Lieferungs- und Leistungsflüsse im Rahmen der Konzernabschlusserstellung eliminiert werden, während sie sich im Regelfall gleichwohl unmittelbar auf die Ertragsbesteuerung der einbezogenen Konzernunternehmen auswirken.[666] Die jeweils bereits im Einzelabschluss ermittelten Steuerwerte werden hingegen nicht eliminiert.[667] Mit latenten Steuern im Konzernabschluss wird damit gewissermaßen der Konzernabschluss als Subjekt der Ertragsbesteuerung simuliert, obwohl dies mit der Realität im Regelfall nicht übereinstimmt.[668] Gegenstand der nachfolgenden Ausführungen wird daher primär die Frage sein, wie latente

---

[665] Vgl. IAS 27.22.

[666] Oder wie es das IASB im Bezug auf konzerninterne Lieferungs- und Leistungsbeziehungen ausdrückt: „An intercompany transfer of assets (such as the sale of inventory or depreciable assets) between tax jurisdictions is a taxable event that establishes a new tax base for those assets in the buyer's tax jurisdiction." IASB Observer Note December 2005a, Abs. 28.

[667] So auch Lüdenbach 2006b, Tz. 159.

[668] Vgl. Debus 2003, Tz. 4.

Steuern für temporary differences zu behandeln sind, bei denen Buchwerte vollständig oder teilweise „wegkonsolidiert" werden.[669]

Die Vorschriften des IFRS-Regelwerks enthalten auf der einen Seite nur wenige Vorgaben an die Konsolidierung.[670] Auf der anderen Seite wird die Bilanzierung latenter Steuern im Zusammenhang mit Konsolidierungsmaßnahmen nur am Rande aufgegriffen. In dem folgenden Hinweis von IAS 27 erschöpfen sich bereits die Regelungen zur Bilanzierung latenter Steuern im Zusammenhang mit Konsolidierungsmaßnahmen:[671]

> „IAS 12 *Ertragsteuern* ist auf zeitliche Differenzen aufgrund der Eliminierung von Gewinnen und Verlusten infolge Transaktionen innerhalb des Konzerns anzuwenden."[672]

Nach dem Wortlaut des IAS 27 sind die Vorschriften des IAS 12 nur dann anzuwenden, soweit im Rahmen von Konsolidierungsmaßnahmen „Gewinne und Verluste"[673] zu eliminieren sind und „zeitliche Differenzen"[674] vorliegen. Temporary differences können aber auch dann entstehen, wenn Bilanzposten in gleicher Höhe gegeneinander aufgerechnet werden, wobei dann keine ergebniswirksame Konsolidierungsbuchung erforderlich ist. Die Vorschriften zur Konsolidierung nach IAS 27 greifen also nicht unbedingt nahtlos mit den Regelungen der Bilanzierung latenter Steuern ineinander. Es wird daher nachfolgend vor allem zu prüfen sein, wie sich die hier aufgezeigte Diskrepanz zwischen IAS 12 und IAS 27 auf die Konzernabschlusserstellung auswirkt.

Weiterhin wird auch auf die Bewertung von konsolidierungsbedingten temporary differences einzugehen sein, da auch dazu keine besonderen Vorschriften in IAS 12 enthalten sind. Folglich sind in diesem Zusammenhang auch die allge-

---

669 Letzteres ist bei der Zwischenergebniseliminierung der Fall. Vgl. dazu C.III.2.a).

670 Während die Kapitalkonsolidierung zumindest in ihren Grundzügen gesondert in IAS 27.22 adressiert wird, werden die übrigen Konsolidierungsmaßnahmen nur äußerst knapp umrissen: „Konzerninterne Salden, Transaktionen, Gewinne und Aufwendungen sind in voller Höhe zu eliminieren." IAS 27.24.

671 Mit Ausnahme einer besonderen Regelung zur Zwischenergebniseliminierung (vgl. Abschnitt C.III.2.a)) gilt dies übrigens auch für SFAS 109.

672 IAS 27.25. Bemerkenswert ist dabei, dass hier eine Verbindung zwischen den Begriffen „Gewinnen und Verlusten" und „zeitliche Differenzen" (im englischen Original: temporary differences) hergestellt wird: Temporary differences sind immerhin auf Grundlage von bilanziellen Wertansätzen zu berechnen, während sich „Gewinne und Verluste" aus der Ergebnisrechnung des Unternehmens ableiten. Die bis zur Überarbeitung des IAS 27 gültige Vorgängerregelung in IAS 27.18 (rev. 2000) bezog sich noch auf timing differences: „Timing differences that arise from the elimination of unrealised profits and losses resulting from intragroup transactions are dealt with in accordance with IAS 12 Income Taxes." Dies erscheint einerseits zumindest hinsichtlich der Begriffswahl sachgerecht, da sich sowohl „timing differences" als auch „profits and losses" auf die GuV beziehen, wie bereits in Abschnitt A.II.2.aa) dargelegt worden ist. Andererseits sind nach IAS 12 temporary differences zu berechnen, so dass letztendlich weder die Vorgängerregelung noch die gegenwärtig gültige Vorschrift des IAS 27.25 hinsichtlich der Begriffswahl mit dem in IAS 12 gewählten Ansatz vereinbar erscheint.

673 Ebenda.

674 Ebenda.

meinen Bewertungsvorschriften nach IAS 12 anzuwenden.[675] Der Ausnahmefall konzernspezifischer Bewertungsparameter für die Bilanzierung latenter Steuern liegt dabei nur dann vor, wenn sich die Konsolidierungsmaßnahmen auf Konzernunternehmen innerhalb einer Steuergruppe auswirken – dies kommt beispielsweise bei Konsolidierungsmaßnahmen zwischen Konzernunternehmen vor, die der gleichen ertragsteuerlichen Organschaft zugehörig sind.[676] Im Regelfall ist hingegen von steuerrechtlich voneinander unabhängigen Konzernunternehmen auszugehen, so dass zu entscheiden ist, welche der jeweils einschlägigen steuerrechtlichen Bewertungsparameter bei der Bilanzierung latenter Steuern aus Konsolidierungsmaßnahmen zu berücksichtigen sind. Die Anwendung konzerneinheitlicher Steuersätze oder eine pauschale Werthaltigkeitsbeurteilung aktivischer temporary differences ist dabei nur unter Wesentlichkeitsaspekten vertretbar.[677]

Vor diesem Hintergrund werden nachfolgend die einzelnen Konsolidierungsmaßnahmen skizziert und erstens unter dem Aspekt ergebniswirksamer Aufrechnungsdifferenzen, zweitens aber auch im Hinblick auf die Entstehung von temporary differences untersucht.[678] Weiterhin ist auf die Bewertung konsolidierungsbedingter latenter Steuern einzugehen. Im Folgeabschnitt wird dazu auf die Aufwands- und Ertragskonsolidierung und Beteiligungsertragseliminierung eingegangen, gefolgt von der Zwischenergebniseliminierung in Abschnitt C.III.2.b). Die Bilanzierung latenter Steuern aus der Schuldenkonsolidierung wird in Abschnitt C.III.2.c) behandelt und die Kapitalkonsolidierung gemeinsam mit der Neudotierung von outside basis differences schließlich in Abschnitt C.III.2.d). Ein Zwischenfazit in Abschnitt C.III.2.e) fasst die Untersuchungsergebnisse aus der Bilanzierung latenter Steuern aus Konsolidierungsmaßnahmen zusammen.

---

675 Vgl. Senger/Brune 2006f, Tz. 253; zur Bewertung latenter Steuern nach IAS 12 vgl. Abschnitt C.II.2.

676 Werden Konsolidierungsbuchungen darüber hinaus ausnahmsweise innerhalb von Steuergruppen auch steuerrechtlich anerkannt, liegen hingegen keine temporary differences vor, so dass sich die Frage nach der Bewertung erübrigt. Vgl. Senger/Brune 2006f, Tz. 244.

677 Vgl. zur Nutzung konzerneinheitlicher Steuersätze Heuser/Theile 2005, Tz. 1345; Senger/Brune 2006f, Tz. 248; Küting/Weber 2005, S. 173. Gegen eine pauschale Werthaltigkeitseinschätzung im Konzern ist Weißenberger 2001, Tz. 76.

678 Latente Steuern aus Steuerguthaben werden hingegen durch die Konsolidierung nicht tangiert, da sie aus Ansprüchen gegenüber dem (konzernexternen) Fiskus resultieren, während der Zweck der Konsolidierung ausschließlich in der Eliminierung von konzerninternen Verflechtungen besteht.

a) Aufwands- und Ertragskonsolidierung und Beteiligungsertragseliminierung

Gegenstand der Aufwands- und Ertragskonsolidierung ist die Eliminierung von Erträgen und Aufwendungen aus dem Summenabschluss, die aus operativen Lieferungen und Leistungen zwischen den Konzernunternehmen resultieren. Im Rahmen der Beteiligungsertragseliminierung werden darüber hinaus konzerninterne Gewinnausschüttungen eliminiert. Der Zweck dieser Konsolidierungsmaßnahmen besteht darin, in der Konzern-GuV lediglich solche Elemente auszuweisen, die auf Transaktionen mit konzernfremden Dritten zurückzuführen sind.

Die bei der Aufwands- und Ertragskonsolidierung miteinander zu saldierenden Posten stehen sich regelmäßig in gleicher Höhe gegenüber, so dass hieraus kein Ergebniseffekt resultieren kann.[679] Auch bilanzielle Buchwerte werden dabei nicht tangiert – da also weder Folgeeffekte auf den Umfang von temporary differences noch sonstige Ergebnisverschiebungen aus der Aufwands- und Ertragskonsolidierung resultieren, besteht kein Anlass zur Bilanzierung latenter Steuern aus dieser Konsolidierungsmaßnahme.[680] Bei der Beteiligungsertragseliminierung verhält sich dies ähnlich – bilanzielle Buchwerte werden auch hier im Regelfall nicht tangiert.[681] Aus der Aufrechnung der Ausschüttung gegen den korrespondierenden Beteiligungsertrag kann aber ein Ergebniseffekt resultieren. Hierfür sind aber keine latenten Steuern zu bilanzieren,[682] denn schließlich werden im Regelfall weder die Eingangsgrößen von temporary differences durch diese Konsolidierungsmaßnahme tangiert noch liegt eine sonstige zeitliche Differenz vor, an die nach IAS 27.25 die Bilanzierung latenter Steuern anknüpfen soll.[683]

b) Zwischenergebniseliminierung

Gegenstand der Zwischenergebniseliminierung ist es, solche konzernintern erzielten Gewinne und Verluste aus dem Summenabschluss zu eliminieren, die aus dem Leistungsverkehr zwischen den vollkonsolidierten Konzernunternehmen resultieren. Dabei wird der im Wertansatz eines konzernintern transferierten Bilanzpostens enthaltene Zwischengewinn bzw. Zwischenverlust gegen den

679 Explizit nicht betrachtet werden hier unechte Aufrechnungsdifferenzen, die bspw. aufgrund einer mangelnden konzerninternen Saldenabstimmung hervorgerufen werden. Es handelt sich hierbei folglich um rein organisatorisch bedingte Aufrechnungsdifferenzen, die im Vorfeld der Konsolidierung im Zuge der Vereinheitlichung der Bilanzierungsgrundsätze eliminiert werden. Vgl. Küting/Weber 2005, S. 378.

680 Vgl. Küting/Weber 2005, S. 434.

681 Vgl. zur Technik der Beteiligungsertragseliminierung Busse von Colbe/Ordelheide/Gebhardt/Pellens 2003, S. 435 ff. Auf die ggf. gegeneinander aufzurechnenden Forderungen und Verbindlichkeiten wird in Abschnitt C.III.2.c) bei der Erläuterung der Schuldenkonsolidierung eingegangen.

682 So etwa Baetge/Kirsch/Thiele 2004, S. 523; Senger/Brune 2006f, Tz. 245 f.

683 Ausnahmen bestehen u.a. für phasenverschobene Gewinnausschüttungen, die aber für deutsche Kapitalgesellschaften i.d.R. nicht steuerpflichtig sind. Vgl. Klein 2002, S. 891.

ebenfalls im Summenabschluss enthaltenen Ertrag bzw. Aufwand ausgebucht.[684] Durch die Zwischenergebniseliminierung wird folglich einerseits gegenüber dem Einzelabschluss (HB-II oder HB-III) der Buchwert von Vermögenswerten und Schulden modifiziert, andererseits resultiert aus dieser Konsolidierungsmaßnahme eine GuV-wirksame Buchung in gleicher Höhe.[685] Wie in Abbildung 28 dargestellt wird, kann dabei der Fall eintreten, dass aus der Perspektive des Einzelabschlusses keine temporary difference vorlag und erst durch die Zwischenergebniseliminierung latente Steuern abzugrenzen sind.

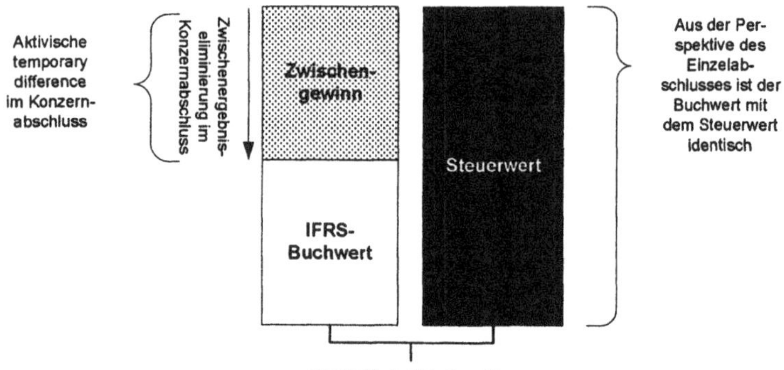

Abbildung 28: Temporary difference aus der Zwischenergebniseliminierung

Gegenstand der Bilanzierung latenter Steuern infolge dieser Konsolidierungsmaßnahme ist der Betrag des eliminierten Zwischenergebnisses, gleichbedeutend mit dem GuV-Effekt und der dabei entstehenden temporary difference.[686] Sowohl nach IAS 27.25 als auch nach den allgemeinen Vorschriften von IAS 12 sind damit latente Steuern für dieselbe Bemessungsgrundlage abzugrenzen.

Die Wahl des Steuersatzes zur Bewertung von temporary differences aus der Zwischenergebniseliminierung ist im Rahmen des Short Term Convergence Project aufgrund unterschiedlicher Regelungen in den US-GAAP und den IFRS ausführlich diskutiert worden. Nach SFAS 109 sind temporary differences aus

[684] Die Zwischenergebniseliminierung ist dabei dann notwendig, wenn beim liefernden Unternehmen auf Ebene seines Einzelabschlusses ein Zwischenergebnis realisiert wurde, das beim Empfänger in die Zugangsbewertung eines Vermögenswertes eingegangen ist. Ist die konzernintern erbrachte Lieferung oder Leistung hingegen nicht aktivierungsfähig oder wurde sie bereits an eine konzernfremde dritte Partei weiterveräußert, ist keine Zwischenergebniseliminierung notwendig. In diesem Fall ist gleichwohl eine Aufrechnung konzerninterner Aufwendungen und Erträge erforderlich. Vgl. dazu C.III.2.a). Vgl. ausführlich zur Zwischenergebniseliminierung Hayn/Grüne 2005, S. 101 ff.; Küting/Weber 2005, S. 384 ff.

[685] Auf die Eliminierung von Zwischenergebnissen früherer Berichtsperioden und die damit erforderliche buchungstechnische Erfassung latenter Steuern in den Gewinnrücklagen bzw. dem Ergebnisvortrag wird an dieser Stelle nicht eingegangen.

[686] Vgl. Senger/Brune 2006f, Tz. 244, Baetge/Kirsch/Thiele 2004, 521 f.; Johnson/Holgate/McCann 2005, Tz. 13.252.

der Zwischenergebniseliminierung mit dem Steuersatz des veräußernden bzw. liefernden Unternehmens zu bewerten,[687] so dass die US-GAAP hier bewusst vom temporary concept abrücken.[688] Durch die beschriebene Vorgehensweise werden schließlich *nicht künftige tatsächliche Steuern* beim erwerbenden Konzernunternehmen *antizipiert*, sondern *bereits angefallene tatsächliche Steuern* beim veräußernden Konzernunternehmen *neutralisiert*.[689] Künftig soll diese Ausnahmeregelung zugunsten der IFRS-Regelung entfallen. Zwar geht IAS 12 *überhaupt nicht* auf latente Steuern aus Konsolidierungsmaßnahmen ein. Nach herrschender Meinung sind nach diesem Standard aber temporary differences, die aus der Zwischenergebniseliminierung resultieren, aufgrund fehlender Ausnahmeregelungen zwingend mit dem Steuersatz des empfangenden Unternehmens zu bewerten.[690] Dies erscheint auch folgerichtig, da sich ein konzernintern veräußerter Vermögenswert auf das zu versteuernde Einkommen beim Empfängerunternehmen, nicht aber beim Lieferunternehmen auswirken wird – beispielsweise durch Erlöse aus einer Weiterveräußerung oder durch Abschreibungen beim Einsatz im Betriebsprozess. In Beispiel 17 werden die beiden Ansätze gegenübergestellt.

Beispiel 17: Zwischenergebniseliminierung und latente Steuern

Die Zwischenergebniseliminierung für eine konzerninterne Veräußerung eines Betriebsgrundstückes von MU an TU wurde wie folgt vorgenommen:

Sonstiger betrieblicher Ertrag	100.000 EUR	an Betriebsgrundstück	100.000 EUR

Der sonstige betriebliche Ertrag aus der Veräußerung des Betriebsgrundstückes wurde bei MU bereits versteuert. Der Steuersatz von MU liegt bei $S_{MU} = 30\%$, so dass der tatsächliche Ertragsteueraufwand aus der Transaktion bei 30.000 EUR liegt.

(Fortsetzung folgt auf der nächsten Seite)

687 Vgl. SFAS 109.9 (e) i.V.m. SFAS 109.124; ausführlich zu den Hintergründen auch die Erläuterungen in SFAS 109.121 ff.; Wienken 2003, S. 285 ff.; Schäffeler 2000, S. 53.

688 In SFAS 109.124 wird diese Diskrepanz mit dem temporary concept explizit eingeräumt: „The Board concluded that although the excess of the buyer's tax basis over the cost of transferred assets as reported in the consolidated financial statements technically meets the definition of a temporary difference, the substance of accounting for it as such is to recognize income taxes related to intercompany gains that are not recognized under ARB 51." ARB 51 regelt die Vollkonsolidierung und ist damit als Pendant der US-GAAP zu IAS 27 anzusehen. Vgl. dazu und zu weiteren Konsolidierungsvorschriften der US-GAAP Baker/Lembke/King 2002, S. 117 ff.

689 In SFAS 109.125 wird diese Ausnahmeregelung im Übrigen mit den praktischen Problemen der „complex cross-currency deferred tax computations" begründet. Offenbar wurde also bei der Formulierung dieser Passage davon ausgegangen, dass im Güter- und Leistungsverkehr Konzernunternehmen in den USA in den meisten Fällen als Lieferanten auftreten und der US-Dollar die funktionale Währung der meisten Konzernunternehmen ist. Anders ist diese Begründung jedenfalls nicht nachvollziehbar.

690 Vgl. Hoyos/Fischer 2006, Tz. 48; Debus 2003, Tz. 260; Senger/Brune 2006f, Tz. 249; Loitz 2004, S. 1180 f.; Küting/Weber 2005, S. 415. A.A. hier aber Heuser/Theile und Pawelzik, die entgegen der erklärten Auffassung des IASB explizit durch die Nutzung des Lieferantensteuersatzes die Vorgehensweise nach US-GAAP und damit eine Neutralisierung der tatsächlichen Ertragsteuern befürworten. Vgl. Heuser/Theile 2005, Tz. 1345; Pawelzik 2003, S. 266 ff.

(Fortsetzung von Beispiel 17)

Der Steuersatz von TU liegt bei $S_{TU}\% = 50\%$. Der Steuerwert des Betriebsgrundstückes bei TU liegt bei 500.000 EUR, in denen der Gewinnaufschlag von 100.000 EUR bereits enthalten sind. Mithin ist infolge der Zwischenergebniseliminierung von einer temporary difference in Höhe von 100.000 EUR auszugehen.

US-GAAP:

Nach SFAS 109 ist derzeit noch für die Bewertung latenter Steuern S_{MU} zugrunde zu legen. Die aktive latente Steuer und der damit einzubuchende latente Steuerertrag beträgt daher 100.000* 30% = 30.000 EUR. Die tatsächliche Ertragsteuer von MU wird neutralisiert.

IFRS:

Im IFRS-Abschluss sind die temporary differences aus der Zwischenergebniseliminierung mit dem Steuersatz von TU zu bewerten. Aus diesem Grund ist eine aktive latente Steuer und analog ein latenter Steuerertrag in Höhe von 100.000 * 50% =50.000 EUR zu erfassen. Im Ergebnis werden durch diese Vorgehensweise zwar der Zwischengewinn bei MU eliminiert, nicht aber die darauf entfallenden tatsächlichen Steuern.

Regelmäßig werden aus der Zwischenergebniseliminierung aktivische temporary differences resultieren, da im Zuge der Konzernabschlusserstellung *Zwischengewinne* zwar handelsrechtlich, aber nicht steuerrechtlich eliminiert werden. Diese sind nach den allgemeinen Grundsätzen des IAS 12 einer Werthaltigkeitsbeurteilung zu unterziehen, bei der zu prüfen ist, ob aus der Konsolidierung resultierende *aktive Steuerlatenzen* gegen künftige steuerpflichtige Einkünfte steuermindernd genutzt werden können. Diese Beurteilung orientiert sich an den im Einzelabschluss vorgenommenen Einschätzungen zur Werthaltigkeit aktiver latenter Steuern. Werden bereits dort aufgrund einer negativ verlaufenden Werthaltigkeitsbeurteilung latente Steuern nicht im vollen Umfang aktiviert, kommt dabei eine Aktivierung latenter Steuern aus Konsolidierungsmaßnahmen nur insoweit in Betracht, als die Nichtaktivierung im Einzelabschluss aufgrund einer nur befristeten Nutzbarkeit latenter Steuern erfolgt ist – konsolidierungsbedingte Steuerlatenzen sind schließlich normalerweise auf unbefristete temporary differences zurückzuführen. Abzulehnen ist die Aktivierung latenter Steuern aus der Zwischenergebniseliminierung hingegen, sofern bereits im Einzelabschluss eine Aktivierung aufgrund generell nicht zu erwartender künftiger steuerpflichtiger Einkünfte unterblieben ist. Resultieren aus Konsolidierungsmaßnahmen ferner *passive latente Steuern*, können diese die zuvor aus der Perspektive des Einzelabschlusses vorgenommene Werthaltigkeitsbeurteilung aktiver latenter Steuern nicht mehr tangieren – ein zusätzlicher Grad an Werthaltigkeit aktiver latenter Steuern ergibt sich schließlich nicht aus der Existenz passiver temporary differences, sondern allein aus wahrscheinlich fristgerecht zu erwartenden steuerpflichtigen Einkünften.[691]

Hinsichtlich der kritischen Würdigung der Konzernbilanzierung latenter Steuern nach IAS 12 sind zur Zwischenergebniseliminierung aus der Perspektive der normativen Grundsätze der IFRS keine wesentlichen Kritikpunkte zu vermerken. Zwar ist einzuräumen, dass die Zwischenergebniseliminierung wesentlich deutlicher hinsichtlich der Dotierung und der Bewertung von temporary differences in IAS 12 aufgegriffen werden sollte, um eine möglichst einheitliche Rechnungslegung gewährleisten zu können. Jedoch ist anzuerkennen, dass die Grundsätze der Bilanzierung latenter Steuern nach IAS 12 eingehalten werden. Schwierigkeiten sind lediglich in der Praxis der Rechnungslegung zu erwarten, da nach der hier vorgestellten Vorgehensweise nicht nur die originär für die Zwischenergebniseliminierung, sondern auch für die sachgerechte Bilanzierung latenter Steuern erforderlichen Informationen verfügbar sein müssen. Im Rahmen der Konzernabschlusserstellung sind daher nicht nur Bestände aus konzerninternen Lieferungs- und Leistungsbeziehungen und die darauf entfallenden Zwischenergebnisse, sondern auch die jeweils relevanten Steuerwerte und vor allem die Bewertungsparameter für die Bilanzierung latenter Steuern beim Empfängerunternehmen zu erheben. Für den Fall aktivischer temporary differences aus der Zwischenergebniseliminierung sind insbesondere auch die ökonomischen und steuerrechtlichen Rahmendaten des Einzelabschlusses zur Werthaltigkeitsbeurteilung erforderlich.[692]

c) Schuldenkonsolidierung

Gegenstand der Schuldenkonsolidierung ist die Eliminierung der im Summenabschluss enthaltenen Ansprüche und Verpflichtungen zwischen Konzernunternehmen. So sind Forderungen und Verbindlichkeiten aus konzerninternen Transaktionen gegeneinander aufzurechnen, damit im Konzernabschluss nur solche Ansprüche und Verpflichtungen ausgewiesen werden, die gegenüber konzernfremden Dritten sowie unkonsolidierten Konzernunternehmen bestehen. Gleiches gilt für einseitige konzerninterne Verpflichtungen, die zum Beispiel aufgrund von Gewährleistungsrückstellungen gebildet werden, für die es jedoch keine korrespondierenden Gegenpositionen bei einem anderen Konzernunternehmen gibt, zum Beispiel in Form eines Gewährleistungsanspruchs.[693] Aufrechnungsdiffe-

---

691 Wird bereits im Einzelabschluss die Werthaltigkeitsbeurteilung aktiver latenter Steuern auf der Grundlage einer Einkommensprognose vorgenommen, umfasst diese entweder bereits sämtliche vom Unternehmen erwarteten Auflösungen passivischer temporary differences oder aber passivische temporary differences werden vollständig aus ihr eliminiert – in beiden Fällen können durch Konsolidierungsmaßnahmen hervorgerufene passivische temporary differences folglich nicht weiter wertbegründend wirken. Vgl. insgesamt zur Werthaltigkeitsbeurteilung aktiver latenter Steuern Abschnitt C.II.2.bb).

692 Vgl. zur Werthaltigkeitsbeurteilung aktiver latenter Steuern Abschnitt C.II.2.bb).

693 Dieser Fall kann eintreten, wenn sich ein Konzernunternehmen für eine konzerninterne Leistung für eine bestimmte Frist zur Mängelhaftung verpflichtet und dafür eine Rückstellung bildet. Das andere Konzernun-

renzen sind im Zuge der Schuldenkonsolidierung spiegelbildlich zur im Einzelabschluss vorgenommenen Ursprungsbuchung zurückzunehmen, also regelmäßig GuV-wirksam auszubuchen,[694] wie in Beispiel 18 dargestellt wird.

Beispiel 18: Schuldenkonsolidierung und latente Steuern (1)

MU hält eine Forderung gegenüber TU in Höhe von 500.000 EUR aus einer Darlehensvergabe, die um 300.000 EUR wertberichtigt worden ist. TU bilanziert die korrespondierende Verbindlichkeit gegenüber MU weiterhin in Höhe von 500.000 EUR. Die Konsolidierungsbuchung für dieses konzerninterne Leistungsverhältnis lautet:

Verbindlichkeit gegenüber MU500.000 EUR			
	an	Forderungen gegenüber TU	200.000 EUR
		Forderungsabschreibung	300.000 EUR

Ergebniswirksame Aufrechnungsdifferenzen resultieren folglich nur dann aus der Schuldenkonsolidierung, wenn der Buchwert von einem der gegeneinander aufzurechnenden Bilanzposten einseitig noch im Einzelabschluss aufgrund zwingend anzuwendender Ansatz- bzw. Bewertungsvorschriften verändert worden ist. Wie eingangs dargelegt wurde, soll nach IAS 27.25 die Abgrenzung latenter Steuern an GuV-wirksame Konsolidierungsbuchungen anknüpfen. Nach den Grundsätzen der Berechnung von temporary differences können aber auch aus der Perspektive der IFRS-Rechnungslegung „unsichtbare" Steuerwerte die Bilanzierung latenter Steuern erforderlich machen.[695] Da sich die Konsolidierung konzerninterner Schuldverhältnisse nach IAS 27 nur auf die im IFRS-Abschluss enthaltenen Posten bezieht, nicht aber auf die ihnen jeweils zugehörigen Steuerwerte, liegen temporary differences schließlich auch dann vor, wenn keine Aufrechnungsdifferenzen GuV-wirksam im Rahmen der Schuldenkonsolidierung auszubuchen sind. Diese Möglichkeit wird in Beispiel 19 als Hintergrundinformation zu Beispiel 18 aufgezeigt.

Beispiel 19: Schuldenkonsolidierung und latente Steuern (2)

Da MU und TU rechtlich selbständige Konzernunternehmen sind, weist MU im Einzelabschluss gegenüber TU zumindest im Zeitpunkt der Darlehensvergabe eine Forderung in Höhe von 500.000 EUR aus, während TU eine korrespondierende Verbindlichkeit bilanziert. Beide Konzernunternehmen sind auch steuerrechtlich unabhängig, so dass die Forderung bei MU bzw. die Verbindlichkeit bei TU einen Steuerwert von ebenfalls 500.000 EUR aufweist.

(Fortsetzung folgt auf der nächsten Seite)

ternehmen bilanziert hingegen noch keinen Anspruch gegenüber dem konzerninternen Lieferanten, da es sich hierbei um eine Eventualforderung i.S.v. IAS 37.10 handelt. Vgl. ausführlich zur Rückstellungsbilanzierung nach den gegenwärtigen IFRS Hebestreit/Dörges 2006, Tz. 8 ff.

694 Vgl. ausführlich zur Schuldenkonsolidierung Küting/Weber 2005, S. 379 f.; Busse von Colbe/Ordelheide/Gebhardt/Pellens 2003, S. 360 ff.

695 Vgl. dazu die Grundsätze der Dotierung von temporary differences in Abschnitt C.II.1.aa). Demnach sind auch solche Steuerwerte in die Dotierung von temporary differences einzubeziehen, die keinem Bilanzposten im IFRS-Abschluss zugeordnet werden können.

(Fortsetzung von Beispiel 19)

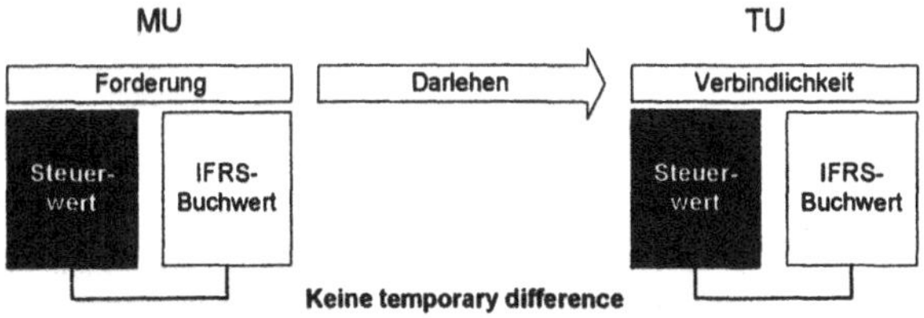

Im Zuge der Konzernabschlusserstellung wird das konzerninterne Schuldverhältnis zwischen MU und TU konsolidiert:

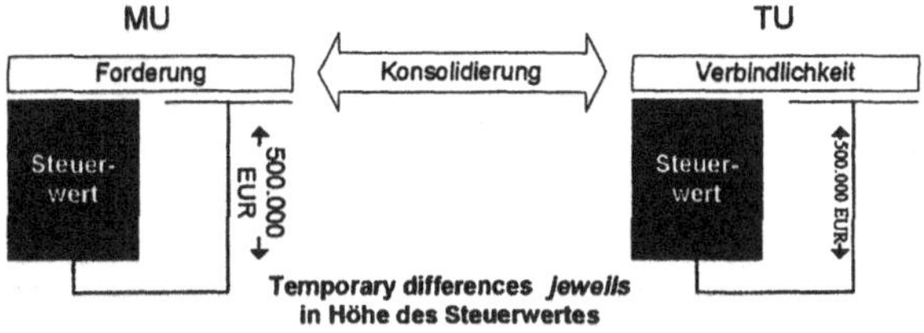

Aus der konzerninternen Transaktion erfolgt damit eine Verlagerung der steuerlichen Bemessungsgrundlage: Während aus der Forderung resultierende Nutzenzuflüsse bei MU das zu versteuernde Einkommen tangieren, beeinflussen spiegelbildlich die aus der Verbindlichkeit resultierenden Nutzenabflüsse das zu versteuernde Einkommen von TU (zum Beispiel durch Zinsen). Sämtliche Abweichungen der IFRS-Buchwerte der Forderung respektive Verbindlichkeit gegenüber ihren Steuerwerten bei MU oder TU führen folglich zu temporary differences, die nach den Vorschriften des IAS 12 Gegenstand der Bilanzierung latenter Steuern sind.

Wie zu sehen ist, stehen die Vorschriften des IAS 27 in diesem Zusammenhang in Konkurrenz mit den Vorschriften des IAS 12. In der diesbezüglich verfügbaren Literatur – und vermutlich auch in der Rechnungslegungspraxis – wird vor diesem Hintergrund davon ausgegangen, dass latente Steuern im Zusammenhang mit der Schuldenkonsolidierung nur dann zu bilanzieren sind, wenn Aufrechnungsdifferenzen eliminiert werden.[696] Der Vorschrift des IAS 27.25 wird damit in dieser nachfolgend als „Variante A" bezeichneten Vorgehensweise mehr Gewicht eingeräumt, als den Grundsätzen der Bilanzierung latenter Steuern nach IAS 12, die auf die Existenz von temporary differences abstellen.

696 Vgl. Senger/Brune 2006f, Tz. 241 f.; Baetge/Kirsch/Thiele 2004, S. 522; Debus 2003, Tz. 260; Fischer 2002, S. 891; offenbar so auch Pellens/Fülbier/Gassen 2006, S. 716 f.; Heurung 2000, S. 548. Zur ähnlichen Vorgehensweise nach US-GAAP vgl. Wienken 2003, S. 273.

Zur Gegenüberstellung wird in Beispiel 20 zunächst Variante A als Fortsetzung der Ausgangslage illustriert, die bereits auf Seite 180 in Beispiel 18 vorgestellt worden ist:

Beispiel 20: Schuldenkonsolidierung und latente Steuern (3) – Variante A

Auf die Aufrechnungsdifferenz aus der Schuldenkonsolidierung in Höhe von 300.000 EUR sind latente Steuern abzugrenzen. Hieraus resultiert nach IAS 27.25 eine passivische temporary difference, da ein aus der Perspektive des Einzelabschlusses von MU noch zutreffend dotierter Aufwand im Rahmen der Schuldenkonsolidierung storniert wird.

Passivische temporary difference 300.000 EUR (aus der Aufrechnungsdifferenz der Schuldenkonsolidierung)

Sofern im Einzelabschluss auch steuerrechtlich eine Wertberichtigung der konzerninternen Forderung bei MU vorgenommen wurde, wird der Ergebniseffekt hieraus im Zuge der Konsolidierung – identische Bewertungsparameter vorausgesetzt[697] – egalisiert. Gleiches gilt für den Fall, dass im Einzelabschluss von MU steuerrechtlich keine Wertberichtigung vorgenommen wird, so dass bereits auf dieser Ebene passive latente Steuern für den Betrag von 300.000 EUR abzugrenzen waren. Der Tendenz nach zielt Variante A damit auf eine mit der Schuldenkonsolidierung einhergehende Stornierung von Ertragsteuern ab, die im Einzelabschluss bilanziert wurden.

Nach Variante A wird offenbar nicht die bilanzielle Abbildung künftiger Ertragsteuern beabsichtigt, sondern die Neutralisierung von Ertragsteuern, die aus der Perspektive des Einzelabschlusses noch zutreffend bilanziert worden sind. Eine Antizipation künftiger Ertragsteuern läge dabei aber nur dann vor, wenn das konzerninterne Schuldverhältnis künftig zum Nominalbetrag ausgeglichen wird und die Wertberichtigung der Forderung damit obsolet wird. Dies aber steht im Widerspruch zur Argumentationsgrundlage für die Wertberichtigung der Forderung im Einzelabschluss, denn schließlich sind Wertberichtigungen im IFRS-Abschluss nur dann zulässig, wenn ökonomisch nachvollziehbare Anzeichen für eine Wertminderung vorliegen.[698]

Wird hingegen der jeweils dotierte Bestand an Steuerwerten der Bilanzierung latenter Steuern zugrunde gelegt, sind selbst dann temporary differences zu berechnen, wenn aus der Schuldenkonsolidierung keine Aufrechnungsdifferenzen resultieren. Diese Vorgehensweise spiegelt die Grundsätze der Dotierung von temporary differences wider, indem auch für die IFRS-Rechnungslegung „unsichtbare" Steuerwerte mit in die Dotierung der Bemessungsgrundlage latenter Steuern einbezogen werden.[699] Das Hauptaugenmerk dieser nachfolgend als

---

[697] Zu den Grundlagen der Bewertung latenter Steuern vgl. Abschnitt C.II.2. Auf die möglichen Bewertungsansätze latenter Steuern aus der Schuldenkonsolidierung wird in der Folge noch eingegangen.

[698] Vgl. IAS 39.58. Als Beispiele werden u.a. Anzeichen erheblicher finanzieller Schwierigkeiten des Schuldners in Form von Vertragsbrüchen oder einer bevorstehenden Insolvenz genannt. Vgl. IAS 39.59 ff.; vertiefend auch Wawrzinek 2006, Tz. 75 ff.

[699] Vgl. dazu die Grundsätze der Dotierung von temporary differences in Abschnitt C.II.1.aa).

„Variante B“ bezeichneten Vorgehensweise liegt gegenüber Variante A nicht auf der Stornierung von Ertragsteuern, die aus der Perspektive des Einzelabschlusses noch zutreffend bilanziert wurden. Vielmehr wird die Bilanzierung latenter Steuern um die Perspektive des Konzernabschlusses ergänzt, wie in Beispiel 21 dargelegt wird.

Beispiel 21: Schuldenkonsolidierung und latente Steuern (3) – Variante B

Sowohl bei MU als auch bei TU sind infolge der Schuldenkonsolidierung temporary differences in Höhe des Steuerwertes der Forderung bzw. der Verbindlichkeit festzustellen. Die temporary difference bei TU ist dabei passivisch und unter Berücksichtigung der noch genauer zu erläuternden Bewertungsparameter von TU zu bilanzieren.

Passivische temporary difference bei TU 500.000 EUR (nach Schuldenkonsolidierung)

Bei MU richtet sich die Höhe der dort vorhandenen aktivischen temporary difference nach der steuerrechtlichen Behandlung der Wertberichtigung im Einzelabschluss. Hat sich diese nur im IFRS-Abschluss bemerkbar gemacht, nicht aber im steuerrechtlichen Abschluss von MU, liegt infolge der Schuldenkonsolidierung nunmehr eine temporary difference in Höhe von 500.000 EUR vor. Dies stellt gegenüber dem Einzelabschluss einen Zuwachs in der Bemessungsgrundlage latenter Steuern von 200.000 EUR (500.000 EUR ./. 300.000 EUR) dar.

Aktivische temporary difference bei MU 200.000 EUR (nach Schuldenkonsolidierung)

Ertragsteuern, die bereits im Einzelabschluss erfasst worden sind, werden hier gegenüber der in Beispiel 20 dargestellten Variante A nicht storniert. Vielmehr wird durch Variante B faktisch ein in der Regel nicht beabsichtigter Forderungsverzicht unter der Voraussetzung antizipiert, dass dieser bei MU zu einem steuerlich abzugsfähigen Aufwendungen und bei TU zu steuerpflichtigen Einkünften führt.

Nach den Vorschriften des IAS 12 ist nach der hier vertretenen Auffassung allein Variante B zutreffend. Aus dem Blickwinkel der Rechnungslegungspraxis ist zwar anzuerkennen, dass Variante B wesentlich aufwändiger als die offenbar gängige Variante A ist, da die Abgrenzung latenter Steuern bereits an die Existenz von konzerninternen Schuldverhältnissen, nicht aber an GuV-wirksame Aufrechnungsdifferenzen aus der Schuldenkonsolidierung anknüpft. Nur durch die Berücksichtigung von Steuerwerten werden aber auch die Grundsätze zur Dotierung von temporary differences beachtet, während mit Aufrechnungsdifferenzen ein Bezug zu timing differences hergestellt wird, die aber nach IAS 12 irrelevant sind.[700] Zweifelhaft ist aber, ob das mit Variante B faktisch antizipierte Szenario eines Forderungsverzichts gegenüber dem bereits hypothetischen Charakter „normaler“ temporary differences überhaupt noch irgendeinen sinnvollen Aussagegehalt hat. Außerdem wird der Forderungsverzicht gegenüber verbundenen Unternehmen im Regelfall den Tatbestand einer Einlage erfüllen, so dass hieraus keine steuerlichen Konsequenzen zu erwarten sind. Für das Szenario eines Forderungsverzichts ist vielmehr regelmäßig von permanenten Diffe-

[700] Zur Unterscheidung von timing und temporary differences vgl. A.II.2.ac).

renzen auszugehen, so dass kein Anlass für die Bilanzierung latenter Steuern aus der Schuldenkonsolidierung vorliegt.

Festzuhalten ist damit insgesamt, dass nach der hier vertretenen Auffassung weder mit der in der Literatur favorisierten Variante A noch mit der streng aus den Regeln der Dotierung von temporary differences nach IAS 12 abgeleiteten Variante B in einer sinnvollen Art und Weise für die Zukunft zu erwartende Ertragsteuern antizipiert werden. Ob überhaupt im Zusammenhang mit der Schuldenkonsolidierung temporary differences mit einem zumindest hypothetisch nachvollziehbaren Aussagegehalt zu ermitteln sind, ist ohnehin zu bezweifeln: Sowohl im Sinne der Definition von Vermögenswerten und Schulden nach den bilanztheoretischen Grundsätzen der IFRS als auch nach dem Merkmal der Verlässlichkeit in dessen Ausprägung einer glaubwürdigen Darstellung von IFRS-Abschlüssen würde dies jedenfalls ein Bezug zu künftigen Nutzenzu- bzw. –abflüssen aus Ertragsteuern voraussetzen. Dieser ist bei rein konzerninternen Schuldverhältnissen jedoch in den meisten Fällen nicht eindeutig bestimmbar – schließlich ist hierfür die Erkenntnis erforderlich, ob das konzerninterne Schuldverhältnis auf einen regulären Ausgleich durch Erfüllung ausgelegt ist oder ob eine dauerhafte Übertragung von Kapital beispielsweise mit der Zielsetzung eines Forderungsverzichts beabsichtigt wird. Die voraussichtliche Verwendung von Bilanzposten ist aber für die Dotierung von temporary differences nicht von Belang.[701]

Die aufgezeigten Unterschiede in der Vorgehensweise zur Dotierung von temporary differences aus der Schuldenkonsolidierung setzen sich auch in der Bestimmung ihrer Bewertungsparameter fort: Grundsätzlich ist hier von der gleichen Bewertungssystematik auszugehen wie bei temporary differences aus der Zwischenergebniseliminierung. Jedoch lässt sich aus den genannten Gründen eine temporary difference, die aus der Schuldenkonsolidierung resultiert, weder eindeutig dem Schuldnerunternehmen noch dem Gläubigerunternehmen zuordnen. Dies liegt darin begründet, dass bei keinem der Unternehmen künftige tatsächliche Ertragsteuern antizipiert werden. Die Wahl der einschlägigen Bewertungsparameter kann sich somit nicht an diesem Aspekt orientieren. Die Wahl des Steuersatzes und die Beurteilung der Werthaltigkeit gegebenenfalls resultierender aktivischer temporary differences können sich daher nur „mechanisch“ nach dem Konzernunternehmen richten, bei dem die Bemessungsgrundlage latenter Steuern aus der Schuldenkonsolidierung liegt. Wird also der in der Literatur favorisierten Variante A gefolgt, sind nur die Bewertungsparameter des Unternehmens der Bilanzierung latenter Steuern zugrunde zu legen, bei dem die Aufrechnungsdifferenz aus der Schuldenkonsolidierung eliminiert wird.[702] Wird

701 Dies zeigt sich darin, dass quasipermanente Differenzen zwischen Buchwerten und ihren zugehörigen Steuerwerten bei der Dotierung von temporary differences grundsätzlich nicht zu beachten sind.

702 Vgl. Senger/Brune 2006f, Tz. 248.

hingegen die streng aus IAS 12 abgeleitete Variante B angewendet, sind die jeweils infolge der Schuldenkonsolidierung entstehenden temporary differences unter Berücksichtigung der steuerrechtlichen und ökonomischen Rahmenparametern zu bewerten, die für das jeweils betrachtete Konzernunternehmen einschlägig sind.

Aus dem Blickwinkel der normativen Grundsätze der IFRS kann die Bilanzierung latenter Steuern im Zusammenhang mit der Schuldenkonsolidierung insgesamt nicht überzeugen. Die vermutlich für die verschiedenen Varianten verantwortliche Diskrepanz zwischen IAS 27 und IAS 12 steht nicht mit dem Merkmal der Verständlichkeit der Rechnungslegung im Einklang. Durch die widersprüchlichen Vorschriften dürfte außerdem die Vergleichbarkeit der Rechnungslegung beeinträchtigt sein. Die aufgezeigten Mängel lassen weiterhin Zweifel an der Verlässlichkeit der dadurch vermittelten Rechnungslegungsinformationen aufkommen, und das unabhängig davon, ob der gängigen Variante A oder aber der streng aus IAS 12 abgeleiteten Variante B Folge geleistet wird. Keine der Varianten lässt schließlich einen konkreten Bezug zu künftigen Nutzenzu- oder -abflüssen aus Ertragsteuern erkennen. Aus dem Blickwinkel der bilanztheoretischen Grundsätze der IFRS ist folglich eine Bilanzierung von Vermögenswerten und Schulden für latente Steuern aus der Schuldenkonsolidierung nicht nachvollziehbar.

Nach der hier vertretenen Auffassung wäre es daher wohl – von der bereits vorgebrachten Kritik an den Grundsätzen der Dotierung von temporary differences abgesehen – am sinnvollsten, *keine* latenten Steuern im Zusammenhang mit der Schuldenkonsolidierung zu bilanzieren. Zu fordern ist aber zumindest, dass dieses Thema im IFRS-Regelwerk aufgegriffen und eindeutig geklärt wird. Änderungen im Rahmen des Short Term Convergence Project sind zur Schuldenkonsolidierung aber im Gegensatz zur Zwischenergebniseliminierung nicht zu erwarten, so dass die an dieser Stelle vorgebrachte Kritik auf absehbare Zeit nicht entkräftet wird.

d) Kapitalkonsolidierung

Gegenstand der Kapitalkonsolidierung ist die Eliminierung von konzerninternen Kapitalverflechtungen.[703] Dabei gilt es, die in den Summenabschluss übernommenen Anteile an Tochterunternehmen gegen das jeweils korrespondierende Eigenkapital aus den einbezogenen Einzelabschlüssen aufzurechnen.[704] In wel-

703 Explizit wird damit an dieser Stelle zwischen dem rein buchungstechnischen Vorgang der Kapitalkonsolidierung und der Bilanzierung von Unternehmenserwerben unterschieden. In der Praxis werden teilweise erst im Rahmen der Kapitalkonsolidierung Unternehmenserwerbe nach den Vorschriften des IFRS 3 buchhalterisch erfasst, obwohl sich eine Berücksichtigung von Effekten aus der Kaufpreisallokation bereits im Vorfeld, bspw. durch Erstellung einer HB-III, anbietet. Vgl. dazu auch Abschnitt C.III.1. Zur Behandlung von latenten Steuern bei Unternehmenszusammenschlüssen vgl. Baetge/Kirsch/Thiele 2004, S. 520 f.

704 Das Eigenkapital des Konzernmutterunternehmens ist natürlich von der Kapitalkonsolidierung ausgenom-

cher Höhe das Eigenkapital der Tochterunternehmen konsolidierungspflichtig ist, wird dabei stichtagsgenau zum Zeitpunkt des Erwerbs oder der Gründung des Tochterunternehmens festgelegt.[705] Generell gilt, dass nur jene Komponenten des Eigenkapitals in die Kapitalkonsolidierung einzubeziehen sind, welche bereits zum Zeitpunkt der erstmaligen Einbeziehung des Konzernunternehmens vorhanden waren.[706]

Da temporary differences ausschließlich für Vermögenswerte und Schulden, nicht aber für Eigenkapitalpositionen berechnet werden, kann sich die Kapitalkonsolidierung nicht auf die Bilanzierung latenter Steuern auf der Ebene des jeweils betrachteten Tochterunternehmens auswirken. Weder nach den Vorschriften des IAS 27 noch nach den Vorschriften des IAS 12 besteht daher die Notwendigkeit zur Abgrenzung latenter Steuern im Zuge der Kapitalkonsolidierung.

Gleichwohl wird mit Abschluss der Konsolidierungsmaßnahmen die abschließende Berechnung von outside basis differences aus der Sicht des jeweils anteilshaltenden Mutterunternehmens möglich. Zur Berechnung dieses Teils der Bemessungsgrundlage latenter Steuern wird schließlich im Kontext eines Konzernabschlusses das dem Tochterunternehmen zurechenbare Reinvermögen mit dem Steuerwert der Anteile an dem Tochterunternehmen verglichen.[707] Wird zudem erst auf dieser Ebene ein GoF aufgedeckt und einem Werthaltigkeitstest unterzogen, ist diesbezüglich die Ausnahmeregelung des IAS 12.15 (a) zu beachten. Die im Regelfall hieraus resultierenden passivischen temporary differences dürfen dabei nicht in die Bemessungsgrundlage latenter Steuern einbezogen werden.[708]

e) Zwischenfazit

Die hier vorgestellten Konsolidierungsmaßnahmen stellen – wie bereits die konsolidierungsvorbereitenden Maßnahmen – die Anwendbarkeit der Vorschriften des IAS 12 auf die Probe. Dies zeigt sich bereits darin, dass IAS 12 auf die Konsolidierung erst gar nicht eingeht. Zwar können aus der Aufwands- und Ertragseliminierung keine temporary differences resultieren. Auch die Kapitalkonsolidierung ergibt gegenüber den Vorschriften zur Dotierung von temporary diffe-

men. Ausführlich zur Kapitalkonsolidierung und der dabei anzuwendenden Buchungstechnik Hayn/Grüne 2005, S. 37 ff.; Küting/Weber 2005, S. 227 ff.

705 Zur Bestimmung Einbeziehungszeitpunkts vgl. ausführlich Senger/Brune 2006d, Tz. 3 ff.

706 Ausgenommen aus der Kapitalkonsolidierung werden somit Eigenkapitalzuwächse- bzw. -abgänge, die auf während der Konzernzugehörigkeit erwirtschafte Ergebnisse zurückzuführen sind. Dazu gehören auch die in Abschnitt C.III.1.b) behandelten Währungsumrechnungsdifferenzen. Zum konsolidierungspflichtigen Eigenkapital gehört daher auch eine ggf. vorhandene Konsolidierungsrücklage, gegen die im Zuge der Erstellung einer HB-III als Resultat einer Kaufpreisallokation „Konzernmehrwerte" eingebucht worden sind.

707 Vgl. zur Berechnung von outside basis differences und den diesbezüglich zu beachtenden Ausnahmeregelungen die Ausführungen in Abschnitt C.II.1.ad).

708 Vgl. hierzu die Ausführungen in Abschnitt C.II.1.ac).

rences auf den Anteilsbuchwert und der Ausnahmeregelung für GoF keine zusätzlichen latenten Steuern.[709] Zum einen dürfte aber die Anwendung von IAS 12 regelmäßig zu einer uneinheitlichen Bilanzierung latenter Steuern aus der Zwischenergebniseliminierung führen, da dieser Standard derzeit nicht explizit darlegt, welche steuerrechtlichen Parameter für Bewertung latenter Steuern heranzuziehen sind. Zum anderen fehlt es an konkreten Vorgaben in IAS 12, die eine einheitliche Vorgehensweise bei der Bewertung von temporary differences aus der Schuldenkonsolidierung gewährleisten würden. Tabelle 5 fasst diese Ergebnisse zusammen.

Tabelle 5: Konsolidierungsbedingte temporary differences

Konsolidierungsmaßnahme	Bemessungsgrundlage latenter Steuern bzw. Sonderregel
Aufwands- und Ertragseliminierung	▪ Keine temporary differences
Zwischenergebniseliminierung	▪ Betrag des Zwischenergebnisses entspricht der jeweiligen temporary difference
Schuldenkonsolidierung	▪ **Variante A**: bewertungsbedingte Aufrechnungsdifferenz zwischen den konsolidierten Bilanzposten ▪ **Variante B**: Nominalbetrag des aufzurechnenden konzerninternen Schuldverhältnisses
Kapitalkonsolidierung	▪ Anteilsbuchwert: Sonderregelungen zu outside basis differences beachten[710] ▪ Verbleibender Unterschiedsbetrag aus einer Kaufpreisallokation: Sonderregelungen zum GoF beachten[711]

Anzumerken ist, dass sich temporary differences aus der Konsolidierung qualitativ von den bislang betrachteten Fallkonstellationen unterscheiden: Während temporary differences außerhalb der Konsolidierung auf unterschiedliche Wertansätze oder Aktivierungsvoraussetzungen zwischen den IFRS und den steuerrechtlichen Vorschriften zurückzuführen sind, wird durch die Konsolidierung entweder die Existenz von Vermögenswerten und Schulden negiert oder aber zumindest ihre Bewertung auf den aus der Konzernperspektive zutreffenden Umfang reduziert. Dass IAS 12 die Konsolidierung nicht aufgreift, dürfte dazu führen, dass die Bilanzierung latenter Steuern nicht einheitlich verläuft. Dies steht bereits im Widerspruch zu dem im Rahmenkonzept verankerten Merkmal der Vergleichbarkeit von IFRS-Abschlüssen und ist gerade deshalb wenig nach-

709 Der Übersicht wegen ist darauf hinzuweisen, dass auf die Behandlung von „Konzernmehrwerten", die infolge eines Unternehmenserwerbs nach IFRS 3 zu berücksichtigen sind, hier nicht im Rahmen der Kapitalkonsolidierung, sondern in Abschnitt C.II.1.ac) im Zusammenhang mit der Ausnahmeregelung für GoF eingegangen wird.

710 Vgl. Abschnitt C.II.1.ad).

711 Vgl. zur Ausnahmeregelung nach IAS 12.15 (a) sowie zu den einhergehenden Regelungen zur Bilanzierung latenter Steuern im Zusammenhang mit Unternehmenszusammenschlüssen die Ausführungen in Abschnitt C.II.1.ac).

vollziehbar, da die IFRS normalerweise im Konzernabschluss angewendet werden.

Darüber hinaus ist aber infragezustellen, inwieweit die Bilanzierung latenter Steuern für temporary differences aus der Schuldenkonsolidierung mit den normativen Grundsätzen der IFRS im Einklang steht. Weder durch die in der Literatur favorisierte Variante A noch durch die streng aus dem temporary concept hergeleitete Variante B werden durch latente Steuern in sinnvoller Art und Weise künftige Entwicklungen in der tatsächlichen Steuerbelastung der berichtenden Einheit abgebildet. Nach der hier vertretenen Auffassung steht dies nicht nur mit den Merkmalen der Verlässlichkeit und der Verständlichkeit der IFRS-Rechnungslegung im Widerspruch, sondern lässt abermals begründete Zweifel an der Existenz von Vermögenswerten und Schulden auf der Grundlage von temporary differences aufkommen. Weder aus dem Blickwinkel der Eigenschaften entscheidungsnützlicher Rechnungslegungsinformationen noch aus dem Blickwinkel der bilanztheoretischen Grundsätze der IFRS erscheint daher die Bilanzierung latenter Steuern aus der Schuldenkonsolidierung vertretbar.

Nach der hier vertretenen Auffassung sind daher eindeutige Vorschriften in IAS 12 zwingend erforderlich. Diese sollten erstens genau erklären, wie konsolidierungsbedingte temporary differences zu dotieren sind. Zweites sollten die IFRS präzise darlegen, dass jeweils die ökonomischen und steuerrechtlichen Rahmenparameter des Unternehmens für die Bewertung heranzuziehen sind, bei denen temporary differences aus Konsolidierungsmaßnahmen entstehen. Außerdem erscheint ein Ausschluss von temporary differences aus der Schuldenkonsolidierung sinnvoll und auch im Zusammenhang mit dem temporary concept vertretbar. Es bleibt aber abzuwarten, ob die aus dem Short Term Convergence Project zu erwartenden Vorschriften den derzeitigen IAS 12 hier präzisieren. Wenig hilfreich ist jedenfalls der Hinweis in IAS 27, dass IAS 12 auf „zeitliche Differenzen auf Grund der Eliminierung von Gewinnen und Verlusten infolge von Transaktionen innerhalb des Konzernabschlusses anzuwenden [ist].“[712]

[712] IAS 27.25.

IV. Ausweis und Angaben

IAS 12 enthält wie fast alle Standards des IFRS-Regelwerks umfangreiche Ausweis- und Angabepflichten. Vor allem der Umfang der Anhangangaben ist nicht zu unterschätzen. So prägen „teilweise mehrseitige ‚Latente Steuer'-Rechnungen das Abschlussbild"[713]. Die dabei zu berücksichtigenden Vorschriften zum Ausweis und zu den nach IAS 12 erforderlichen Angaben werden nachfolgend vorgestellt und gewürdigt.[714]

Welche Zielsetzung mit den umfangreichen Darstellungspflichten nach IAS 12 verfolgt wird, wird im IFRS-Regelwerk nicht dargelegt. Im Hinblick auf die kritische Würdigung der Konzernbilanzierung latenter Steuern nach IAS 12 wird aber die Darstellung latenter Steuern im IFRS-Abschluss vor allem hinsichtlich des normativen Merkmals der Relevanz zu überprüfen sein. So sollte zum einen der Ausweis latenter Steuern und die zugehörigen Angaben zu qualitativ höherwertigen Informationen über die Belastung der berichtenden Einheit mit tatsächlichen Ertragsteuern führen als die Bilanzierung von Ertragsteuern in Abwesenheit latenter Steuern. Zum anderen ist zu erwarten, dass durch die Berücksichtigung latenter Steuern im IFRS-Abschluss die künftige Entwicklung der Steuerbelastung der berichtenden Einheit besser erkennbar wird als bei einer reinen Konzentration der Bilanzierung auf tatsächliche Ertragsteuern. Dies ist insgesamt notwendig, damit einerseits frühere Prognosen zur Vermögens-, Finanz- und Ertragslage im Bezug auf die ökonomische Belastung der berichtenden Einheit mit Ertragsteuern überprüft werden können und damit andererseits neue Prognosen auf der Grundlage von IFRS-Abschlüssen erstellt werden können.[715] Zusätzlich wird unter dem Gesichtspunkt der Vergleichbarkeit zu prüfen sein, inwieweit aus den Vorschriften nach IAS 12 für die IFRS-Rechnungslegung eine einheitliche Berichterstattung über latente Ertragsteuern resultiert.

Die Vorschriften zum Ausweis latenter Steuern werden in Abschnitt C.IV.1 dargelegt. Die Angaben zum Ergebnis aus Ertragsteuern, das nachfolgend auch aus Gründen der Prägnanz als *IFRS-Steuerergebnis* bezeichnet wird, werden daraufhin in Abschnitt C.IV.2 behandelt, die Angabepflichten zu den Bemessungsgrundlagen latenter Steuern sind im Anschluss Gegenstand von Abschnitt

---

[713] Küting 2001, S. 37.

[714] Im Folgenden wird nicht auf den Aufbau des Anhangs nach IFRS und auf die Stelle im Anhang eingegangen, in der diese Angaben zu erfolgen haben. Vgl. dazu Krawitz 2005, S. 15 ff. Hinzuweisen ist darauf, dass die Vorschriften zum Ausweis und zur Erläuterung im Anhang nicht durchgehend zwischen tatsächlichen und latenten Steuern differenzieren. Nachfolgend werden daher auch z.T. Vorschriften zu laufenden Steuern in die Betrachtung einbezogen. Ausweis- und Angabepflichten, die sich hingegen ausschließlich auf laufende Steuern beziehen, werden im Rahmen der weiteren Analyse nicht berücksichtigt. Entsprechend der Themenabgrenzung wird darüber hinaus über Sondervorschriften betreffend die Bilanzierung von eingestellten Geschäftsbereichen bzw. zur Veräußerung gehaltener Vermögenswerte i.S.d. IFRS 5 verzichtet. Vgl. dazu Wolff/Robinson 2006, Tz. 65.

[715] Zum qualitativen Merkmal der Relevanz vgl. auch Abschnitt B.I.2.c).

C.IV.3. In einem Zwischenfazit in Abschnitt C.IV.4. werden die Untersuchungsergebnisse zusammengefasst. Die erläuterten Vorschriften sind dabei als Mindestanforderungen des IAS 12 aufzufassen, so dass die Ausführungen vor dem Hintergrund der allgemeinen Vorschriften des IAS 1 zu sehen sind.[716]

1. Ausweis

Beim Ausweis von Ertragsteuern ist zwischen den Hauptrechenwerken des IFRS-Abschlusses zu unterscheiden: Der Ausweis latenter Steuern in der GuV und in der Eigenkapitalveränderungsrechnung wird im Folgeabschnitt C.IV.1.a) erläutert. Der Bilanzausweis wird in Abschnitt C.IV.1.b) dargelegt. Ausweisregeln zur Kapitalflussrechnung erübrigen sich, da latente Steuern per definitionem nicht unmittelbar zahlungswirksam sind.[717]

a) GuV und Eigenkapitalveränderungsrechnung

Nach den Detailvorschriften des IFRS-Regelwerks ist der GuV-wirksam gebuchte Steueraufwand bzw. Steuerertrag als separater Posten in der GuV zu zeigen, ohne dass dabei zwischen tatsächlichen und latenten Steuern zu differenzieren ist.[718] Da aber das allgemein gültige Saldierungsverbot von Abschlussposten nach IAS 1.32 nicht durch Spezialregelungen des IAS 12 außer Kraft gesetzt wird, ist das Ergebnis aus latenten Ertragsteuern grundsätzlich unsaldiert und getrennt vom Ergebnis aus tatsächlichen Ertragsteuern auszuweisen.[719] Als Bezeichnung der Abschlussposition dürfte dabei aufgrund der üblichen Gestaltungsfreiheit in IFRS-Abschlüssen eine Bezeichnung wie „Ergebnis aus latenten Steuern" oder ein davon-Vermerk als Unterposition im Ergebnis aus Ertragsteuern sachgerecht sein.

Spezifische Ausweisvorschriften für die GuV-neutral gebuchten latenten Steuern sind hingegen in den IFRS nicht enthalten.[720] Auch der Ausweis von GuV-

---

716 Hierzu gehört unter anderem das generelle Saldierungsverbot von Abschlussposten (vgl. dazu ausführlich Küting/Reuter 2006, S. 4; speziell im Hinblick auf den Ausweis in der GuV Zülch 2004, S. 145). Weiterhin zu beachten ist insbesondere der Grundsatz einer gesonderten Darstellung wesentlicher Abschlussposten (vgl. IAS 1.29 und speziell im Hinblick auf die GuV IAS 1.86. Ausführlich auch Küting/Reuter 2006, S. 4; Krawitz 2005, S. 20).

717 Vgl. zum Wesen latenter Steuern die Ausführungen in Abschnitt A.II.1.

718 Dies wird freilich gleich zweimal dargelegt. Vgl. IAS 12.77 und IAS 1.81 (d). Zur GuV-Gliederung im IFRS-Abschluss vgl. ausführlich Schlüter 2006, Tz. 3 ff.; Zülch 2003, S. 951 ff.

719 In der Rechnungslegungspraxis erfolgt in der GuV jedoch in aller Regel ein Saldoausweis des IFRS-Steuerergebnisses. Vgl. etwa Lufthansa 2006, S. 79; Deutsche Telekom 2006, S. 104. Vgl. zu dieser Vorgehensweise auch Schlüter 2006, Tz. 69; mit einem Erklärungsansatz im Hinblick auf die ähnlich gelagerte Problematik zum Ausweis von Finanzierungsaufwendungen und -erträgen in der GuV Zülch 2004, S. 180. Wie nachfolgend noch erläutert wird, ist die Zusammensetzung des IFRS-Steuerergebnisses ohnehin im Anhang darzulegen. Vgl. IAS 12.29; ausführlich Abschnitt C.IV.2.a).

720 Vgl. zur Unterscheidung von GuV-neutral und GuV-wirksam zu erfassenden latenten Steuern die Ausführungen in Abschnitt C.II.3.

neutral gebuchten latenten Steuern richtet sich damit nach den allgemeinen Vorschriften des IAS 1, nach denen jeder direkt im Eigenkapital erfasste Aufwands- und Ertragsposten separat in der Eigenkapitalveränderungsrechnung auszuweisen ist.[721] Folglich ist analog zum GuV-wirksam erfassten IFRS-Steuerergebnis auch in der Eigenkapitalveränderungsrechnung von einer Pflicht zur gesonderten und unsaldierten Darstellung der GuV-neutral erfassten Erträge und Aufwendungen aus Ertragsteuern auszugehen.[722]

Durch den Ausweis des Ergebnisses aus latenten und tatsächlichen Steuern wird erkennbar, in welcher Höhe das ausgewiesene Vorsteuerergebnis *gegenwärtig* bzw. nach der Logik latenter Steuern *voraussichtlich* mit tatsächlichen Steuern belastet wird. Aus der Relation der Summe aus latenten und tatsächlichen Ertragsteuern zum Vorsteuerergebnis kann zudem die Steuerquote bzw. der durchschnittliche effektive Steuersatz (average effective tax rate) des Unternehmens berechnet werden.[723] Dabei handelt es sich normalerweise nicht um einen im Zeitablauf fixen, sondern um einen schwankenden Wert. Die effektive Steuerquote weicht schließlich erstens regelmäßig aufgrund nicht abzugsfähiger Betriebsausgaben und steuerfreier Einnahmen von der nominalen Steuerquote ab.[724] Zweitens werden nicht alle für die künftige Steuerbelastung relevanten Sachverhalte in die Bemessungsgrundlage latenter Steuern einbezogen. Dies bedingen vor allem die Ausnahmeregelungen der Dotierung von temporary differences.[725] Drittens werden aber auch Bewertungsänderungen latenter Steuern regelmäßig unmittelbar GuV-wirksam erfasst,[726] so dass sich alle durch neue Steuersätze oder durch eine Revision der Werthaltigkeitseinschätzung aktiver la-

[721] Vgl. IAS 1.96 (b).

[722] Hiermit dürfte dann auch der Angabepflicht nach IAS 12.81 (a) entsprochen werden, nach der im Abschluss der Gesamtbetrag der direkt im Eigenkapital erfassten laufenden und latenten Ertragsteuern anzugeben ist. Diese Vorgehensweise ist auch von der Neufassung des IAS 1 vorgesehen, nach dem der Betrag von Ertragsteuern für jeden GuV-neutral erfassten Aufwands- und Ertragsposten gesondert anzugeben bzw. direkt in der erweiterten Ergebnisrechnung auszuweisen ist. Vgl. ED-IAS 1.90 ff.; mit einer Erläuterung vgl. ED-IAS 1.BC 24 f.; Hasenburg/Dräxler 2006, S. 292.

[723] Die Steuerquote entspricht dem IFRS-Steuerergebnis geteilt durch das IFRS-Vorsteuerergebnis. Vgl. IAS 12.86; ähnlich hier Herzig/Dempfle 2002, S. 1. Auf den von Coenenberg ebenfalls als Steuerquote bezeichneten Quotienten von veranlagten Ertragsteuern zum Umsatz wird hier nicht eingegangen. Vgl. dazu Coenenberg 2005, S. 1077.

[724] Nur ausnahmsweise wird daher die Steuerquote beispielsweise dem in Abschnitt C.II.2.aa) dargelegten Mischsteuersatz aus KSt, GewSt und SolZ entsprechen. Vgl. hierzu ausführlich Kröner/Benzel 2004, Tz. 7 ff.

[725] Vgl. IAS 12.15; IAS 12.24; IAS 12.39 ff. sowie die Ausführungen in Abschnitt C.II.1.ad) zu den Ausnahmeregelungen von der Bilanzierung latenter Steuern auf der Grundlage von outside basis differences. Auch investitionsabhängige Steuergutschriften können zu Abweichungen führen, sofern sie von den tatsächlichen Ertragsteuern abgezogen werden. Sie sind nach IAS 12.4 nicht nach den Regeln dieses Standards zu bilanzieren. Gleichwohl wird in diesen Fällen z.T. von einer analogen Anwendung von IAS 12 ausgegangen. Vgl. KPMG 2005, S. 466 f.

[726] Zur buchhalterischen Erfassung latenter Steuern bei Bewertungsänderungen vgl. Abschnitt C.II.3.bb) und C.II.3.bc).

tenter Steuern hervorgerufenen Umbewertungen direkt auf die Steuerquote auswirken.[727]

Vor diesem Hintergrund wird erkennbar, dass die Zusammensetzung des Steuerergebnisses und gegebenenfalls vorhandene ungewöhnliche Effekte nicht allein durch die Analyse der ergebniswirksam ausgewiesenen latenten Steuern hergeleitet werden können. Als zusätzliche Informationsquelle sind daher die Anhangangaben hinzuzuziehen, um mehr über die Zusammensetzung der Steuerbelastung der berichtenden Einheit in Erfahrung bringen zu können. Die zur Erläuterung des IFRS-Steuerergebnisses von IAS 12 vorgeschriebenen Anhangangaben werden nachfolgend in Abschnitt C.IV.2 gewürdigt.

b) Bilanz

In der Bilanz sind latente Steuern zum einen von allen übrigen Posten gesondert auszuweisen, auch ein gemeinsamer Ausweis mit Steueransprüchen und –verpflichtungen aus tatsächlichen Steuern ist hier nicht zulässig.[728] Zum anderen sind latente Steuern nicht den kurzfristigen (current) Posten zuzuordnen.[729] Sie sind daher gesondert in der Bilanz auszuweisen und als langfristige Vermögenswerten und Schulden zu deklarieren.[730] Wie bei den Abschlussposten anderer Art wird dabei keine verbindliche Bezeichnung der Bilanzpositionen vom IFRS-Regelwerk vorgegeben. Eine Benennung der Position(en) wie zum Beispiel „Latente Steueransprüche" bzw. „Latente Steuerverbindlichkeiten" dürfte aber regelmäßig ausreichen, um sie von vergleichbaren Positionen deutlich abzugrenzen.[731]

Grundsätzlich sind alle Posten des IFRS-Abschlusses unsaldiert auszuweisen. Von dem generellen Saldierungsverbot nach IAS 1 ist jedoch abzuweichen, sofern eine Spezialvorschrift die Saldierung zulässt oder zwingend vorschreibt.

---

727 Dabei ist außerdem zu berücksichtigen ist, dass latente Steuern nach IAS 12 nicht auf den Barwert abgezinst werden dürfen. Latente Steueraufwendungen und -erträge spiegeln daher stets den Nominalbetrag der nach dem temporary concept antizipierten tatsächlichen Steuern wider. Vgl. IAS 12.53.

728 Vgl. IAS 1.68 (n); Wagenhofer 2005, S. 334; von Keitz 2005, S. 155.

729 In der IFRS-Bilanz ist entweder zwischen kurz- und langfristigen Posten zu unterscheiden oder aber eine Aufstellung unter Liquiditätsgesichtspunkten vorzunehmen. Vgl. IAS 1.51; mit weiteren Ausführungen vgl. auch Bohl/Mangliers 2006, Tz. 117 ff.

730 So etwa Wagenhofer 2005, S. 334. Lüdenbach/Hoffmann lehnen den gesonderten Ausweis latenter Steuern hingegen aufgrund einer optischen Übergewichtung latenter Steuern gegenüber den übrigen Vermögenswerten und Schulden ab. Vgl. Lüdenbach/Hoffmann 2004, S. 92. In der Praxis werden latente Steuern nicht nur zwischen kurz- und langfristigen Vermögenswerten und Schulden differenziert ausgewiesen, sondern darüber hinaus auch noch latente Steuern gesondert in der Bilanz dargestellt. Vgl. von Keitz 2005, S. 157 f.

731 So etwa der Vorschlag des DRSC in RIC 1. Sachgerecht wäre aber auch die knappe Bezeichnung „Latente Steuern" und ein entsprechender Ausweis auf der Aktiv- bzw. Passivseite. So etwa Lüdenbach/Hoffmann 2004, S. 93.

Aktive und passive latente Steuern sind nach den folgenden Kriterien des IAS 12 zwingend miteinander zu saldieren:[732]

„(a) das Unternehmen [hat] ein einklagbares Recht zur Aufrechnung tatsächlicher Steuererstattungsansprüche gegen tatsächliche Steuerschulden (...); und

(b) die latenten Steueransprüche und die latenten Steuerschulden [beziehen] sich auf Ertragsteuern [...], die von der gleichen Steuerbehörde erhoben werden für:
 (i) entweder dasselbe Steuersubjekt; oder
 (ii) unterschiedliche Steuersubjekte, die beabsichtigen, in jeder zukünftigen Periode, in der die Ablösung oder Realisierung erheblicher Beträge an latenten Steuerschulden bzw. Steueransprüchen zu erwarten ist, entweder den Ausgleich der tatsächlichen Steuerschulden und Erstattungsansprüche auf Nettobasis herbeizuführen oder gleichzeitig mit der Realisierung der Ansprüche die Verpflichtungen abzulösen.“[733]

Die Saldierung aktiver und passiver *latenter* Steuern setzt somit zum einen das Recht voraus, die durch sie antizipierten *tatsächlichen* Steuern miteinander saldieren zu dürfen, wenn sie in künftigen Berichtsperioden anfallen. Eine präzise absehbare Saldierungsmöglichkeit wird dabei aber von IAS 12 nicht gefordert – wie im Standard selbst dargelegt wird, wurde vielmehr eine pauschale, vom Zeitpunkt ihrer Realisierung unabhängige Vorgehensweise gewählt, um eine ausführliche Steuerplanung (scheduling) nach Möglichkeit zu vermeiden.[734] Zum anderen setzt die Saldierung latenter Steuern voraus, dass sich die Bilanzposten auch auf die gleiche steuerliche Beurteilungseinheit beziehen. Dies bedeutet, dass bei der Saldierung latenter Steuern im Regelfall zwischen den ihnen zugrunde liegenden Steuerarten und Steuersubjekte zu differenzieren ist. Eine Saldierung zwischen verschiedenen Steuersubjekten einer Steuergruppe bzw. zwischen Steuerarten ist nur ausnahmsweise dann zulässig, wenn eine entsprechende Verrechnung tatsächlicher Steuern möglich ist.[735]

Für deutsche Kapitalgesellschaften ist daher im Hinblick auf den Ausweis latenter Steuern erstens zwischen der GewSt einerseits und der KSt einschließlich

---

[732] Vgl. Baetge/Kirsch/Thiele 2004, S. 525.

[733] IAS 12.74.

[734] Vgl. IAS 12.75. Es wird im Standard angenommen, dass eine zeitlich befristete Saldierung laufender Steuern in der ertragsteuerlichen Veranlagung eher eine seltene Ausnahme darstellt. In diesen Ausnahmefällen ist gegebenenfalls eine Steuerplanung notwendig, um die Saldierung sachgerecht in Übereinstimmung mit dem dann explizit zu beachtenden Zeitfaktor vornehmen zu können. Vgl. IAS 12.76.

[735] Vgl. Epstein/Mirza 2006, S. 558; Heuser/Theile 2005, Tz. 1352; Johnson/Holgate/McCann 2005, Tz. 13.284 ff.

dem ihr als Annexsteuer zuzuordnenden SolZ andererseits zu differenzieren.[736] Latente Steuern für temporary differences sowie für Steuerguthaben sind schließlich grundsätzlich für jede Steuerart gesondert zu dotieren, zu bewerten und anzusetzen.[737] Für den hier primär betrachteten Konzernabschluss gilt zweitens, dass eine Saldierung zwischen den in den Konsolidierungskreis einbezogenen Konzernunternehmen regelmäßig nicht möglich sein wird. Vielmehr ist eine genaue Zuordnung aller latenten Steuern, inklusive solcher aus Konsolidierungsmaßnahmen,[738] zu den in der berichtenden Einheit erfassten Steuersubjekten erforderlich, um die Einhaltung der Saldierungspflicht nach den Vorschriften von IAS 12.74 gewährleisten zu können. Ausnahmen bestehen nur dann, wenn Steuergruppen wie etwa eine ertragsteuerliche Organschaft vorliegen.[739] Sofern aktive und passive latente Steuern bei unterschiedlichen Konzernunternehmen des gleichen Organkreises bilanziert werden, sind diese unternehmensübergreifend miteinander zu saldieren.[740]

Weitere Vorgaben an den Bilanzausweis latenter Steuern existieren nicht. Aus den bilanziell ausgewiesenen latenten Steuern kann daher allenfalls in groben Zügen abgelesen werden, ob unter den nach IAS 12 getroffenen Prämissen der Bilanzierung latenter Steuern tendenziell mit höheren oder niedrigeren tatsächlichen Ertragsteuern zu rechnen ist. Anhand einer Analyse der in der Bilanz ausgewiesenen latenten Steuern kann jedoch nicht beurteilt werden, aufgrund welcher Bemessungsgrundlage (temporary difference oder Steuerguthaben) ihr Ansatz erfolgt ist bzw. ob ein tatsächlicher Steuereffekt kurz- oder langfristig eintreten wird.[741] Weiterhin bleibt das Bild, das mit dem bilanziellen Ausweis latenter Steuern gezeichnet werden soll, insoweit unvollständig, als die von den Ausnahmeregelungen des IAS 12 betroffenen temporary differences natürlich nicht in Form aktiver oder passiver latenter Steuern ausgewiesen werden. Wie ein nach den restriktiven Saldierungsvorschriften möglicher gleichzeitiger Ausweis aktiver und passiver latenter Steuern zu interpretieren ist, bleibt ebenfalls

736 Die allgemeine Möglichkeit zur Aufrechnung von steuerrechtlichen Ansprüchen im deutschen Steuerrecht bezieht sich nach § 226 AO Abs. 1 auf einzelne Steuerschuldverhältnisse. Von einer steuerartenübergreifenden Aufrechnung ist vor diesem Hintergrund generell nicht auszugehen. Vgl. Heuser/Theile 2005, Tz. 1352.

737 Wird gleichwohl unter Wesentlichkeitspunkten auf der Ebene des Einzelabschlusses auf eine gesonderte Bilanzierung latenter Steuern für unterschiedliche Steuerarten verzichtet, ist es hingegen nur logisch, auch latente Steuern für unterschiedliche Steuerarten gemeinsam miteinander zu saldieren.

738 Vgl. Heuser/Theile 2005, Tz. 1352. A.A. offenbar Senger/Brune 2006f, Tz. 256.

739 Vgl. dazu auch die Ausführungen zu Organschaften im Zusammenhang mit der Abgrenzung des Konsolidierungskreises in Abschnitt C.III.1.a).

740 Vgl. Heuser/Theile 2005, Tz. 1335; Senger/Brune 2006f, Tz. 257.

741 In der Literatur wird z.T. davon ausgegangen, dass zumindest im Anhang eine Aufteilung von temporary differences und Steuerguthaben nach Fristigkeitsgesichtspunkten vorzunehmen ist. Vgl. Loitz 2004, S. 1191; Johnson/Holgate/McCann 2005, Tz. 13.279. Begründet wird dies mit der Anforderung nach IAS 1.52, nach der im Anhang der Betrag eines Bilanzpostens zu nennen ist, der nach einem Zeitraum von mehr als zwölf Monaten realisiert oder erfüllt wird. Dies dürfte aber nach der hier vertretenen Auffassung im Widerspruch zu den oben skizzierten Vorschriften zur Saldierung latenter Steuern stehen, die explizit keine Planung von latenten Steuern in zeitlicher Hinsicht voraussetzen. Vgl. IAS 12.75.

offen. Aufgrund der pauschalen Einordnung latenter Steuern zu den langfristigen Bilanzposten können aus dem Bilanzausweis schließlich keine Rückschlüsse darauf gezogen werden, ob sich die mit latenten Steuern antizipierten tatsächlichen Steuern egalisieren werden oder ob sich aktive und passive latente Steuern zeitlich versetzt auf die Steuerbelastung der berichtenden Einheit auswirken werden. In Verbindung mit der bereits vorgebrachten Kritik an der Abgrenzung latenter Steuern für temporary differences, mit denen nur höchst hypothetisch Entwicklungen der Ertragsteuerbelastung für den Fall einer Vollliquidation der berichtenden Einheit erfasst werden,[742] fehlt es damit nach der hier vertretenen Auffassung an einer konkreten Aussagekraft des Ausweises latenter Steuern in der Bilanz. Hierfür wäre zumindest eine Aufteilung in kurz- und langfristige Posten erforderlich, gegebenenfalls gekoppelt an zusätzliche Informationen zum voraussichtlichen Zeitpunkt der Zahlungswirksamkeit der bilanziell ausgewiesenen latenten Steuern.

Im Rahmen des Short Term Convergence Project soll der bereits heute von den US-GAAP geforderte getrennte Ausweis von kurz- und langfristigen latenten Steuern in die IFRS übernommen werden.[743] Eine Berechnungsmethode, nach der kurzfristige latente Steuern, die sich innerhalb von zwölf Monaten wieder auflösen, von langfristigen latenten Steuern zu unterscheiden sind, die sich voraussichtlich nach mehr als zwölf Monaten auf die tatsächliche Ertragsbesteuerung auswirken, wurde aber bislang noch nicht abschließend festgelegt. Anzunehmen ist aber, dass sich die künftigen Vorschriften der IFRS auch hier an den US-GAAP orientieren werden: Nach SFAS 109 und der eigens dafür geschaffenen Regelung in SFAS 37 sind latente Steuern für temporary differences analog zu den Vermögenswerten und Schulden, auf deren Grundlage sie berechnet wurden, in eine kurzfristige und eine langfristige Komponente zu unterteilen.[744] Latente Steuern für temporary differences, die durch eine Gegenüberstellung des Buchwerts langfristiger Vermögenswerte des Anlagevermögens und ihren Steuerwerten berechnet werden, sind demnach beispielsweise ebenfalls als langfristig einzustufen. Analog sind latente Steuern zu behandeln, die auf temporary differences kurzfristiger Vermögenswerte basieren. Darüber hinaus sind latente Steuern von der berichtenden Einheit entweder als kurz- oder langfristig einzuschätzen, sofern diese entweder aus temporary differences resultieren, die auf der Grundlage von „unsichtbaren" Steuerwerten berechnet wurden, denen also kein IFRS-Buchwert gegenüberzustellen ist.[745] Gleiches gilt für Steuerguthaben.

---

742 Vgl. dazu Abschnitt C.II.1.aa).
743 Vgl. IASB Update April 2003, S. 3.
744 Vgl. SFAS 109.41; Kirsch 2003g, Tz. 143; Loitz 2004, S. 1191.
745 Vgl. zu den Grundsätzen der Dotierung von temporary differences Abschnitt C.II.1.aa).

Für diese relativ grobe Einteilung ist eine Schätzung ihrerAuflösung bzw. Inanspruchnahme erforderlich.[746]

Nach den geplanten Regelungen wird damit zumindest ansatzweise erkennbar, ob unmittelbar mit der durch latente Steuern vermittelten steuermindernden bzw. steuererhöhenden Wirkung zu rechnen ist oder ob erst langfristig eine Auflösung latenter Steuern eintreten wird. Soweit aber temporary differences mit quasipermanentem Charakter vorliegen, kann aus dieser Aufstellung jedoch nicht abgeleitet werden, dass eine Auswirkung auf die tatsächliche Steuerbelastung der berichtenden Einheit nicht absehbar ist. Weiterhin berücksichtigt diese Art der Differenzierung zwischen kurz- und langfristigen latenten Steuern nur die handelrechtliche Seite der Dotierung von temporary differences. Zeichnet sich aber ab, dass sich eine temporary difference eines grundsätzlich langfristigen Vermögenswertes aufgrund von absehbaren Entwicklungen des zugehörigen Steuerwertes kurzfristig auflösen wird, wirkt sich dies auf die Unterscheidung zwischen lang- und kurzfristigen latenten Steuern nicht aus.

Die infolge des Short Term Convergence Project zu erwartenden Änderungen verbessern die Aussagekraft des Bilanzausweises latenter Steuern daher nur bedingt. Vor dem Hintergrund der derzeitigen und der künftigen Ausweispflichten wird daher zu prüfen sein, ob die nach IAS 12 geforderten Anhangangaben die durch die Bilanzierung latenter Steuern antizipierten Auswirkungen auf die Steuerbelastung der berichtenden Einheit vervollständigen können. Die Anhangangaben zur Bemessungsgrundlage latenter Steuern werden in Abschnitt C.IV.3 einer kritischen Würdigung unterzogen.

2. Erläuterung des IFRS-Steuerergebnisses

IAS 12 erfordert umfangreiche Detailangaben zum GuV-wirksamen Ergebnis aus Ertragsteuern. Hierbei ist zum einen ein Aufriss des in der GuV ausgewiesenen Steuerergebnisses erforderlich, dessen Aufbau Gegenstand der Ausführungen von Abschnitt C.IV.2.a) ist. Zum anderen ist das Steuerergebnis laut GuV anhand der so genannten Steuerüberleitungsrechnung (tax rate reconciliation) zu kommentieren. Die dabei zu beachtenden Regelungen sind Gegenstand von Abschnitt C.IV.2.b). Das GuV-neutrale Ergebnis aus latenten Steuern ist hingegen nur dem Bestand nach anzugeben, nicht aber weiter zu erläutern, so dass eine vertiefende Analyse der direkt im Eigenkapital erfassten Ertragsteuern regelmäßig entfallen muss.

[746] Vgl. SFAS 109.41 i.V.m. SFAS 37.4.

a) Zusammensetzung des IFRS-Steuerergebnisses

Das in der GuV ausgewiesene IFRS-Steuerergebnis ist zur weiteren Erläuterung im Anhang gemäß IAS 12.79 in seine Hauptkomponenten zu unterteilen.[747] Dazu wird die folgende „beispielhafte, jedoch nicht abschließende Aufzählung der Komponenten des Steueraufwands und Steuerertrags“[748] wiedergegeben:

> „Zu den Bestandteilen des Steueraufwandes (Steuerertrages) kann Folgendes gehören:
>
> (a) der tatsächliche Ertragsteueraufwand (tatsächliche Ertragsteuerertrag);
> (b) alle in der Periode erfassten Anpassungen für periodenfremde tatsächliche Ertragsteuern;
> (c) der Betrag des latenten Steueraufwandes (Steuerertrages), der auf das Entstehen bzw. die Umkehrung temporärer Unterschiede zurückzuführen ist;
> (d) der Betrag des latenten Steueraufwandes (Steuerertrages), der auf Änderungen der Steuersätze oder der Einführung neuer Steuern beruht;
> (e) der Betrag der Minderung des tatsächlichen Ertragsteueraufwandes auf Grund der Nutzung bisher nicht berücksichtigter steuerlicher Verluste, auf Grund von Steuergutschriften oder infolge eines bisher nicht berücksichtigten temporären Unterschiedes einer früheren Periode;
> (f) der Betrag der Minderung des latenten Steueraufwandes auf Grund bisher nicht berücksichtigter steuerlicher Verluste, auf Grund von Steuergutschriften oder infolge eines bisher nicht berücksichtigten temporären Unterschiedes einer früheren Periode;
> (g) der latente Steueraufwand infolge einer Abwertung oder Aufhebung einer früheren Abwertung eines latenten Steueranspruches gemäß Paragraph 56; und
> (h) der Betrag des Ertragsteueraufwandes (Ertragsteuerertrags), der aus Änderungen der Bilanzierungs- und Bewertungsmethoden und Fehlern resultiert, die ertragswirksam nach IAS 8 erfasst wurden, weil sie nicht rückwirkend berücksichtigt werden können.“[749]

Die Auflistung sämtlicher der in IAS 12.80 aufgezählten Komponenten ist grundsätzlich nicht als „Pflichtübung“ anzusehen.[750] Dies wird auch regelmäßig nicht möglich sein, da alle dort aufgeführten Komponenten in der Praxis nur selten gleichzeitig zutage treten werden. Allerdings werden in IAS 12 keine weiteren Kriterien vorgegeben, anhand derer entschieden werden könnte, welche Komponenten des IFRS-Steuerergebnisses separat aufzuführen sind und welche gegebenenfalls in einer kumulierten Restgröße zusammengefasst werden können. Insofern sind die Vorgaben zur Aufteilung des IFRS-Steuerergebnisses gemäß IAS 12.80 nur als „grobe Richtschnur“ zu werten.

---

747 Vgl. IAS 12.79.
748 Kirsch 2003d, S. 703.
749 IAS 12.80.
750 So auch Hoffmann 2006, Tz. 88.

In aller Regel dürfte zur Einhaltung der Aufteilungspflicht des IFRS-Steuerergebnisses jedoch zumindest die separate Angabe des Ergebnisses aus latenten sowie aus tatsächlichen Steuern erforderlich sein. Dies ist zum einen aus dem Vorschlag zur Unterteilung des IFRS-Steuerergebnisses gemäß IAS 12.80 (a) ersichtlich. Zum anderen ist das GuV-wirksam erfasste Ergebnis aus latenten Steuern nach einer weiteren Zusatzvorschrift des IAS 12 ohnehin dann separat im Anhang anzugeben, sofern es nicht aus der Veränderung der in der Bilanz für latente Steuern angesetzten Beträge gegenüber dem Vorjahr erkennbar ist.[751]

Weiterhin ist der Effekt aus der Einführung neuer Steuersätze separat im Rahmen von IAS 12.79 anzugeben, sofern vorliegend. Da latente Steuern im IFRS-Abschluss stets mit dem Steuersatz der Periode zu bewerten sind, in der ihre Auswirkung auf die tatsächliche Besteuerung erwartet wird,[752] wird bei einer Änderung des (künftigen) Steuersatzes mit dem Effekt aus der Neubewertung latenter Steuern eine aperiodische Komponente im IFRS-Steuerergebnis erfasst. Bei der Neubewertung handelt es sich schließlich um einen Bestandteil des IFRS-Steuerergebnisses, der nicht auf die operative Tätigkeit des Unternehmens zurückzuführen ist. Die gesonderte Hervorhebung von Auswirkungen aus Steuersatzänderungen auf das IFRS-Steuerergebnis wird zum einen in IAS 12.80 (d) vorgeschlagen. Änderungen des Steuersatzes gegenüber der Vorperiode sind zum anderen zwingend im Anhang zu erläutern, so dass sich ein gesonderter Ausweis anbietet.[753]

Wie das in der GuV ausgewiesene IFRS-Steuerergebnis darüber hinausgehend zur Erläuterung im Anhang aufzugliedern ist, steht wegen fehlender Mindestgliederungspflichten im Ermessen des bilanzierenden Unternehmens. Der überwiegende Teil der in IAS 12.80 angegebenen Posten legt aber insbesondere eine Hervorhebung aperiodischer Einflüsse auf die Steuerquote nahe.[754] Neben den bereits genannten Effekten aus Steuersatzänderungen sollten daher nach der hier vertretenen Auffassung beispielsweise Ergebnisse aus Betriebsprüfungen für eine gesonderte Angabe in Betracht gezogen werden.[755] Sinnvoll erscheint au-

751 Vgl. IAS 12.81 (g) (ii). Dies ist immer dann der Fall, wenn latente Steuern GuV-neutral erfasst worden sind. Zur GuV-neutralen Erfassung latenter Steuern vgl. Abschnitt C.II.3.a). Obwohl der separate Ausweis tatsächlicher und latenter Steuern direkt in der GuV von den IFRS nicht explizit gefordert wird und zudem in der Rechnungslegungspraxis im Regelfall dort nur ein kumuliertes IFRS-Steuerergebnis ausgewiesen wird, wird damit spätestens ihre Zusammensetzung im Anhang erkennbar.

752 Vgl. IAS 12.47; ausführlich Abschnitt C.II.2.aa).

753 Vgl. IAS 12.80 (d). Hierbei handelt es sich, wie noch genauer in Abschnitt C.IV.2.bb) erläutert wird, um einen unternehmensexternen Eingriff in die Bewertung latenter Steuern (Kategorie 4 in Tabelle 6, S. 205). Vgl. mit Beispielen zur Berichterstattung deutscher Unternehmen im Zusammenhang mit dem Steuersenkungsgesetz Küting/Zwirner 2003, S. 315; mit Hinweisen zur Berücksichtigung der Anpassung des Körperschaftsteuersatzes im Rahmen des Flutopferhilfegesetzes Kirsch 2003a, S. 128 ff.

754 So z.B. IAS 12.80 (b), (f), (g), (h).

755 Vgl. IAS 12.80 (b). Im Regelfall wird eine Nachversteuerung vorliegen, so dass tatsächliche Steueraufwendungen im IFRS-Abschluss zu erfassen sind, gleichzeitig aber kompensatorisch ein Ertrag aus latenten Steuern, sofern die Nachversteuerung zu einer Neudotierung von Steuerwerten und damit von temporary

ßerdem die separate Angabe unternehmensseitiger und damit ermessensbehafteter Eingriffe in die Bewertung aktiver latenter Steuern, um diese im IFRS-Steuerergebnis erkennbar zu machen. Hierunter fällt einerseits der Ertrag aus der Hinzuaktivierung latenter Steuern, bei denen in Vorperioden aufgrund einer nicht hinreichend positiven Wahrscheinlichkeitsbeurteilung von einer Aktivierung abgesehen worden ist. Andererseits ist vor diesem Hintergrund auch der Aufwand aus Wertberichtigungen bislang aktivierter latenter Steuern von Interesse, die gegenüber vorherigen Berichtsperioden infolge einer negativ verlaufenden Werthaltigkeitsbeurteilung vorgenommen werden.[756]

Aus dem Blickwinkel der Jahresabschlussanalyse ist vor allem der geringe Verbindlichkeitsgrad der Gliederungsvorschriften zum Ergebnis aus Ertragsteuern kritisch hervorzuheben. Hinweise auf eine nachhaltig zu erwartende Steuerquote, anhand derer die gegenwärtige und die künftige Entwicklung der Steuerbelastung beurteilt werden könnte, sind damit nur eingeschränkt oder gar nicht erkennbar. Die Qualität der Analyse des Steuerergebnisses, mit der beispielsweise eine normalisierte Steuerquote berechnet werden soll, ist vor dem gezeichneten Hintergrund hochgradig davon abhängig, wie die Vorschriften zur Aufgliederung des Steuerergebnisses nach IAS 12.80 interpretiert werden. Die Entscheidungsrelevanz der Steuerquote ist damit regelmäßig vom billigen Ermessen der berichtenden Einheit abhängig. Durch den geringen Verbindlichkeitsgrad von IAS 12.80 dürfte zudem die jeweilige Ausgestaltung dieser Angabe in der Praxis stark variieren, was ein Widerspruch zum Merkmal der Vergleichbarkeit von IFRS-Abschlüssen darstellt.

Insgesamt wäre daher eine verbindlichere Vorgabe durch das IFRS-Regelwerk zur Verbesserung sowohl der Vergleichbarkeit als auch der Entscheidungsrelevanz von IFRS-Abschlüssen wünschenswert. Neben einer Unterteilung nach aperiodischen Steuereffekten könnte dabei gerade in international aufgestellten Konzernen eine Aufteilung des Steuerergebnisses nach Maßgabe der jeweils gültigen Gesetzgebung sinnvoll sein. Diese selbst bei vollständiger Erfüllung der „groben Richtschnur" von Detailangaben nach IAS 12.79 derzeit nicht im IFRS-Abschluss vorzufindenden Informationen würden eine Analyse des Steuerergebnisses unter Berücksichtigung international unterschiedlicher rechtlicher Rahmenbedingungen der Unternehmensbesteuerung ermöglichen.[757] Dies würde beispielsweise die Prognose von Änderungen der Steuerbelastung bei grenzüber-

---

differences führt. Vgl. ausführlich Heuser/Theile/Pawelzik 2006, S. 717; mit weiteren Erläuterungen auch Herzig/Dempfle 2002, S. 3 f.

[756] Beide Sachverhalte werden auch in IAS 12.80 (g) bzw. IAS 12.80 (f) angesprochen; vgl. auch Schulz-Danso 2006, Tz. 166.

[757] Eine zumindest tendenziell in diese Richtung weisende Angabe ist nur für nach US-GAAP bilanzierende Unternehmen erforderlich, die zudem SEC-gelistet sind. Nach Regulation S-X §210.4-08 (h) ist ab einem Mindestumfang von 5% ein separater Ausweis des inländischen und ausländischen Vorsteuerergebnisses und des darauf entfallenden Steuerergebnisses erforderlich.

schreitenden Verlagerungen der operativen Tätigkeit der berichtenden Einheit unterstützen oder einen Eindruck darüber vermitteln, in welchem Maß günstige Rahmenbedingungen der Unternehmensbesteuerung im internationalen Kontext ausgenutzt werden. Konkrete Änderungen, die zu einer Mindestuntergliederung oder einer differenzierten Aufteilung nach unterschiedlichen Steuergesetzgebungen führen würden, sind aber derzeit nicht absehbar.

Weiterhin ist aber auch in Frage zu stellen, wie eine vollständige Erläuterung aller Detailkomponenten des IFRS-Steuerergebnisses, das sowohl tatsächliche als auch latente Steuern umfasst, die Prognosetauglichkeit der Vermögens-, Finanz- und Ertragslage aus steuerlicher Sicht überhaupt unterstützen kann. Mit dem Ergebnis aus latenten Steuern werden schließlich der Höhe nach künftige Ertragsteuern nur für den Fall einer Vollliquidation zu Buchwerten antizipiert – und das ohne eine umfassende Berücksichtigung des Zeitpunktes, in dem mit einer Auswirkung auf die tatsächliche Steuerbelastung zu rechnen ist. Da die Abzinsung latenter Steuern nach IAS 12 unzulässig ist,[758] dafür aber die vollumfängliche Erfassung nach dem comprehensive approach grundsätzlich zwingend vorgeschrieben wird, wird die auf der Grundlage der bereits im IFRS-Abschluss erfassten Geschäftsvorfälle zu erwartende Steuerbelastung aus ökonomischer Sicht nur bedingt erkennbar.[759] Je mehr latente Steuern von quasipermanenter Natur berücksichtigt werden, desto weniger aussagekräftig wird das Steuerergebnis schließlich im Hinblick auf die ökonomische Steuerbelastung im Sinne absehbarer steuerlicher Nutzenzu- bzw. Nutzenabflüsse. Weiterhin ist zu berücksichtigen, dass die Dotierung latenter Steuern auf der Grundlage von temporary differences viele periodenverschobene Effekte in der tatsächlichen Steuerbelastung einer berichtenden Einheit überdeckt. Ein zwingender detaillierter Ausweis aperiodischer Komponenten im IFRS-Steuerergebnis, einschließlich der Eingriffe in die Bewertung latenter Steuern, wäre daher zwar grundsätzlich zu begrüßen. Diese Aufteilung kann aber letztlich nur anzeigen, ob gegenüber der Vorperiode für den Fall einer sofortigen Vollliquidation der berichtenden Einheit zu Buchwerten mit höheren oder geringeren Steuern zu rechnen ist. Eine Orientierung der Rechnungslegung nach IFRS am Merkmal der Relevanz ist somit vor diesem Hintergrund nur eingeschränkt erkennbar.

---

758 Vgl. IAS 12.53.

759 Vgl. Abschnitt C.II.2.

b) Steuerüberleitungsrechnung

Als zentrales Element der Angabepflichten nach IAS 12 gilt die Steuerüberleitungsrechnung.[760] In dieser Komponente des IFRS-Anhangs wird die Dynamik des IFRS-Steuerergebnisses dargelegt, indem in einem Soll-Ist-Abgleich die unter „normalen Umständen“ zu erwartende Steuerquote des Unternehmens der effektiven Steuerquote des IFRS-Abschlusses gegenübergestellt wird.[761] Als Zielgröße der Überleitungsrechnung wird dabei das gesamte IFRS-Steuerergebnis, bestehend aus latenten und tatsächlichen Ertragsteuern zusammengefasst.[762] Der Aufbau und die Gestaltung der Steuerüberleitungsrechnung wird in C.IV.2.ba) behandelt. Welche grundsätzlich zu unterscheidenden Positionsarten für einen Ausweis in der Steuerüberleitungsrechnung in Frage kommen, wird in Abschnitt C.IV.2.bb) erläutert.

ba) Aufbau und Gestaltung

Detaillierte Vorgaben an den Aufbau und die Gestaltung der Steuerüberleitungsrechnung sind in IAS 12 nicht enthalten. Ob die Steuerüberleitungsrechnung beispielsweise in absoluten oder relativen Beträgen dargestellt wird, ist dem bilanzierenden Unternehmen freigestellt.[763] Folglich kann die Angabepflicht nach IAS 12.81 (c) zum einen in Form einer Überleitung von dem betragsmäßig erwarteten Steuerergebnis, das als Produkt des IFRS-Vorsteuerergebnisses und des Referenzsteuersatzes zu berechnen ist, auf das tatsächlich in der GuV ausgewiesene Ergebnis erfolgen.[764] Zum anderen kann auch die Relation zwischen dem Referenzsteuersatz und der laufenden Steuerquote dargelegt werden.[765] Konzeptionelle Unterschiede zwischen der relativen und der absoluten Darstellungsvariante bestehen aber nicht, es handelt sich vielmehr um rechnerische Variationen der Steuerüberleitungsrechnung.

Als Ausgangspunkt der Steuerüberleitungsrechnung ist ein Referenzsteuersatz zu wählen, der aber in IAS 12 nicht abschließend geregelt wird.[766] Vielmehr kann der Steuersatz des Landes, in dem das Mutterunternehmen seinen Sitz hat, als Ausgangspunkt in der Steuerüberleitungsrechnung gewählt werden. Diese

---

760 Vgl. Kirsch 2003g, Tz. 147; Heuser/Theile/Pawelzik 2006, S. 719. Ausführlich zur Steuerüberleitungsrechnung Adrian 2004, S. 33.

761 Ob nun vom erwarteten Steuerergebnis auf das tatsächliche Steuerergebnis übergeleitet wird oder umgekehrt, schreibt der Standard nicht vor. Vgl. zur Möglichkeit eines so genannten bottom-up approach bzw. top-down approach Adrian 2004, S. 42. Wird – wie hier – das erwartete Steuerergebnis als Ausgangspunkt gewählt, handelt es sich demnach um einen top-down approach.

762 Vgl. Herzig/Dempfle 2002, S. 3.

763 Vgl. Schulz-Danso 2006, Tz. 153.

764 Vgl. IAS 12.81 (c) (i).

765 Vgl. IAS 12.81 (c) (ii).

766 Gemäß IAS 12.85 ist der Referenzsteuersatz zu wählen, „der für die Informationsinteressen der Abschlussadressaten am geeignetsten ist.“

Vorgehensweise wird auch als *homebased approach* bezeichnet.[767] Unternehmen, die in unterschiedlichen Steuerrechtskreisen tätig sind, können auch einen Referenzsteuersatz wählen, in dem sich die Steuerbelastung der berichtenden Einheit durch unterschiedliche Steuerarten und Steuerhoheiten widerspiegelt.[768]

Für international tätige Konzerne besteht damit zumindest theoretisch ein Gestaltungsspielraum, der aber nicht allzu sehr zu überschätzen ist – schließlich ist zum einen im Abschluss die Grundlage anzugeben, auf welcher der Referenzsteuersatz hergeleitet worden ist.[769] Zum anderen wird die Verwendung von Durchschnittsteuersätzen in der Rechnungslegungspraxis als nachteilig empfunden, da diese im Zeitablauf normalerweise stärkeren Schwankungen unterworfen sind, als dies bei Steuersätzen des Mutterunternehmens der Fall ist.[770] In den meisten deutschen Konzernabschlüssen nach IFRS wird wohl auch deshalb regelmäßig der Ertragsteuersatz des Mutterunternehmens bzw. der deutschen Konzernunternehmen als Referenzsteuersatz in der Überleitungsrechnung gewählt.[771]

Als Zielgröße der Steuerüberleitungsrechnung fungiert das in der GuV ausgewiesene Steuerergebnis bzw. die hieraus berechnete Steuerquote, so dass auch im Rahmen der Steuerüberleitungsrechnung latente und tatsächliche Ertragsteueraufwendungen und -erträge in einem engen Zusammenhang stehen.[772] Der schematische Aufbau einer Steuerüberleitungsrechnung wird in Abbildung 29 auf Seite 203 anhand eines praktischen Beispiels mit Erläuterungen dargestellt.

bb) Positionsarten

Welche Positionen in der Steuerüberleitungsrechnung (auch: reconciling items) aufzuführen sind bzw. wie detailliert vom erwarteten auf das Steuerergebnis gemäß GuV überzuleiten ist, wird von IAS 12 nicht vorgegeben.[773] In IAS 12.84 sind diesbezüglich nur exemplarisch Überleitungspositionen aufgeführt. Es gilt aber auch hier der Wesentlichkeitsgrundsatz nach IAS 1.29, so dass alle wesentlichen Beträge im IFRS-Abschluss gesondert darzustellen sind.

---

767 Dabei wird der durchschnittliche Steuersatz der Konzernholding als Referenzsteuersatz herangezogen. Vgl. Adrian 2004, S. 115. Der homebased approach ist offenbar der von deutschen börsennotierten Unternehmen bevorzugte Ansatz. Vgl. Herzig 2002, S. 3; von Keitz 2005, S. 162.

768 Vgl. IAS 12.85. Dabei ist dann eine Gewichtung der konzernweit vorzufindenden, untereinander zu differenzierenden steuerlichen Bemessungsgrundlagen und Steuersätze vorzunehmen. Vgl. Johnson/Holgate/McCann 2005, Tz. 13.300; Dahlke/von Eitzen 2003, S. 2238. Zu Unterschieden zwischen den IFRS und den US-GAAP in diesem Zusammenhang vgl. Loitz 2004, S. 1192.

769 Vgl. IAS 12.81 (c), (i) und (ii).

770 Vgl. Adrian 2004, S. 129; Herzig/Dempfle 2002, S. 3.

771 Vgl. von Keitz 2005, S. 162 f. Für SEC-gelistete Unternehmen ist im Übrigen genau dieser Ansatz verpflichtend. Vgl. SEC Regulation S-X § 210.4-08 (h); Weber/Wheeler 1992, S. 15.

772 Vgl. Abschnitt C.IV.1.a).

773 Vgl. Loitz 2004, S. 1192 f.; Hannemann/Pfeffermann 2003, S. 728.

In der Unternehmenspraxis werden in der Steuerüberleitungsrechnung beispielsweise die in Abbildung 29 dargestellten Positionen aufgeführt.[774] Dabei werden die größeren Überleitungsposten positiv genannt, indem die Gründe für die jeweils vorliegende Abweichung zwischen dem zu erwartenden und des in der GuV ausgewiesenen Ergebnisses genannt werden. Eine Position „Sonstiges“, in der die nicht positiv einer anderen Zeile zuordenbaren Überleitungsposten ausgewiesen werden, überschreitet zumeist nicht 5% des zu erwartenden Steuerergebnisses, das unter Berücksichtigung des Referenzsteuersatzes ermittelt wird.[775] Der Detaillierungsgrad der Steuerüberleitungsrechnung ist außerdem von den spezifischen Gegebenheiten der Ertragsbesteuerung abhängig, der das berichtende Unternehmen unterliegt. So werden regelmäßig im Konzernabschluss mehr Sondersachverhalte in der Steuerüberleitungsrechnung anzuzeigen sein als in einem Einzelabschluss, in dem das berichtende Unternehmen mit dem Steuersubjekt übereinstimmt.

	2005 Bemessungsgrundlage Mio. €	2005 Steueraufwand Mio. €	
Erwartete(r) Ertragsteueraufwand/-ertrag	875	+ 306	Unter Berücksichtigung des Referenzsteuersatzes berechnetes erwartetes IFRS-Steuerergebnis
Steuerfreie Einnahmen, sonstige Abzugsbeträge und permanente Differenzen	–	– 105	Überleitungspositionen aufgrund von permanenten Differenzen und Ausnahmeregelungen (hier: GoF und outside basis differences)
Steuerlich nicht abzugsfähige Abschreibungen auf Geschäftswerte	300	+ 105	↑
Bei Beteiligung angefallene Gewinne (Vorjahr: Verluste), die nicht mit latenten Steuern belastet sind	+ 391	– 137	↑
Abweichung lokaler Steuern vom latenten Konzernsteuersatz	–	+ 21	Steuersatzdifferenz
Nichtansatz bzw. Wertberichtigung steuerlicher Verlustvorträge	–	+ 78	Unternehmensseitige Eingriffe in die Bewertung aktiver latenter Steuern (hier: Steuerguthaben)
Sonstige	–	– 5	
Ausgewiesener Ertragsteueraufwand	–	263	In der GuV ausgewiesenes effektives IFRS-Steuerergebnis, zusammengesetzt aus tatsächlichen und latenten Steuern

Abbildung 29: Aufbau einer Steuerüberleitungsrechnung[776]

---

[774] Vgl. vertiefend zu typischerweise aufgeführten Überleitungspositionen die Beispiele bei Schulz-Danso 2006, Tz. 153; Hoffmann 2006, Tz. 90; Kirsch 2003d, S. 703; Dahlke/von Eitzen 2003, S. 2238; Hannemann/Pfeffermann 2003, S. 728; Kröner/Benzel 2004, Tz. 63.

[775] Diese Entwicklung ist offenbar auf die Vorschrift der SEC in Regulation S-X §210.4-08 (h) zurückzuführen. Diese gilt für nach US-GAAP bilanzierende Unternehmen, die den US-amerikanischen Kapitalmarkt in Anspruch nehmen und entsprechend der Aufsicht durch die SEC unterliegen. Vgl. ausführlich Loitz 2004, S. 1193; Weber/Wheeler 1992, S. 16. Eine vergleichbare Regelung in IAS 12 liegt hingegen nicht vor.

[776] Entnommen aus Lufthansa 2006, S. 92. Gegenüber dem Geschäftsbericht der Lufthansa wurden die dort wiedergegebenen Vorjahresvergleichszahlen aus Platzgründen entfernt. Im Gegenzug wurden die hier wiedergegebenen Erläuterungen in die Abbildung implementiert.

Um die grundsätzlich möglichen Arten von Überleitungspositionen und den mit ihnen verbundenen Informationsgehalt sachgerecht kategorisieren zu können, ist zunächst zu reflektieren, welche bilanziellen Sachverhalte *keine* Abweichungen zwischen dem erwarteten und dem Steuerergebnis gemäß GuV verursachen. Wie im Verlauf der vorliegenden Untersuchung dargelegt worden ist, werden, von einigen Ausnahmen abgesehen, für alle temporary differences im IFRS-Abschluss latente Steuern bilanziert.[777] Dabei werden die jeweils einschlägigen Steuersätze für die Bewertung herangezogen. Folglich wirken sich die meisten Aufwendungen und Erträge, die im IFRS-Vorsteuerergebnis erfasst werden, auch auf das in der GuV ausgewiesene Steuerergebnis aus – entweder, weil aufgrund einer zwischen IFRS und Steuerrecht unterschiedlichen Behandlung von Geschäftsvorfällen latente Steuern abgegrenzt worden sind, oder aber, weil steuerlich relevante Geschäftsvorfälle identisch im IFRS-Rechenwerk erfasst worden sind und sich damit bereits in Form tatsächlicher Steuern auf das in der GuV ausgewiesene Steuerergebnis auswirken. In diesen Fällen sind *keine* Überleitungspositionen erforderlich, da das IFRS-Vorsteuerergebnis und das IFRS-Steuerergebnis bereits korrelieren.

Im Umkehrschluss sind Überleitungspositionen vor allem für Geschäftsvorfälle erforderlich, die einseitig entweder das IFRS-Vorsteuerergebnis oder aber das IFRS-Steuerergebnis tangiert haben. Nur in diesen Fällen kann das erwartete Steuerergebnis von dem in der GuV ausgewiesene Steuerergebnis abweichen. Bei den für die Überleitungsrechnung infrage kommenden Positionen können fünf Kategorien unterschiedlicher Gründe für Verwerfungen zwischen dem erwarteten und dem tatsächlichen IFRS-Steuerergebnis unterschieden werden, wie in Tabelle 6 mit Beispielen dargelegt wird. Die außerdem dargestellte sechste Kategorie beinhaltet keine originären Verwerfungen zwischen dem IFRS-Steuerergebnis und dem zugehörigen Vorsteuerergebnis, sondern ist weitgehend als rechentechnische Korrekturposition aufzufassen. Die Steuersatzdifferenz ist schließlich von dem gewählten Referenzsteuersatz abhängig, mit dem die Ausgangsgröße der Steuerüberleitungsrechnung festgelegt wird. Dieser Zusammenhang wird nachfolgend ebenfalls noch erläutert.[778]

[777] Vgl. zur Bemessungsgrundlage latenter Steuern in Form von temporary differences und der dabei zu berücksichtigenden Ausnahmeregelungen die Ausführungen in Abschnitt C.II.1.a).

[778] Auf eine Darstellung konkreter Überleitungspositionen im Einzelfall wird an dieser Stelle verzichtet. Im Vordergrund steht vielmehr die Systematik der Steuerüberleitungsrechnung. Für eine Einzelfalldarstellung unter besonderer Berücksichtigung des deutschen Steuerrechts vgl. Adrian 2004, S. 137 ff. Mit weiteren Beispielen vgl. Herzig 2003, S. S90.

Tabelle 6: Kategorisierung von Positionen der Steuerüberleitungsrechnung

Kategorie	Beispiel
(1) Steuerneutrale Aufwendungen und Erträge im IFRS-Vorsteuerergebnis	Permanente Differenzen sowie Ausnahmeregelungen bei der Abgrenzung latenter Steuern auf temporary differences
(2) IFRS-neutrale, aber steuerlich wirksame Veränderungen der Bemessungsgrundlage	Verfall von Verlustvorträgen; Umqualifizierung von Differenzen zwischen dem IFRS-Buchwert und den jeweils zugehörigen Steuerwerten
(3) Abweichende Buchungslogik	GuV-neutrale Erfassung von Geschäftsvorfällen im IFRS-Abschluss bei gleichzeitiger GuV-Wirksamkeit aus steuerrechtlicher Perspektive
(4) Unternehmensexterne Eingriffe in die Bewertung latenter Steuern	Steuersatzänderungen[779]
(5) Unternehmensinterne Eingriffe in die Bewertung latenter Steuern	Zu- oder Abschreibungen infolge der Wahrscheinlichkeitsbeurteilung aktiver latenter Steuern
(6) Steuersatzdifferenz	Abweichungen zwischen dem Referenzsteuersatz und dem für Geschäftsvorfälle effektiven Steuersatz

Ursachen der ersten Kategorie möglicher Überleitungspositionen sind sämtliche Geschäftsvorfälle, die sich GuV-wirksam im IFRS-Abschluss bemerkbar machen, aber grundsätzlich steuerneutral sind. Neben steuerlich nicht abzugsfähigen Ausgaben und steuerfreien Einnahmen, die sich bei der Dotierung von temporary differences durch ihre Permanenz bemerkbar machen und damit für die Bilanzierung tatsächlicher und latenter Steuern per definitionem irrelevant sind,[780] sind hier insbesondere die Ausnahmeregelungen des IAS 12 zu beachten. Werden also zum Beispiel Wertminderungen eines GoF vorgenommen, für den aufgrund der Ausnahmeregelung in IAS 12.15 (a) keine latenten Steuern zu bilanzieren sind, wirken sich diese einseitig auf das IFRS-Vorsteuerergebnis aus und tangieren dabei nicht das IFRS-Steuerergebnis.[781] Folglich ist hierfür ein entsprechendes reconciling item in die Steuerüberleitungsrechnung einzustellen.

Die zweite Kategorie stellt gewissermaßen das Gegenstück zur ersten Kategorie möglicher Überleitungspositionen dar: Hier wird nur die Bemessungsgrundlage der Ertragsbesteuerung verändert, ohne dass außerhalb der Bilanzierung von Ertragsteuern ein für die IFRS-Rechnungslegung relevanter Geschäftsvorfall vorliegt. Ein entsprechendes reconciling item ist daraufhin allerdings nur dann in der Steuerüberleitungsrechnung darzustellen, wenn *keine Kompensationswirkung* tatsächlicher und latenter Steuern stattfindet. Wenn die Auflösung von temporary Differences oder von Steuerguthaben sich sofort auf die tatsächliche

---

779 Zur Behandlung von Steuersatzänderungen im Rahmen der Bilanzierung latenter Steuern nach IAS 12 vgl. die Ausführungen in den Abschnitten C.II.2.ab) und C.II.3.bc).

780 Hierzu gehören z.B. steuerfreie Beteiligungs- bzw. Veräußerungsbeträge. Vgl. Dahlke/von Eitzen 2003, S. 2241.

781 Weitere Beispiele sind u.a. initial recognition differences, für die nach den derzeitigen Vorschriften des IAS 12 keine latenten Steuern bilanziert werden dürfen, oder aber investitionsabhängige Steuergutschriften, die außerhalb des Anwendungsbereichs von IAS 12 liegen. Vgl. Hirst/Sevcik 1996, S. 86; mit weiteren Beispielen auch Weber/Wheeler 1992, S. 16.

Unternehmensbesteuerung auswirkt, liegt schließlich keine Verwerfung zwischen dem erwarteten und dem tatsächlichen Steuerergebnis vor. Vielmehr ist dann von einer „Umbuchung“ innerhalb des Steuerergebnisses auszugehen.[782] Keine Kompensationswirkung und damit die Notwendigkeit einer Überleitungsposition der zweiten Kategorie ist hingegen gegeben, wenn ursprünglich zeitliche Differenzen zu permanenten Differenzen umqualifiziert werden oder vice versa. Dies ist beispielsweise der Fall, wenn aufgrund einer Gesetzesänderung ursprünglich steuerfreie Einkünfte oder nichtabzugsfähige Ausgaben sich fortan auf das zu versteuernde Einkommen auswirken werden.[783] In der Folge ändern sich dadurch temporary differences, ohne dass außerhalb der Ertragsteuern ein Geschäftsvorfall im IFRS-Abschluss zu verzeichnen ist. In solchen Fallkonstellationen ist dann ein entsprechendes reconciling item erforderlich, um die Verwerfung zwischen dem zu erwartenden und dem in der GuV ausgewiesenen IFRS-Steuerergebnis erklären zu können.

Als dritte Kategorie von Positionen der Steuerüberleitungsrechnung lassen sich Geschäftsvorfälle abgrenzen, die zwar zeitgleich in der handelsrechtlichen wie steuerrechtlichen Rechnungslegung berücksichtigt werden und damit keine Abgrenzung latenter Steuern erfordern, deren buchhalterische Erfassung im Hinblick auf das IFRS-Steuerergebnis jedoch voneinander abweicht.[784] Werden Bewertungsvorgänge im IFRS-Abschluss GuV-neutral gebucht, die sich aber auf die tatsächliche Ertragsbesteuerung auswirken, da sie steuerrechtlich gesehen GuV-wirksam erfasst werden, ist die hieraus resultierende Abweichung des IFRS-Steuerergebnisses in der Steuerüberleitungsrechnung anzuzeigen.[785]

Die vierte und fünfte Kategorie möglicher Positionen der Steuerüberleitungsrechnung betrifft die Bewertung latenter Steuern, wobei zwischen unternehmensexternen und unternehmensinternen Eingriffen in die Bewertung zu unterscheiden ist. Als unternehmensexterner Eingriff in die Bewertung latenter Steuern sind vor allem Steuersatzänderungen zu nennen: Dadurch, dass künftige Steuersatzänderungen unmittelbar bei der Bewertung latenter Steuern zu berück-

782 Werden beispielsweise infolge einer Betriebsprüfung Steuerwerte angepasst, wirkt sich dies normalerweise aufgrund einer Nachversteuerung zum einen auf tatsächliche und zum anderen gegenläufig auf die latenten Steuern aus. Vgl. Heuser/Theile/Pawelzik 2006, S. 719.

783 Ein dieser Kategorie vergleichbarer, aber außerhalb der Bilanzierungsvorschriften des IFRS-Regelwerks liegender Effekt liegt vor, wenn zuvor latente Steuern nicht sachgerecht bilanziert worden sind. Werden also latente Steuern auf permanente Differenzen abgegrenzt oder aber temporary differences entgegen der Vorschriften des IAS 12 nicht in die Bilanzierung latenter Steuern einbezogen, wird die Relation zwischen dem erwarteten und dem tatsächlichen IFRS-Steuerergebnis aufgrund einer unsachgerechten Anwendung der Bilanzierungsvorschriften beeinflusst. Auf diese Bilanzierungsfehler wird an dieser Stelle nicht weiter eingegangen.

784 Zur Unterscheidung von GuV-wirksam und GuV-neutral zu erfassenden latenten Steuern vgl. Abschnitt C.II.3.

785 Ein Beispiel hierfür ist die Möglichkeit, versicherungsmathematische Gewinne und Verluste aus Pensionsrückstellungen im IFRS-Abschluss permanent GuV-neutral zu erfassen. Vgl. IAS 19.93A; Seemann 2006, Tz. 86.

sichtigen sind,[786] wird das IFRS-Steuerergebnis unabhängig vom IFRS-Vorsteuerergebnis tangiert und eine entsprechende Überleitungsposition ist auszuweisen, sofern die Steuersatzänderungen nicht bereits in die Herleitung des Referenzsteuersatzes einbezogen wurden. Ähnlich wirken sich unternehmensinterne Eingriffe auf die Bewertung aktiver latenter Steuern aus. Werden Zu- bzw. Abschreibungen aktiver latenter Steuern vorgenommen oder werden diese in der Berichtsperiode ihrer Entstehung gar nicht erst aktiviert, liegt ebenfalls eine Verwerfung zwischen der unter „normalen Umständen" zu erwartenden Steuerbelastung und der effektiven Steuerquote der berichtenden Einheit vor und ein entsprechender Posten ist in der Überleitungsrechnung auszuweisen.[787] In Anbetracht der weit reichenden Ermessensspielräume, über die das bilanzierende Unternehmen im Zusammenhang mit der Bewertung aktiver latenter Steuern verfügt, kann dabei ein Eindruck darüber gewonnen werden, inwiefern das Unternehmen mit der Aktivierung bzw. Abschreibung latenter Steuern Bilanzpolitik betreibt.[788]

Schließlich wird regelmäßig der Fall eintreten, dass nicht alle Einkünfte der berichtenden Einheit dem zuvor gewählten Referenzsteuersatz unterliegen. Die sechste Kategorie möglicher Positionen der Steuerüberleitungsrechnung, die insbesondere bei Anwendung des homebased approach für die Dotierung des Referenzsteuersatzes bei gleichzeitiger internationaler Ausrichtung der berichtenden Einheit auftritt, wird normalerweise zur Nivellierung von Steuersatzdifferenzen innerhalb der Steuerüberleitungsrechnung angegeben. Die auch als *foreign tax rate differential* bezeichnete Position stellt sich damit zum Teil als rein rechnerische Größe dar, [789] die bereits die zuvor erwähnte Gestaltungsfreiheit bei der Auswahl des Referenzsteuersatzes stark einschränkt.[790] Neben der Differenz zwischen dem Referenzsteuersatz und dem durchschnittlichen effektiven Steuersatz, der der Bewertung latenter Steuern zugrunde gelegt wird, sind hier aber auch steuerliche Auswirkungen einschließlich einer Quellenbesteuerung aus Gewinnausschüttungen zu erfassen, die zuvor nicht im Rahmen der Bilanzierung latenter Steuern berücksichtigt worden sind.[791] Eine Aufteilung der Steuersatzdifferenz nach Regelungs- und Zugriffsbereichen unterschiedlicher Steuergesetzgeber ist aber nach IAS 12 nicht vorgesehen. Bei der Jahresabschlussanalyse kann daher die Steuerbelastung hinsichtlich der grenzüberschreitenden Tätigkeit vieler Unternehmen regelmäßig nicht beurteilt werden.

---

786 Vgl. IAS 12.47 ff.; vgl. ausführlich auch Abschnitt C.II.2.a).
787 Vgl. Hannemann/Pfeffermann 2003, S. 729.
788 Vgl. Wagenhofer 2005, S. 587; Küting/Zwirner 2003, S. 308.
789 Vgl. Dahlke/von Eitzen 2003, S. 2238.
790 Vgl. Abschnitt C.IV.2.ba).
791 Dies umfasst zum einen Ausschüttungen von nicht-konsolidierten Unternehmensbeteiligungen, zum anderen Ausschüttungen von konsolidierten Tochterunternehmen, für die zuvor keine latenten Steuern für outside basis differences bilanziert worden sind. Vgl. ausführlich auch Adrian 2004, S. 165 ff.

Festzuhalten bleibt damit, dass auch durch eine Analyse der Steuerüberleitungsrechnung keine umfassenden Erkenntnisse über eine nachhaltig zu erwartende Steuerbelastung der berichtenden Einheit gewonnen werden können. Hierzu sind Zusatzangaben in einem erheblichen Umfang erforderlich, die aber außerhalb der Mindestangabepflichten von IAS 12 liegen.[792] Zwar werden wohl normalerweise in der Steuerüberleitungsrechnung „die wesentlichen Einflussfaktoren"[793] auf die Steuerquote bzw. auf das IFRS-Steuerergebnis erkennbar sein, so dass ein Anknüpfungspunkt für Prognosen einer nachhaltig zu erwartenden Steuerquote vorhanden ist. Bereita aber ein zwingender Ausweis unterschiedlicher Kategorien von Überleitungspositionen könnte den Wert der Steuerüberleitungsrechnung für die Jahresabschlussanalyse erhöhen. Die Dynamik der gegenwärtigen Steuerquote wird darüber hinaus vor allem bei international tätigen Konzernen nur dann erkennbar, sofern die Steuersatzdifferenz weiter untergliedert wird.[794] Dies würde insbesondere bei international aufgestellten Konzernen einen detaillierteren Eindruck darüber ermöglichen, inwieweit das Unternehmen vom internationalen Steuergefälle Gebrauch macht und damit seine Steuerbelastung optimiert. Gerade in geographisch diversifizierten Konzernen wird ansonsten keine sinnvolle Einschätzung der künftigen Ertragsteuerbelastung möglich sein, da diese im Einzugsbereich unterschiedlicher Steuergesetzgeber mit gegebenenfalls unterschiedlichen Steuerquoten tätig sind. Nur so kann nach der hier vertretenen Auffassung ein sinnvoller Grad der Prognosetauglichkeit und der Vergleichbarkeit der derzeitigen Konzeption der Steuerüberleitungsrechnung erreicht werden.

Davon einmal abgesehen ist aber auch die grundsätzliche Konzeption der Steuerüberleitungsrechnung in Frage zu stellen: Dadurch, dass von einem Referenz-Steuerergebnis auf das effektive IFRS-Steuerergebnis überzuleiten ist, wird letztlich in der Steuerüberleitungsrechnung nach IAS 12 *von* erwarteten Ertragsteuern *auf* erwartete Ertragsteuern übergeleitet. Das als Zielgröße zu erläuternde effektive IFRS-Steuerergebnis umfasst schließlich sowohl tatsächliche als auch latente Steuern und mit Letzteren werden künftige, also erwartete tatsächliche Steuern antizipiert. Ob und in welchem Ausmaß gegenüber dem IFRS-Vorsteuerergebnis eine frühere oder spätere Besteuerung von Erträgen und Aufwendungen gegebenenfalls sogar bewusst von der berichtenden Einheit herbeigeführt wird, ist aus der Steuerüberleitungsrechnung nicht ersichtlich.[795] Eine differenzierte bilanzielle Behandlung von temporary differences und Steuerguthaben nach dem Zeitpunkt ihrer voraussichtlichen Auswirkung auf die tatsächli-

---

792 Vgl. zu der hier ähnlichen Kritik an dem Ausweis des Ergebnisses aus Ertragsteuern den Vorabschnitt C.IV.2.a).

793 Kröner/Benzel 2004, Tz. 54; ähnlich hier Herzig 2003, S. S90.

794 Vgl. Herzig 2003, S. S82; Comiskey/Mulford 2000, S. 222.

795 Vgl. zu den daraus ggf. resultierenden Fehlanreizen in der Steuerpolitik, die auf eine Senkung der Steuerquote abzielt, Adrian 2004, S. 215; Müller 2002, S. 1687.

che Steuerbelastung ist nach IAS 12 nicht vorgesehen. Da darüber hinaus mit temporary differences der Höhe nach eine tatsächliche Steuerbelastung nur für den Fall einer Vollliquidation der berichtenden Einheit zu Buchwerten antizipiert wird, kann die Steuerüberleitungsrechnung allenfalls andeutungsweise einen Einblick in die Dynamik des IFRS-Steuerergebnisses bieten. Die ist allerdings nur dann der Fall, sofern ein von IAS 12 nicht zwingend vorgesehener gesonderter Ausweis aperiodischer Elemente des Steuerergebnisses erfolgt.

3. Erläuterungen zur Bemessungsgrundlage latenter Steuern in der Bilanz

Im Hinblick auf die Bilanzposten sind nach IAS 12 Anhangangaben einerseits in Form einer Erläuterung zu den tatsächlich bilanzierten latenten Steuern erforderlich. Andererseits sind bilanzierungsfähige Posten anzugeben, die entweder bewertungsbedingt oder aber aufgrund einer Ausnahmeregelung nicht bilanziell berücksichtigt wurden.

a) Bilanzierte Steuerlatenzen

Die in der Bilanz separat auszuweisenden latenten Steuern sind im Anhang hinsichtlich ihrer Zusammensetzung zu erläutern. So ist im Anhang

> „(...) bezüglich jeder Art temporärer Unterschiede und jeder Art noch nicht genutzter steuerlicher Verluste und noch nicht genutzter Steuergutschriften:
>
> (i) der Betrag der in der Bilanz angesetzten latenten Steueransprüche und latenten Steuerschulden für jede dargestellte Periode (...)“[796]

anzugeben. Was letztlich mit der „Art“ der jeweiligen Bemessungsgrundlage latenter Steuern gemeint ist und aus welchem Grund hiermit relevante Informationen vermittelt werden sollen, geht aus IAS 12 nicht hervor. Immerhin zeigen die Verfasser des IAS 12 in Anhang B dieses Standards, wie dieser Angabepflicht beispielsweise Folge geleistet werden könnte.[797] Das dort vorzufindende Berichtsschema wird in Abbildung 30 anhand eines Praxisbeispiels dargestellt. Hierbei werden die Arten von temporary differences im Hinblick auf ihre Entstehungsursache aufgegliedert. Diese Aufstellung wird erweitert, wenn Steuerguthaben vorliegen.

---

796 IAS 12.81 (g).

797 Anhang B von IAS 12 ist jedoch weder Bestandteil der von der EU übernommenen IFRS-Vorschriften noch ein integraler Bestandteil von IAS 12, also nicht verpflichtend.

	31.12.2005 aktivisch Mio.€	31.12.2005 passivisch Mio.€	31.12.2004 aktivisch Mio.€	31.12.2004 passivisch Mio.€
Verlustvorträge und Steuergutschriften	398	–	414	–
Steuerliche Sonderabschreibungen, steuer- freie Rücklagen	–	3	–	12
Pensionsrückstellungen	270	–	183	–
Finanzierungsleasing Fluggerät	30	–	58	–
Abschreibungen	–	689	–	907
Marktbewertung Finanzinstrumente	–	33	73	–
Drohverlustrückstellung	136	–	169	–
Forderungen/Verbindlichkeiten/übrige Rückstellungen	–	500	–	129
Saldierung	– 611	– 611	– 731	– 731
Sonstiges	– 35	–	–	– 32
	188	614	166	285

Abbildung 30: Aufgliederung verschiedener Arten latenter Steuern nach ihren Entstehungsursachen[798]

Viele Anwender der IFRS erfüllen diese Angabepflicht, indem sie die von ihnen als Bemessungsgrundlage latenter Steuern dotierten temporary differences auf die jeweiligen Bilanzpositionen aufteilen, denen sie jeweils zuzuordnen sind.[799] Zusätzlich werden außerdem latente Steuern aus Steuerguthaben mit in die Aufstellung aufgenommen. Auch die Saldierung der Bilanzposten wird dabei angezeigt.[800] Diese Vorgehensweise erweitert den Umfang dieser Anhangangabe erheblich, wie in Abbildung 31 auf Seite 211 erkennbar ist, da mehr oder weniger noch einmal die gesamte Bilanz unter dem Aspekt der Dotierung von temporary differences dargestellt wird.

798 Entnommen aus Lufthansa 2006, S. 93.

799 Vgl. von Eitzen/Dahlke/Kromer 2005, S. 510.

800 Vgl. Wagenhofer 2005, S. 335 ff.; Dahlke/von Eitzen 2003, S. 510.

Die latenten Steuern entfallen auf folgende wesentliche Bilanz-Positionen, Verlustvorträge und Steuergutschriften:

in Mio. €	31.12.2005	
	Aktive latente Steuern	Passive latente Steuern
Kurzfristige Vermögenswerte	612	1 273
Forderungen aus Lieferungen und Leistungen und sonstige Forderungen	211	(544)
Sonstige finanzielle Vermögenswerte	360	(565)
Vorräte	15	(32)
Übrige Vermögenswerte	26	(132)
Langfristige Vermögenswerte	2 354	9 410
Immaterielle Vermögenswerte	1 408	(7 317)
Sachanlagen	509	(1 564)
Beteiligung an at equity bilanzierten Unternehmen	0	(56)
Sonstige finanzielle Vermögenswerte	340	(308)
Übrige Vermögenswerte	97	(165)
Kurzfristige Schulden	1 387	712
Finanzielle Verbindlichkeiten	124	(107)
Verbindlichkeiten aus Lieferungen und Leistungen und sonstigen Verbindlichkeiten	705	(357)
Rückstellungen	471	(97)
Übrige Schulden	87	(151)
Langfristige Schulden	2 799	489
Finanzielle Verbindlichkeiten	1 441	(398)
Pensionsrückstellungen und ähnliche Verpflichtungen	211	(49)
Sonstige Rückstellungen	388	(33)
Übrige Schulden	759	(9)
Steuergutschriften	62	0
Verlustvorträge	6 461	0
Summe	13 675	(11 884)
Davon: Langfristig	10 895	(8 642)
Saldierung	(3 553)	3 553
Wertberichtigung	(2 570)	0
Bilanzansatz	7 552	(8 331)

Abbildung 31: Aufgliederung verschiedener Arten latenter Steuern nach den ihnen zugrunde liegenden Bilanzposten[801]

[801] Entnommen aus Deutsche Telekom 2006, S. 137. Aus Platzgründen wurde hier auf die Wiedergabe der im Geschäftsbericht angegebenen Vorjahreszahlen verzichtet.

Letztlich kann damit der Angabepflicht nach IAS 12.81 (g) (i) auf zwei verschiedene Weisen und aufgrund nicht vorhandener Mindestgliederungsvorschriften in unterschiedlicher Ausprägung Folge geleistet werden.[802] Wie diese Pflichtangabe die Entscheidungsnützlichkeit von IFRS-Abschlüssen unterstützen soll, wird in IAS 12 jedoch nicht dargelegt. In der Literatur wird zum Teil angenommen, dass durch diese Angabepflicht im Rahmen der Jahresabschlussanalyse nachvollziehbar wird, ob die berichtende Einheit gegenüber den Vorschriften des Steuerrechts „progressiv" bilanziert und Vermögenswerte in einem höheren Umfang aktiviert bzw. einem geringeren Umfang passiviert werden.[803] Ob hieraus allerdings sinnvolle Schlüsse gezogen werden können, ist jedoch zu bezweifeln. Eine derartige Einschätzung setzt schließlich eine Wertung voraus, ob das jeweils der Bilanzierung latenter Steuern zugrunde liegende Steuerrecht im Vergleich zu den IFRS weniger progressiv bzw. „konservativ" ist. Bei für die berichtende Einheit einheitlichen steuerrechtlichen Rahmenbedingungen wird vor diesem Hintergrund daher bereits nur eine relative Tendenzaussage möglich sein. Ist die berichtende Einheit zudem international und damit im Regelungs- und Zugriffsbereich unterschiedlicher Steuergesetzgeber tätig, wird selbst diese Tendenzaussage noch weiter verwässert, da eine Aufteilung nach unterschiedlichen Einflussbereichen nicht stattfindet. Außerdem ist im Bezug auf temporary differences stets zu berücksichtigen, dass diese tatsächlich steuerbare Einkünfte und Ausgaben der Höhe nach nur für den regelmäßig unwahrscheinlichen Fall einer Vollliquidation zu Buchwerten anzeigen.

Für einen genaueren Rückschluss auf die Zusammensetzung latenter Steuern wäre die Angabe der jeweiligen temporary difference und des jeweils relevanten Steuersatzes erforderlich. Nur so kann schließlich im Abschluss nachvollzogen werden, welcher Steuersatz im Bezug auf die einzelnen zu versteuernden oder bereits versteuerten Reserven wirken wird, wenn die Auflösung der temporary difference erfolgt. Weiterhin erscheint eine Unterteilung nach Fristen sinnvoll, um zum Beispiel kurz- bis mittelfristig zu erwartende Entwicklungen in der Steuerbelastung von quasipermanenten Steuerlatenzen unterscheiden zu können. Die insbesondere in deutschen IFRS-Abschlüssen praktizierte Aufteilung latenter Steuern auf Bilanzpositionen hilft hier nur ansatzweise weiter: Durch diese Art der Aufteilung kann nur erkannt werden, ob mit einer Auflösung der jeweils zugrunde liegenden temporary difference innerhalb oder jenseits eines Zeithorizontes von 12 Monaten gerechnet werden kann.[804] Ob aber latente Steuern kurz oder mittelfristig zahlungswirksam werden, kann hieraus nicht hergeleitet wer-

---

802 Vgl. KPMG 2005, S. 469. Von Keitz kommt bei einer Analyse von IFRS-Abschlüssen deutscher börsennotierter Unternehmen zu dem Ergebnis, dass dieser Angabepflicht im Hinblick auf den Aufbau und die Detailtiefe höchst unterschiedlich nachgekommen wird. Vgl. von Keitz 2005, S. 161 f.

803 Vgl. White/Sondhi/Fried 2002, S. 314; Hirst/Sevcik 1996, S. 82. Ähnlich hier mit einer Gegenüberstellung des handelsrechtlichen Vorsteuerergebnisses gegenüber dem vermeintlichen zu versteuernden Einkommen zur Beurteilung der so genannten „earnings quality" vgl. Revsine/Collins/Johnson 2001, S. 654.

804 Vgl. Dahlke/von Eitzen 2003, S. 510.

den. Eine besondere Hervorhebung quasipermanenter Differenzen – und damit langfristig nicht zahlungswirksamer temporary differences – ist schließlich nicht erforderlich.

Die Angaben zu den verschiedenen Arten latenter Steuern sind noch zu erweitern, sofern die berichtende Einheit aktive latente Steuern bilanziert. Wird hier zum einen die Werthaltigkeit aktiver latenter Steuern mit steuerbaren Einkünften begründet, die über vorhandene passive temporary differences hinausgehen,[805] und befindet sich zum anderen das Unternehmen in einer Verlustsituation, sind im Anhang substanzielle Hinweise auf Umstände erforderlich, die *für* den Ansatz dieser aktiven latenten Steuern sprechen.[806] Nach IAS 12 ist dabei von einer Verlustsituation auszugehen, wenn die berichtende Einheit „in der laufenden Periode oder der Vorperiode im gleichen Steuerrechtskreis, auf den sich der latente Steueranspruch bezieht, Verluste erlitten hat“[807]. Im Umkehrschluss sind die geforderten substantiellen Hinweise also nicht erforderlich, wenn das Unternehmen sich entweder nicht in einer Verlustsituation befindet oder aber ausreichend passivische temporary differences zur Begründung der Werthaltigkeit des aktivierten latenten Steueranspruchs vorhanden sind.

Welcher Zweck mit der Angabe substanzieller Hinweise zur Werthaltigkeit aktiver latenter Steuern in Verlustsituationen verfolgt wird, bleibt dabei offen. Scheinbar ist nach IAS 12.82 generell der Ansatz aktiver latenter Steuern in dem oben skizzieren Anwendungsfall zu begründen. Ob damit eine gegebenenfalls ablehnende Haltung von Adressaten der IFRS-Rechnungslegung gegenüber der Aktivierung latenter Steuern entkräftet werden kann, ist aber zu bezweifeln. Zudem ist bei anderen Bilanzposten nicht generell der Ansatz bzw. die Bewertung zu begründen, so dass hier ein Ungleichgewicht beispielsweise gegenüber dem Ansatz von immateriellen Vermögenswerten besteht. Die geplante Abschaffung dieser Angabepflicht, die im Rahmen des Short Term Convergence Project zu erwarten ist,[808] ist daher nach der hier vertretenen Auffassung zu begrüßen.

b) Nicht bilanziell berücksichtigte Steuerlatenzen

Neben den Angaben zu den bilanziell angesetzten latenten Steuern sind insbesondere Angaben zu latenten Steuern erforderlich, die bilanziell *nicht* berücksichtigt worden sind. Dies sind auf der einen Seite latente Steuern für aktivische temporary differences sowie für Steuerguthaben, von deren Aktivierung aufgrund einer negativ verlaufenden Werthaltigkeitseinschätzung abgesehen wurde.

---

805 Zur Werthaltigkeitsbeurteilung aktiver latenter Steuern vgl. Abschnitt C.II.2.b).

806 Vgl. IAS 12.82. Was dabei „substantielle Hinweise“ sind, steht damit offen für die Auslegung durch den Bilanzierenden. Es soll aber erkennbar werden, auf welcher Grundlage die berichtende Einheit auf die Werthaltigkeit der aktiven latenten Steuern schließt. Vgl. Johnson/Holgate/McCann 2005, Tz. 13.307.

807 IAS 12.82 (ii).

808 Vgl. IASB Update June 2005, S. 3.

Bei den Steuerguthaben ist dabei zusätzlich noch das Datum ihres Verfalls anzugeben, sofern vorhanden.[809] Auf der anderen Seite ist, sofern praktikabel,[810] auch der Betrag von outside basis differences anzugeben, für die aufgrund der Ausnahmeregelungen in IAS 12 keine latenten Steuern bilanziert wurden.[811]

Durch die Angabe nicht-bilanzierter Steuerlatenzen, bzw. genauer gesagt ihrer Bemessungsgrundlagen, wird das Bild, das mit dem bilanziellen Ansatz latenter Steuern gezeichnet wird, zumindest ansatzweise vervollständigt: Zum einen lässt der bilanzierte Teil latenter Steuern tendenziell erkennen, ob im Verhältnis zur Gegenwart künftig mit einer höheren oder niedrigeren Steuerbelastung zu rechnen ist, zumindest nach der Logik des temporary concept und der damit verbundenen Schwächen.[812] Zum anderen wird mit den Anhangangaben ein darüber hinausreichender möglicher Steuereffekt angezeigt. So spiegelt der Betrag von outside basis differences c.p. die Erhöhung bzw. Reduktion des zu versteuernden Einkommens wider, mit der zu rechnen ist, wenn steuerlich relevante Ausschüttungen von Tochterunternehmen vorgenommen werden.[813] Es kann also abgeschätzt werden, ob künftig zusätzlich zu den bilanzierten latenten Steuern mit einer noch höheren bzw. noch niedrigeren Steuerbelastung gegenüber der gegenwärtigen tatsächlichen Steuerbelastung zu rechnen ist. Außerdem wird mit der Angabe nicht-bilanzierter aktiver Steuerlatenzen erkennbar, aus welchen Gründen die berichtende Einheit gegebenenfalls auf dem Wege der Bewertung in die Bilanzierung nach IAS 12 eingegriffen hat. Weiterhin kann festgestellt werden, ob Steuerguthaben verfallen werden, da sie voraussichtlich nicht fristgerecht genutzt werden.

Auch die Angabepflichten zu nicht bilanziell berücksichtigten Steuerlatenzen können das Bild von der zu erwartenden Entwicklung der Steuerbelastung aber nicht vervollständigen. So fehlen auch bei vollumfänglicher Analyse der Angaben einschließlich der regelmäßig nicht vorhandenen Informationen zu outside basis differences Hinweise zu den übrigen temporary differences, für die aufgrund einer Ausnahmeregelung keine latenten Steuern bilanziert wurden. Eine Angabepflicht zu den Ausnahmeregelungen bezüglich initial recognition differences oder passivischer temporary differences aus einem GoF ist nach IAS 12 nicht vorgesehen.[814] Selbst wenn also das temporary concept als solches akzeptiert wird, ist die „Fehlertoleranz" einer auf der Bilanzierung latenter Steuern

---

809 Vgl. IAS 12.81 (e).

810 Nach IAS 12.87 ist diese Angabe ausdrücklich nur dann verpflichtend in den IFRS-Abschluss aufzunehmen, wenn die Berechnung möglich ist. Bereits die Ausnahmeregelung zu outside basis differences wurde aufgrund ihrer komplexen Berechnung in IAS 12 integriert. Vgl. Abschnitt C.II.1.ad).

811 Vgl. IAS 12.81 (f).

812 Vgl. dazu ausführlich Abschnitt C.IV.1.b).

813 Vgl. Hannemann/Pfeffermann 2003, S. 733.

814 Für diese sind nach IAS 12 keine besonderen Angaben vorgesehen. Die Ausnahmen betreffen nach der derzeitigen Fassung von IAS 12 initial recognition differences (siehe dazu Abschnitt C.II.1.ab)) sowie passivische temporary differences für den erstmaligen Ansatz eines GoF (vgl. dazu Abschnitt C.II.1.ac)).

basierenden Untersuchung der laufenden Steuerbelastung nicht abschätzbar, da nicht über alle temporary differences informiert wird. Weiterhin ist fraglich, wie latente Steuern im IFRS-Abschluss zu interpretieren sind, wenn mit der Zusatzangabe zu outside basis differences ein konträrer Effekt angezeigt wird. So ist beispielsweise denkbar, dass per Saldo im IFRS-Abschluss passive latente Steuern bilanziert werden, jedoch im Anhang aktivische outside basis difference angegeben werden. In solchen Konstellationen dürfte die Einschätzung, inwiefern sich temporary differences und Steuerguthaben nach der Logik von IAS 12 erhöhend bzw. reduktiv auf die tatsächliche Steuerbelastung auswirken werden oder sich gegebenenfalls gegenseitig neutralisieren werden, regelmäßig keine brauchbaren Ergebnisse hervorbringen. Hierzu fehlt es an Detailinformationen zum voraussichtlichen Zeitpunkt der Auflösung der verschiedenen bilanziellen Bemessungsgrundlagen latenter Steuern.

Festzuhalten ist damit, dass die Entwicklungstendenz der tatsächlichen Steuerbelastung durch eine umfassende Analyse latenter Steuern im IFRS-Abschluss nicht abschließend beurteilt werden kann. Sogar für den Fall, dass alle Mindestangaben nach IAS 12 verfügbar sind, führt eine ausführliche Würdigung der bilanziell ausgewiesenen latenten Steuern und der zugehörigen Anhangangaben weder zu gesicherten Erkenntnissen über die „Richtung" noch über die zeitliche Entwicklung der künftigen Belastung mit tatsächlichen Ertragsteuern. Insbesondere aber ohne Informationen über den Zeitpunkt der voraussichtlichen Auflösung von temporary differences und der Inanspruchnahme von Steuerguthaben bestehen aber aus externer Sicht keine Handhabe, den zeitlichen Anfall tatsächlicher Steuern beurteilen zu können, die mit latenten Steuern eigentlich aber antizipiert werden sollen. Nach der hier vertretenen Auffassung lassen die bilanziell erfassten latenten Steuern und einhergehend die dazu erforderlichen Angaben daher eine Orientierung an dem Merkmal der Relevanz nur in einem stark eingeschränkten Ausmaß erkennen. Dass Angaben zu den übrigen von Ausnahmeregelungen betroffenen temporary differences nach IAS 12 nicht erforderlich sind, dürfte außerdem nicht der Vollständigkeit als Untermerkmal der Verlässlichkeit der IFRS-Rechnungslegung entsprechen. Anzuerkennen ist jedoch, dass durch die geplante Abschaffung von Ausnahmeregelungen im Rahmen des Short Term Convergence Project die Aussagekraft tendenziell verbessert wird. Gleichwohl ist nach dem derzeitigen Kenntnisstand nicht davon auszugehen, dass es zu einer zwingenden Angabepflicht für outside basis differences oder für die erwarteten Zeitpunkte der Auflösung der Bemessungsgrundlage latenter Steuern kommen wird, die über die äußerst rudimentäre Aufteilung zwischen kurz- und langfristigen latenten Steuern hinausreicht.

4. Zwischenfazit

Angaben, deren Aussagezweck nicht klar ist, stellen nicht nur einen Arbeitsaufwand mit höchst zweifelhaftem Anwendungsnutzen dar, sondern bergen auch die Gefahr, dass wichtige und nützliche Angaben im IFRS-Anhang schwieriger auszumachen sind. Die Informationsausbeute der umfangreichen Angaben zu latenten Steuern fällt bei einer genaueren Würdigung der Ausweis- und Angabepflichten nicht besonders üppig aus. Bereits eine Analyse der Steuerquote, die sich aus dem Quotient der Summe des Ergebnisses aus latenten und tatsächlichen Steuern zum IFRS-Vorsteuerergebnis errechnet, führt nur bedingt zu detaillierten Erkenntnissen über ihre strukturelle Zusammensetzung, da IAS 12 nur rudimentäre Mindestangabepflichten vorsieht. Zwar sind Effekte aus Steuersatzänderungen, sonstigen unternehmensexternen sowie ermessensbehafteten unternehmensinternen Eingriffen in die Bewertung latenter Steuern generell anzugeben. Darüber hinaus sind aber Sondereffekte im IFRS-Steuerergebnis nur insoweit erkennbar, als sie nach dem Ermessen der berichtenden Einheit im IFRS-Abschluss offen gelegt werden.

Ein ähnliches Bild zeigt sich bei der Analyse der Steuerüberleitungsrechnung. Die nachhaltige Nutzung von möglichst günstigen Steuersätzen oder sonstiger steuerlicher Rahmenbedingungen ist aufgrund fehlender Angabepflichten für den Bilanzadressaten im Regelfall nicht erkennbar. Die in der Steuerüberleitungsrechnung darzustellenden Positionen sollen zwar dem Bilanzadressaten einen Eindruck darüber vermitteln, „ob die Relation zwischen dem Steueraufwand (Steuerertrag) und dem handelsrechtlichen Periodenergebnis (vor Ertragsteuern) ungewöhnlich ist [...].“[815] Bereits der Ausweis von steuerfreien Erträgen und nicht abzugsfähigen Betriebsausgaben in der Steuerüberleitungsrechnung ist aber vom Ermessen der berichtenden Einheit abhängig. Gleiches gilt für unternehmensseitige Eingriffe in die Bewertung aktiver latenter Steuern. Inwieweit in international aufgestellten Konzernen von günstigen Steuersätzen im Ausland Gebrauch gemacht wird, ist darüber hinaus ebenfalls regelmäßig nicht erkennbar.

Fraglich ist allerdings, ob selbst bei vorhandenen detaillierten Informationen zur strukturellen Zusammensetzung der IFRS-Steuerquote und ihrer Relation zum „unter normalen Umständen“ zu erwartenden Steuerergebnisses die Prognosetauglichkeit der Darstellung von Ertragsteuern gesteigert werden kann. Durch den Ausweis von latenten Steuern im IFRS-Steuerergebnis werden schließlich auf der einen Seite tatsächliche Steuern antizipiert, die zum Teil der Höhe nach nur im Fall einer Vollliquidation der berichtenden Einheit zu Buchwerten eintreten werden. Zudem ist der Zeitpunkt, in dem sich die jeweils zugrunde liegende Bemessungsgrundlage in Form von temporary differences oder Steuerguthaben

[815] IAS 12.84. Vgl. auch Coenenberg/Hille 2003, Tz. 116.

voraussichtlich auf die tatsächliche Steuerbelastung auswirken wird, für die Bilanzierung latenter Steuern weitgehend irrelevant. Fragwürdig erscheint auf der anderen Seite die Qualität der durch die Steuerüberleitungsrechnung vermittelten Informationen. Dadurch, dass latente Steuern als Bestandteil des IFRS-Steuerergebnisses in die Zielgröße der Überleitung einbezogen werden, wird in ihr letztlich von erwarteten auf erwartete Steuern übergeleitet. Wesentliche Erkenntnisse für die berichtende Einheit zu günstigen oder nachteiligen ertragsteuerliche Rahmenbedingungen in Form von Erträgen und Aufwendungen, die gegenüber dem IFRS-Vorsteuerergebnis früher oder später in die Ertragsbesteuerung eingehen, können aus der Steuerüberleitungsrechung daher nicht hergeleitet werden.[816]

Auch die Analyse der bilanziell ausgewiesenen latenten Steuern und der einhergehenden Angaben dürfte im Regelfall keine besonderen Erkenntnisse zur voraussichtlichen Entwicklung der Ertragsteuerbelastung ergeben. Dies erschweren – von den bereits aufgezeigten normativen Schwächen der Bemessungsgrundlage latenter Steuern in Form von temporary differences einmal abgesehen – vor allem die Ausnahmeregelungen des IAS 12. Wird auf der Grundlage von „regulären" temporary differences zumindest abschätzbar, in welchem Umfang mit tatsächlichen Ertragsteuern für den Fall einer Vollliquidation zu Buchwerten zu rechnen ist, wird dieses „Grundprinzip" des IAS 12 durch die verschiedenen Ausnahmeregelungen durchbrochen. Die Mindestangaben nach IAS 12 füllen diese gewollte Konzeptionslücke allerdings nicht umfassend auf. Sie beziehen sich einerseits nur auf einen Teil der Ausnahmeregelungen, andererseits ist eine Angabe von outside basis difference nur erforderlich, soweit sie überhaupt praktikabel ermittelbar ist. Stattdessen ist nach IAS 12.81 (g) (i) eine Angabe aller Arten von bilanziell berücksichtigten temporary differences und Steuerguthaben erforderlich. Welche Aussagekraft hinter dieser Aufstellung steht, kann aber nicht nachvollzogen werden. Da schließlich derzeit keine und künftig auch nur ansatzweise Angaben zur Fristigkeit latenter Steuern in den IFRS-Abschluss aufzunehmen sind, kann im Ergebnis nicht einmal abgeschätzt werden, inwieweit mit einer unmittelbaren Auflösung von latenten Steuern und der damit verbundenen Zahlungswirksamkeit zu rechnen ist.

Insgesamt wird daher die Entscheidungsrelevanz der Darstellung latenter Steuern im IFRS-Abschluss angezweifelt. Zwar kann nicht vollkommen ausgeschlossen werden, dass die aus dem IFRS-Abschluss ersichtlichen Informationen zur Bilanzierung latenter Steuern im Einzelfall die Prognose der Vermögens-, Finanz- und Ertragslage der berichtenden Einheit unterstützen. Allerdings scheint dies eher eine Ausnahmeerscheinung zu sein, erfolgt doch offenbar im

---

816 Kröner/Benzel weisen daher darauf hin, dass das IFRS-Steuerergebnis kein Maß für die Effizienzmessung des Steuermanagements darstellt. Vgl. Kröner/Benzel 2004, Tz. 57 m.w.N.; ähnlich hier Hannemann/Pfeffermann 2003, S. 728; Müller 2002, S. 1687.

Rahmen der Ergebnisanalyse häufig eine Bereinigung des Abschlusses um latente Steuern.[817] Zur Prognose einer nachhaltigen Steuerquote wird in vielen Fällen nicht das IFRS-Steuerergebnis herangezogen, sondern der Betrag tatsächlicher Steuern oder gar der Betrag der gezahlten Steuern durch das Vorsteuerergebnis geteilt.[818] Nicht unerheblich für diese Entwicklung dürfte neben den bereits erwähnten Kritikpunkten die durch fehlende Mindestgliederungsvorschriften bedingte mangelnde Vergleichbarkeit der Berichterstattung über die Ertragsteuerbelastung sein. Wenn aber das für den Bilanzadressaten verwertbare Resultat der Konzernbilanzierung latenter Steuern gering geschätzt wird, ist wohl davon auszugehen, dass mit latenten Steuern eine Komponente in den IFRS-Abschluss integriert wird, die grundsätzlich zu überdenken ist.

V. Zusammenfassung der Untersuchungsergebnisse

Bei der Analyse der normativen Grundsätze der IFRS in Kapitel B wurden zwei verschiedene Blickwinkel identifiziert, unter denen die Konzernbilanzierung latenter Steuern nach IAS 12 gewürdigt werden sollte. So sollten die Vorschriften des IAS 12 zum einen aus der Perspektive der Eigenschaften entscheidungsnützlicher Rechnungslegungsinformationen beurteilt werden, die im Rahmenkonzept der IFRS festgelegt worden sind. Zum anderen sollte die Bilanzierung latenter Steuern im IFRS-Abschluss aus der Perspektive der bilanztheoretischen Grundsätze der IFRS überprüft werden.

Um die Bilanzierung latenter Steuern aus beiden Blickwinkeln sachgerecht beurteilen zu können, erfolgte die Würdigung der Vorschriften des IAS 12. Dazu wurde zuerst die Bedeutung latenter Steuern im IFRS-Regelwerk analysiert. Daraufhin wurden die Berechnung der Bemessungsgrundlage latenter Steuern, ihre Bewertung und buchhalterische Erfassung behandelt. Die Umsetzung der Regelungen des IAS 12 bei der Konzernabschlusserstellung wurde gesondert betrachtet, genauso wie die Darstellung latenter Steuern im IFRS-Abschluss. In diesem Abschnitt werden die Ergebnisse zusammengefasst.

[817] So etwa Wagenhofer 2005, S. 587.

[818] Vgl. White/Sondhi/Fried 2003; ähnlich hier Wagenhofer 2005, S. 587; Hannemann/Pfeffermann 2003, S. 732.

1. Beurteilung aus dem Blickwinkel der Merkmale entscheidungsnützlicher Rechnungslegungsinformationen

Bei der Beurteilung der Konzernbilanzierung latenter Steuern aus dem Blickwinkel der Merkmale entscheidungsnützlicher Rechnungslegungsinformationen standen die qualitativen Merkmale der Verständlichkeit, der Vergleichbarkeit, der Relevanz und der Verlässlichkeit im Vordergrund der Betrachtung. Die Grundannahmen und Nebenbedingungen wurden darüber hinaus flankierend aufgegriffen.

In der vorliegenden Untersuchung wurden wiederholt Diskrepanzen der Konzernbilanzierung latenter Steuern nach IAS 12 mit dem Merkmal der Verständlichkeit aufgezeigt. Bereits die Auseinandersetzung mit der Bedeutung latenter Steuern im IFRS-Regelwerk zeigt, dass eine präzise Formaldefinition latenter Steuern in IAS 12 nicht enthalten ist.[819] Hierzu fehlt es zum einen an einer konkreten Regelung, unter welchen Umständen Ertragsteuern und damit auch latente Steuern im IFRS-Abschluss zu bilanzieren sind. Zum anderen wird in IAS 12 zwar der mittelbare Bezug latenter Steuern zu künftigen Cashflows aus tatsächlichen Steuern aufgezeigt, aber nicht der hochgradig hypothetische Charakter, der zumindest den temporary differences zugrunde liegt. Dieser stellt sich erst bei einer Analyse der Herleitung der Bemessungsgrundlage latenter Steuern heraus.[820] Dabei wird deutlich, dass temporary differences nur dann zutreffend künftige steuerliche Nutzenzu- bzw. -abflüsse repräsentieren, wenn die berichtende Einheit überhaupt fortlaufend steuerpflichtige Einkünfte erwirtschaftet und die in der Bilanz ausgewiesenen Vermögenswerte und Schulden zu ihren Buchwerten realisiert bzw. abgegolten werden. Antizipiert werden also tatsächliche Steuern nur in der Höhe, die zu erwarten sind, wenn die berichtende Einheit zu Buchwerten liquidiert wird.

In Anbetracht der Grundannahme der Unternehmensfortführung stimmt dies bereits unter normativen Gesichtspunkten bedenklich. Schließlich wird eigentlich die Bilanzierung unter der Annahme von going concern in der IFRS-Rechnungslegung vorausgesetzt. Dass aber auf die Antizipation tatsächlicher Steuern für den Fall einer Vollliquidation zu Buchwerten in IAS 12 noch nicht einmal hingewiesen wird, kann nicht dem Merkmal der Verständlichkeit entsprechen. Allenfalls aktivierte Steuerguthaben dürften hinsichtlich ihres künftig zu erwartenden Steuereffektes hinreichend verständlich sein, wenngleich die durch sie vermittelte ökonomische Substanz ebenfalls nicht deutlich in IAS 12 dargelegt werden. Der Buchwert von latenten Steuern, die auf der Grundlage von Steuerguthaben aktiviert worden sind, entspricht schließlich in etwa dem Nominalbetrag

[819] Vgl. dazu die Ausführungen in Abschnitt C.I.2.
[820] Zur Bemessungsgrundlage latenter Steuern insgesamt vgl. Abschnitt C.II.1.

der zu erwartenden Reduktion in der tatsächlichen Steuerbelastung des Unternehmens. Dies dürfte auch ohne eine detaillierte Erläuterung verständlich sein.

Selbst wenn aber die bilanzielle Wirkungsweise von temporary differences und Steuerguthaben als bekannt vorausgesetzt wird, zeigen sich weitere Diskrepanzen im Hinblick auf die Verständlichkeit latenter Steuern. Die Ausnahmeregelungen von der Dotierung von temporary difference als „Grundprinzip" des IAS 12 sprechen jedenfalls gegen eine verständliche Rechnungslegung. Exemplarisch genannt sei an dieser Stelle sowohl die derzeitige als auch die künftige Behandlung von initial recognition differences, bei der ohne (normative) Not von den Grundsätzen der Dotierung von temporary differences abgewichen wird.[821] Die buchhalterische Erfassung latenter Steuern, die zwar zwischen GuV-wirksamen und GuV-neutralen Ergebniskomponenten bei der Zugangsbilanzierung, nicht aber bei der Folgebilanzierung unterscheidet, leistet darüber hinaus genauso wenig einen Beitrag zur Verständlichkeit der Rechnungslegung wie die Bilanzierung latenter Steuern für temporary differences im Zusammenhang mit der Schuldenkonsolidierung.[822]

Das Merkmal der Vergleichbarkeit, an dem sich die IFRS-Rechnungslegung orientieren soll, wird von den Vorschriften des IAS 12 ebenfalls nicht in einem besonders hohen Maße berücksichtigt. Dies zeigt bereits die Analyse des Anwendungsbereiches, in der zwar das Steuerobjekt, nicht aber das Steuersubjekt festgelegt wird, das die Vorschriften des IAS 12 anwenden soll. Dies ist vor allem dann für die Konzernrechnungslegung von praktischer Relevanz, wenn die Vorschriften dieses Standards von berichtenden Einheiten angewendet werden sollen, die von den für die Ertragsbesteuerung relevanten Steuergruppen abweichen. Solange hier mehrere Interpretationsansätze möglich sind, steht dies im Widerspruch zur Vergleichbarkeit von IFRS-Abschlüssen.

Ein ähnliches Bild zeigt sich unter anderem bei der Folgebilanzierung passiver latenter Steuern für temporary differences aus GoF, bei den Ansatzvoraussetzungen von Steuerguthaben sowie bei der Werthaltigkeitsbeurteilung aktiver latenter Steuern insgesamt. Hier lassen die Regelungen des IAS 12 unterschiedliche Vorgehensweisen zu und wirken damit der Vergleichbarkeit von IFRS-Abschlüssen entgegen. Die gleiche Problematik stellt sich in der Anwendung von IAS 12 im Rahmen der Konsolidierung. Wie gezeigt wurde, führen hier fehlende Detailvorschriften zu unterschiedlichen Bilanzierungsmethoden latenter Steuern im Zusammenhang mit der Schuldenkonsolidierung. Dass schließlich

821 Vgl. Abschnitt C.II.1.ab). Weitere derzeit gültige Ausnahmen vom „Grundprinzip" des IAS 12 betreffen das Verbot zur Bilanzierung passiver latenter Steuern im Zusammenhang mit der Zugangsbilanzierung eines GoF (vgl. Abschnitt C.II.1.ac)) sowie die Bilanzierung latenter Steuern für sog. outside basis differences.

822 Zur buchhalterischen Erfassung latenter Steuern vgl. Abschnitt C.II.3; zur Problematik der Umsetzung von IAS 12 im Zusammenhang mit der Schuldenkonsolidierung vgl. Abschnitt C.III.2.c).

auch für die umfangreichen Angabepflichten nach IAS 12 keine konkreten Mindestgliederungen bestehen,[823] ist der Vergleichbarkeit von IFRS-Abschlüssen ebenfalls nicht zuträglich.

Die Vorschriften des IAS 12 und die daraus hervorgehenden Resultate im IFRS-Abschluss lassen darüber hinaus nach der hier vertretenen Auffassung kein besonders hohes Maß einer Orientierung am Merkmal der Relevanz erkennen. Schon die Zielsetzung von IAS 12 zeigt nur unvollständig den Inhalt und Zweck der Bilanzierung latenter Steuern auf – weder der Anwender der Bilanzierungsvorschriften noch der Bilanzadressat wird also über den Sinn von latenten Steuern im IFRS-Abschluss abschließend unterrichtet. Der relativ schwache Hinweis auf die mittelbar zu erwartenden künftigen Nutzenzu- und -abflüsse in Form steuerlicher Cashflows hilft hier nur bedingt weiter, um die Relevanz latenter Steuern und damit auch ihre Existenzberechtigung in der Rechnungslegung nach IFRS nachvollziehen zu können. Keineswegs wird schließlich mit latenten Steuern die Abbildung sämtlicher künftiger Steuermehr- bzw. Minderzahlungen beabsichtigt.[824] Mit latenten Steuern wird lediglich die Besteuerung des bilanzierten Werts von Vermögenswerten und Schulden im Falle ihrer Realisation antizipiert, und dieses „Grundprinzip" wird auch noch durch die Ausnahmeregelungen des IAS 12 durchbrochen.

Aus externer Sicht kann weiterhin aufgrund der zwar ausführlichen, aber trotzdem wenig informativen Darstellung von latenten Steuern nicht eingeschätzt werden, ob die berichtende Einheit eine steueroptimale Struktur aufweist. Inwieweit ein Konzern beispielsweise durch eine geschickte internationale Aufstellung von günstigen Steuersätzen und anderen vorteilhaften steuerrechtlichen Rahmenbedingungen profitiert, wird durch die Berichterstattung nach IAS 12 nicht erkennbar. Inwieweit darüber hinaus aktive latente Steuern eine absehbare Minderung der tatsächlichen Steuerbelastung der berichtenden Einheit anzeigen oder aber aufgrund passiver latenter Steuern mit einer absehbaren Erhöhung der Steuerzahllast zu rechnen ist, kann weder im Hinblick auf den zeitlichen Anfall noch tendenziell sinnvoll beurteilt werden. Dies verhindern erstens die verschiedenen Ausnahmeregelungen des IAS 12. Zweitens besteht nach den geltenden Regelungen keine Möglichkeit, passive latente Steuern nur insoweit bilanziell zu berücksichtigen, wie sie sich wahrscheinlich auf das zu versteuernde Einkommen auswirken werden. Passive latente Steuern sind vielmehr immer vollumfänglich anzusetzen. Drittens ist der Zeitpunkt der voraussichtlichen Auswirkung latenter Steuern auf die tatsächliche Steuerbelastung der berichtenden Einheit weder beim Ansatz und der Bewertung noch bei den Pflichtangaben nach IAS 12 von Belang.[825] Darüber hinaus ist auch an dieser Stelle daran zu er-

[823] Vgl. Abschnitt C.IV.2.
[824] Vgl. Abschnitt C.I.3.
[825] Vgl. dazu die Ausführungen zur Darstellung latenter Steuern in Abschnitt C.IV.3.

innern, dass mit temporary differences als Bemessungsgrundlage latenter Steuern tatsächliche Steuern zum Teil nur für den Fall der Vollliquidation der berichtenden Einheit zu Buchwerten antizipiert werden. Im Ergebnis kann damit unter der Berücksichtigung latenter Steuern weder eine Steuerquote zur Ermittlung der nachhaltig zu erwartenden Belastung noch eine umfassende Tendenzaussage zur künftigen Entwicklung der Steuerbelastung der berichtenden Einheit abgeleitet werden. Nach der hier vertretenen Auffassung können daher weder wesentliche bestätigende noch prognostische Qualitäten der Bilanzierung latenter Steuern festgestellt werden, die ihre Existenz unter dem Gesichtspunkt der Relevanz von Rechnungslegungsinformationen der IFRS berechtigt erscheinen lassen würden. Diese wird jedoch vom Rahmenkonzept unbedingt gefordert.

Diese normativen Mängel setzen sich auch unter Berücksichtigung des Merkmals der Verlässlichkeit der Rechnungslegungsinformationen nach IFRS fort. So dürfte die Konzernbilanzierung latenter Steuern nach IAS 12 hier vor allem mit dem Untermerkmal der Neutralität im Widerspruch stehen. Exemplarisch hierfür ist das Bilanzierungsverbot passiver latenter Steuern aus temporary differences, die aus dem erstmaligen Ansatz eines Geschäfts- oder Firmenwertes resultieren, wenngleich für aktive latente Steuern aus dem gleichen Sachverhalt ein Bilanzierungsgebot besteht.[826] Vor allem ist aber die ansonsten imparitätische Ausrichtung der Bewertung latenter Steuern hervorzuheben, bei denen passive latente Steuern einem Bilanzierungsgebot unterliegen, aktive latente Steuern aber gesondert hinsichtlich ihres wahrscheinlichen Steuereffektes zu beurteilen sind – und das, obwohl die Werthaltigkeit sowohl passiver als auch aktiver latenter Steuern davon abhängig ist, ob das jeweils betroffene Steuersubjekt auch in Zukunft überhaupt steuerpflichtige Einkünfte erwirtschaftet.[827]

Darüber hinaus wirft die Bilanzierung latenter Steuern auch Fragen hinsichtlich der glaubwürdige Darstellung als Untermerkmal der Verlässlichkeit von Rechnungslegungsinformationen auf. In IAS 12 werden weder die Definitionen von Vermögenswerten und Schulden noch die an ihren Ansatz im IFRS-Abschluss gestellten allgemeinen Voraussetzungen aufgegriffen und dargelegt. Gemäß des Untermerkmals der glaubwürdigen Darstellung sollen aber nur solche Vermögenswerte und Schulden im IFRS-Abschluss erfasst werden, die auch nach den normativen Grundsätzen der IFRS als solche gelten. Dass dies aber in IAS 12 nicht der Fall ist, wird im Folgeabschnitt aus dem Blickwinkel der bilanztheoretischen Grundsätze der IFRS dargelegt.

[826] Vgl. Abschnitt C.II.1.ac).

[827] Vgl. Abschnitt C.II.2.ba).

2. Beurteilung aus dem Blickwinkel der bilanztheoretischen Grundsätze der IFRS

In Kapitel B wurde als normative bilanztheoretische Prägung der IFRS die asset/liability view identifiziert. Demnach soll in der Rechnungslegung nach IFRS die Bilanzierung von Vermögenswerten und Schulden im Vordergrund stehen.[828] Folglich wäre zu erwarten, dass die Vorschriften des IAS 12 einen Bezug zu den Begriffsdefinitionen dieser primären Abschlussposten des IFRS-Abschlusses erkennen lassen. Weiterhin wäre auch davon auszugehen, dass die allgemeinen Ansatzkriterien des Rahmenkonzepts in IAS 12 aufgegriffen und im Hinblick auf die Bilanzierung latenter Steuern ausgelegt werden.

Die Definitionen von Vermögenswerten und Schulden im IFRS-Abschluss werden von IAS 12 nur unvollständig aufgegriffen. Auf der einen Seite ist bei temporary differences zwar zumindest dem Grunde nach nachvollziehbar, dass entsprechend ihres hypothetischen Charakters künftige Nutzenzu- und -abflüsse antizipiert werden, wenngleich in Einzelfällen, wie beispielsweise bei der Schuldenkonsolidierung oder der Währungsumrechnung, nicht von IAS 12 deutlich gemacht wird, welche künftigen steuerlichen Cashflows zu erwarten sind. Auch der durch die Bilanzierung von Steuerguthaben verkörperte künftige Nutzenzufluss ist nachvollziehbar, da hiermit nicht nur hypothetisch, sondern in absoluter Höhe erwartete Reduktionen der Steuerzahllast in den IFRS-Abschluss aufgenommen werden.

Auf der anderen Seite wird jedoch an keiner Stelle dieses Standards erklärt, welches Ereignis der Vergangenheit die Verfügungsmacht begründet, die einen Nutzenzufluss, der möglicherweise aus aktivischen temporary differences und Steuerguthaben resultiert, zu einem Vermögenswert werden lässt. Auch das verpflichtende Moment, durch das ein aus passivischen temporary differences eventuell resultierender Nutzenabfluss zu einer bilanzierungsfähigen Schuld wird, wird in IAS 12 nicht identifiziert. IAS 12 weist in diesem Zusammenhang nur darauf hin, dass es „dem Ansatz eines Vermögenswertes oder Schuld inhärent [ist], dass das berichtende Unternehmen erwartet, den Buchwert dieses Vermögenswertes zu realisieren, bzw. diese Schuld zum Buchwert zu erfüllen."[829] Ein Ereignis der Vergangenheit, mit dem die Existenz eines gegenwärtigen Vermögenswertes oder einer gegenwärtigen Schuld im Sinne des Rahmenkonzepts vorliegt, wird damit nur indirekt und in Abhängigkeit jener Bilanzposten hergestellt, für die jeweils temporary differences berechnet werden. IAS 12 erläutert aber nicht, inwieweit temporary differences als Teil der Bemessungsgrundlage latenter Steuern eigenständig die Definitionen von Vermögenswerten und Schulden erfüllen.

---

828 Vgl. Abschnitt B.II.1.

829 IAS 12. Zielsetzung.

Dies dürfte für temporary differences auch nicht möglich sein. Temporary differences ergeben sich aus dem Vergleich eines Vermögenswertes bzw. einer Schuld mit ihrem jeweils zugehörigen Steuerwert. Dass vor diesem Hintergrund temporary differences den Betrag künftiger steuerpflichtiger Einkünfte bzw. steuerlich abzugsfähiger Aufwendungen verkörpern, ist bereits höchst hypothetisch. Vor allem aber hängt die tatsächliche Unternehmensbesteuerung nicht nur von der Auflösung von temporary differences ab. Vielmehr setzt die Steuerwirksamkeit von temporary differences auch noch voraus, dass in künftigen Veranlagungszeiträumen überhaupt ein positives zu versteuerndes Einkommen erwirtschaftet wird. Nur dann fallen schließlich Ertragsteuern an; nur dann können sich auflösende aktivische temporary differences möglicherweise auch die tatsächliche Steuerbelastung mindern; erst dann wirken sich auflösende passivische temporary differences vielleicht auch erhöhend auf die Steuerzahllast des Unternehmens aus.

Weiterhin spricht auch gegen temporary differences als Vermögenswerte und Schulden im Sinne des Rahmenkonzepts, dass ertragsteuerliche Verpflichtungen bzw. die Verfügungsmacht über ertragsteuerlichen Ansprüche erst im Zeitpunkt ihrer Veranlagung unvermeidlich bzw. durchsetzbar werden. Erst dann steht fest, ob und in welcher Höhe sich eine temporary difference auf die Ertragsteuerzahlungen auswirkt, die ein Steuersubjekt zu leisten hat. In diesem Moment ist aber die Funktion latenter Steuern nicht mehr gefordert, da bereits tatsächliche Steuern im IFRS-Abschluss bilanziert werden. Weiterhin können temporary differences entstehen und sich in der Folge auflösen, ohne dass hieraus ein entsprechender Effekt in der tatsächlichen Steuerbelastung hervorgeht. Diese Fallkonstellation kann beispielsweise auftreten, wenn Vermögenswerten und Schulden im IFRS-Abschluss nur vorübergehend abweichend von den jeweils zugehörigen Steuerwerten bewertet werden, beispielsweise bei einer Bilanzierung zu beizulegenden Zeitwerten.[830] Da in solchen Fällen latente Steuern bilanziert werden, ohne dass mit Ihnen tatsächliche Steuern antizipiert werden, führen die hierfür nach den Vorschriften des IAS 12 bilanzierten latenten Steuern zu „Luftbuchungen". Insgesamt entsprechen temporary differences damit nur künftigen steuerlichen Be- bzw. Entlastungen, von denen hypothetisch bereits im Zeitpunkt der Einbuchung von Vermögenswerten und Schulden allein deshalb auszugehen ist, weil die IFRS in der Bewertung von den jeweils steuerrechtlichen Vorschriften abweichen.[831]

Anders stellt sich hingegen das für die Existenz eines Vermögenswertes erforderliche Ereignis der Vergangenheit bei Steuerguthaben dar. Diese begründen zwar keine unmittelbare Forderung gegenüber dem Fiskus. Jedoch resultieren sie aus einem Ereignis der Vergangenheit, da sie beispielsweise im Fall steuerli-

830 Vgl. Abschnitt A.II.2.ab).

831 Vgl. ähnlich hier Rosenfield 1999, S. 99 (im Bezug auf eine Vorgängerregelung von SFAS 109).

cher Verlustvorträge aufgrund negativer zu versteuernder Einkommen vergangener Berichtsperioden gegenüber dem Fiskus rechtstatsächlich erklärt worden sind. Weiterhin sind sie auf der Grundlage der aktuellen Gesetzgebung durchsetzbar und können in künftigen Veranlagungszeiträumen steuermindernd vom zu versteuernden Einkommen abgesetzt werden. Entgegen den nach IAS 12 zu bilanzierenden Posten für temporary differences dürfte die Aktivierung latenter Steuern für Steuerguthaben daher zur Bilanzierung eines Vermögenswertes führen, der die Definition des Rahmenkonzepts auch erfüllt.

Auch die allgemeinen Ansatzkriterien des Rahmenkonzepts werden in IAS 12 nicht vollständig aufgegriffen und im Hinblick auf die Bilanzierung latenter Steuern präzisiert. So wird auf der einen Seite die Wahrscheinlichkeit eines künftigen Nutzens als Voraussetzung an den Ansatz eines Vermögenswertes bzw. einer Schuld nur im Zusammenhang mit aktiven latenten Steuern diskutiert. Eine Auseinandersetzung mit der Wahrscheinlichkeit künftiger Nutzenabflüsse in Form steuerlicher Cashflows ist aber aufgrund des Bilanzierungsgebots passiver latenter Steuern nicht zulässig.[832] Die generelle Ansatzpflicht passiver latenter Steuern für temporary differences dürfte daher mit den allgemeinen Ansatzvoraussetzungen des Rahmenkonzepts nicht im Einklang stehen.

Die Rahmenbedingungen, die eine zuverlässige Bewertbarkeit des durch aktive bzw. passive latente Steuern zu erwartenden Nutzenzu- bzw. -abflusses ermöglichen, werden auf der anderen Seite durch die Regelungen des IAS 12 überhaupt nicht aufgezeigt. Allerdings ist dieses allgemeine Ansatzkriterium des Rahmenkonzepts nach der hier vertretenen Auffassung durchaus erfüllt. Die aus Steuerguthaben zu erwartende Reduktion der Steuerbelastung auf der Grundlage einer Schätzung, die sich an den aktuellen bzw. zu erwartenden steuerrechtlichen und ökonomischen Rahmenbedingungen des jeweils einschlägigen Steuersubjektes orientiert, dürfte schließlich regelmäßig abschätzbar sein. Das Gleiche gilt für temporary differences. Sofern ihr hypothetischer Charakter akzeptiert wird, werden künftige Nutzenzu- bzw. -abflüsse aus steuerlichen Cashflows verlässlich für den Fall einer Vollliquidation der berichtenden Einheit zu Buchwerten ermittelt. Vorbehaltlich der oben bereits wiedergegebenen Kritik an den Regelungen zur Werthaltigkeitsbeurteilung aktiver latenter Steuern dürfte damit die verlässliche Bewertbarkeit aktiver und passiver latenter Steuern im Regelfall gegeben sein.

[832] Vgl. Abschnitt C.II.2.ba).

3. „Die Konzernbilanzierung latenter Steuern nach IAS 12 steht nicht im Einklang mit den normativen Grundsätzen der IFRS."

Es zeigt sich, dass die Konzernbilanzierung latenter Steuern nach IAS 12 nicht mit dem konzeptionellen Fundament der IFRS im Einklang steht. Nach der hier vertretenen Auffassung wird mit latenten Steuern vielmehr eine Komponente in die IFRS-Rechnungslegung integriert, die auf der einen Seite nicht die Eigenschaften entscheidungsnützlicher Rechnungslegungsinformationen aufweist, wie sie vom Rahmenkonzept gefordert werden. Auf der anderen Seite werden die bilanztheoretischen Grundsätze nicht hinreichend erfüllt. Die Konzernbilanzierung latenter Steuern nach IAS 12 steht daher nicht im Einklang mit den normativen Grundsätzen der IFRS.

Die hier vorgebrachte Kritik bezieht sich dabei vor allem auf die Bilanzierung latenter Steuern für Komplementär-Steuereffekte in der Form von temporary differences. Das dabei geltende temporary concept als „Grundprinzip" des IAS 12 erweist sich als hochgradig hypothetischer Ansatz zur Antizipierung künftiger tatsächlicher Ertragsteuern, der nicht zuletzt durch die zahlreichen Ausnahmeregelungen die Verständlichkeit, die Vergleichbarkeit und die Verlässlichkeit der mit dem IFRS-Abschluss vermittelten Rechnungslegungsinformationen herabsetzt. Prognosetaugliche Qualitäten der Bilanzierung latenter Steuern für temporary differences konnten ebenfalls nicht festgestellt werden, so dass noch nicht einmal die Relevanz der durch sie vermittelten Informationen ersichtlich ist. Da sie zudem auch nicht mit den bilanztheoretischen Grundsätzen der IFRS vereinbar sind, werden mit aktiven latenten Steuern nicht Vermögenswerte und mit passiven latenten Steuern keineswegs Schulden im Sinne des Rahmenkonzepts bilanziert. Vielmehr weisen die auf der Grundlage von temporary differences aktivierten bzw. passivierten latenten Steuern Charakterzüge von „what-you-may-call-its"[833] bzw. „whatsits"[834] auf, deren Bilanzierung aus normativer Perspektive aber vermieden werden sollte.

Vor diesem Hintergrund ist anzunehmen, dass die konzeptionelle Berechtigung der Konzernbilanzierung latenter Steuern für temporary differences auch nach IAS 12 im matching principle zu suchen ist.[835] Da der Ansatz aktiver und passiver latenter Steuern für temporary differences stets vom Ansatz anderer Bilanzposten und ihrer Steuerwerte abhängig ist, kann das im Hinblick auf die asset/liability view zu fordernde Ereignis der Vergangenheit gar nicht eintreten, das die Existenz eines für latente Steuern anzusetzenden Vermögenswertes oder

---

833 Sprouse 1966, S. 45.

834 Tweedie 1995, S. 28.

835 Dieses lag bereits der Grundidee der interperiod tax allocation zugrunde, beginnend ab der ersten Verlautbarung zur Bilanzierung latenter Steuern in den US-GAAP vor rund 60 Jahren. Zu den Ursprüngen der Bilanzierung latenter Steuern und der Signifikanz des matching principle vgl. Abschnitt A.II.1.

einer Schuld aber erst begründet. Diese bilanztheoretische „Lücke" füllt dafür das aus normativer Sicht der IFRS aber irrelevante matching principle aus. Die Regelungen des IAS 12 lassen tatsächlich wesentliche Züge einer „verursachungsgerechten" bzw. „periodengerechten" Erfassung von Ertragsteuern in Form latenter Steuern erkennen, indem nur die Entstehung von temporary differences, nicht aber ihre voraussichtliche Auflösung in die Bilanzierung einbezogen wird. Eine konkrete Antizipation künftiger tatsächlicher Steuern liegt daher nicht in erkennbarer Form vor. Vielmehr sind aktivische bzw. passivische temporary differences als ertragsteuerliches Korrelat von Vermögenswerten und Schulden zu verstehen, die ihrerseits c.p. die Begriffsdefinition des Rahmenkonzepts erfüllen. Wird der Ansatz von Vermögenswerten und Schulden auf dieser Grundlage akzeptiert, müsste aber beispielsweise auch über die vorweggenommene Bilanzierung von Wartungsaufwendungen nachgedacht werden, wenn Maschinen angeschafft werden, die zwar für ihre Reparaturanfälligkeit bekannt sind und deren Instandsetzung daher regelmäßige Kosten verursachen, für deren Wartung aber keine gesetzliche Vorschrift vorliegt.[836] Die Bilanzierung solcher künftiger Geschäftsvorfälle ist jedoch im IFRS-Regelwerk generell nicht vorgesehen.[837]

Anders gelagert ist der Fall bei der Bilanzierung latenter Steuern für Steuerguthaben. Zwar schränken definitorische Defizite hinsichtlich ihres Ansatzes und ihrer Bewertung vor allem die Vergleichbarkeit von IFRS-Abschlüssen ein. Defizite im Hinblick auf die übrigen qualitativen Merkmale, an denen sich die IFRS-Rechnungslegung orientieren sollte, die nicht durch eine entsprechende Ergänzung der Bilanzierungsvorschriften beseitigt werden könnten, konnten jedoch nicht ermittelt werden. Gleiches gilt für die bilanztheoretischen Grundsätze, an denen sich die IFRS-Rechnungslegung orientieren sollte: Zwar werden die Definitionen von Vermögenswerten und die allgemeinen Ansatzvoraussetzungen nur unvollständig in IAS 12 aufgegriffen und im Hinblick auf die Aktivierung latenter Steuern für Steuerguthaben erläutert. Steuerguthaben als Bemessungsgrundlage latenter Steuern sollten aber auch hier zum einen die Definitionen von Vermögenswerten, zum anderen zumindest theoretisch auch die allgemeinen Ansatzvoraussetzungen des Rahmenkonzepts erfüllen.

Eine Fortführung der Bilanzierung aktiver latenter Steuern für Steuerguthaben im Konzernabschluss erscheint in diesem Lichte zumindest diskussionswürdig. Die Aktivierung bzw. Passivierung latenter Steuern auf der Grundlage von temporary differences ist hingegen vor allem aus dem Blickwinkel der bilanztheoretischen Grundsätze der IFRS grundsätzlich abzulehnen. Die Bilanzierung von

836 Vgl. hierzu mit weiteren Beispielen Beechy 1983, S. 125.

837 Vgl. Hebestreit/Dörges 2006, Tz. 89. Dies verhindert aus normativer Perspektive die Erfordernis eines Ereignisses der Vergangenheit als begriffskonstituierendes Merkmal von Vermögenswerten und Schulden. Vgl. Abschnitt B.II.1.

Ertragsteuern sollte sich diesbezüglich allein auf tatsächliche Ertragsteuern konzentrieren. Dafür ist zu überlegen, inwieweit die Angaben im Anhang gegebenenfalls sinnvoll um Komplementär-Steuereffekte erweitert werden können, soweit in ihrer Kenntnis ein wesentlicher Entscheidungsnutzen für die Adressaten der IFRS-Rechnungslegung gesehen wird. Diesen Gedankengängen wird im Schlusskapitel dieser Untersuchung nachgegangen.

D. Perspektiven der Konzernbilanzierung latenter Steuern in der Rechnungslegung nach IFRS

Wie dargelegt worden ist, ist die Konzernbilanzierung latenter Steuern nach IFRS in ihrer derzeitigen Form abzulehnen. Die vor dem Hintergrund der normativen Grundsätze der IFRS formulierte Kritik bezieht sich dabei sowohl auf die derzeitige Fassung des IAS 12 als auch auf die leicht modifizierten Vorschriften, die infolge des Short Term Convergence Project zu erwarten sind. Folglich ist zu überlegen, welche Perspektiven sich der Konzernbilanzierung latenter Steuern bieten, wenngleich zumindest mittelfristig von der fortgesetzten Gültigkeit der Vorschriften in IAS 12 auszugehen ist.

Vor diesem Hintergrund wird in Abschnitt D.I die Kritik an der Konzernbilanzierung latenter Steuern nach IAS 12 den derzeit absehbaren Tendenzen im Conceptual Framework Project gegenübergestellt, in dem das normative Grundgerüst der IFRS modifiziert, zumindest aber präzisiert werden soll.[838] Weiterhin werden in Abschnitt D.II mögliche Alternativen der Konzernbilanzierung latenter Steuern in der IFRS-Rechnungslegung skizziert, die gegebenenfalls als Ausgangspunkt einer grundlegenden Überarbeitung der Bilanzierungsvorschriften latenter Steuern dienen könnten. Diese reichen weiter, als die laufenden Entwicklungen in dieser Thematik derzeit erwarten lassen. Mit dem Short Term Convergence Project sollen schließlich nicht die Regeln zur Bilanzierung von Ertragsteuern von Grund auf überarbeitet werden, sondern Unterschiede zwischen IAS 12 und SFAS 109 abgebaut werden.[839] Mit einem Schlusswort in Abschnitt D.III rundet der Verfasser die vorliegende Untersuchung ab.

I. Fortentwicklung normativer Grundsätze und latente Steuern

Die normativen Grundsätze der IFRS werden derzeit vom IASB gemeinsam mit dem FASB im so genannten Conceptual Framework Project fortentwickelt. Das Projekt befindet sich noch in einem sehr frühen Stadium. Ein Diskussionspapier (discussion paper) liegt derzeit nur für Phase A vor, in der die Zielsetzung der Rechnungslegung und die qualitativen Eigenschaften entscheidungsnützlicher Rechnungslegungsinformationen dargelegt werden.[840] Neben diesen vorläufigen

---

[838] Hier sind insgesamt acht Phasen geplant, in denen die bestehenden Rahmenkonzepte der IFRS einerseits und der US-GAAP andererseits in den kommenden Jahren vereinheitlicht und weiterentwickelt werden sollen. Vgl. IASB Update October 2004, S. 4. Die Projektplanung einschließlich der geplanten Phasen kann online auf der Internetpräsenz des IASB unter http://www.iasb.org/Current+Projects/IASB+Projects/Conceptual+Framework abgerufen werden (Stand: 31. Dezember 2006).

[839] Vgl. IASB Memorandum of Understanding 2006, S. 1 ff.

[840] Eine Stellungnahme durch die interessierte Öffentlichkeit ist hier bis zum 3. November 2006 möglich. Vgl. IASB Discussion Paper 2006a, S. 11.

Ansichten der Standardsetter lassen sich aufgrund der Diskussionen zwischen dem FASB und dem IASB auch bereits Tendenzen von Phase B erkennen, in der eine Auseinandersetzung mit den bilanztheoretischen Grundsätzen der Rechnungslegung nach IFRS und nach US-GAAP geplant ist.

Eine Analyse des Diskussionspapiers zeigt, dass grundsätzliche Änderungen der Eigenschaften entscheidungsnützlicher Rechnungslegungsinformationen als Ausfluss von Phase A nicht zu erwarten sind. Derzeit zeichnen sich hier nur Modifikationen der bestehenden normativen Grundsätze ab, indem die Bedeutung und das Zusammenwirken der verschiedenen qualitativen Merkmale im Vergleich mit dem derzeitigen Rahmenkonzept der IFRS erheblich deutlicher gestaltet werden sollen.[841] Auch künftig soll sich die Rechnungslegung nach IFRS an den Merkmalen der Verständlichkeit, Vergleichbarkeit und Relevanz orientieren.[842] Aus Gründen der Prägnanz soll das Merkmal der Verlässlichkeit künftig dem Merkmal der glaubwürdigen Darstellung (faithful representation bzw. künftig: representation faithfulness) weichen,[843] das nach Ansicht der Standardsetter den Kern dieser von der Rechnungslegung geforderten Charakteristik besser trifft.[844] Als Untermerkmale sollen dabei die Neutralität und die Vollständigkeit beibehalten werden und die Nachprüfbarkeit (verfiability) ergänzt werden. Der bislang im Rahmenkonzept als Untermerkmal verankerte Vorsichtsgrundsatz (prudence) soll hingegen aufgegeben werden.[845]

Im Verhältnis untereinander werden künftig die Merkmale Relevanz und glaubwürdige Darstellung gegenüber der Verständlichkeit und der Vergleichbarkeit vorrangig behandelt.[846] Nur im Zusammenspiel können relevante und glaubwürdig in der Rechnungslegung dargestellte Informationen auch *dem Grunde nach* entscheidungsnützlich sein, während mit vergleichbaren und verständlichen Informationen *der Grad* der Entscheidungsnützlichkeit von IFRS-Abschlüssen gefördert wird.[847]

Klarstellend zur Relevanz wird dabei angemerkt, dass Rechnungslegungsinformationen dazu tauglich sein müssen, die Beurteilung vergangener, gegenwärtiger oder künftiger Geschäftsvorfälle im Hinblick auf zu erwartende Cashflows zu unterstützen, oder aber dazu dienen, zurückliegende Prognosen zu revidie-

---

841 Ein Entwurf wurde für 2006 angekündigt. Ein Zeitrahmen für die Verabschiedung wurde hingegen von den Standardsettern noch nicht festgelegt. Vgl. IASB Update May 2005, S. 3 f.

842 Vgl. IASB Discussion Paper 2006a, Abs. QC 7.

843 Es bleibt abzuwarten, ob sich die deutsche Bezeichnung noch wandelt. Im englischen Original soll künftig nicht mehr die derzeitige Bezeichnung aus IFRS R.33 „faithful representation" genutzt werden, sondern die US-amerikanische Bezeichnung aus SFAC 2.63 ff. „representation faithfulness" herangezogen werden. Vgl. IASB Update May 2005, S. 3 f.; IASB Discussion Paper 2006a, Abs. QC16 ff.

844 Vgl. IASB Update May 2005, S. 3 f.

845 Vgl. IASB Update May 2005, S. 4. Vgl. ausführlich zu den Untermerkmalen IASB Discussion Paper 2006a, Abs. QC23 ff.

846 Vgl. IASB Discussion Paper 2006a, Abs. QC46.

847 Vgl. IASB Discussion Paper 2006a, Abs. QC47.

ren.[848] Im Hinblick auf die glaubwürdige Darstellung wurde betont, dass jede durch die Rechnungslegung vermittelte Information „(...) must be a faithful representation of the real-world economic phenomena that it purports to represent."[849] Ein Ansatz von reinen buchhalterischen Konstruktionen wie aktive oder passive Abgrenzungsposten unterstützt demnach nicht die glaubwürdige Darstellung der Vermögens-, Finanz- und Ertragslage in IFRS-Abschlüssen, da sie keine „echten" ökonomischen Ressourcen oder Verpflichtungen wiedergeben.[850] Noch mehr als in der derzeitigen Fassung des Rahmenkonzepts wird daher wohl künftig darauf zu achten sein, dass nur solche Abschlussposten bilanziert werden, die den aus normativer Perspektive vorgegebenen Begriffsdefinitionen entsprechen.

Eine Abwägung von Kosten und Nutzen soll hingegen weiterhin nicht als qualitatives Merkmal, sondern als Nebenbedingung der Rechnungslegung gelten. Gleichwohl sollen Kosten-Nutzen-Überlegungen künftig mehr bei der Entwicklung von Rechnungslegungsvorschriften berücksichtigt werden, indem auf der einen Seite die aus der Rechnungslegung für die Bilanzadressaten potentiell resultierenden Informationsnutzen genauer bedacht werden sollen. Auf der anderen Seite sollen die durch die Rechnungslegung resultierenden Kosten zumindest qualitativ in die Überlegungen einfließen.[851]

Bezüglich der in Phase B des Conceptual Framework Project behandelten bilanztheoretischen Grundsätze der IFRS sind derzeit ebenfalls keine fundamentalen Änderungen an den bestehenden Regelungen absehbar.[852] Zu erwarten ist jedenfalls die Fortführung der asset/liability view, die bereits dem aktuellen Rahmenkonzept der IFRS zugrunde liegt. Angepasst werden dabei die Definitionen von Vermögenswerten und Schulden. Für die vorliegende Untersuchung ist dabei hervorzuheben, dass künftig „das gegenwärtige Recht" oder „sonstige gegenwärtige Privileg" (present right or other privilege) begriffsbestimmend für die Definition eines Vermögenswertes sein soll.[853] Die derzeitige Definition im Rahmenkonzept fordert hingegen noch ein Ereignis der Vergangenheit, aus dem der potentielle Vermögenswert entstanden ist. Umgekehrt wird die normative

---

848 Vgl. IASB Discussion Paper 2006a, Abs. QC9 ff.

849 IASB Discussion Paper 2006a, Abs. QC16.

850 Vgl. IASB Discussion Paper 2006a, Abs. QC18.

851 Eine quantitative Messung von Nutzen und Kosten ist nicht vorgesehen, da eine vollständige Erfassung nicht realisierbar erscheint. Im künftigen Rahmenkonzept sollen daher auch die bei der qualitativen Aufwägung von Kosten und Nutzen zu berücksichtigenden Kosten genauer dargelegt werden. Vgl. IASB Update December 2005, S. 1; vgl. IASB Discussion Paper 2006a, Abs. QC58.

852 Erste Ergebnisse in Form von „vorläufigen Ansichten" sind nach dem derzeitigen Stand vor Mitte 2007 nicht zu erwarten. Vgl. dazu die Projektplanung des Conceptual Framework Project unter http://www.iasb.org/Current+Projects/IASB+Projects/Conceptual+Framework (Stand: 31. Dezember 2006).

853 Vgl. IASB Update February 2006, S. 5; zur Entwicklung aus den bestehenden Definitionen vergleiche auch IASB Observer Note December 2005b, Abs. 6 ff. (S. 3 ff.) sowie IASB Observer Note February 2006, Abs. 7 ff. (S. 3 ff.).

Definition einer Schuld voraussichtlich die gegenwärtige Verpflichtung (present obligation) betonen, nicht aber das Ereignis der Vergangenheit. Ob diese Modifikation aber wesentliche Änderungen an den bestehenden bilanztheoretischen Grundsätzen der IFRS hervorrufen wird, ist zu bezweifeln. Im Rahmen der Sitzungen des IASB wurde schließlich darauf hingewiesen, dass *gegenwärtigen* Rechten, Privilegien oder Verpflichtungen *vergangene* Ereignisse vorausgegangen sein müssen.[854] Die Änderung in der Begriffsdefinition von Vermögenswerten und Schulden erscheint vor diesem Hintergrund eher im Lichte einer Präzisierung als einer weitreichenden Modifikation der bereits heute im Rahmenkonzept verankerten asset/liability view. Betont wird entsprechend sowohl bei der Definition von Vermögenswerten als auch bei der Definition von Schulden, dass streng zwischen gegenwärtigen und künftigen Ansprüchen und Verpflichtungen zu unterscheiden ist und dass nur am Bilanzstichtag gegenwärtige Konditionen die Definitionen erfüllen können.

Weniger weit fortgeschritten sind die Diskussionen um die allgemeinen Ansatzvoraussetzungen von Vermögenswerten und Schulden. Detaillierte Auseinandersetzungen mit den allgemeinen Ansatzvoraussetzungen von Bilanzposten haben bislang noch nicht stattgefunden. Jedoch könnten die laufenden Überlegungen zum Ansatz von Rückstellungen bzw. – so will es die Begriffsdefinition des ED-IAS 37 – zum Ansatz von so genannten nicht-finanziellen Verbindlichkeiten (non-financial liabilities) Aufschluss darüber geben, wohin sich die allgemeinen Ansatzvoraussetzungen des Rahmenkonzepts entwickeln könnten.[855] Nach ED-IAS 37 soll die Wahrscheinlichkeit nicht mehr im Rahmen von Ansatzfragen, sondern im Zusammenhang mit der Bewertung von Schulden berücksichtigt werden.[856] Liegt also eine Schuld vor, ist diese in jedem Fall anzusetzen, soweit ihr Wert verlässlich bewertbar ist. Kombiniert mit der bereits heute weit gefassten zweiten Ansatzvoraussetzung des Rahmenkonzepts, der verlässlichen Bewertbarkeit von Abschlussposten,[857] dürften demnach künftig fast alle möglichen Nutzenzu- bzw. Nutzenabflüsse, die nach den definitorischen Voraussetzungen des Rahmenkonzepts als Vermögenswerte und Schulden gelten, aus normativer Perspektive einer Ansatzpflicht unterliegen. Vor dem Hintergrund der diesbezüglich vorgebrachten Kritik an ED-IAS 37, die eine direkte Umsetzung in einen Standard zunächst vermieden hat, ist aber abzuwarten, ob diese Vorgehensweise auch im Conceptual Framework Project positiv aufgenommen und umgesetzt wird.

---

[854] Vgl. IASB Observer Note December 2005a, Abs. 56 (S. 11); IASB Observer Note February 2006, Abs. 78 (S. 24).

[855] Die Begriffswahl wurde nach der Wiederaufnahme der Entwicklungen um IAS 37 noch einmal bestätigt. Vgl. IASB Update March 2006, S. 6. ED-IAS 37 wurde Mitte 2005 bereits einmal veröffentlicht, wobei eine Umsetzung der Regelungen in einen Standard für 2006 erwartet wurde. Mittlerweile wird eine verpflichtende Verlautbarung erst für 2007 angestrebt. Vgl. IASB Update February 2006, S. 4 f.

[856] Vgl. ED-IAS 37.23; ausführlich auch Hebestreit/Dörges 2006, Tz. 191 ff.

[857] Vgl. IFRS R.86 ff.

In Anbetracht der sich abzeichnenden Entwicklungstendenzen der normativen Grundsätze der IFRS ist davon auszugehen, dass die in Kapitel C vorgebrachte Kritik an der Konzernbilanzierung latenter Steuern nach IAS 12 auch künftig Bestand haben wird. Die derzeit absehbaren Modifikationen zu den aus normativer Perspektive geforderten Eigenschaften entscheidungsnützlicher Rechnungslegungsinformationen scheinen jedenfalls die vorgebrachten Argumente gegen die Bilanzierung latenter Steuern nach IAS 12 zu unterstreichen. Das Merkmal der representation faithfulness wird künftig in den Vordergrund gestellt, wobei die Notwendigkeit betont wird, dass die bilanzierten Abschlussposten „real-world economic phenomena"[858] verkörpern müssen und nicht nur buchhalterische Konstruktionen. Genau diese liegen aber mit latenten Steuern auf der Grundlage von temporary differences vor. Auch die qualitative Abwägung von Kosten und Nutzen spricht eher gegen statt für die Bilanzierung latenter Steuern nach IAS 12. Schließlich sind mit der Implementierung von latenten Steuern in den IFRS-Abschluss erhebliche Kosten verbunden, während eine wesentliche Entscheidungsrelevanz in Form von prognosetauglichen Informationen als Resultat ihrer Bilanzierung nicht festgestellt werden kann.

Auch die absehbaren Modifikationen an den Definitionen von Vermögenswerten und Schulden scheinen die hier demonstrierte ablehnende Haltung gegenüber der Konzernbilanzierung latenter Steuern für temporary differences zu unterstreichen. Zwar ist zu erwarten, dass künftig aus normativer Sicht kein Ereignis der Vergangenheit gefordert wird, um die Existenz dieser Bilanzposten zu begründen. Die Konzentration der Definition auf *gegenwärtige* Rechte, Privilegien bzw. Verpflichtungen verdeutlicht aber, dass durch temporary differences verkörperte künftige Reduktionen und Erhöhungen der ertragsteuerlichen Bemessungsgrundlage nicht als Vermögenswerte oder Schulden zu behandeln sind. Sie stellen, vom Bilanzstichtag aus gesehen, *künftige* Rechte bzw. Verpflichtungen dar. Steuerguthaben erscheinen hingegen weiterhin als gegenwärtige Rechte, die sich in künftigen Nutzenzuflüssen niederschlagen werden. Soweit sich in Anbetracht der laufenden Entwicklungen jedoch trotzdem noch eine konzeptionelle Begründung für die Erfüllung der Vermögenswerte- bzw. Schulden-Definition latenter Steuern auf der Grundlage von temporary differences ergeben sollte, wird abzuwarten sein, inwieweit das unter Umständen künftig entfallende Ansatzkriterium der Wahrscheinlichkeit vor allem die Bilanzierung passiver latenter Steuern beeinflussen wird. Eine allgemeine Wahrscheinlichkeitsbetrachtung ist schließlich nach den derzeitigen Vorschriften des IAS 12 nicht vorgesehen.[859]

[858] IASB Discussion Paper 2006a, Abs. QC18.
[859] Vgl. Abschnitt C.II.2.ba).

II. Optimierung der Konzernbilanzierung latenter Steuern

Bereits in Kapitel C wurden zahlreiche Kritikpunkte an der Konzernbilanzierung latenter Steuern nach IAS 12 identifiziert und Verbesserungsvorschläge dargelegt. Viele der festgestellten Diskrepanzen der Konzernbilanzierung latenter Steuern mit den qualitativen Merkmalen der Verständlichkeit und der Vergleichbarkeit könnte dabei ohne größere Umschweife beseitigt werden. So könnte IAS 12 – oder ein nachfolgender IFRS – mit entsprechenden Ergänzungen nicht nur die Zielsetzung erheblich präziser erkennen lassen, die mit der Bilanzierung latenter Steuern verfolgt wird, sondern auch die Prämissen, die dabei getroffen werden. Auch klare Anweisungen, unter welchen Umständen ein Steuersubjekt Ertragsteuern zu bilanzieren hat, dürften einfach implementierbar sein. Die Abschaffung oder zumindest Präzisierung von Ausnahmeregelungen, eine einheitliche buchhalterische Erfassung sowohl bei der Zugangs- als auch der Folgebilanzierung und verbindlichere Vorgaben an die Werthaltigkeitsbeurteilung von aktiven latenten Steuern, gekoppelt mit einer verpflichtenden Mindestgliederung der Anhangangaben, würden ebenfalls zu vergleichbareren und verständlicheren Informationen in der Rechnungslegung führen. Es bleibt abzuwarten, inwieweit einige dieser Anregungen bereits durch die Neufassung von IAS 12 im Zuge des Short Term Convergence Project umgesetzt werden.

Über die in Kapitel C dargelegte Kritik an IAS 12 hinaus verdienen aber einige ausgewählte Aspekte der Ertragsteuerbilanzierung eine gesonderte Würdigung insbesondere im Hinblick auf das Merkmal der Relevanz und der Verlässlichkeit und die bilanztheoretischen Grundsätze der IFRS. Bereits herausgestellt werden konnte, dass nach der hier vertretenen Auffassung die Bilanzierung latenter Steuern auf der Grundlage von Steuerguthaben keine unlösbaren Probleme normativer Natur darstellt. Die für eine aus normativer Perspektive unbedenkliche Bilanzierung latenter Steuern auf der Grundlage von Steuerguthaben erforderliche Fortentwicklung gegenüber IAS 12 wird in Abschnitt D.II.1 skizziert.

Ebenfalls wurde bereits die ablehnende Haltung gegenüber temporary differences als Grundlage latenter Steuern dargelegt und begründet. Nach der hier vertretenen Auffassung könnte daher auf die Konzernbilanzierung latenter Steuern für temporary differences verzichtet werden, da sie nicht mit den bilanztheoretischen Grundsätzen im Einklang steht. Trotz der hier vorgebrachten Kritik könnte aber die Fortentwicklung des Rahmenkonzepts die Fortsetzung der Konzernbilanzierung latenter Steuern nach der derzeitigen Art und Weise begründen.[860]

[860] Auch „politische Gründe" könnten für die Fortsetzung sprechen, wurden doch bereits die aktuellen Vorschriften IAS 12 auf der Grundlage des Rahmenkonzepts entwickelt. Damit lassen IAS 12 wie auch andere Vorschriften des IFRS-Regelwerks keine durchgängige Orientierung an den normativen Grundsätzen der IFRS im Rahmenkonzept erkennen. Exemplarisch zu nennen ist hier bspw. die Pflicht zur Abgrenzung von Gewinnen aus sale-and-leasback-Transaktionen nach IAS 17.59, bei denen die Definition einer Schuld nicht berücksichtigt wird. Gleiches ist bei Zuwendungen der öffentlichen Hand anzunehmen, die passivisch er-

Diesem Gedanken wird in Abschnitt D.II.2 nachgegangen, wobei Optimierungsmöglichkeiten der Bilanzierung latenter Steuern auf der Grundlage von temporary differences aufgezeigt werden. Wird gleichwohl der hier vertretenen Auffassung gefolgt, sollte sich die Bilanzierung latenter Steuern auf Steuerguthaben beschränken.

Weiterhin sind die derzeit nach IAS 12 erforderlichen Anhangangaben nach der hier vertretenen Auffassung grundlegend zu überarbeiten. Nach den derzeitigen Vorschriften der IFRS kann auf ihrer Grundlage und von den konzeptionellen Schwächen des temporary concept einmal abgesehen nur bedingt die Zusammensetzung der Steuerquote der berichtenden Einheit analysiert werden. Auch absehbare Entwicklungen der tatsächlichen Steuerbelastung lassen sich durch die derzeitige Konzernbilanzierung latenter Steuern nur unter bedingt ermitteln. Vor dem Hintergrund der in den Folgeabschnitten skizzierten Ansätze einer Neukonzeption der Bilanzierung latenter Steuern sowohl auf der Grundlage von Steuerguthaben als auch unter Einbeziehung von Komplementär-Steuereffekten werden daher in Abschnitt D.II.3 mögliche Ansätze zur Umgestaltung der Anhangangaben aufgezeigt. Die Ergebnisse werden in Abschnitt D.II.4 zusammengefasst.

1. Latente Steuern auf der Grundlage von Steuerguthaben

Latente Steuern, die aus Steuerguthaben resultieren, können nach der hier vertretenen Auffassung eigenständig die bilanztheoretischen Definitionen und Ansatzvoraussetzungen von Vermögenswerten erfüllen. So stellen Steuerguthaben im Regelfall ein Ergebnis vergangener Ereignisse dar. Sie stehen aufgrund (steuer-)gesetzlicher Regelungen in der Verfügungsmacht der berichtenden Einheit und verkörpern zumindest dem Grunde nach einen potentiellen Nutzenzufluss, der sich in geringeren künftigen Steuerzahlungen äußert. Die Höhe des potentiellen Nutzenzuflusses ist zudem regelmäßig auf der Grundlage der Steuergesetze verlässlich schätzbar, während die Wahrscheinlichkeit, dass der steuermindernde Effekt auch tatsächlich eintreten wird, im Wesentlichen von der Einkommensentwicklung des jeweils individuell zu betrachtenden Steuersubjekts abhängig ist.

Dieser Zusammenhang findet sich freilich genauso wenig in IAS 12 wieder, wie inhaltliche Voraussetzungen, nach denen im Zweifel entschieden werden kann, ob bestimmte Steuerguthaben in den Anwendungsbereich dieses Standards fallen. Dieser Standard enthält schließlich keine Definition von Steuerguthaben bzw. zu den Begriffen „Noch nicht genutzte steuerliche Verluste und noch nicht

fasst und über die Nutzungsdauer eines bezuschussten Vermögenswertes GuV-wirksam vereinnahmt werden. Vgl. IAS 20.12. Zur Entwicklung von IAS 12 vgl. auch die Aufstellung in Anhang A, S. XXIII.

genutzte Steuergutschriften"[861]. Folglich ist zur Optimierung der derzeitigen Vorschriften nicht nur darzulegen, auf welche Weise und auf welcher Grundlage sich Steuerguthaben künftig positiv auf die tatsächliche Steuerbelastung eines Unternehmens auswirken, sondern auch, was definitorisch als Steuerguthaben zu sehen ist und unter welchen Umständen die Ansatzfähigkeit von Steuerguthaben gegeben ist.[862] Neben einer erhöhten Orientierung an den bilanztheoretischen Grundsätzen dürfte dies die IFRS-Rechnungslegung auch im Hinblick auf die Merkmale der Verständlichkeit, der Vergleichbarkeit und der glaubwürdigen Darstellung als Untermerkmal der Verlässlichkeit optimieren. Sinnvoll erscheint vor diesem Hintergrund weiterhin, die Bilanzierung latenter Steuern für Steuerguthaben auf alle bereits rechtlich abgesicherten Ansprüche zu erweitern, die zu einer Minderung der künftigen tatsächlichen Steuerbelastung führen werden. Es sollten dann also auch investitionsabhängige Steuergutschriften berücksichtigt werden. Diese sind derzeit aus dem Anwendungsbereich von IAS 12 ausgeschlossen.[863]

Zu überdenken ist weiterhin die Bewertung dieser latenten Steueransprüche. Von den bereits erwähnten und nach der hier vertretenen Auffassung erforderlichen verbindlicheren Vorgaben an die Werthaltigkeitsbeurteilung latenter Steuern abgesehen, ist zu überlegen, ob nicht doch eine Abzinsung latenter Steuern für Steuerguthaben eher zur Verlässlichkeit der Rechnungslegung beiträgt als der Nominalwert, zu dem nach IAS 12 derzeit alle latenten Steuern anzusetzen sind. Je mehr Abschlussposten außerhalb von latenten Ertragsteuern einer Abzinsungspflicht bzw. einer Bewertung zu beizulegenden Zeitwerten unterliegen – hierzu gehören nicht nur die meisten finanziellen, sondern auch viele nichtfinanzielle Vermögenswerte und Schulden[864] – desto mehr ist schließlich von einer relativen Überbewertung aktiver latenter Steuern auszugehen. Dies ist nicht mit der Neutralität als Untermerkmal der Verlässlichkeit zu vereinbaren. Weiterhin bleibt abzuwarten, wie das IASB gemeinsam mit dem FASB die Bewertung von Vermögenswerten und Schulden in Phase C des Conceptual Framework Project vorgeben wird. Der Trend der IFRS-Rechnungslegung geht hier immerhin in Richtung einer Bilanzierung zu beizulegenden Zeitwerten, die häufig anhand von Barwertkalkülen bestimmt werden.

---

861 So die Überschrift zu IAS 12.34 in der deutschen Fassung dieses Standards.

862 Vgl. zu den fehlenden inhaltlichen Voraussetzungen in IAS 12 Abschnitt C.II.1.ba).

863 Vgl. IAS 12.4 und die Ausführungen in Abschnitt C.I.1.

864 Generell sieht IAS 39 eine Bewertung aller Vermögenswerte und Schulden zum beizulegenden Zeitwert, zumindest aber nach der Effektivzinsmethode vor. Vgl. IAS 39.45 ff. Auch die meisten Rückstellungen sind im Regelfall abzuzinsen. Vgl. IAS 19.45; IAS 19.54 ff.; IAS 37.45. Bei einigen normalerweise langfristigen Vermögenswerten ist ebenfalls eine Bewertung zum beizulegenden Zeitwert im Zusammenhang mit der Folgebilanzierung zumindest als Wahlrecht ausgestaltet. Vgl. zur möglichen Bilanzierung von Vermögenswerten zu beizulegenden Zeitwerten IAS 16.31; IAS 38.75; IAS 40.33; IAS 2.3. Eine Pflicht zur Folgebilanzierung zu beizulegenden Zeitwerten ist bei biologischen Vermögenswerten vorgesehen. Vgl. IAS 41.12.

Zur Abzinsung von latenten Steuern, die auf der Grundlage von Steuerguthaben bilanziert werden, wäre ihr voraussichtlich nutzbares Volumen im Hinblick auf den Zeitpunkt zu schätzen, in dem die berichtende Einheit mit ihrer Inanspruchnahme rechnet. Eine solche Planung ist zum Teil bereits nach den derzeitigen Regeln des IAS 12 erforderlich, um etwa die Werthaltigkeit latenter Steuern oder aber künftig geltende Durchschnittsteuersätze zu bestimmen.[865] Weiterhin sind Geschäftsprognosen ohnehin beispielsweise für Wertminderungstests nach IAS 36 oder die Prüfung der Going-Concern-Prämisse anzufertigen. Folglich dürften Detailplanungen der künftig zu erwartenden steuerlichen Einkünfte die Unternehmen nicht vor unlösbare Aufgaben stellen. Die Aktivierung latenter Steuern auf der Grundlage von steuerlichen Ergebnisprognosen dürfte jedenfalls nachvollziehbarer und verlässlicher sein, als beispielsweise der pauschale Ansatz bzw. Nichtansatz latenter Steuern. Soweit – wie hier propagiert – auf die Bilanzierung latenter Steuern auf der Grundlage von temporary differences verzichtet wird, dürfte dies bei weitem den Mehraufwand kompensieren, der durch die Abzinsung von latenten Steuern für Steuerguthaben (soweit vorhanden) entsteht.

2. Latente Steuern auf der Grundlage von temporary differences

Ein Großteil der in Kapitel C im Bezug auf die Konzernbilanzierung latenter Steuern nach IAS 12 ausgemachten Kritikpunkte bezog sich auf die Umsetzung des temporary concept, einschließlich der damit verbundenen Ausnahmeregelungen. Ausgehend von den derzeitigen Regelungen des IAS 12 würden sich mit der hier geforderten Abschaffung von temporary differences als Bemessungsgrundlage latenter Steuern unter anderem Detail- und Ausnahmeregelungen zur Dotierung von temporary differences, zur buchhalterischen Erfassung und zur Konzernabschlusserstellung erübrigen – parallel mit der in dieser Untersuchung vorgebrachten Kritik.

Dennoch kann nicht ausgeschlossen werden, dass die Konzernbilanzierung latenter Steuern auf der Grundlage von temporary differences auch langfristig fortgeführt wird. In diesem Lichte erscheinen zwei Ansätze zur Fortentwicklung möglich. So könnte zum einen der Entscheidungsnutzen der Konzernbilanzierung latenter Steuern durch eine erhöhte Orientierung an den Merkmalen der Relevanz und der Verlässlichkeit erheblich gesteigert werden. Zum anderen sind aber auch Überlegungen anzustellen, wie gegebenenfalls durch eine substantielle Komplexitätsreduktion zumindest tendenziell ein ausgewogenes Verhältnis von Kosten und Nutzen der Rechnungslegung hergestellt werden kann.

---

865 Vgl. Abschnitt C.II.2.aa) und C.II.2.bb).

Nachfolgend werden vor diesem Hintergrund zwei mögliche Vorgehensweisen zur Berechnung und Bewertung latenter Steuern skizziert, die im Falle einer grundlegenden Überarbeitung der Ertragsteuerbilanzierung nach IFRS und bei fortgesetzter Berücksichtigung von temporary differences überlegenswert erscheinen. Wie in Abschnitt D.II.2.a) dargelegt wird, könnte auf der einen Seite im Rahmen eines Detailansatzes eine konsequente Präzisierung der Berechnung und Bewertung von temporary differences die Bilanzierung latenter Steuern optimieren. Auf der anderen Seite könnte aber auch eine weniger aufwendige Vorgehensweise eine Art und Weise der Bilanzierung latenter Steuern ergeben, die nur unwesentlich ungenauer als die Vorgehensweise nach IAS 12 ist, dafür aber zu einer Komplexitäts- und Kostenreduktion führen dürfte. Dieser Globalansatz zur Berechnung und Bewertung latenter Steuern wird in Abschnitt D.II.2.b) skizziert. Tabelle 7 stellt diese Ansätze den derzeitigen Regelungen von IAS 12 gegenüber. Beide Ansätze dürften ohne weitere Probleme auch die Bilanzierung latenter Steuern auf der Grundlage von Steuerguthaben zulassen.

Tabelle 7: Alternativen zur Berechnung und zur Bewertung von temporary differences

Berechnung/Bewertung	IAS 12	Detailansatz	Globalansatz
Ausnahmeregelungen zu temporary differences	vorhanden[866]	keine	nicht möglich
Werthaltigkeitsbeurteilung	imparitätisch	neutral	neutral
Abzinsung	Verbot	möglich	nicht möglich

a) Detailansatz

Wird die Präzisierung der Dotierung von temporary differences angestrebt, ist vor allem die vollständige Abschaffung aller Ausnahmeregelungen zu fordern. Dieser Ansatz würde es erforderlich machen, dass neben temporary differences aus einem Geschäfts- oder Firmenwert auch initial recognition differences und outside basis differences durchgängig in der Bemessungsgrundlage latenter Steuern zu berücksichtigen sind. Erst wenn sämtliche temporary differences auch Gegenstand der Bilanzierung latenter Steuern sind, kann schließlich auch von ihrer vollständigen Erfassung ausgegangen werden. Andernfalls stehen auf der Grundlage von temporary differences bilanzierte latente Steuern im Widerspruch zur Vollständigkeit als Untermerkmal der Verlässlichkeit. Es ist dabei anzunehmen, dass die Vervollständigung der Bemessungsgrundlage so weit zur

866 Nach der derzeitigen Fassung sind dies die Ausnahmeregelungen zu intial recognition differences, zu passivischen, auf einen GoF entfallenden temporary differences und zu outside basis differences. Im Rahmen des Short Term Convergence Project wird vielleicht die Ausnahmeregelung zum GoF entfernt und die zu intitial recognition differences durch eine neue Ausnahmeregelung ersetzt. Vgl. dazu ausführlich die Ausführungen in den Abschnitten C.II.1.ab), C.II.1.ac) und C.II.1.ad).

Verlässlichkeit der Rechnungslegung beiträgt, dass die damit verbundenen Mehraufwendungen die zusätzlichen Kosten kompensieren.

Soweit temporary differences in einer von der funktionalen Währung abweichenden lokalen Währung zu messen sind, ist zudem nicht die Umrechnung zum Stichtagskurs, sondern zum ursprünglichen Transaktionskurs zu fordern.[867] Temporary differences aus der Schuldenkonsolidierung sollten hingegen nicht in die Bilanzierung latenter Steuern einbezogen werden. Zur präzisen Ermittlung des zu erwartenden nominalen Steuereffektes im Falle einer Vollliquidation des Unternehmens zu Buchwerten kann hierdurch insgesamt die Berücksichtigung fiktiver temporary differences, die noch nicht einmal nach den hypothetischen Prämissen des temporary concept einen steuerlichen Nutzenzu- noch -abfluss erwarten lassen, in der Konzernbilanzierung latenter Steuern vermieden werden.

Im Zusammenhang mit der Dotierung von Komplementär-Steuereffekten in Form von temporary differences ist weiterhin eine Schätzung des Zeitpunktes zu fordern, in dem jeweils mit der voraussichtlichen Auflösung dieser Bemessungsgrundlage latenter Steuern zu rechnen ist. Der Ansatz und die Bewertung latenter Steuern, die auf der Grundlage von temporary differences bilanziert werden, könnten daraufhin sowohl dem Grunde nach – dies erfordert die aktuelle Fassung des Rahmenkonzepts – als auch der Höhe nach – dies könnte die künftige Ausgestaltung der normativen Grundsätze der IFRS bringen – im Hinblick auf ihre Werthaltigkeit beurteilt werden. Jedenfalls sollte sich die Beurteilung der Eintrittswahrscheinlichkeit aus Gründen der Neutralität sowohl auf passivische als auch auf aktivische temporary differences beziehen. Die Dotierung der Zeiträume, in denen mit einer Auflösung der einzeln bestimmten temporary differences gerechnet wird, sollte weiterhin sowohl die voraussichtliche Entwicklung des handelsrechtlichen Buchwerts berücksichtigen als auch die des zugehörigen Steuerwertes.[868]

Werden die Zeiträume bestimmt, in denen mit einer Auflösung der temporary differences zu rechen ist, bietet sich auch eine Bewertung latenter Steuern zu Barwerten an. Dies würde eine Planung der Bilanzwerte nach IFRS erfordern, die mit den jeweils einschlägigen steuerrechtlichen Regelungen verknüpft ist, um die künftige Entwicklung von temporary differences ermitteln zu können. Diese Planung wäre dann einer nach Berichtsperioden unterteilten Prognose erwirtschafteter zu versteuernder Einkünfte gegenüberzustellen, um die voraussichtlich anfallenden Steuereffekte abzinsen zu können.[869] Mögliche, gegeben-

---

867 Vgl. zur derzeitigen Vorgehensweise Abschnitt C.III.1.ba).

868 Eine alleinige Konzentration auf den handelsrechtlichen Buchwert führt, wie bereits in Abschnitt C.IV.1.b) dargelegt wurde, nur zu einer einseitigen Beurteilung und damit nur zu bedingt nützlichen Resultaten.

869 Vgl. hierzu auch das in Abbildung 20 (S. 120) dargestellte Schema der Einkommensprognose, die bereits nach den derzeitigen Vorschriften in IAS 12.49 erforderlich ist, um den voraussichtlich wirksamen Steuersatz bei progressiven Ertragsteuertarifen bestimmen zu können.

enfalls aus praktischen Gründen erforderliche Vereinfachungen könnten hier in einer Unterscheidung der temporary differences nach Laufzeitbändern liegen.[870] Weitere Vorteile würde die Erfassung des jeweils erwarteten Auflösungszeitpunktes von temporary differences auch für den Ausweis und die zugehörigen Angaben bieten, um den Zeitpunkt absehbarer Entwicklungen der tatsächlichen Steuerbelastung erkennbar machen zu können.

Zu überlegen wäre aus der Perspektive des IASB, ob dieser Detailansatz auch die zusätzlichen Kosten rechtfertigt, die durch eine präzisere Berechnung und Bewertung latenter Steuern zweifellos verursacht werden. Anzunehmen ist aber, dass die Gleichbehandlung von aktivischen wie passivischen temporary differences im Rahmen der Werthaltigkeitsbeurteilung einerseits und die Abschaffung von Ausnahmeregelungen andererseits eher dem Merkmal der Verlässlichkeit entsprechen als die derzeitige Vorgehensweise nach IFRS. Die Erfassung der voraussichtlichen Zeitpunkte, in denen sich temporary differences auflösen, bietet zudem die Möglichkeit, dass durch die Berücksichtigung des Zeitfaktors bei der Bewertung und den Anhangangaben relevantere Informationen im IFRS-Abschluss dargestellt würden, als dies derzeit nach IAS 12 möglich ist. Die Vorschriften dieses Standards lassen ohne die Beachtung eines Zeitfaktors schließlich weitgehend nur die Antizipation tatsächlicher Steuern zu, die für den Fall einer Vollliquidation der berichtenden Einheit zu Buchwerten zu erwarten sind, die zudem nominal bewertet werden.[871] Auch einschlägige Anhangangaben sind diesbezüglich in IAS 12 nicht vorgesehen.[872] Darüber hinaus ist als weiterer Vorteil eines Detailansatzes ein aufgrund fehlender Ausnahmeregelungen erhöhter Grad an Verständlichkeit von IFRS-Abschlüssen zu bedenken.

b) Globalansatz

Im Gegensatz zu dem im Vorabschnitt angedachten höheren Detaillierungsgrad könnte auch eine weniger präzise Berechnung und Bewertung von temporary differences Vorteile gegenüber der derzeit nach IAS 12 erforderlichen Vorgehensweise bieten. Bereits nach IAS 12 setzt sich die Bemessungsgrundlage latenter Steuern aus temporary differences einerseits aus einem Vergleich von Vermögenswerten und Schulden mit ihrem jeweiligen steuerrechtlichen Pendant und anderseits aus sonstigen Steuerwerten zusammen.[873] Der in etwa gleiche Betrag von temporary differences könnte aber auch bestimmt werden, indem das Nettovermögens nach IFRS mit dem nach steuerrechtlichen Vorschriften bestimmten Eigenkapital verglichen wird. Durch eine „Gesamtdifferenzen-

[870] Vgl. mit weiteren pragmatischen Vorschlägen, die zum Teil aufgrund des bei einer Abzinsung zu vernachlässigenden Betrags quasipermanenter Differenzen mit dem sog. partial approach kombiniert werden, Loitz/Rössel 2002, S. 647 ff.; Beechy 1983, S. 45 ff.; Nurnberg 1972, S. 658 ff.

[871] Vgl. Abschnitt C.II.2.c).

[872] Vgl. Abschnitt C.IV.3.

[873] Vgl. hierzu Abschnitt C.II.1.aa).

betrachtung" aller Vermögenswerte und aller Schulden mit ihrem zugehörigen Steuerwert und die Ergänzung mit weiteren, für den IFRS-Abschluss „unsichtbaren" Steuerwerten wird letztlich doch nichts anderes berechnet. Die Berechnung einer solchen *globalen temporary difference* wird schematisch in Abbildung 32 dargestellt.

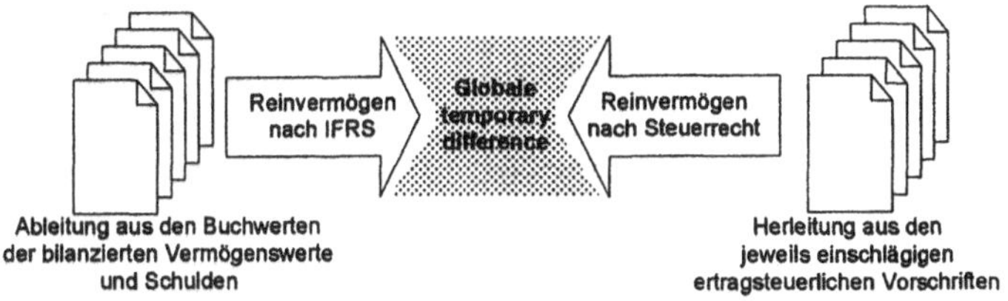

Abbildung 32: Berechnung einer globalen temporary difference

Durch die Berechnung einer globalen temporary difference kann, jeweils auf einzelne Steuersubjekte bezogen, der Betrag ermittelt werden, der gegenüber dem IFRS-Reinvermögen noch zu versteuern oder bereits versteuert ist – ganz im Sinne der nach IAS 12 zu berechnenden temporary differences. Während aber nach den derzeitigen Regelungen temporary differences auf der Grundlage einzelner Vermögenswerte, Schulden und Steuerwerte zu berechnen sind, könnte ein vergleichbares Ergebnis auf dem umgekehrten Weg erzielt werden. Ausgehend von einer Gegenüberstellung des Reinvermögens wäre allein eine Bereinigung um permanente Differenzen erforderlich, um in Form der globalen temporary difference etwa die gleiche Bemessungsgrundlage latenter Steuern ermitteln zu können, wie dies vorbehaltlich der Ausnahmeregelungen bereits nach den derzeitigen Vorschriften des IAS 12 erforderlich ist.

Der Vorteil dieser Vorgehensweise liegt darin, dass erst gar nicht die Einzelberechnung latenter Steuern versucht wird, sondern umgekehrt überlegt wird, welche Gesamtdifferenz zwischen dem Eigenkapital nach IFRS und dem steuerlichen Eigenkapital künftig noch zu versteuern bzw. bereits versteuert ist. Dies dürfte nach der hier vertretenen Auffassung die Berechnung von temporary differences erheblich vereinfachen. Aus organisatorischer Sicht wäre der hier beschriebene Globalansatz mit der Dotierung von outside basis differences im Konzernabschluss vereinbar, denn schließlich setzen auch diese eine Gesamtdifferenzenbetrachtung durch einen Vergleich des IFRS-Reinvermögens mit dem Steuerwert der Anteile an dem jeweils betrachteten Tochterunternehmen voraus.[874]

Als Nachteil dieser Vorgehensweise ist einzuräumen, dass sie keine Prognose der zeitlichen Entwicklung dieser globalen temporary difference zulässt. Eine

[874] Vgl. zur Vorgehensweise Abschnitt C.II.1.ad).

Abzinsung latenter Steuern aus temporary differences muss daher entfallen. Die Bewertung latenter Steuern kann sich vor diesem Hintergrund vielmehr nur auf die Multiplikation mit dem Steuersatz und eine Werthaltigkeitsbeurteilung latenter Steuern beschränken. Da eine Saldierung aktivischer und passivischer temporary differences bereits im Vorfeld ihrer Bewertung stattfindet, bezieht sich die Bewertung dabei nur auf die verbleibende Saldogröße. Ausnahmeregelungen vom temporary concept oder eine imparitätische Behandlung latenter Steuern lässt dieser Gesamtdifferenzenvergleich erst gar nicht zu. Dies ist aus der Perspektive der normativen Grundsätze als Vorteil zu werten, da beide Aspekte der gegenwärtigen Bilanzierung latenter Steuern nach der hier vertretenen Auffassung im Widerspruch zu den Eigenschaften entscheidungsnützlicher Rechnungslegungsinformationen stehen.

Schwierigkeiten technischer Natur könnten in einem Globalansatz aber die Berücksichtigung permanenter Differenzen und die Bestimmung der buchhalterischen Erfassung latenter Steuern bereiten. Die dafür erforderlichen Informationen werden nach der derzeitigen Vorgehensweise nach IAS 12 bei der Dotierung einzelner temporary differences erfasst, die bei einer Berechnung einer globalen temporary difference nicht mehr vorgesehen ist. Unter Kosten-Nutzen-Abwägungen und Wesentlichkeitsaspekten wird jedoch vor diesem Hintergrund zu überlegen sein, inwieweit die präzise Erhebung dieser Informationen erforderlich sein wird – immerhin dürften durch den Globalansatz zur Berechnung latenter Steuern zum einen nur unwesentlich ungenauere Ergebnisse zu erzielen sein, als dies mit den derzeitigen Vorschriften des IAS 12 möglich ist. Zum anderen ist davon auszugehen, dass durch den reduzierten Arbeitsaufwand erhebliche Kostenreduktionen erzielt werden können.

3. Darstellung latenter Steuern im IFRS-Abschluss

Angaben, deren Aussagezweck nicht klar ist, stellen nicht nur einen Arbeitsaufwand mit höchst zweifelhaftem Anwendungsnutzen dar, sondern bergen auch die Gefahr, dass aus externer Sicht nützliche Angaben im IFRS-Anhang schwieriger auszumachen sind. Insoweit reduzieren die derzeit nach IAS 12 erforderlichen Angaben nach der hier vertretenen Auffassung gleich in doppelter Hinsicht die Entscheidungsnützlichkeit der IFRS-Rechnungslegung. Sie sind daher auf ihre Relevanz bei der Erstellung von Prognosen durch den Bilanzadressaten zu überprüfen und entsprechend weiterzuentwickeln.

Grundlegend zu überdenken sind die Angaben zur Bemessungsgrundlage latenter Steuern. Soweit eine Aufstellung von temporary differences als entscheidungsrelevant eingestuft wird, bieten sich zwei Ansätze zur Angabe der Bemessungsgrundlage latenter Steuern an, und zwar unabhängig davon, ob latente Steuern auf der Grundlage von temporary differences auch aktiviert bzw. passiviert werden. So könnte diese Angabe auf der einen Seite im Sinne des in Abschnitt D.II.2.b) dargelegten Globalansatzes zur Dotierung von temporary differences erheblich vereinfacht werden, indem nur die Gesamtdifferenz angegeben wird, gegebenenfalls unterteilt nach den jeweils zugrunde liegenden Steuersätzen bzw. Steuergesetzgebungen. Eine Ausweitung der Angabepflichten würde hingegen auf der anderen Seite im Sinne des in Abschnitt D.II.2.a) angedachten Detailansatzes der Berechnung und Bewertung latenter Steuern ermöglichen. Durch eine detaillierte Angabe der Zeitspannen, innerhalb derer mit der Auflösung von temporary differences zu rechnen ist, gegebenenfalls gekoppelt mit einer Unterscheidung der jeweils zugrunde liegenden Steuerwerte nach Steuergesetzgebung bzw. zumindest nach Steuersätzen, könnte dem Bilanzadressaten ein präziserer Eindruck darüber vermittelt werden, wann und in welcher Höhe mit einem Steuereffekt aus temporary differences zu rechnen ist.[875]

Zu überlegen wäre weiterhin eine Detailaufstellung der Steuerguthaben nach den Steuergesetzgebungen, aus denen sie resultieren, und den jeweils anzuwendenden Steuersätzen. Dies würde die Prognose der künftigen Steuerbelastung unterstützen, beispielsweise für den Fall, dass die berichtende Einheit entweder eine grenzüberschreitende Verlagerung ihrer operativen Tätigkeiten plant oder aber wenn Änderungen in der Steuergesetzgebung mit Auswirkungen auf die voraussichtliche Inanspruchnahme der Steuerguthaben absehbar werden. Beide Aspekte können auf der Grundlage der derzeitigen Mindestvorschriften des IAS 12 nicht aus externer Sicht beurteilt werden. Auch im Zusammenhang mit den der berichtenden Einheit zur Verfügung stehenden Steuerguthaben sollte den Bilanzadressaten im Anhang eine Einschätzung und einhergehende Erläuterung zu den voraussichtlichen Zeitpunkten bzw. Zeitspannen verfügbar gemacht werden, in denen die Verrechnung der Steuerguthaben mit dem zu versteuernden Einkommen erwartet wird. Zusätzlich zu der bereits jetzt erforderlichen Angabe der Verfallsfristen von Steuerguthaben dürfte dies die Prognose künftiger steuerlicher Nutzenzu- bzw. -abflüsse weiter unterstützen. Auf diese Weise wird schließlich nicht nur erkennbar, in welcher Höhe Steuerguthaben bis zu welchem Zeitpunkt steuermindernd nutzbar sind, sondern auch, wann mit einer Inanspruchnahme zu rechnen ist.

Wird zudem dem hier unterbreiteten Vorschlag gefolgt, latente Steuern abzuzinsen, sind weiterhin Angaben zur Ermittlung des Barwerts und des ergebniswirksam erfassten Zinseffektes zu ergänzen. Die dafür erforderliche Berichterstattung im IFRS-Abschluss könnte sich beispielsweise an den nach IAS 36 erforderlichen Angaben zum Nutzungswert orientieren, der ebenfalls auf der

[875] Diese Eindrücke vermittelt die derzeitige Aufteilung latenter Steuern nach „Arten" von temporary differences, wie sie von IAS 12.81 (g) (i) vorgesehen ist, jedenfalls nicht. Vgl. Abschnitt C.IV.3.a).

Grundlage einer Barwert-Betrachtung zu bestimmen ist.[876] Unabhängig vom Detailgrad dieser Angaben sollte dabei aber auf jeden Fall die Grundgesamtheit der bilanzierten latenten Steuern vollständig angegeben werden, und nicht, wie durch die Ausnahmeregelungen nach IAS 12 bedingt, nur lückenhaft. Werden latente Steuern aufgrund einer negativ verlaufenden Werthaltigkeitsbeurteilung nicht bilanziert, sollte auch dies separat angegeben und erläutert werden.

Im Hinblick auf den Aufriss des IFRS-Steuerergebnisses ist im Falle einer grundlegenden Überarbeitung der Bilanzierung von Ertragsteuern nach IFRS vor allem eine zwingende Mindestuntergliederung zu fordern. So sollten vor allem ungewöhnliche und aperiodische Effekte gesondert ausgewiesen werden,[877] allerdings nur im Bezug auf die tatsächliche Ertragsbesteuerung. Die Angaben zu latenten Steuern könnten sich nach der hier vertretenen Auffassung auf unternehmensinterne und unternehmensexterne Eingriffe in die Bewertung latenter Steuern und die Inanspruchnahme von Steuerguthaben beschränken. Würden zudem latente Steuern abgezinst, könnte der von Berichtsperiode zu Berichtsperiode erneut bestimmte Zinseffekt gesondert ausgewiesen werden. Dies würde den Erfolg (bzw. auch den Misserfolg) aus der Barwertoptimierung in der ertragsteuerlichen Gestaltung der berichtenden Einheit sichtbar machen.[878] Schließlich könnte noch die Disaggregation des auf diese Weise aufgerissenen Steuerergebnisses einen präziseren Eindruck darüber vermitteln, inwieweit die berichtende Einheit vom internationalen Steuersatzgefälle Gebrauch macht.[879]

Die Steuerüberleitungsrechnung bietet darüber hinaus vor allem dann interessante Perspektiven, soweit ihre Zielgröße nicht latente Steuern umfasst. Nach der derzeitigen Fassung des IAS 12 wird in der Steuerüberleitungsrechnung letztlich *von erwarteten* Ertragsteuern *auf erwartete* Ertragsteuern übergeleitet, da das IFRS-Steuerergebnis als ihre Zielgröße sowohl tatsächliche als auch latente Steuern umfasst. In der Steuerüberleitungsrechnung könnte stattdessen ausschließlich die Relation zwischen den zu erwartenden Ertragsteuern und den tatsächlichen Ertragsteuern erläutert werden, die sich aufgrund der c.p. zu erwartenden steuerlichen Cashflows unmittelbar auf die tatsächliche Steuerbelastung der berichtenden Einheit auswirken werden. Dieser Perspektivwechsel könnte in Kombination mit einer nach Steuergesetzgebungen bzw. Steuersätzen dis-

[876] Vgl. IAS 36.134; Bartels/Jonas 2006, Tz. 37 ff. Der Nutzungswert (value in use) ist im Rahmen von Wertminderungstests (impairment tests) von bestimmten langfristigen Vermögenswerten dem beizulegenden Zeitwert abzüglich der Veräußerungskosten (fair value less costs to sell) gegenüberzustellen, um eine gegebenenfalls erforderliche außerplanmäßige Abschreibung der überprüften Vermögenswerte gegenüber ihren Buchwerten zu ermitteln.

[877] Dies liegt nach der derzeitigen Fassung von IAS 12 im Ermessen der berichtenden Einheit, da Mindestgliederungsvorschriften im Standard nicht vorgesehen sind.

[878] Dies ist nach der derzeitigen Fassung von IAS 12 nicht möglich. Vgl. Herzig 2003, S. S84 ff.

[879] Zumindest rudimentär wird eine solche Aufteilung nach inländischen und ausländischen Einkünften und darauf entfallenden Ertragsteuern bereits heute von der SEC gefordert. Vgl. SEC Regulation S-X § 210.4-08 (h).

aggregierten Darstellungsweise im Detail darlegen, aus welchen Gründen das IFRS-Vorsteuerergebnis nicht, noch nicht oder nachträglich *tatsächlich* besteuert wird. Hierdurch würdem vor allem die Betrag und die Ursachen der wesentlichen temporary differences und der permanenten Differenzen erkennbar werden. Weiterhin könnte die *Inanspruchnahme und Entstehung von Steuerguthaben* dargelegt werden. Eine solche Überleitungsrechnung tatsächlicher Steuern wird anhand rein fiktiver Zahlen und unter Auslassung der im IFRS-Abschluss erforderlichen Vorjahreszahlen in Abbildung 33 für eine berichtende Einheit dargestellt. Diese ist die hauptsächlich in Deutschland und Nordamerika tätig und wird entsprechend besteuert.

	2008			
Alle Werte in Mio. €	Deutschland	Restl. Westeuropa	Nordamerika	Konzern
Ausgewiesenes Vorsteuerergebnis	657,0	-67,2	325,8	915,6
Durchschnittlicher Steuersatz (Nominal)	37,5%	30,5%	27,5%	34,5%
Erwartete(r) Ertragsteueraufwand/-ertrag	246,4	-20,5	89,6	315,5
Steuerfreie Erträge	-22,1	-2,8	-14,2	-39,1
Steuerlich nicht abzugsfähige Aufwendungen	56,0	–	27,0	83,0
Nachversteuerung aufgrund einer Betriebsprüfung	12,8	–	–	12,8
Temporary differences				
Entstehung	-56,4	-5,0	-15,7	-77,1
Auflösung	64,2	5,5	7,0	76,7
Steuerguthaben				
Entstehung	–	28,3	–	28,3
Inanspruchnahme	-84,7	-10,9	-27,0	-122,6
Sonstiges	-3,7	5,5	5,0	6,8
Tatsächlicher Ertragsteueraufwand	212,5	0,0	71,7	284,2
Durchschnittlicher Steuersatz (Effektiv)	32,3%	0,0%	22,0%	31,0%

Abbildung 33: Überleitungsrechnung tatsächlicher Ertragsteuern

In der vom Verfasser vorgeschlagenen und in Abbildung 33 dargestellten Überleitungsrechnung tatsächlicher Ertragsteuern wird *von der erwarteten Ertragsbesteuerung auf die tatsächliche Ertragsbesteuerung* der berichtenden Einheit übergeleitet. Erkennbar werden dabei nicht nur permanente Differenzen in der Form von steuerfreien Erträgen und steuerlich nicht abzugsfähigen Aufwendungen, sondern auch noch nicht versteuerte bzw. nachträglich zu versteuernde steuerpflichtige Einkünfte in Form von temporary differences. Auch die Inanspruchnahme und Entstehung von Steuerguthaben kann direkt abgelesen werden. Dadurch, dass latente Steuern auf der Grundlage von temporary differences nicht in die Zielgröße der Überleitungsrechnung einbezogen werden, können außerdem Ergebnisse einer Betriebsprüfung dargestellt werden.[880] In der Zeile „Sonstiges" könnten darüber hinaus noch lokale Steuersatzdifferenzen und sonstige Besonderheiten von untergeordneter Bedeutung ausgewiesen werden. Eine erhebliche Erweiterung erfährt die Steuerüberleitungsrechnung gegenüber der derzeitigen Konzeption weiterhin dadurch, dass eine Aufteilung nach den Einflussbereichen unterschiedlicher Steuergesetzgebungen erfolgt.

Diese Abweichungsanalyse der tatsächlichen Ertragsbesteuerung dürfte die Ermittlung einer nachhaltig zu erwartenden Steuerquote nach der hier vertretenen Auffassung mehr unterstützen als eine Steuerüberleitungsrechnung, die latente Steuern als Zielgröße umfasst. Diese kann schließlich bereits rein konzeptionell weitgehend nicht vermitteln, aus welchen Gründen die tatsächliche von der zu erwartenden Steuerbelastung abweicht. Hingegen ist in der hier favorisierten Ausgestaltung einer Steuerüberleitungsrechnung genau zu erkennen, aus welchen Gründen die tatsächliche Steuerbelastung der berichtenden Einheit von der nominal, das heißt aufgrund des Steuersatzes zu erwartenden Steuerbelastung abweicht. Gekoppelt mit Informationen zur Nutzungsfrist und zur Reichweite von Steuerguthaben sowie durch die zusätzliche Disaggregation nach Steuergesetzgebungen und Steuersätzen dürfte diese Konzeption mehr über die Zusammensetzung und Nachhaltigkeit steuerlicher Nutzenzu- bzw. -abflüsse aussagen und damit eine geeignetere Grundlage für die Prognosebildung darstellen, als die Angaben nach den derzeitigen Regelungen des IAS 12. Zu fordern ist aber auch hier eine Mindestuntergliederung, die sich auf ungewöhnliche bzw. von der Norm abweichende Einflussfaktoren auf die tatsächliche Steuerbelastung konzentriert (beispielsweise durch die Hervorhebung steuerfreier Einnahmen und nicht abzugsfähiger Betriebsausgaben). Eine zwingend zu beachtende Mindestgliederung dürfte den Grad der Vergleichbarkeit der IFRS-Rechnungslegung erhöhen.

4. Zusammenfassung

Nach der hier propagierten Skizze zur Optimierung der Konzernbilanzierung latenter Steuern sollten latente Steuern und vor allem die von IAS 12 geforderten Angabepflichten nicht vollumfänglich aus dem IFRS-Regelwerk eliminiert werden. Überlegt werden sollte aber, wie die Bilanzierung von Ertragsteuern im Hinblick auf künftige tatsächliche Steuern, die eigentlich mit latenten Steuern antizipiert werden sollen, insgesamt rationaler gestaltet werden kann.

---

[880] Bei einer Berücksichtigung von temporary differences kompensieren sich in aller Regel latente und tatsächliche Steuern, so dass der Effekt in der Überleitungsrechnung normalerweise nicht erkennbar ist. Vgl. Heuser/Theile/Pawelzik 2006, S. 719; Abschnitt C.IV.2.bb).

Bereits kleinere Modifikationen an den bestehenden Vorschriften von IAS 12 könnten den Entscheidungsnutzen der IFRS-Rechnungslegung merklich erhöhen. Soll aber weiter ausgeholt werden, ist nach der hier vertretenen Auffassung die Bilanzierung latenter Steuern auf Steuerguthaben zu konzentrieren. Zu überlegen ist dann auch, ob eine Abzinsung latenter Steuern, die auf Steuerguthaben basieren, nicht trotz der damit verbundenen zusätzlichen Kosten den Entscheidungsnutzen von IFRS-Abschlüssen in vertretbarer Art und Weise erhöhen würde und daher zwingen vorgeschrieben werden sollte. Temporary differences sollten hingegen wegen ihres streng hypothetischen Charakters und vor allem aufgrund der bilanztheoretischen Diskrepanzen, die ihrem bilanziellen Ansatz inhärent sind, bei der Bilanzierung latenter Steuern ignoriert werden. Wird gleichwohl die fortgesetzte Bilanzierung latenter Steuern auf der Grundlage von temporary differences als erforderlich erachtet, sollte ihre Berechnung und Bewertung entweder erheblich vereinfacht werden – dies würde vermutlich nicht zu wesentlichen Nachteilen gegenüber der derzeitigen Vorgehensweise führen – oder aber erheblich präzisiert werden, was zwar zu zusätzlichen Kosten führen, aber auch den Aussagegehalt latenter Steuern erheblich verbessern dürfte.

In jedem Fall zu überdenken sind die umfangreichen Anhangangaben. Die Angabe von Komplementär-Steuereffekten in Form von temporary differences kann auch hier entweder ignoriert werden, sofern ihr kein Entscheidungsnutzen beigemessen wird. Sollen temporary differences hingegen angegeben werden, ist auch hier entweder ein wesentlich einfacherer oder wesentlich detaillierterer Ansatz erforderlich, je nachdem, wie Kosten und Nutzen gegeneinander aufgewogen werden. Neben zusätzlichen Informationen zur Bemessungsgrundlage latenter Steuern der berichtenden Einheit im Hinblick auf ihre Herkunft, auf ihre voraussichtliche Auflösung und auf gegebenenfalls vorhandene Verfallsdaten sollte aber vor allem das Kernstück der Anhangangaben, die Steuerüberleitungsrechnung, grundlegend überarbeitet werden. Gegenüber ihrer derzeitigen Konzeption sollte hier nicht *von* erwarteten Ertragsteuern *auf* erwartete Ertragsteuern übergeleitet werden,[881] sondern auf tatsächliche Ertragsteuern. Durch die Offenlegung der Gründe, aus denen das IFRS-Vorsteuerergebnis noch nicht, nicht oder bereits mit tatsächlichen Ertragsteuern belastet wurde, dürfte die Steuerüberleitungsrechnung jedenfalls eine bessere Ausgangslage für die Analyse der Steuerbelastung bieten als die derzeitige Konzeption.

---

881 Dies ist zumindest faktisch der Fall, da die Zielgröße sowohl tatsächliche als auch latente Steuern umfasst. Vgl. C.IV.2.b).

III. Schlusswort

In der vorliegenden Untersuchung wurde dargelegt, dass die derzeitige Vorgehensweise in der Konzernbilanzierung latenter Steuern nach IAS 12 nicht den normativen Grundsätzen der IFRS entspricht. Die wesentlichen Kritikpunkte an IAS 12 ergeben sich dabei daraus, dass im Zuge der Bilanzierung latenter Steuern für temporary differences nicht nur zahlreiche Ausnahmeregelungen zu beachten sind, sondern auch mit dem Vergleich von Buchwert und Steuerwert eine systemübergreifende Beziehung hergestellt wird, die nicht in die normativen Grundsätze der IFRS passt.

Es stellt sich in der Folge die Frage, ob diese systemübergreifende Beziehung der Vermittlung entscheidungsrelevanter Informationen durch die Rechnungslegung nach IFRS überhaupt zuträglich ist. Im Vordergrund steht dabei die Überlegung, ob Aktiva und Passiva, die allein auf unterschiedliche Bilanzierungs- und Bewertungsmethoden des Handels- und des Steuerrechts zurückzuführen sind, bereits ökonomische Substanz haben und als Vermögenswerte und Schulden im Sinne der normativen Grundsätze der IFRS bezeichnet werden können.[882] Komplementär-Steuereffekte, wie sie nach IAS 12 in der Form von temporary differences zu dotieren sind, stellen schließlich allein das Resultat unterschiedlicher Rechnungslegungsvorschriften dar. Diese sind zudem meistens auf völlig unterschiedliche Beurteilungseinheiten anzuwenden. Während sich die Rechnungslegung nach IFRS im Regelfall auf den Konzern als berichtende Einheit bezieht, knüpft die Unternehmensbesteuerung schließlich normalerweise davon abweichend an einzelne Steuersubjekte oder an Steuergruppen an, in denen Steuersubjekte zusammengefasst werden.

Aufbauend auf die hier vorgebrachte Kritik ist nach Meinung des Verfassers für die grundlegende konzeptionelle Neuorientierung der Konzernbilanzierung latenter Steuern zu plädieren. Es ist daher zu hoffen, dass das IASB trotz der bereits langwierigen Bemühungen im Rahmen des Short Term Convergence Project – das Projekt dauert bislang mehr als drei Jahre an[883] – als normgebende Instanz der IFRS möglichst bald eine grundlegende Reform der Bilanzierung latenter Steuern einläutet. Als Grundlage können dabei zum Beispiel die in dieser Ausarbeitung aufgezeigten Ansätze zur Optimierung herangezogen werden. Vor dem Hintergrund der absehbaren Fortentwicklung des Rahmenkonzepts bestehen immerhin Chancen, dass ausgehend von den modernisierten normativen Grundlagen der IFRS auch die nicht mit dem Rahmenkonzept im Einklang stehenden Standards überarbeitet werden.

---

[882] Vgl. Rosenfield 1990, S. 99.

[883] Vgl. dazu auch die Übersicht in Anhang A, S. XXIII.

Ausgehend von dieser theoretischen Kritik an der Konzernbilanzierung latenter Steuern nach IAS 12 ist aber auch noch zu bedenken, welche praktische Bedeutung die Bilanzierung latenter Steuern hat. Die gegenwärtig feststellbare Zurückhaltung, mit der der hier untersuchten Materie in der Analysepraxis begegnet wird, wurde bereits in der Einleitung dargelegt. Darüber hinaus ist aber auch darauf hinzuweisen, dass die praktische Bedeutung latenter Steuern nur selten anhand von empirischen Studien überprüft worden ist.[884] Im Rahmen einiger Studien, deren Fokus nur auf Teilaspekten der Bilanzierung latenter Steuern lag,[885] wurde zwar zum Teil dargelegt, dass eine *Korrelation* zwischen den vom Unternehmen ausgewiesenen latenten Steuern und den jeweils am Markt zu beobachtenden Aktienkursen besteht. Deren *Kausalität* ist jedoch zum einen bereits in Anbetracht der Kritikpunkte anzuzweifeln, die in der vorliegenden Untersuchung vorgebracht worden sind. Zum anderen ist infrage zu stellen, ob die zumeist auf der Grundlage von Abschlüssen US-amerikanischer Unternehmen nach US-GAAP durchgeführten Studien auch einer Überprüfung standhalten, indem sie basierend auf IFRS-Abschlüssen international aufgestellter Unternehmen wiederholt würden. Eine praktisch demonstrierbare Kausalität zwischen Aktienkursen (und der damit dargelegten Entscheidungsnützlichkeit der durch latente Steuern vermittelten Rechnungslegungsinformationen) ist vermutlich schließlich so lange nicht zu erwarten, wie sich die von der berichtenden Einheit bilanzierten Ertragsteuern auf eine uneinheitliche Bemessungsgrundlage beziehen. Dies aber würde im Hinblick auf temporary differences nicht nur eine stetige Bilanzierung nach IFRS voraussetzen, was in Anbetracht der weitgreifenden Einführung zahlreicher neuer Rechnungslegungsregeln in den letzten Jahren bereits schwierig sein dürfte. Darüber hinaus müssten auch noch einheitliche Regelungen der reellen Unternehmensbesteuerung gelten – eine Fallkonstellation, von der bei der internationalen Aufstellung von gerade nach IFRS rechnungslegenden Unternehmen nicht auszugehen ist.[886] Solche Rahmenbedingungen sind in Anbetracht zahlreicher Sonderformen und Ausnahmeregelungen der national unterschiedlichen Steuergesetzgebungen auch nicht absehbar. Die praktische Überprüfbarkeit der umfassenden Entscheidungsnützlichkeit latenter Steuern im IFRS-Abschluss auf der Grundlage quantitativer empirischer Untersuchungen wird daher bis auf weiteres nicht möglich sein.

Letztendlich ist aber anzunehmen, dass das IASB beim Thema „Latente Steuern“ nicht an einer strikten „Kundenorientierung“ vorbeikommt. Dabei sind als „Kunden“ nicht die nach IFRS bilanzierenden Unternehmen zu sehen, sondern

---

884 Vgl. mit einer Übersicht White/Sondhi/Fried 2003, S. 305.

885 So wird bspw. der Zusammenhang zwischen Aktienkursen und dem Umfang der von den Unternehmen ausgewiesenen Wertminderung von aktiven latenten Steuern (vgl. dazu bspw. Ayers 1998, S. 195 ff.; Behn/Eaton/Williams 1998, S. 63 ff.) oder der Zusammenhang zwischen Aktienkursen, der Wahrscheinlichkeit von künftigen Steuersatzerhöhungen und dem Betrag der passiven latenten Steuern untersucht (vgl. Givoly/Hayn 1992, S. 406 ff.).

886 Ähnlich hier Debus 2003, Tz. 4.

primär die Bilanzadressaten, zu deren (Entscheidungs-)Nutzen der IFRS-Abschluss erstellt wird.[887] Findet die Bilanzierung latenter Steuern hier kein umfassendes Verständnis in Form eines konkreten Anwendungsnutzens in der Abschlussanalyse, ist diese Materie grundlegend zu überdenken. Wenn zusätzlich – wie dargelegt wurde – noch nicht einmal die normativen Grundsätze des IFRS-Regelwerks berücksichtigt werden, ist nicht nur von einer zweifelhaften Aussagekraft latenter Steuer-Posten im Abschluss auszugehen, sondern auch von der Ausstrahlung dieses Negativeindrucks auf die übrigen Abschlussposten.

Dass das IASB durchaus offen für neue Ansätze bei der Entwicklung von Rechnungslegungsvorschriften ist, zeigt der Fragebogen zur Berichterstattung über den beizulegenden Zeitwert von Finanzinstrumenten. Dieser wurde speziell an die Bilanzadressaten herangetragen, um bereits im Vorfeld der Entwicklung neuer Rechnungslegungsvorschriften herauszufinden, welche Informationen in welcher Form von den „Kunden" der IFRS in diesem Zusammenhang benötigt werden.[888] Eine ähnliche Vorgehensweise wäre sicherlich auch hinsichtlich der Bilanzierung latenter Steuern hilfreich und sinnvoll, um IFRS-Abschlüsse im Hinblick auf latente Steuern mehr auf die Bedürfnisse der Bilanzadressaten zuschneiden zu können. Die vorliegende Untersuchung möge den theoretischen Vorüberlegungen dienen, die dabei notwendig sein werden.

887 Vgl. IFRS R.12 ff.; IASB Discussion Paper S. 2 ff.
888 Vgl. IASB Insight May 2006, S. 19.

Anhang A: Entwicklung der Vorschriften zur Bilanzierung latenter Steuern

Nachfolgend wird die Entwicklung der Vorschriften zur Bilanzierung latenter Steuern in ihren wesentlichen Grundzügen dargestellt. Es zeigt sich, dass die Bilanzierung von Ertragsteuern in Form von latenten Steuern ein echtes „Dauerbrennerthema" in der Rechnungslegung nach US-GAAP und mit der Gründung des IASC auch in der Rechnungslegung nach IFRS darstellt.

Erkennbar sind auch die Parallelen in der Entwicklung der Vorschriften. Insbesondere in den späten 1980er bzw. in den frühen 1990er Jahren richtete sich die Entwicklung von IAS 12 eindeutig nach den US-GAAP. Dort wurde der Übergangszeitpunkt auf den bereits verabschiedeten Standard SFAS 96 mehrfach verschoben. SFAS 109 wurde schließlich verabschiedet, bevor SFAS 96 in Kraft getreten ist.

Die derzeitige Fassung von IAS 12, die aus dem Entwurf E49 hervorging, zeigt bereits wesentliche Ähnlichkeiten mit SFAS 109. Gleichwohl ist eine Angleichung von IAS 12 mit SFAS 109 erst durch das Short Term Convergence Project auf die Agenda des IASB und des FASB gekommen. Die daraus zu erwartende Veröffentlichung einer Neufassung von IAS 12 ist für 2007 zu erwarten und soll mit den Vorschriften in SFAS 109 übereinstimmen.

Jahr	IFRS	US-GAAP
1944		ARB No. 23 „Accounting for Income Taxes" (1953 zu ARB No. 43 hinzugefügt)
(...)		
1962		APBO 2: „Accounting for the Investment Credit"
(...)		
1964		APBO 4: „Accounting for the Investment Credit (Amendment of APBO 2)"
(...)		
1967		APB Opinion 11 "Accounting for Income Taxes"
(...)		
1973	Gründung des International Accounting Standards Committee (IASC)	Gründung des Financial Accounting Standards Board (FASB)
(...)		
1978	Exposure Draft E 13, „Accounting for Taxes on Income"	
1979	IAS 12 „Income Taxes" erscheint in der Ursprungsfassung	

Jahr	IFRS	US-GAAP
1980		SFAS 37 "Balance Sheet Classification of Deferred Income Taxes—an amendment of APB Opinion No. 11"
1981	Arbeitsgruppe "Latente Steuern" mit Standardsettern den Niederlanden, Großbritannien und den USA. Ein Arbeitsergebnis ist aus heutiger Perspektive nicht nachvollziehbar.	
(...)		
1983		Discussion Memorandum - an analysis of issues related to Accounting for Income Taxes (Kommentierungsfrist: April 1984)
(...)		
1987		SFAS 96 "Accounting for Income Taxes"
1988		SFAS 100 "Accounting for Income Taxes-Deferral of the Effective Date of FASB Statement No. 96—an amendment of FASB Statement"
1989	E33 Exposure Draft 33 "Accounting for Taxes on Income" erscheint. Das Rahmenkonzept der IFRS-Rechnungslegung "Framework for the Preparation and Presentation of Financial Statements" wird vom IASC verabschiedet	SFAS 103 "Accounting for Income Taxes-Deferral of the Effective Date of FASB Statement No. 96—an amendment of FASB Statement No. 96"
(...)		
1991		Accounting for Income Taxes-Deferral of the Effective Date of FASB Statement No. 96—an amendment of FASB Statement No. 6"
1992		SFAS 109 "Accounting for Income Taxes"
1994	IAS 12 (1979) was reformatted E49, „Income Taxes" erscheint	
(...)		
1996	IAS 12 (rev. 1996), Umsetzung von E49	
1997		
(...)		
2001	IAS 12 (rev. 2000): E 68 (Income tax consequences of dividends) Das International Accounting Standards Board (IASB) übernimmt die Aktivitäten vom International Accounting Standards Committee.	
(...)		
2003	IASB / FASB Short Term Convergence: Income Taxes	
(...)		
2007	Erwartet (1. Hälfte 2007): Exposure Draft Erwartet (2. Hälfte 2007): IFRS	

Anhang B: Überblick über die Vorschriften des IAS 12

IAS 12 *Ertragsteuern* ist in seiner aktuellen Fassung wie folgt strukturiert:

Tabelle 8: Struktur des IAS 12

IAS 12 Paragraph	Income Taxes Contents	Ertragsteuern Inhaltsverzeichnis
	Objective	Zielsetzung
1-4	Scope	Anwendungsbereich
5-11	Definitions	Definitionen
12-14	Recognition of current tax liabilities and current tax assets	Bilanzierung von tatsächlichen Steuerschulden und latenten Steuererstattungsansprüchen
15-45	Recognition of deferred tax liabilities and deferred tax assets	Bilanzierung von latenten Steuerschulden und latenten Steuererstattungsansprüchen
46-56	Measurement	Bewertung
57-68	Recognition of current and deferred tax	Ansatz tatsächlicher und latenter Steuern
69-78	Presentation	Darstellung
79-88	Disclosure	Angaben
89-91	Effective Date	Zeitpunkt des Inkrafttretens
	Appendices:	Anhang
	A. Examples of temporary differences	A. Beispiele temporärer Differenzen
	B. Illustrative Computations and Presentations	B. Beispiele zur Berechnung und zur Darstellung

Die Gliederung von IAS 12 lässt nicht durchgängig erkennen, welche Regelungen sich in den einzelnen Abschnitten verbergen:[889]

- So erscheinen gleich an mehreren Stellen Gliederungspunkte mit der Bezeichnung *recognition*. Die deutsche Übersetzung übergeht die Doppelnennung und unterscheidet zwischen „Bilanzierung" und „Ansatz".

- Der zunächst weit greifende Gliederungspunkt „Bilanzierung" befasst sich darüber hinaus im Wesentlichen mit der Ermittlung einer Bemessungsgrundlage latenter Steuern, die in der vorliegenden Untersuchung Gegenstand von Abschnitt C.II.1 ist.

[889] Als aus heutiger Sicht obsolet aufzufassen sind die Regelungen zum Zeitpunkt des Inkrafttretens (IAS 12.89-91). Sie werden nachfolgend daher nicht weiter beachtet.

- Der als „Ansatz“ bezeichnete Gliederungspunkt in IAS 12.57-68 enthält Vorschriften, welche die buchhalterische Erfassung latenter Steuern regeln, die vor allem in Abschnitt C.II.3 gewürdigt werden. Wie in Abschnitt C.II.1.bb) dargelegt wird, spielen aber auch die unter „Bewertung“ aufgeführten Vorschriften eine Rolle hinsichtlich des Ansatzes latenter Steuervermögenswerte und -schulden.

- Vergleichsweise deutlich heben sich allein die Vorschriften zum Ausweis und zu den ergänzenden Angaben latenter Steuern von den übrigen Regelungen des IAS 12 ab. Sie werden in der vorliegenden Untersuchung in Abschnitt C.IV behandelt.

- Die Bilanzierung latenter Steuern unter dem Aspekt der Konzernabschlusserstellung wird außerdem gesondert in Abschnitt C.III gewürdigt, da IAS 12 nicht zwischen der Anwendung im Konzernabschluss und dem Einzelabschluss differenziert und entsprechend keine spezifischen Bilanzierungsvorschriften diesbezüglich vorhanden sind.[890]

[890] Vgl. Weißenberger 2001, Tz. 72.

Anhang C: Kriterien der Werthaltigkeitsbeurteilung aktiver latenter Steuern

Die nachfolgende Tabelle stellt die originalen Textstellen des IAS 12 zur Werthaltigkeitsbeurteilung aktiver latenter Steuern zusammen. Die linke Seite zeigt die Kriterien, die bei der Bilanzierung aktivischer temporary differences zu berücksichtigen sind. Anhand der Hervorhebungen wird gegenüber der rechten Spalte deutlich, in der die Kriterien zur Werthaltigkeitsbeurteilung von Steuerguthaben aufgeführt sind, dass es sich um die gleichen Kriterien handelt.

Die Ziffern (1) – (4) in der ersten Spalte korrespondieren mit den insgesamt vier in Abschnitt C.II.2.bb) in aggregierter Form dargestellten Kriterien zur Werthaltigkeitsbeurteilung latenter Steuern.[891]

	Aktivische temporary differences	**Steuerguthaben**
		IAS 12.35 "Die Kriterien für die Bilanzierung latenter Steueransprüche aus Vorträgen noch nicht steuerlicher genutzter Verluste und Steuergutschriften sind **die gleichen wie die Kriterien für die Bilanzierung latenter Steueransprüche aus abzugsfähigen temporären Differenzen**. Allerdings spricht das Vorhandensein noch nicht genutzter steuerlicher Verluste deutlich dafür, dass zukünftiges zu versteuerndes Ergebnis möglicherweise nicht zur Verfügung stehen wird. [...]"
	IAS 12.28 "Es ist **wahrscheinlich**, dass **zu versteuerndes Ergebnis** zur Verfügung stehen wird, gegen das ein abzugsfähiger temporäre Differenz verwendet werden kann,	IAS 12.36 "Bei der Beurteilung der **Wahrscheinlichkeit**, ob ein **zu versteuerndes Ergebnis** zur Verfügung stehen wird, gegen das noch nicht genutzte steuerliche Verluste oder noch nicht genutzte Steuergutschriften verwendet werden können, sind von einem Unternehmen die folgenden Kriterien zu beachten:
(1)	wenn ausreichende **zu versteuernde temporäre Differenzen** in Bezug auf die gleiche Steuerbehörde und das gleiche Steuersubjekt vorhanden sind, deren Umkehrung erwartet wird:	(a) ob das Unternehmen **ausreichend zu versteuernde temporäre Differenzen** in Bezug auf die gleiche Steuerbehörde und das gleiche Steuersubjekt hat, woraus zu versteuernde Beträge erwachsen, gegen die die noch nicht genutzten steuerlichen Verluste oder noch nicht genutzten Steuergutschriften vor ihrem Verfall verwendet werden können;
	(a) in der gleichen Periode wie die erwartete Umkehrung der abzugsfähigen temporären Differenz; oder (b) in Perioden, in die steuerliche Verluste aus dem latenten Steueranspruch zurückgetragen oder vorgetragen werden können. In solchen Fällen wird der latente Steueranspruch in der Periode, in der die abzugsfähigen temporären Unterschiede entstehen, bilanziert."	

[891] Vgl. dazu die Ausführungen in Abschnitt C.II.2.bb), S. 126.

	Aktivische temporary differences (Fortsetzung von Seite XXVII)		Steuerguthaben	
	IAS 12.29	"Liegen keine ausreichenden zu versteuernden temporären Differenzen in Bezug auf die gleiche Steuerbehörde und das gleiche Steuersubjekt vor, wird der latente Steueranspruch bilanziert, soweit:	IAS 12.36	
(2)	(a)	es **wahrscheinlich** ist, dass dem Unternehmen **ausreichende zu versteuernde Ergebnisse** in Bezug auf die gleiche Steuerbehörde und das gleiche Steuersubjekt in der Periode der Umkehrung der abzugsfähigen temporären Differenz (oder in den Perioden, in die ein steuerlicher Verlust infolge eines latenten Steueranspruches zurückgetragen oder vorgetragen werden kann) zur Verfügung stehen werden. **Bei der Einschätzung, ob ausreichend zu versteuerndes Ergebnis in zukünftigen Perioden zur Verfügung stehen wird, lässt ein Unternehmen zu versteuernde Beträge außer Acht, die sich aus dem in zukünftigen Perioden erwarteten Entstehen von abzugsfähigen temporären Differenzen ergeben, weil der latente Steueranspruch aus diesen abzugsfähigen temporären Differenzen seinerseits zukünftiges zu versteuerndes Ergebnis voraussetzt, um genutzt zu werden; oder**	(b)	ob es **wahrscheinlich** ist, dass das Unternehmen **zu versteuernde Ergebnisse** erzielen wird, bevor die noch nicht genutzten steuerlichen Verluste oder noch nicht genutzten Steuergutschriften verfallen;
(3)	(b)	es bieten sich dem Unternehmen **Steuergestaltungsmöglichkeiten** zur Erzeugung von zu versteuerndem Ergebnis in geeigneten Perioden."	(d)	ob dem Unternehmen **Steuergestaltungsmöglichkeiten** (siehe Paragraph 30) zur Verfügung stehen, die zu versteuerndes Ergebnis in der Periode erzeugen, in der die noch nicht genutzten steuerlichen Verluste oder noch nicht genutzten Steuergutschriften verwendet werden können (; und, d. Verf.)
(4)	IAS 12.31	"Weist ein Unternehmen in der näheren Vergangenheit eine Folge von Verlusten auf, so hat es die Anwendungsleitlinien der Paragraphen 35 und 36 zu beachten."	(c)	ob die noch nicht genutzten steuerlichen Verluste aus identifizierbaren Ursachen stammen, welche aller Wahrscheinlichkeit nach nicht wiederauftreten [...] Der latente Steueranspruch wird in dem Umfang nicht bilanziert, in dem es unwahrscheinlich erscheint, dass zu versteuernde Ergebnis zur Verfügung stehen wird, gegen das die noch nicht genutzten steuerlichen Verluste oder noch nicht genutzten Steuergutschriften verwendet werden können."

Quellenverzeichnis

Literaturverzeichnis

Adrian 2004
Adrian, Gerrit: Tax Reconciliation im HGB- und IAS/IFRS-Konzernabschluss, Dissertation, Marburg 2004.

Alexander/Archer 2003
Alexander, David; Archer, Simon: Miller International Accounting Standards Guide 2003, New York (USA) 2003.

Alexander/Britton/Jorissen 2003
Alexander, David; Britton, Anne; Jorissen, Ann: International Financial Reporting and Analysis, Mitchham (GB) 2003.

Altendorf 2003
Altendorf, Klaus: Vor- und nachorganschaftliche Verluste. In: GmbH-Steuerberater 2003, S. 137-140.

App 2003
App, Jürgen G.: Latente Steuern nach IAS, US-GAAP und HGB. In: Kapitalmarktorientierte Rechnungslegung 2003, S. 209-214.

Ayers 1998
Ayers, Benjamin C.: Deferred Tax under SFAS No. 109: An Empirical Investigation of its Incremental Value-Relevance Relative to APB No. 11. In: The Accounting Review April 1998, S. 195-212.

Baetge/Dörner/Kleekämper et al.
Baetge, Jörg; Dörner, Dietrich; Kleekämper, Heinz (Hrsg.): Rechnungslegung nach International Accounting Standards (IAS), 2. Auflage, Hannover/München/Münster/Stuttgart 2005 (Stand: Ergänzungslieferung Juni 2005).

Baetge/Kirsch/Thiele 2004
Baetge, Jörg; Kirsch, Hans-Jürgen; Thiele, Stefan: Konzernbilanzen, 7. Auflage, Münster/Hannover 2004.

Baetge/Schulze 2002
Baetge, Jörg; Schulze, Dennis: IAS 27 Konzernabschlüsse und Bilanzierung von Anteilen an Tochterunternehmen. Aus: Baetge, Jörg; Dörner, Dietrich; Kleekämper, Heinz et al. (Hrsg.): Rechnungslegung nach International Accounting

Standards (IAS) Hannover/München/Münster/Stuttgart 2005 (Stand: Ergänzungslieferung Juni 2005).

Baetge/Zülch 2001
Baetge, Jörg; Zülch, Henning: Fair Value-Accounting. In: Betriebswirtschaftliche Forschung und Praxis 2001, S. 543-562.

Bailey/Wild 2000
Bailey, Georgette T.; Wild, Ken: International Accounting Standards. A Guide to Preparing Accounts, 2. Auflage, London (GB) 2000.

Baker/Lembke/King 2002
Baker, Richard E.; Lembke, Valdean C.; King, Thomas E.: Advanced Financial Accounting, 5. Auflage, Boston (USA) 2001.

Ballwieser 2002
Ballwieser, Wolfgang: Informations-GoB - auch im Lichte von IAS und US-GAAP. In: Kapitalmarktorientierte Rechnungslegung 2002, S. 115-121.

Bartels/Jonas 2006
Bartels, Peter; Jonas, Martin: § 27. Wertminderungen. Aus: Bohl, Werner; Riese, Joachim; Schlüter, Jörg (Hrsg.): Beck'sches IFRS-Handbuch Kommentierung der IFRS/IAS. 2. Auflage, Hamburg/Düsseldorf 2006, S. 739-774.

Bay/Bruns 2000
Bay, Wolf; Bruns, Hans-Georg: Internationalisierung der Unternehmenspublizität als Folge Globaler Unternehmenstätigkeit. Aus: Haller, Axel; Raffournier, Bernhard; Walton, Peter (Hrsg.): Unternehmenspublizität im internationalen Wettbewerb Linz 2000, S. 709-754.

Bazley/Tripp 1989
Bazley, John D.; Tripp, John C.: The Corporate Alternative Minimum Tax: Impacts on Financial Reporting. In: Accounting Horizons, March 1989, S. 54-62.

Beechy 1983
Beechy, Thomas H.: Accounting for Corporate Income Taxes: Conceptual Considerations and Empirical Analysis A Research Study, Toronto (Kanada) 1983.

Behn/Eaton/Williams, 1998
Behn, Bruce K.; Eaton, Tim V.; Williams, Jan R.: The Determinants of the Deferred Tax Allowance Account Under SFAS No. 109. In: Accounting Horizons, March 1998, S. 63-78.

Berresford/Best/Craig 1983
Berresford, Dennis R.; Best, Lawrence C.; Craig, Paul W.; Weber, Joseph V.: Accounting for Income Taxes: A Review of Alternatives, Cleveland (USA) 1983.

Bieg/Kußmaul 2003
Bieg, Hartmut; Kußmaul, Heinz: Externes Rechnungswesen, 3. Auflage, Saarbrücken 2003.

Black 1966
Black, Homer Augustus: Interperiod Allocation of Corporate Income Taxes, New York (USA) 1966.

Böcking/Dutzi, 2002
Böcking, Hans-Joachim; Dutzi, Andreas: Internationale Rechnungslegung mit Blick auf 2005. In: Datenverarbeitung Steuer Wirtschaft Recht 2002, S. 358-360.

Böcking/Sittmann-Haury 2003
Böcking, Hans-Joachim; Sittmann-Haury, Caroline: Foderungsbewertung – Anschaffungskosten versus Fair Value. In: Betriebs-Berater 2003, S. 195-200.

Bohl 2006
Bohl, Werner: § 21. Segmentberichterstattung. Aus: Bohl, Werner; Riese, Joachim; Schlüter, Jörg (Hrsg.): Beck'sches IFRS-Handbuch Kommentierung der IFRS/IAS. 2. Auflage, Hamburg/Düsseldorf 2006, S. 539-556.

Bohl/Mangliers 2006
Bohl, Werner; Mangliers, Olaf: § 2. Ansatz, Bewertung und Ausweis sowie zugrunde liegende Prinzipien. Aus: Bohl, Werner; Riese, Joachim; Schlüter, Jörg (Hrsg.): Beck'sches IFRS-Handbuch Kommentierung der IFRS/IAS. 2. Auflage, Hamburg/Düsseldorf 2006, S. 17-55.

Bohl/Riese/Schlüter 2006
Bohl, Werner; Riese, Joachim; Schlüter, Jörg (Hrsg.): Beck'sches IFRS-Handbuch Kommentierung der IFRS/IAS, 2. Auflage, Hamburg/Düsseldorf 2006.

Bomm/Mittermaier/Müssener 2006
Bomm, Brigitte, Mittermaier, Johannes; Müssener, Ingo: USA. Aus: Mennel, Annemarie; Förster, Jutta (Hrsg.): Steuern in Europa, Asien und Amerika, Herne 2006 (Stand: 60. Ergänzungslieferung).

Bonham/Curtis/Davies 2004
Bonham, Mike; Curtis, Matthew; Davies, Mike; et al.: International GAAP 2005, Generally Accepted Accounting Practice under International Financial Reporting Standards, London (GB), 2004.

Börger/Elprana 2005
Börger, Christopher; Elprana, Kai: Die Bilanzierung des Handelswechsels nach IFRS. Eine Darstellung unter besonderer Berücksichtigung des Ansatz- und Ausbuchungsvorschriften des IAS 39. In: Deutsches Steuerrecht 2005, S. 1707-1712.

Brecht 2002
Brecht, Angelika: Die erfolgswirtschaftliche Analyse von US-GAAP-Abschlüssen, Dissertation, München 2002.

Buckley 1972
Buckley John W.: Income Tax Allocation: An Inquiry Into Problems of Methology & Estimation, Los Angeles (USA) 1972.

Bullen/Crook 2005
Bullen, Halsley G.; Crook, Kimblery: Revisiting the Concepts. A New Conceptual Framework, o.O., 2005
(Download unter http://www.fasb.org/project/communications_paper.pdf).

Busse von Colbe/Ordelheide/Gebhardt/Pellens 2003
Busse von Colbe, Walther; Ordelheide, Dieter; Gebhardt, Günther; Pellens, Bernhard: Konzernabschlüsse, 7. Auflage, Wiesbaden 2003

Cairns 1995
Cairns, David: A Guide to Applying International Accounting Standards, Filey (GB) 1995.

Castan et al. 2005
Castan, Edgar; Böcking, Hans-Joachim; Heymann, Gerd; Pfitzer, Norbert; Scheffler, Eberhard (Hrsg.): Beck'sches Handbuch der Rechnungslegung, München 2005 (Stand: 24. Ergänzungslieferung Dezember 2005).

Chaney/Jeter 1989
Chaney, Paul K.; Jeter, Debra C.: Accounting for Deferred Income Taxes: Simplicity? Usefulness? In: Accounting Horizons, June 1989, S. 6-13.

Clark 1996
Clark, Peter: Farewell, deferral method. In: Accountancy, November 1996, S. 58.

Coenenberg 2005
Coenenberg, Adolf G.: Jahresabschluss und Jahresabschlussanalyse Betriebswirtschaftliche, handelsrechtliche, steuerrechtliche und internationale Grundsätze - HGB, IFRS und US-GAAP, 20. Auflage, Augsburg 2005.

Coenenberg/Hille 2003
Coenenberg, Adolf G.; Hille, Klaus: IAS 12 Ertragsteuern. Aus: Baetge, Jörg; Dörner, Dietrich; Kleekämper, Heinz et al. (Hrsg.): Rechnungslegung nach International Accounting Standards (IAS) Hannover/München/Münster/Stuttgart 2005 (Stand: Ergänzungslieferung Juni 2005).

Comiskey/Mulford 2000
Comiskey, Eugene E.; Mulford, Charles W.: Guide to Financial Reporting and Analysis, New York (USA) 2000.

Cook/Connor/Crisp 2005
Cook, David; Connor, Larissa; Crisp, Richard; et al.: IFRS / US GAAP Comparison. A comparison between International Financial Reporting Standards and US GAAP by the Financial Reporting Group of Ernst & Young, 3. Auflage, London (UK) 2005.

Dahlke/von Eitzen 2003
Dahlke, Jürgen; von Eitzen, Bernd: Steuerliche Überleitungsrechnung im Rahmen der Bilanzierung latenter Steuern nach IAS 12. In: Der Betrieb 2003, S. 2237-2243.

Dangel/Hofstetter/Otto 2001
Dangel, Peter; Hofstetter, Ulrich; Otto, Patrick: Analyse von Jahresabschlüssen nach US-GAAP und IAS, Stuttgart 2001.

Debatin/Wassermeyer 2006
Debatin, Helmut; Wassermeyer, Franz (Hrsg.): Doppelbesteuerung. Kommentar zu allen deutschen Doppelbesteuerungsabkommen, München 2006 (Stand: Ergänzungslieferung Januar 2006).

Debus 2003
Debus, Christian: C 440 Latente Steuern (Neufassung, Stand Juni 2003, 19. Ergänzungslieferung). Aus: Castan, Edgar; Böcking, Hans-Joachim; Heymann, Gerd; Pfitzer, Norbert; Scheffler, Eberhard (Hrsg.): Beck'sches Handbuch der Rechnungslegung, München 2005 (Stand: 24. Ergänzungslieferung Dezember 2005).

Demming 1997
Demming, Claudia: Grundlagen der internationalen Rechnungslegung, Dissertation, München 1997.

Doll 2006
Doll, Reiner Peter: § 22. Leasing. Aus: Bohl, Werner; Riese, Joachim; Schlüter, Jörg (Hrsg.): Beck'sches IFRS-Handbuch Kommentierung der IFRS/IAS. 2. Auflage, Hamburg/Düsseldorf 2006, S. 557-589.

Dörr 2004
Dörr, Ingmar: Abschaffung oder Erweiterung der Organschaft? Zu den möglichen Konsequenzen der Rechtssache "Marks and Spencer plc". In: Internationales Steuer-Recht 2004, S. 265-272.

Dörr/Küppers 2005
Dörr, Ingmar; Küppers, Christoph: Überblick über das Steuerrecht der Niederlande. In: Internationale Wirtschaftsbriefe 2005, S. 581-594.

Dötsch 2004
Dötsch, Ewald: § 5 Organschaftskonzerne. Aus: Kessler, Wolfgang; Kröner, Michael; Köhler, Stefan (Hrsg.): Konzernsteuerrecht Organisation – Recht – Steuern, Frankfurt am Main/Freiburg im Breisgau 2004. S. 153-224.

Doubledee 2007
Dobledee, David: Why examination regulation does matter. How to timely complete and submit a thesis. In: The HoF Society Magazine 2007, S. 1910-1977.

Drescher 2002
Drescher, Sebastian: Zur Zukunft des Maßgeblichkeitsgrundsatzes – US-GAAP orientierte Reform des handelsrechtlichen Bilanzsystems, Dissertation, Berlin 2002.

Driesch 2006
Driesch, Dirk: § 44. Änderungen der Bilanzierungs- und Bewertungsmethoden, Änderungen von Schätzungen und Fehlerberichtigungen. Aus: Bohl, Werner; Riese, Joachim; Schlüter, Jörg (Hrsg.): Beck'sches IFRS-Handbuch Kommentierung der IFRS/IAS. 2. Auflage, Hamburg/Düsseldorf 2006, S. 1177-1191.

Drinkwater/Edwards 1965
Drinkwater, David; Edwards, James Don: The Nature of Taxes and the Matching Principle. In: The Accounting Review 1965, S. 579-582.

Dunn 1988
Dunn, John: A Framework for a Framework Before Standard Setters resolve the conceptual framework issue, they must answer a fundmental question: who are the "users" of accounts? In: Accountancy, December 1988, S. 24-25.

Ebling 1989
Ebling, Paul: Accountants and the seven year itch. In: Accountancy, June 1989, S. 22-23.

Ellrott/Brendt 2006
Elrott: § 255 Anschaffungs- und Herstellungskosten. Aus: Ellrott, Helmut; Förschle, Gerhart; Hoyos, Martin; Winkejohann, Norbert (Hrsg.): Beck'scher Bilanz-Kommentar Handels und Steuerbilanz, 6. Auflage, Frankfurt am Main/Hannover/München 2006. S. 590-691.

Ellrott/Förschle/Hoyos/Winkeljohann 2006
Ellrott, Helmut; Förschle, Gerhart; Hoyos, Martin; Winkejohann, Norbert (Hrsg.): Beck'scher Bilanz-Kommentar Handels und Steuerbilanz, 6. Auflage, Frankfurt am Main/Hannover/München 2006.

Elrott/Aicher 2006
Elrott, Helmut; Aicher, Hans-Peter: § 325 Offenlegung. Aus: Ellrott, Helmut; Förschle, Gerhart; Hoyos, Martin; Winkejohann, Norbert (Hrsg.): Beck'scher Bilanz-Kommentar Handels und Steuerbilanz, 6. Auflage, Frankfurt am Main/Hannover/München 2006, S. 2129-2157.

Elrott/Brendt 2006
Elrott, Helmut; Brendt, Peter: § 255 Anschaffungs- und Herstellungskosten. Aus: Ellrott, Helmut; Förschle, Gerhart; Hoyos, Martin; Winkejohann, Norbert (Hrsg.): Beck'scher Bilanz-Kommentar Handels und Steuerbilanz, 6. Auflage, Frankfurt am Main/Hannover/München 2006, S. 590-700.

Endres 2003
Endres, Dieter: Konzernbesteuerung in wichtigen Industriestaaten. Aus: Herzig, Norbert (Hrsg.): Organschaft, Köln 2003, S. 461-482.

Epstein/Mirza 2006
Epstein, Barry J.; Mirza, Abbas Ali: Wiley IFRS 2006. Interpretation and Application of International Financial Reporting Standards, o.O. (USA) 2006.

Ernsting 2001
Ernsting, Ingo: Auswirkungen des Steuersenkungsgesetzes auf die Steuerabgrenzung in Konzernabschlüssen nach US-GAAP und IAS. In: Die Wirtschaftsprüfung 2001, S. 11-22.

Ernsting/Loitz 2004
Ernsting, Ingo; Loitz, Rüdiger: Zur Bilanzierung latenter Steuern bei Personengesellschaften nach IAS 12. In: Der Betrieb 2004, S. 1053-1060.

Fischer 2002
Fischer, Wolfgang-Wilhelm: Bilanzierung von latenten Steuern (deferred taxes) nach IAS 12 (rev. 2000) (Teil A/B). In: Buchführung Bilanzierung Kostenrechnung 2002, S. 885-896; 949-955.

Förschle 2006
Förschle, Gerhart: Kommentierung des § 244 HGB. Aus: Ellrott, Helmut; Förschle, Gerhart; Hoyos, Martin; Winkejohann, Norbert (Hrsg.): Beck'scher Bilanz-Kommentar Handels und Steuerbilanz, 6. Auflage, Frankfurt am Main/Hannover/München 2006, S. 74-76.

Förschle/Kroner 1996
Förschle, Gerhart; Kroner, Matthias: International Accounting Standards: Offene Fragen zur künftigen Steuerabgrenzung - Ein Beitrag zur Novellierung von IAS 12. In: Der Betrieb 1996, S. 1633-1639.

Franz/Winkler 2005
Franz, Klaus-Peter; Winkler, Carsten: Unternehmenssteuerung und IFRS Grundlagen und Praxisbeispiele, Düsseldorf 2005.

Frotscher 2004
Frotscher, Gerrit: § 8b Beteiligungen an anderen Körperschaften und Personenvereinigungen. Aus: Frotscher, Gerrit; Maas, Ernst (Hrsg.): Praxis Kommentar Körperschaftsteuergesetz Umwandlungssteuergesetz, Freiburg 2006 (Stand: 86. Ergänzungslieferung Mai 2006).

Frotscher/Maas 2006
Frotscher, Gerrit; Maas, Ernst (Hrsg.): Praxis Kommentar Körperschaftsteuergesetz Umwandlungssteuergesetz, Freiburg 2006 (Stand: 86. Ergänzungslieferung Mai 2006).

Frowein/Lüdenbach 2003
Frowein, Nils; Lüdenbach, Norbert: Der Goodwill-Impairment-Test aus Sicht der Bewertungspraxis. In: Finanzbetrieb 2003, S. 65-72.

Fuchs 2000
Fuchs, Markus: Anwendungshinweise zu IAS 12 "Income Taxes". In: Der Betrieb 2000, S. 1925-1928.

Geiger 2002a
Geiger, Uli: Die Ertragsbesteuerung der Konzernunternehmung in den Niederlanden nach dem Konzept der fiskalen Einheit. In: Internationale Wirtschaftsbriefe 2002, S. 361-364.

Geiger 2002b
Geiger, Uli: Die Ertragsbesteuerung der Konzernunternehmung in Großbritannien im Rahmen der Einzelveranlagung. In: Internationale Wirtschaftsbriefe 2002, S. 397-400.

Gerbaulet 1999
Gerbaulet, Christian: Reporting Comprehensive Income - Die Bestrebungen des FASB, des ASB und des IASC, Dissertation, Oestrich-Winkel 1999.

Givoly/Hayn 1992
Givoly, Dan; Hayn, Carla: The Valuation of the Deferred Tax Liability: Evidence from the Stock Market. In: The Accounting Review, April 1992, Seite 394-410.

Gräbsch 2002
Gräbsch, Ivonne: Bilanzierung latenter Steuern im Konzernabschluss nach DRS 10. In: Steuern und Bilanzen 2002, S. 743-750.

Gröner/Marten/Schmid 1997
Gröner, Susanne; Marten, Kai-Uwe; Schmid, Sonja: Latente Steuern im internationalen Vergleich. Analyse der Bilanzierungsvorschriften in der BRD, Großbritannien, den USA und nach IAS 12 (revised). In: Die Wirtschaftsprüfung 1997, S. 479-488.

Haller/Raffournier/Walton 2000
Haller, Axel; Raffournier, Bernhard; Walton, Peter (Hrsg.): Unternehmenspublizität im internationalen Wettbewerb, Linz 2000.

Haller/Schloßgangl 2003
Haller, Axel; Schloßgangl, Maria: Notwendigkeit einer Neugestaltung des Performance Reporting nach International Accounting (Financial Reporting) Standards - Konzeptionelle und Empirische Evidenzien. In: Kapitalmarktorientierte Rechnungslegung 2003, S. 317-327.

Hannemann/Pfeffermann 2003
Hannemann, Susanne; Peffermann, Petra: IAS-Konzernsteuerquote: Begrenzte Aussagekraft für die steuerliche Performance eines Konzerns. In: Betriebs-Berater 2003, S. 727-733.

Harms/Küting 1985
Harms, Jens E.; Küting, Karlheinz: Probleme latenter Steuern im Entwurf des Bilanzrichtlinie-Gesetzes Eine Stellungnahme zum Beitrag von Siegel. In: Betriebs-Berater 1985, S. 94-101.

Hasenburg/Dräxler 2006
Hasenburg, Christof; Dräxler, Manfred: Die geplanten Änderungen zur Darstellung von IFRS-Abschlüssen - Der Exposure Draft des IAS 1. In: Kapitalmarktorientierte Rechnungslegung 2006, S. 289-298.

Hayn 1994
Hayn, Sven: Die International Accounting Standards (Teil I) - Ihre grundlegende Bedeutung für die internationale Harmonisierung der Rechnungslegung sowie eine Darstellung wesentlicher Unterschiede zu den einzelgesellschaftlichen Normen des HGB. In: Die Wirtschaftsprüfung 1994, S. 713-721.

Hayn 2006a
Hayn, Benita: § 34. Equity-Methode. Aus: Bohl, Werner; Riese, Joachim; Schlüter, Jörg (Hrsg.): Beck'sches IFRS-Handbuch Kommentierung der IFRS/IAS. 2. Auflage, Hamburg/Düsseldorf 2006, S. 943-978.

Hayn 2006b
Hayn, Benita: § 35. Quotenkonsolidierung. Aus: Bohl, Werner; Riese, Joachim; Schlüter, Jörg (Hrsg.): Beck'sches IFRS-Handbuch Kommentierung der IFRS/IAS. 2. Auflage, Hamburg/Düsseldorf 2006, S. 979-987.

Hayn/Grüne 2005
Hayn, Sven; Grün, Michael: Konzernabschluss nach IFRS Konsolidierung und Bilanzierung, Hamburg/Stuttgart 2005.

Hebestreit/Dörges 2006
Hebestreit, Gernot; Dörges, Claudia: § 13. Rückstellungen. Aus: Bohl, Werner; Riese, Joachim; Schlüter, Jörg (Hrsg.): Beck'sches IFRS-Handbuch Kommentierung der IFRS/IAS. 2. Auflage, Hamburg/Düsseldorf 2006, S. 349-403.

Hennrichs 2005
Hennrichs, Joachim: Bilanzgestützte Kapitalerhaltung, HGB-Jahresabschluss und Maßgeblichkeitsprinzip - Dinosaurier der Rechtsgeschichte? In: Steuern und Wirtschaft 2005, S. 256-264.

Herzig 2003
Herzig, Norbert: Gestaltung der Konzernsteuerquote - eine neue Herausforderung für die Steuerberatung. In: Die Wirtschaftsprüfung 2003, Sonderheft 1, S. S80-S92.

Herzig 2004
Herzig, Norbert: IAS/IFRS und steuerliche Gewinnermittlung, Köln 2004.

Herzig 2005
Herzig, Norbert: IAS/IFRS und steuerliche Gewinnermittlung. In: Die Wirtschaftsprüfung 2005, S. 211-218.

Herzig/Dempfle 2002
Herzig, Norbert; Dempfle, Urs: Konzernsteuerquote, betriebliche Steuerpolitik und Steuerwettbewerb. In: Der Betrieb 2002, S. 1-8.

Heurung/Kurtz 2000
Heurung, Rainer; Kurtz, Michael: Latente Steuern nach dem Temporary Differences-Konzept: Ausgewählte Problembereiche. In: Betriebs-Berater 2000, S. 1775-1780.

Heurung 2000
Heurung, Rainer: Latente Steuerabgrenzung im Konzernabschluss im Vergleich zwischen HGB, IAS und US-GAAP. In: Die Aktiengesellschaft 2000, S. 538-553.

Heuser/Theile 2005
Heuser, Paul J.; Theile, Carsten D.: IAS/IFRS Handbuch Einzel und Konzernabschluss, 2. Auflage, Köln 2005.

Heuser/Theile/Pawelzik 2006
Heuser, Paul J.; Theile, Carsten D.; Pawelzik, Kai Udo: Die Auswirkung von Betriebsprüfung auf IFRS-Abschlüsse. In: Deutsches Steuerrecht 2006, S. 717-720.

Heyd/Lutz-Ingold 2005
Heyd, Reinhard; Lutz-Ingold, Martin: Immaterielle Vermögenswerte und Goodwill nach IFRS Bewertung, Bilanzierung und Berichterstattung, München 2005.

Hille 1981
Hille, Klaus: Latente Steuern im Einzel- und Konzernabschluss Augsburg 1981.

Hirst/Sevcik 1996
Hirst, D. Eric; Sevcik, Galen R.: Analyzing Income Tax Disclosures. In: The Journal of Financial Statement Analysis, Fall 1996, S. 74-88.

Hitz 2005
Hitz, Jörg-Markus: Fair Value in der IFRS-Rechnungslegung - Konzeption, Inhalt und Zweckmäßigkeit. In: Die Wirtschaftsprüfung 2005, S. 1013-1027.

Hoffmann 2006
Hoffmann, Wolf-Dieter: § 26 Steuern von Einkommen und Ertrag. Aus: Lüdenbach, Norbert; Hoffmann, Wolf-Dieter (Hrsg.): Haufe IFRS-Kommentar, 4. Auflage, Frankfurt am Main/Freiburg im Breisgau 2006. S. 1089-1147.

Hoffmann/Lüdenbach 2004
Hoffmann, Wolf-Dieter; Lüdenbach, Norbert: IFRS 5 - Bilanzierung bei beabsichtigter Veräußerung von Anlagen und Einstellung von Geschäftsfeldern. In: Betriebs-Berater 2004, S. 2006-2008.

Hollmann 2002
Hollmann, Sebastian: Reporting Performance - Analyse des Ausweises der Erträge und Aufwendungen in einem Abschluss nach den Rechnungslegungsvorschriften des IASB - Münster 2002.

Holzer/Ernst 1999
Holzer, Peter; Ernst, Christian: (Other) Comprehensive Income und Non-Ownership Movements in Equity - Erfassung und Ausweis des Jahresergebnisses und des Eigenkapitals nach US-GAAP und IAS. In: Die Wirtschaftsprüfung 1999, S. 353-370.

Hoyos/Fischer 2006
Hoyos, Martin; Fischer, Norbert: § 306 Steuerabgrenzung. Aus: Ellrott, Helmut; Förschle, Gerhart; Hoyos, Martin; Winkejohann, Norbert (Hrsg.): Beck'scher Bilanz-Kommentar Handels- und Steuerbilanz, 6. Auflage, Frankfurt am Main/Hannover/München 2006. S. 1634-1648.

Hoyos/Ritter-Thiele 2006
Hoyos, Martin; Ritter-Thiele, Katja M.: § 291 Befreiende Wirkung von EU/EWR-Konzernabschlüssen. Aus: Ellrott, Helmut; Förschle, Gerhart; Hoyos, Martin; Winkejohann, Norbert (Hrsg.): Beck'scher Bilanz-Kommentar Handels-

und Steuerbilanz, 6. Auflage, Frankfurt am Main/Hannover/München 2006. S. 1361-1372.

Johnson/Holgate/McCann 2005
Johnson, Barry; Holgate, Peter; McCann, Heleen: PricewaterhouseCoopers' Manual of Accounting - IFRS for the UK The definitive guide for UK users of IFRS – 2005, London (GB) 2005.

Kagermann/Küting/Wirth 2002
Kagermann, Henning; Küting, Karlheinz; Wirth, Johannes: IAS-Konzernabschlüsse mit SAP, Saarbrücken/Walldorf 2002.

Kampschöer/Pancham/Roos 2003
Kampschöer, G.W.J.M.; Pancham S.R.; de Roos, I.: De fiscale eendheid in de vennootschapsbelasting, Amsterdam/Rotterdam (Niederlande) 2003.

Karrenbrock 1991
Karrenbrock, Holger: Latente Steuern in Bilanz und Anhang, Dissertation, Münster 1991.

Kehm/Lüdenbach 2006
Kehm, Patrick; Lüdenbach, Norbert: § 28 Finanzinstrumente. Aus: Lüdenbach, Norbert; Hoffmann, Wolf-Dieter (Hrsg.): Haufe IFRS-Kommentar, 4. Auflage, Frankfurt am Main/Freiburg im Breisgau 2006, S. 1197-1335.

Kerkhoff/Diehm 2005
Kerkhoff, Guido; Diehm, Sven: Performance Reporting: Konzepte und Tendenzen im kommenden FASB-/IASB-Standard. In: Kapitalmarktorientierte Rechnungslegung 2005, S. 342-350.

Kessler/Kröner/Köhler 2004
Kessler, Wolfgang; Kröner, Michael; Köhler, Stefan (Hrsg.): Konzernsteuerrecht Organisation – Recht – Steuern, Frankfurt am Main/Freiburg im Breisgau 2004.

Kieso/Weygandt/Warfield 2001
Kieso, Donald E.; Weygandt, Jerry J.; Warfield, Terry D.: Intermediate Accounting, 10. Auflage, New York (USA) 2001.

Kirsch 2002
Kirsch, Hanno: Abgrenzung latenter Steuern bei Personengesellschaften in Deutschland. In: Deutsches Steuerrecht 2002, S. 1875-1880.

Kirsch 2003a
Kirsch, Hanno: Änderungen des deutschen Unternehmenssteuerrechts 2003 und deren Auswirkungen auf die steuerliche Berichterstattung im IAS-Jahresabschluss. In: Deutsches Steuerrecht 2003, S. 128-132.

Kirsch 2003b
Kirsch, Hanno: Gestaltungspotenzial durch verdeckte Bilanzierungswahlrechte nach IAS/IFRS. In: Betriebs-Berater 2003, S. 1111-1116.

Kirsch 2003c
Kirsch, Hanno: Temporäre Differenzen bei Personengesellschaften nach IAS 12 und DRS 10. In: Steuern und Bilanzen 2003, S. 1116-1123.

Kirsch 2003d
Kirsch, Hanno: Steuerliche Berichterstattung im Jahresabschluss nach I-AS/IFRS. In: Deutsches Steuerrecht 2003, S. 703-708.

Kirsch 2003e
Kirsch, Hanno: Besonderheiten der Anwendung der IAS/IFRS bei Personengesellschaften. In: Kapitalmarktorientierte Rechnungslegung 2003, S. 267-274.

Kirsch 2003f
Kirsch, Hanno: Latente Ertragsteuern im Jahresabschluss deutscher Personengesellschaften nach IAS 12 und DRS 10. In: Deutsche Steuer-Zeitung 2003, S. 331-337.

Kirsch 2003g
Kirsch, Hanno: Latente Steuern (Neufassung, Stand Februar 2003, 18. Ergänzungslieferung). Aus: Castan, Edgar; Böcking, Hans-Joachim; Heymann, Gerd; Pfitzer, Norbert; Scheffler, Eberhard (Hrsg.): Beck'sches Handbuch der Rechnungslegung München 2005 (Stand: 24. Ergänzungslieferung Dezember 2005).

Kirsch 2003h
Kirsch, Hanno: IAS-Jahresabschluss für Kommanditgesellschaften. In: Betriebs-Berater 2003, S. 143-149.

Kirsch 2004
Kirsch, Hanno: Zukunft der HGB-Rechnungslegung und des steuerlichen Maßgeblichkeitsprinzips im Zeitalter der IFRS-Rechnungslegung? In: Deutsche Steuer-Zeitung 2004, S. 470-476.

Klein 2001
Klein, Oliver: Die Bilanzierung latenter Steuern nach HGB, IAS und US-GAAP. In: Deutsches Steuerrecht 2001, S. 1450-1456.

Koblenzer/Groß 2004
Koblenzer, Thomas; Groß, Joachim: Latente Steuern im Erbschaftsteuerrecht. In: ErbschaftSteuerBerater 2004, S. 344-346.

Köhler 2004
Köhler, Stefan: § 8 Konzernstruktur. Aus: Kessler, Wolfgang; Kröner, Michael; Köhler, Stefan (Hrsg.): Konzernsteuerrecht Organisation – Recht – Steuern, Frankfurt am Main/Freiburg im Breisgau 2004. S. 323-362.

KPMG 2005
KPMG International Financial Reporting Group: Insights into IFRS KPMG's practical guide to International Financial Reporting Standards, Edition 2005/6, Bath (UK) 2005.

Krawitz 2005
Krawitz, Norbert: Anhang und Lagebericht nach IFRS Prinzipien, Anforderungen, Strukturierung, Siegen 2005.

Kröner 2004
Kröner, Michael: § 4 Beteiligungskonzerne. Aus: Kessler, Wolfgang; Kröner, Michael; Köhler, Stefan (Hrsg.): Konzernsteuerrecht Organisation - Recht – Steuern, Frankfurt am Main/Freiburg im Breisgau 2004. S. 113-152.

Kröner/Benzel 2004
Kröner, Michael; Benzel, Ute: § 15 Konzernsteuerquote – Die Ertragsteuerbelastung in der Wahrnehmung durch die Kapitalmärkte. Aus: Kessler, Wolfgang; Kröner, Michael; Köhler, Stefan (Hrsg.): Konzernsteuerrecht Organisation – Recht – Steuern, Frankfurt am Main/Freiburg im Breisgau 2004. S. 701-734.

Krönert 2001
Krönert, Björn: Grundsätze informationsorientierter Rechnungslegung Eine Untersuchung über die Erfüllung der Informationsfunktion von Jahresabschlüssen durch die US-GAAP, Dissertation, Sternenfels 2001.

Kuhn/Scharpf 2005
Kuhn, Steffen; Scharpf, Paul: Rechnungslegung von Financial Instruments nach IAS 39, 2. Auflage, Stuttgart 2005.

Kuhner 2004
Kuhner, Christoph: Auf dem Weg zur Prinzipienbasierung der kapitalmarktorientierten Rechnungslegung? Einige Anmerkungen zum aktuellen Diskussionsstand. In: Die Wirtschaftsprüfung 2004, S. 261-271.

Kümmel 2002
Kümmel, Jens: Grundsätze für die Fair-Value-Ermittlung mit Barwertkalkülen. Eine Untersuchung auf der Grundlage des Statement of Financial Accounting Concepts, No. 7, Dissertation, Münster 2002.

Kümpel 2005
Kümpel, Thomas: Vorratsbewertung und Langfristfertigung nach IFRS Grundlagen, Bewertungsverfahren und Folgebewertung, Düsseldorf 2005.

Kußmaul 2005
Kußmaul, Heinz: Betriebswirtschaftliche Steuerlehre, 4. Auflage, Saarbrücken 2005.

Kußmaul/Zabel 2004
Kußmaul, Heinz; Zabel, Michael: Auswirkungen der Änderungen der §§ 8b und 15 KStG durch das Gesetz zur Umsetzung der Protokollerklärung der Bundesregierung zur Vermittlungsempfehlung zum Steuervergünstigungsabbaugesetz ("Korb II"). In: Betriebs-Berater 2004, S. 577-580.

Küting 2001
Küting, Karlheinz: Bilanzierung und Bilanzanalyse am Neuen Markt Mit Bilanzreport aller am Neuen Markt notierten Unternehmen, Saarbrücken 2001.

Küting/Keßler/Gattung 2005
Küting, Karlheinz; Keßler, Marco; Gattung, Andreas: Die Gewinn- und Verlustrechnung nach HGB und IFRS - Auswirkungen der Überarbeitung des IAS 1 auf die GuV und insbesondere auf die Erfolgsspaltungskonzeption der IFRS-Bilanzierung. In: Kapitalmarktorientierte Rechnungslegung 2005, S. 15-22.

Küting/Reuter 2006
Küting, Karlheinz; Reuter, Michael: Erhaltene Anzahlungen in der Bilanzanalyse. In: Kapitalmarktorientierte Rechnungslegung 2006, S. 1-13.

Küting/Weber 2005
Küting, Karlheinz; Weber, Claus-Peter: Der Konzernabschluss, 9. Auflage, Saarbrücken 2005.

Küting/Wirth 2003a
Küting, Karlheinz; Wirth, Johannes: Umrechnung von Fremdwährungsabschlüssen vollzukonsolidierender Unternehmen nach IAS/IFRS. In: Kapitalmarktorientierte Rechnungslegung 2003, S. 376-387.

Küting/Wirth 2003b
Küting, Karlheinz; Wirth, Johannes: Latente Steuern und Kapitalkonsolidierung nach IAS/IFRS. In: Betriebs-Berater 2003, S. 623-629.

Küting/Wirth 2004
Küting, Karlheinz; Wirth, Johannes: Bilanzierung von Unternehmenszusammenschlüssen nach IFRS 3. In: Kapitalmarktorientierte Rechnungslegung 2004, S. 167-177.

Küting/Wirth/Dürr 2006
Küting, Karlheinz; Wirth, Johannes; Dürr, Ulrike: Standardkonforme Anwendung von IAS 32 (rev. 2003) in der Konzernrechnungslegung. In: Die Wirtschaftsprüfung 2006, S. 345-355.

Küting/Zwirner 2003
Küting, Karlheinz; Zwirner, Christian: Latente Steuern in der Unternehmenspraxis: Bedeutung für Bilanzpolitik und Unternehmensanalyse - Grundlage sowie empirischer Befund in 300 Konzernabschlüssen von in Deutschland börsennotierten Unternehmen. In: Die Wirtschaftsprüfung 2003, S. 301-316.

Küting/Zwirner 2005
Küting, Karlheinz; Zwirner, Christian: Zunehmende Bedeutung und Indikationsfunktion latenter Steuern in der Unternehmenspraxis. In: Betriebs-Berater 2005, S. 1553-1562.

Küting/Zwirner/Reuter 2003
Küting, Karlheinz; Zwirner, Christian; Reuter, Michael: Latente Steuern im nationalen und internationalen Jahresabschluss: Konzeptionelle Grundlagen und synoptischer Vergleich. In: Betrieb und Wirtschaft 2003, S. 441-447.

Lachnit/Müller 2005
Lachnit, Laurenz; Müller, Stefan: Other comprehensive income nach HGB, IFRS und US-GAAP - Konzeption und Nutzung im Rahmen der Jahresabschlussanalyse. In: Der Betrieb 2005, S. 1637-1645.

Li 1961
Li, David H.: Income Taxes And Income Tax Allocation Under The Entity Concept. In: The Accounting Review, 1961, S. 265-268.

Löcke 1999
Löcke, Jürgen: Der Materiality-Grundsatz bei Jahres- und Konzernabschlüssen nach International Accounting Standards. In: Betriebs-Berater 1999, S. 307-313.

Loitz 2003
Loitz, Rüdiger: Latente Steuern und steuerliche Überleitungsrechnung bei der Umstellung auf IAS/IFRS. In: Kapitalmarktorientierte Rechnungslegung 2003, S. 516-522.

Loitz 2004
Loitz, Rüdiger: Latente Steuern und steuerliche Überleitungsrechnung - Unterschiede zwischen IAS/IFRS und US-GAAP. In: Die Wirtschaftsprüfung 2004, S. 1177-1194.

Loitz/Rössel 2002
Loitz, Rüdiger; Rössel, Carsten: Die Diskontierung von latenten Steuern. In: Der Betrieb 2002, S. 645-651.

Lüdenbach 2006a
Lüdenbach, Norbert: § 31 Unternehmenszusammenschlüsse. Aus: Lüdenbach, Norbert; Hoffmann, Wolf-Dieter (Hrsg.): Haufe IFRS-Kommentar, 4. Auflage, Frankfurt am Main/Freiburg im Breisgau 2006. S. 1401-1544.

Lüdenbach 2006b
Lüdenbach, Norbert: § 32 Vollkonsolidierung. Aus: Lüdenbach, Norbert; Hoffmann, Wolf-Dieter (Hrsg.): Haufe IFRS-Kommentar, 4. Auflage, Frankfurt am Main/Freiburg im Breisgau 2006. S. 1545-1625.

Lüdenbach/Hoffmann 2003a
Lüdenbach, Norbert; Hoffmann, Wolf-Dieter: Vom Principles-based approach zum objective oriented Accounting. In: Kapitalmarktorientierte Rechnungslegung 2003, S. 387-398.

Lüdenbach/Hoffmann 2003b
Lüdenbach, Norbert; Hoffmann, Wolf-Dieter: Imparitätische Wahrscheinlichkeit – Zukunftswerte im IAS-Regelwerk. In: Kapitalmarktorientierte Rechnungslegung 2003, S. 5-14.

Lüdenbach/Hoffmann 2004
Lüdenbach, Norbert; Hoffmann, Wolf-Dieter: Verbindliches Mindesgliederungsschema für die IFRS-Bilanz. In: Kapitalmarktorientierte Rechnungslegung 2004, S. 89-94.

Lüdenbach/Hoffmann 2006a
Lüdenbach, Norbert; Hoffmann, Wolf-Dieter (Hrsg.): Haufe IFRS-Kommentar, 4. Auflage, Frankfurt am Main/Freiburg im Breisgau 2006.

Lüdenbach/Hoffmann 2006b
Lüdenbach, Norbert; Hoffmann, Wolf-Dieter: § 1 Rahmenkonzept (Framework). Aus: Lüdenbach, Norbert; Hoffmann, Wolf-Dieter (Hrsg.): Haufe IFRS-Kommentar, 4. Auflage, Frankfurt am Main/Freiburg im Breisgau 2006. S. 25-79.

Mandler 2003
Mandler, Udo: IASCF/IASB: Organisation, Entstehung und aktuelle Bedeutung. In: Das Wirtschaftsstudium. 2003, S. 476-484.

Marten/Weiser/Köhler 2003
Marten, Kai-Uwe; Weisser, M. Felix; Köhler, Annette G.: Aktive latente Steuern auf steuerliche Verlustvorträge: zunehmende Tendenz zur Aktivierung. In: Betriebs-Berater 2003, S. 2335-2341.

Matena 2004
Matena, Sonja: Bilanzielle Vermögenszurechnung nach IFRS Konzept und Analyse der Zurechnung von Vermögenswerten zum bilanziellen Vermögen von Unternehmen, Dissertation, Münster 2004.

Mennel/Förster 2006
Mennel, Annemarie; Förster, Jutta (Hrsg.): Steuern in Europa, Asien und Amerika, Herne 2006.

Meurer 2006
Meurer, Holger: Aktive latente Steuern auf steuerliche Verlustvorträge im Rahmen der Kaufpreisallokation nach IFRS. In: Praxis der Internationalen Rechnungslegung. 2006, S. 76-77.

Meyer/Bornhofen/Homrighausen 2005
Meyer, Udo; Bornhofen, Martin C.; Homrighausen, Andreas: Anteile an Personengesellschaften nach Steuerrecht und nach IFRS – Steuerlatenzen in Einzel- und Konzernabschluss. In: Kapitalmarktorientierte Rechnungslegung 2005, S. 504-512.

Moonitz 1957
Moonitz, Maurice: Income Taxes in Financial Statements. In: The Accounting Review, April 1957, S. 175-183.

Moxter 1984
Moxter, Adolf: Bilanzlehre Band I: Einführung in die Bilanztheorie, Frankfurt am Main 1984.

Moxter 1995
Moxter, Adolf: Das "matching principle": Zur Integration eines internationalen Rechnungslegungs-Grundsatzes in das deutsche Recht. Aus: Lanfermann, Josef (Hrsg.): Festschrift zum 65. Geburtstag von Professor Dr. Dr. h.c. Hans Havermann, Düsseldorf 1995. S. 487-504.

Moxter 2003a
Moxter, Adolf: Grundsätze ordnungsmäßiger Rechnungslegung, Düsseldorf 2003.

Moxter 2003b
Moxter, Adolf: Unterschiede im Wertaufhellungsverständnis zwischen den handelsrechtlichen GoB und den IAS/IFRS. In: Betriebs-Berater 2003, S. 2559-2564.

Mujkanovic 2002
Mujkanovic, Robin: Fair Value im Financial Statement nach International Accounting Standards, Dissertation, Stuttgart 2002.

Müller 2002
Müller, Rolf: Die Konzernsteuerquote - Modephänomen oder ernst zu nehmende neue Kennziffer? In: Deutsches Steuerrecht 2002, S. 1684-1688.

Nair/Weydandt 1981
Nair, R.D.; Weygandt, Jerry J.: Let's fix deferred taxes. In: Journal of Accountancy, November 1981, S. 87-102.

Niehus 1997
Niehus, Rudolf J.: "Vorsichtsprinzip" und "Accrual Basis" - Disparitäten bei den Determinaten der "Fair Presentation" in der sog. internationalen Rechnungslegung. In: Der Betrieb 1997, S. 1421-1427.

Nurnberg 1971
Nurnberg, Hugo: Cash Movement Analysis of the Accounting for Corporate Income Taxes, East Lansing (USA) 1971.

Nurnberg 1972
Nurnberg, Hugo: Discounting Deferred Tax Liabilities. In: The Accounting Review, October 1972, S. 655-665.

Nurnberg 1989
Nurnberg, Hugo: Deferred Tax Assets Under FASB Statement No. 96. In: Accounting Horizons, December 1989, S. 49-56.

Ordelheide 1995
Ordelheide, Dieter: Aktivische latente Steuern bei Verlustvorträgen im Einzel- und Konzernabschluss - HGB, SFAS und IAS. Aus: Lanfermann, Josef (Hrsg.): Festschrift zum 65. Geburtstag von Professor Dr. Dr. h.c. Hans Havermann, Düsseldorf 1995. S. 601-623.

Orth 2003
Orth, Manfred: Verlustnutzung bei Organschaft. Aus: Herzig, Norbert (Hrsg.): Organschaft Köln 2003, S. 298-332.

Orth 2004
Orth, Manfred: § 14 Verlustverwertungsstrategien. Aus: Kessler, Wolfgang; Kröner, Michael; Köhler, Stefan (Hrsg.): Konzernsteuerrecht Organisation - Recht – Steuern, Frankfurt am Main/Freiburg im Breisgau 2004. S. 609-700.

Ossadnik 1995
Ossadnik, Wolfgang: Materiality als Grundsatz externer Rechnungslegung. In: Die Wirtschaftsprüfung 1995, S. 33-42.

Parker/Nobes 1994
Parker, Robert Henry; Nobes; Christopher W.: An International View of True and Fair View Accounting, London (GB) / New York (USA) 1994.

Paterson 1990
Paterson, Ron: Primacy for the P&L Account Have the IASC and David Solomons placed undue emphasis on the balance sheet to the detriment of the profit and loss account? In: Accountancy, August 1990, S. 80-82.

Pawelzik 2003
Pawelzik, Kai Udo: Die Prüfung des Konzerneigenkapitals, Dissertation, Düsseldorf 2003.

Pawelzik 2006
Pawelzik, Kai Udo: Latente Steuern auf Goodwilldifferenzen bei der Konsolidierung von Personengesellschaften nach IFRS. In: Kapitalmarktorientierte Rechnungslegung 2006, S. 13-19.

Pellens/Fülbier/Gassen 2006
Pellens, Bernhard; Fülbier, Rolf-Uwe; Gassen, Joachim: Internationale Rechnungslegung Bochum 2006.

Pellens/Gassen 2001
Pellens, Bernhard; Gassen, Joachim: EU Verordnungsentwurf zur IAS-Konzernrechnungslegung - Gestaltungsmöglichkeiten des deutschen Gesetzgebers. In: Kapitalmarktorientierte Rechnungslegung 2001, S. 137-142.

Petree/Gregory/Vitray 1995
Petree, Thomas R.; Gregory, George J.; Virtray Randall J.: Evaluating Deferred Tax Assets. In: Journal of Accountancy March 1993, S. 71-77.

Plock 2004
Plock, Marcus: Ertragsrealisation nach International Financial Reporting Standards (IFRS), Dissertation, Köln 2004.

Preißler 2002
Preißler, Gerald: "Prinzipienbasierung" der IAS? In: Der Betrieb 2002, S. 2389-2395.

PricewaterhouseCoopers 2002
PricewaterhouseCoopers: Understanding IAS: Analysis and Interpretation of International Accounting Standards, 3. Auflage, London (GB) 2002.

Rabeneck/Reichert, 2002
Rabeneck, Jasmin; Reichert, Grudrun: Latente Steuern im Einzelabschluss (Teil I & II). In: Deutsches Steuerrecht 2002, S. 1366-1372; 1409-1416.

Rayburn 1986
Rayburn, Frank. R.: A Chronological Review of the Authoritative Literature on Interperiod Tax Allocation: 1940-1985. In: The Accounting Historians Journal, Fall 1986, S. 89-108.

Read/Bartsch 1991
Read, William J.; Bartsch, Robert A. J.: The FASB'S proposed Rules for Deferred Taxes Easing the restrictions of FASB Statement No. 96 on recognizing deferred tax benefits. In: Journal of Accountancy, August 1991, S. 44-53.

Reinhart 1998
Reinhart, Alexander: Die Auswirkungen der Rechnungslegung nach International Acounting Standards auf die erfolgswirtschaftliche Abschlussanalyse von deutschen Jahresabschlüssen, Dissertation, Augsburg 1998.

Revsine/Collins/Johnson 2001
Revsine, Lawrence; Collins, Daniel W.; Johnson, W. Bruce: Financial Reporting and Analysis, 2. Auflage, o.O. 2001

Riehl 2006
Riehl, Raimund: § 22 Leistungen an Arbeitnehmer, Altersversorgung. Aus: Lüdenbach, Norbert; Hoffmann, Wolf-Dieter (Hrsg.): Haufe IFRS-Kommentar, 4. Auflage, Frankfurt am Main/Freiburg im Breisgau 2006, S. 877-927.

Riese 2006
Riese, Joachim: § 8. Vorräte. Aus: Bohl, Werner; Riese, Joachim; Schlüter, Jörg (Hrsg.): Beck'sches IFRS-Handbuch Kommentierung der IFRS/IAS. 2. Auflage, Hamburg/Düsseldorf 2006, S. 241-264.

Ring 2003
Ring, Stephan: Die Behandlung von Sonderbilanzen bei der Ermittlung latenter Steuern nach IAS 12. In: Finanz-Rundschau 2003, S. 1053-1056.

Robbins/Swyers 1984
Robbins, Barry P.; Swyers, Steven O.: Accounting for Income Taxes: Predicting Timing Difference Reversals Predictions are neccessary - and tricky. In: Journal of Accountancy, September 1984, S. 108-118.

Roberts/Weetman/Gordon 2002
Roberts, Clare; Weetman, Pauline; Gordon, Paul: International Financial Accounting. A Comparative Approach, 2. Auflage, London (GB) 2002.

Robertson 1987
Robertson, Darroch A.: That Unidentified Growing Object Ist Now a Liability. In: CA Magazine, March 1987, S. 52-57.

Robertson 1993
Robertson, Darroch A.: Deferred but not forgotten Despite all the research, there's still no clear consensus on how to account for deferred taxes. In: CA Magazine, January 1993, S. 54-60.

Rose 2003
Rose, Gerd: Die Ertragsteuern Einkommenssteuer, Körperschaftsteuer, Gewerbesteuer, 17. Auflage, Wiesbaden 2003.

Rosenfield 1990
Rosenfield, Paul: The Fatal Flaw of FASB Statement No. 96. In: Accounting Horizons, September 1990, S. 98-100.

Rosenfield/Dent 1983
Rosenfield, Paul; Dent, William C.: No More Deferred Taxes A case against interperiod tax allocation and for letting reported taxes follow the tax return. In: Journal of Accountancy, February 1983, S. 44-55.

Ruhnke/Nerlich 2004
Ruhnke, Klaus; Nerlich, Christoph: Behandlung von Regelungslücken innerhalb der IFRS. In: Der Betrieb 2004, S. 389-395.

Ruhnke/Schmidt/Seidel 2004
Ruhnke, Klaus; Schmidt, Martin; Seidel, Thomas: Neuregelung bei der Abgrenzung des Konsolidierungskreises nach IFRS - Darstellung und kritische Würdigung. In: Betriebs-Berater 2004, S. 2231-2234.

Ruhnke/Schmidt/Seidel 2005
Ruhnke, Klaus; Schmidt, Martin; Seidel, Thorsten: Ergebnisneutrale oder ergebniswirksame Auflösung zuvor ergebnisneutral gebildeter latenter Steuern nach IFRS? In: Kapitalmarktorientierte Rechnungslegung 2005, S. 82-88.

Salzberger 1999
Salzberger, Wolfgang: Unitary Taxation - Vorbild für eine Konzernbesteuerung in der Europäischen Union? In: Internationales Steuer-Recht 1999, S. 97-128.

Schäffeler 2000
Schäffeler, Ursula: Latente Steuern nach US-GAAP für deutsche Unternehmen, Dissertation, München 2000.

Scheinpflug 2006
Scheinpflug, Patrick: § 5. Sachanlagen. Aus: Bohl, Werner; Riese, Joachim; Schlüter, Jörg (Hrsg.): Beck'sches IFRS-Handbuch Kommentierung der IFRS/IAS. 2. Auflage, Hamburg/Düsseldorf 2006, S. 129-191.

Schieber/Wassermeyer 2006
Schieber, Paul Hermann; Wassermeyer, Franz: Art. 5 Betriebstätte. Aus: Debatin, Helmut; Wassermeyer, Franz (Hrsg.): Doppelbesteuerung Kommentar zu allen deutschen Doppelbesteuerungsabkommen, München 2006. S. 1-45.

Schildbach 1998
Schildbach, Thomas: Latente Steuern auf permanente Differenzen und andere Kuriositäten - Ein Blick in das gelobte Land jenseits der Maßgeblichkeit. In: Die Wirtschaftsprüfung 1998, S. 939-946.

Schildbach 2002
Schildbach, Thomas: IAS als Rechnungslegungsstandards für alle. In: Betriebswirtschaftliche Forschung und Praxis 2002, S. 263-278.

Schildbach 2003
Schildbach, Thomas: Prinzipienorientierung – wirksamer Schutz gegen Enronitis? In: Betriebswirtschaftliche Forschung und Praxis 2003, S. 247-265.

Schipper 2003
Schipper, Katherine: Principles-based Accounting Standards. In: Accounting Horizons, March 2003, S. 61-72.

Schlüter 2006
Schlüter, Jörg: § 15. Gewinn- und Verlustrechnung. Aus: Bohl, Werner; Riese, Joachim; Schlüter, Jörg (Hrsg.): Beck'sches IFRS-Handbuch Kommentierung der IFRS/IAS. 2. Auflage, Hamburg/Düsseldorf 2006, S. 427-458.

Schmidbauer 2001
Schmidbauer, Rainer: Die Bilanzierung latenter Steuern nach HGB unter Berücksichtigung von E-DRS 12 sowie nach IAS auf Basis der Änderung der Steuergesetze. In: Der Betrieb 2001, S. 1569-1576.

Schöllhorn/Müller 2004
Schöllhorn, Thomas; Müller, Martin: Bedeutung und praktische Relevanz des Rahmenkonzepts (framework) bei Erstellung von IFRS-Abschlüssen nach zukünftigem "deutschen Recht" (Teil I und II) Darstellung unter Berücksichtigung der IAS-VO und des BilReG. In: Deutsches Steuerrecht 2004, S. 1623-1628; 1666-1670.

Schroeder/Clark/Cathey 2001
Schroeder, Richard G.; Clark, Myrtle W.; Cathey, Jack M.: Accounting Theory and Analysis Text Cases And Readings, New York (USA) 2001.

Schulz-Danso 2006
Schulz-Danso, Martin: § 25 Ertragsteuern. Aus: Bohl, Werner; Riese, Joachim; Schlüter, Jörg (Hrsg.): Beck'sches IFRS-Handbuch Kommentierung der IFRS/IAS. 2. Auflage, Hamburg/Düsseldorf 2006, S. 637-697.

Seemann 2006
Seemann, Torsten: § 26. Altersversorgungspläne/Leistungen an Arbeitnehmer. Aus: Bohl, Werner; Riese, Joachim; Schlüter, Jörg (Hrsg.): Beck'sches IFRS-Handbuch, Kommentierung der IFRS/IAS. 2. Auflage, Hamburg/Düsseldorf 2006, S. 699-738.

Selchert 2001
Selchert, Friedrich W.: Grundlagen der betriebswirtschaftlichen Steuerlehre Übersichtsdarstellungen Gießen 2001.

Senger 2006
Senger, Thomas: § 7. Sonstige langfristige Vermögenswerte – D. Unternehmerische Beteiligungen. Aus: Bohl, Werner; Riese, Joachim; Schlüter, Jörg (Hrsg.):

Beck'sches IFRS-Handbuch Kommentierung der IFRS/IAS. 2. Auflage, Hamburg/Düsseldorf 2006, S. 230-235.

Senger/Brune 2006a
Senger, Thomas; Brune, Jens: § 17. Eigenkapitalveränderungsrechnung. Aus: Bohl, Werner; Riese, Joachim; Schlüter, Jörg (Hrsg.): Beck'sches IFRS-Handbuch Kommentierung der IFRS/IAS. 2. Auflage, Hamburg/Düsseldorf 2006, S. 473-487.

Senger/Brune 2006b
Senger, Thomas; Brune, Jens: § 31. Konsolidierungskreis, Abschlussstichtag sowie konzerneinheitliche Bilanzierung und Bewertung. Aus: Bohl, Werner; Riese, Joachim; Schlüter, Jörg (Hrsg.): Beck'sches IFRS-Handbuch Kommentierung der IFRS/IAS. 2. Auflage, Hamburg/Düsseldorf 2006, S. 829-840.

Senger/Brune 2006c
Senger, Thomas; Brune, Jens: § 32. Währungsumrechnung. Aus: Bohl, Werner; Riese, Joachim; Schlüter, Jörg (Hrsg.): Beck'sches IFRS-Handbuch Kommentierung der IFRS/IAS. 2. Auflage, Hamburg/Düsseldorf 2006, S. 841-857.

Senger/Brune 2006d
Senger, Thomas; Brune, Jens: § 33. Vollkonsolidierung – A. Grundlagen (Tz. 1 - 10). Aus: Bohl, Werner; Riese, Joachim; Schlüter, Jörg (Hrsg.): Beck'sches IFRS-Handbuch Kommentierung der IFRS/IAS. 2. Auflage, Hamburg/Düsseldorf 2006, S. 861-863.

Senger/Brune 2006e
Senger, Thomas; Brune, Jens: § 33. Vollkonsolidierung – B. Kapitalkonsolidierung (Tz. 128 - 180). Aus: Bohl, Werner; Riese, Joachim; Schlüter, Jörg (Hrsg.): Beck'sches IFRS-Handbuch Kommentierung der IFRS/IAS. 2. Auflage, Hamburg/Düsseldorf 2006, S. 906-914.

Senger/Brune 2006f
Senger, Thomas; Brune, Jens: § 33. Vollkonsolidierung – F. Latente Steuern auf Konsolidierungsmaßnahmen (Tz. 231-260). Aus: Bohl, Werner; Riese, Joachim; Schlüter, Jörg (Hrsg.): Beck'sches IFRS-Handbuch Kommentierung der IFRS/IAS. 2. Auflage, Hamburg/Düsseldorf 2006, S. 924-931.

Senger/Brune/Elprana 2006
Senger, Thomas; Brune, Jens; Elprana, Kai: § 33. Vollkonsolidierung – B. Kapitalkonsolidierung (Tz. 11-127). Aus: Bohl, Werner; Riese, Joachim; Schlüter, Jörg (Hrsg.): Beck'sches IFRS-Handbuch Kommentierung der IFRS/IAS. 2. Auflage, Hamburg/Düsseldorf 2006, S. 863-906.

Senger/Elprana 2006
Senger, Thomas; Elprana, Kai: § 29. Unternehmensverbindungen. Aus: Bohl, Werner; Riese, Joachim; Schlüter, Jörg (Hrsg.): Beck'sches IFRS-Handbuch Kommentierung der IFRS/IAS. 2. Auflage, Hamburg/Düsseldorf 2006, S. 807-820.

Shortridge/Myring 2004
Shortridge, Rebecca Toppe; Myring, Mark: Defining Principles-Based Accounting Standards. In: CPA Journal, August 2004, S. 26-37.

Sprouse 1966
Sprouse, Robert T.: Accounting for What-You-May-Call-Its. In: Journal of Accountancy, Ocotber 1966, S. 45-53.

Sprouse 1978
Sprouse, Robert T.: The Importance of Earnings in the Conceptual Framework Focus on asset/liability, revenue/expense and nonarticulated views. In: Journal of Accountancy, January 1978, S. 64-71.

Stitt 1985
Stitt, I.P.A.: Deferred Tax Accounting, Leeds (GB) 1985.

Streim 1998
Streim, Hannes: Internationalisierung von Gewinnermittlungsregeln zum Zwecke der Informationsvermittlung Zur Konzeptionslosigkeit der Fortentwicklung der Rechnungslegung. Aus: Meffert, Heribert; Krawitz, Norbert (Hrsg.): Unternehmensrechnung und -besteuerung Grundfragen und Entwicklungen, Wiesbaden 1998, S. 323-343.

Streim 2000
Streim, Hannes: Die Vermittlung entscheidungsnützlicher Informationen durch Bilanz und GuV – Ein nicht einzulösendes Versprechen der internationalen Standardsetter. In: Betriebswirtschaftliche Forschung und Praxis 2000, S. 111-131.

Streim/Bieker/Esser
Streim, Hannes; Bieker, Marcus; Esser, Maik: Vermittlung entscheidungsnützlicher Informationen durch Fair Values - Sackgasse oder Licht am Horizont. In: Betriebswirtschaftliche Forschung und Praxis 2003, S. 457-479.

Streim/Esser 2003
Streim, Hannes; Esser, Maik: Rechnungslegung nach IAS/IFRS – Ein geeignetes Instrument zur Zahlungsbemessung?: Ansatzfragen. In: Steuern und Bilanzen 2003, S. 736-742.

Theile 2003
Theile, Carsten D.: Wahlrechte und Ermessensspielräume nach IAS/IFRS - Zugleich ein Beitrag zur Umstellungsplanung und zur Erstellung der unternehmensspezifischen Konzernrichtlinie. In: Steuern und Bilanzen 2003, S. 957-964.

Tipke/Lang 2002
Tipke, Klaus; Lang, Joachim: Steuerrecht, 17. Auflage, Köln 2002.

Tweedie 1995
Tweedie, David: Regulating Change - The Role of the Conceptual Statement in Standard-Setting. Aus: Lapsley, Irvine; Mitchell, Falconer (Hrsg.): Accounting and Performance Measurement Issues in the Private and Public Sectors, Edinburgh (GB) 1995. S. 18-34.

van Hoepen 1981
van Hoepen, M.A.: Anticipated and Deferred Corporate Income Tax in Companies' Financial Statements, o.O. (Niederlande) 1981.

von Eitzen/Dahlke/Kromer 2005
von Eitzen, Bernd; Dahlke, Jürgen; Kromer, Christoph: Auswirkung des IFRS 3 auf die Bilanzierung latenter Steuern aus Unternehmenszusammenschlüssen. In: Der Betrieb 2005, S. 509-513.

von Eitzen/Helms 2002
von Eitzen, Bernd; Helms, Svenia: Aktive latente Steuern auf steuerliche Verlustvorträge nach US-GAAP Anwendungsbesonderheiten für deutsche Unternehmen. In: Betriebs-Berater 2002, S. 823-828.

von Keitz 2005
von Keitz, Isabel: Praxis der IASB-Rechnungslegung, 2. Auflage, Wuppertal/Münster 2005.

Wagenhofer 2002
Wagenhofer, Alfred: Die Rolle der Standards des IASB in der Internationalisierung der Rechnungslegung. In: Betriebswirtschaftliche Forschung und Praxis 2002, S. 230-245.

Wagenhofer 2005
Wagenhofer, Alfred: Internationale Rechnungslegungsstandards - IAS/IFRS, 5. Auflage, Graz (Österreich) 2005.

Watrin/Sievert/Strom 2004
Watrin, Christoph; Sievert, Elke; Strohm, Christiane: Reform der Konzernbesteuerung in Deutschland und Europa. In: Finanz-Rundschau 2004, S. 1-11.

Wawrzinek 2006
Wawrzinek, Wolfgang: § 3. Finanzinstrumente. Aus: Bohl, Werner; Riese, Joachim; Schlüter, Jörg (Hrsg.): Beck'sches IFRS-Handbuch Kommentierung der IFRS/IAS. 2. Auflage, Hamburg/Düsseldorf 2006, S. 57-96.

Weber/Wheeler 1992
Weber, Richard P.; Wheeler, James E.: Using Income Tax Disclosures to Explore Significant Economic Transactions. In: Accounting Horizons, September 1992, S. 14-29.

Wehrheim/Adrian 2003
Wehrheim, Michael; Adrian, Gerrit: Latente Steuern in IAS- und HGB-Abschlüssen bei organschaftlich verbundenen Unternehmen. In: Die Wirtschaftsprüfung 2003, S. 1058-1062.

Weißenberger 2001
Weißenberger, Babara E.: § 306 Steuerabgrenzung. Aus: Schmidt, Karsten (Hrsg.): Münchner Kommentar zum Handelsgesetzbuch, München 200, S. 941-971.

White/Sondhi/Fried 2003
White, Gerald I.; Sondhi, Ashwinpaul C.; Fried, Dov: The Analysis and Use of Financial Statements, 3rd edition, Hoboken (USA) 2002.

Wienken 2003
Wienken, Robert: Latente Steuern in Unternehmenszusammenschlüssem nach US-GAAP, Passau 2003.

Wirth 2005
Wirth, Johannes: Firmenwertbilanzierung nach IFRS Unternehmenszusammenschlüsse, Werthaltigkeitstest, Endkonsolidierung, Saarbrücken 2005.

Wolff/Robinson 2006
Wolff, Petra; Robinson, Tim: § 28. Zur Veräußerung gehaltene Vermögenswerte, Veräußerungsgruppen und aufgegebene Geschäftsbereiche. Aus: Bohl, Werner; Riese, Joachim; Schlüter, Jörg (Hrsg.): Beck'sches IFRS-Handbuch Kommentierung der IFRS/IAS. 2. Auflage, Hamburg/Düsseldorf 2006, S. 775-806.

Wolk/Tearny 1973
Wolk, Harry I.; Tearny, Michael G.: Income Tax allocation and Loss Carryforwards: Exploring Uncharted Ground. In: The Accounting Review, April 1973, S. 292-297.

Wollmer/Achleitner 1997
Wollmert, Peter; Achleitner, Ann-Kristin: Konzeptionelle Grundlagen der IAS-Rechnungslegung (Teil I&II). In: Die Wirtschaftsprüfung 1997, S. 209-228; 245-256.

Wollmert, Achleitner 2002
Wollmert, Peter; Achleitner, Ann-Kristin: Kapitel II: Konzeption der IAS Rechnungslegung. Aus: Baetge, Jörg; Dörner, Dietrich; Kleekämper, Heinz (Hrsg.): Rechnungslegung nach International Accounting Standards (IAS), 2. Auflage, Hannover/München/Münster/Stuttgart 2005 (Stand: Ergänzungslieferung Juni 2005).

Wotschofsky/Heller 2002
Wotschofsky, Stafan; Heller, Silke: Latente Steuern im Konzernabschluss. In: Internationales Steuer-Recht 2002, S. 819.

Zülch 2003
Zülch, Henning: Die Gewinn- und Verlustrechnung nach IAS/IFRS. In: Buchführung Bilanzierung Kostenrechnung 2003, S. 951-964.

Zülch 2004
Zülch, Henning: Die Gewinn- und Verlustrechnung nach IFRS, Clausthal-Zellerfeld 2004.

Zülch/Lienau 2004
Zülch, Henning; Lienau, Achim: Die Bedeutung der Steuerabgrenzung für die fair-value-Bilanzierung nicht-finanzieller Vermögenswerte nach den Rechnungslegungsvorschriften des IASB. In: Die Wirtschaftsprüfung 2004, S. 565-576.

Zülch/Willms 2004
Zülch, Henning; Willms, Jesco: Revenue Recognition: Mögliche Änderungen bei der Ertragsrealisation nach IFRS. In: Der Betrieb 2004, S. 2001-2006.

Zwirner/Busch/Reuter 2003
Zwirner, Christian; Busch, Julia; Reuter, Michael: Abbildung und Bedeutung von Verlusten im Jahresabschluss Empirische Ergebnisse zur Wesentlichkeit von Verlustvorträgen in deutschen Konzernabschlüssen. In: Deutsches Steuerrecht 2003, S. 1042-1049.

Rechtsquellen

(inbesondere Verlautbarungen des IASB, des FASB und des DRSC sowie deutsche Gesetze)

APBO 2
American Institute of Certified Public Accountants: Accounting Principles Board Opinion No. 2: Accounting for the Investment Credit.

APBO 4
American Institute of Certified Public Accountants: Accounting Principles Board Opinion No. 4: Accounting for the Investment Credit (Amendment of APB Opinion No. 2).

ED-IAS 1
IASB: Exposure Draft of Proposed Amendments to IAS 1 Presentation of Financial Statements A Revised Presentation (Download unter www.iasb.org).

EITF Abstract 98-11
EITF: Abstract 98-11: Accounting for Acquired Temporary Differences in Certain Purchase Transactions That Are Not Accounted for as Business Combinations.

FRC Bulletin 2002/4
Australian Government Financial Reporting Council: Bulletin 2002/4 Adoption of International Accounting Standards by 2005.

GewStG
Gewerbesteuergesetz vom 15.10.2002 (BGBl I S. 4168), zuletzt geändert durch Gesetz vom 15.12.2004 (BGBl II S. 1653).

GewStR
Gewerbesteuer-Richtlinien 1998 in der Fassung der Bekanntmachung vom 21.12.1998 (BStBl I Sondernummer 2/1998).

HGB
Handelsgesetzbuch vom 10. Mai 1897 (RGBL. S. 219), zuletzt geändert durch Gesetz vom 3.8.2005 (BGBL. I S. 2267).

IAS 1.26 (rev. 1997)
IASC: International Accounting Standard IAS 1 (revised 1997) Presentation of Financial Statements.

International Financial Reporting Standards
International Financial Reporting Standards, einschließlich International Accounting Standards IAS und Interpretationen Amtliche EU-Texte, veröffentlicht im Amtsblatt der Europäischen Union durch Verordnung (EG) Nr. 1725/2003 vom 13.10.2003, zuletzt geändert im Amtsblatt der Europäischen Union durch Verordnung (EG) Nr. 1329/2006 am 09.09.2006.

KStG
Körperschaftsteuergesetz vom 15.10.2002 (BGBl I S. 4145), zuletzt geändert durch Gesetz vom 15.12.2004 (BGBl I S. 3416).

RIC 1
Rechnungslegungs Interpretations Committee: Bilanzgliederung nach Fristigkeit gemäß IAS 1 Darstellung des Abschlusses.

SEC Regulation S-X
United States Securities and Exchange Comission: Regulation S-X.

SFAC 2
FASB: Statement of Financial Accounting Concepts No. 2 Qualitative Characteristics of Accounting Information.

SFAS 109
FASB: Statement of Financial Accounting Standards No. 109 Accounting for Income Taxes.

SFAS 37
FASB: Statement of Financial Accounting Standards No. 37 Balance Sheet Classification of Deferred Income Taxes (an amendment of APB Opinion No. 11).

Originalquellen des FASB

(ab 2004: download unter www.fasb.org, Stand: 30. Juni 2006)

FASB 2004
Financial Accounting Standards Board: On the Road to an Objectives-Oriented Accounting System. In: The FASB Report, August 31 2003 (Download unter: http://www.fasb.org/articles&reports/on_the_road_article_tfr_aug_2004.pdf).

FASB Board Meeting Handout October 2004
FASB: Board Meeting Handout Short-term convergence - Income Taxes Foreign Subsidiary Exceptions.

FASB Board Meeting Minutes April 2004
FASB: Minutes of the April Joint Board Meeting (Short Term Convergence - Income Taxes) Acquired Temporary Differences in Asset Acquisitions (EIFT Issue 98-11).

FASB Board Meeting Minutes April 2005
FASB: Minutes of the April 21, 2005 Joint Board Meething (Short-Term Convergence-Income Taxes).

FASB Discusssion Memorandum 1983
Financial Accounting Standards Board: Discussion Memorandum an analysis of issues related to Accounting for Income Taxes, Norwalk (USA) 1983.

Originalquellen des IASB

(ab 2003: download unter www.iasb.org)

IASB Discussion Paper 2006a
IASB: Preliminary Views on an improved Conceptual Framework for Financial Reporting: The Objective of Financial Reporting and Qualitative Characteristicts of Decision-useful Financial Reporting Information.

IASB Discussion Paper 2006b
Fair Value Measurements Part 1: Invitation to Comment and relevant IFRS guidance.

IASB Insight May 2006
IASB: IASB Insight The Newsletter of the International Accounting Standards Board London 2006.

IASB Memorandum of Understanding 2006
IASB: A Roadmap for Convergence between IFRSs an US-GAAP - 2006-2008 Memorandum of Understanding between the FASB and IASB Norwalk 2006.

IASB Observer Note April 2003
IASB: Information for Observers Convergence: short-term joint project.

IASB Observer Note April 2004
IASB: Information for Observers Short-Term Convergence - Income Taxes.

IASB Observer Note April 2005a
IASB: Information for Observers Short-term Convergence: Income Taxes.

IASB Observer Note April 2005b
IASB: Information for Observers Short-term Convergence: Income Taxes (Agenda Paper 3B)

IASB Observer Note December 2005a
IASB: Information for Observers Short-term convergence: income taxes - sweep issues (Agenda Paper 5).

IASB Observer Note December 2005b
IASB: Information for Observers Conceptual Framework/Elements 1: Asset Definition (Agenda Paper 2A).

IASB Observer Note February 2005
IASB: Information for Observers Convergence: Income Taxes / Agenda Paper 10A: entacted and substantively enacted rates / Agenda paper 10B: uncertain tax positions.

IASB Observer Note February 2006
IASB: Information for Observers Conceptual Framework/Elements 2: Liability Definition (Agenda Paper 9A).

IASB Observer Note January 2005
IASB: Information for Observers Convergence: Income taxes.

IASB Observer Note July 2005
IASB: Information for Observers Short-term convergence: income taxes - guidance on tax bases (Agenda Paper 8A).

IASB Observer Note June 2003
IASB: Information for Observers Short-term Convergence: Income Taxes.

IASB Observer Note June 2005
IASB: Information for Observers Short-term convergence: income taxes - recognition of deferred tax assets (Agenda Paper 11C).

IASB Observer Note March 2004
IASB: Information for Observers Short-term Convergence: Income Taxes.

IASB Observer Note March 2005a
IASB: Information for Observers Short Term Convergence: Income Taxes / Agenda Paper 6A: Guidance included in SFAS 109 that is different or not included in IAS 12.

IASB Observer Note March 2005b
IASB: Information for Observers Convergence: Income Taxes / Agenda Paper 6B: Distributed vs. Undistributed Rates.

IASB Observer Note May 2004
IASB: Information for Observers Business Combinations II - Application of the purchase method.

IASB Observer Note September 2004
IASB: Information for Observers Short-term Convergence: Income Taxes.

IASB Project Summary 2006
International Accounting Standards Board: Project Update Short Term Convergence: income taxes (1 March 2006).

IASB Update April 2003
IASB: IASB Update Board Decisions on International Financial Reporting Standards London 2003.

IASB Update April 2004
IASB: IASB Update Board Decisions on International Financial Reporting Standards London 2004.

IASB Update April 2005
IASB: IASB Update Board Decisions on International Financial Reporting Standards London 2005.

IASB Update December 2005
IASB: IASB Update Board Decisions on International Financial Reporting Standards London 2005.

IASB Update February 2005
IASB: IASB Update Board Decisions on International Financial Reporting Standards London 2005.

IASB Update February 2006
IASB: IASB Update Board Decisions on International Financial Reporting Standards London 2006.

IASB Update July 2003
IASB: IASB Update Board Decisions on International Financial Reporting Standards London 2003.

IASB Update July 2005
IASB: IASB Update Board Decisions on International Financial Reporting Standards London 2005.

IASB Update March 2005
IASB: IASB Update Board Decisions on International Financial Reporting Standards London 2005.

IASB Update March 2006
IASB: IASB Update Board Decisions on International Financial Reporting Standards London 2006.

IASB Update May 2005
IASB: IASB Update Board Decisions on International Financial Reporting Standards London 2005.

IASB Update October 2004
IASB: IASB Update Board Decision on International Financial Reporting Standards London 2004.

IASC Insight December 1996
IASC: IASC Insight The Newsletter of the International Accounting Standards Committee.

IASC Insight July 1996
IASC: IASC Insight The Newsletter of the International Accounting Standards Committee.

IASC Insight September 1995
IASC: IASC Insight The Newsletter of the International Accounting Standards Committee.

IASCF Constitution 2005
International Accounting Standards Committee Foundation: Constitution (revised) London 2005.

IFRIC Update March 2006
IASB: Newsletter of the International Financial Reporting Interpretations Committee London 2006.

Geschäftsberichte

Lufthansa 2006
Deutsche Lufthansa AG: Geschäftsbericht 2005 (Download unter http://www.lufthansa-financials .de (Stand: 30.06.2006).

Deutsche Telekom 2006
Deutsche Telekom AG: Geschäftsbericht 2005 (Download unter http://www.dtag.com (Stand: 30.06.2006).

Sonstige Quellen

Langenscheidts Großwörterbuch Englisch – Deutsch
Langenscheidts enzyklopädisches Wörterbuch der englischen und deutschen Sprache („Der Große Muret-Sanders"), Otto Springer (Hrsg.). Teil 1 Englisch – Deutsch, 12. Auflage, Berlin 2000.

Kolibri 360 GmbH
Ferdinand-Jühlke-Straße 7
99095 Erfurt, Deutschland
produktsicherheit@kolibri360.de

Druck:
CPI Druckdienstleistungen GmbH
im Auftrag der
Kolibri 360 GmbH
Ferdinand-Jühlke-Str. 7
99095 Erfurt